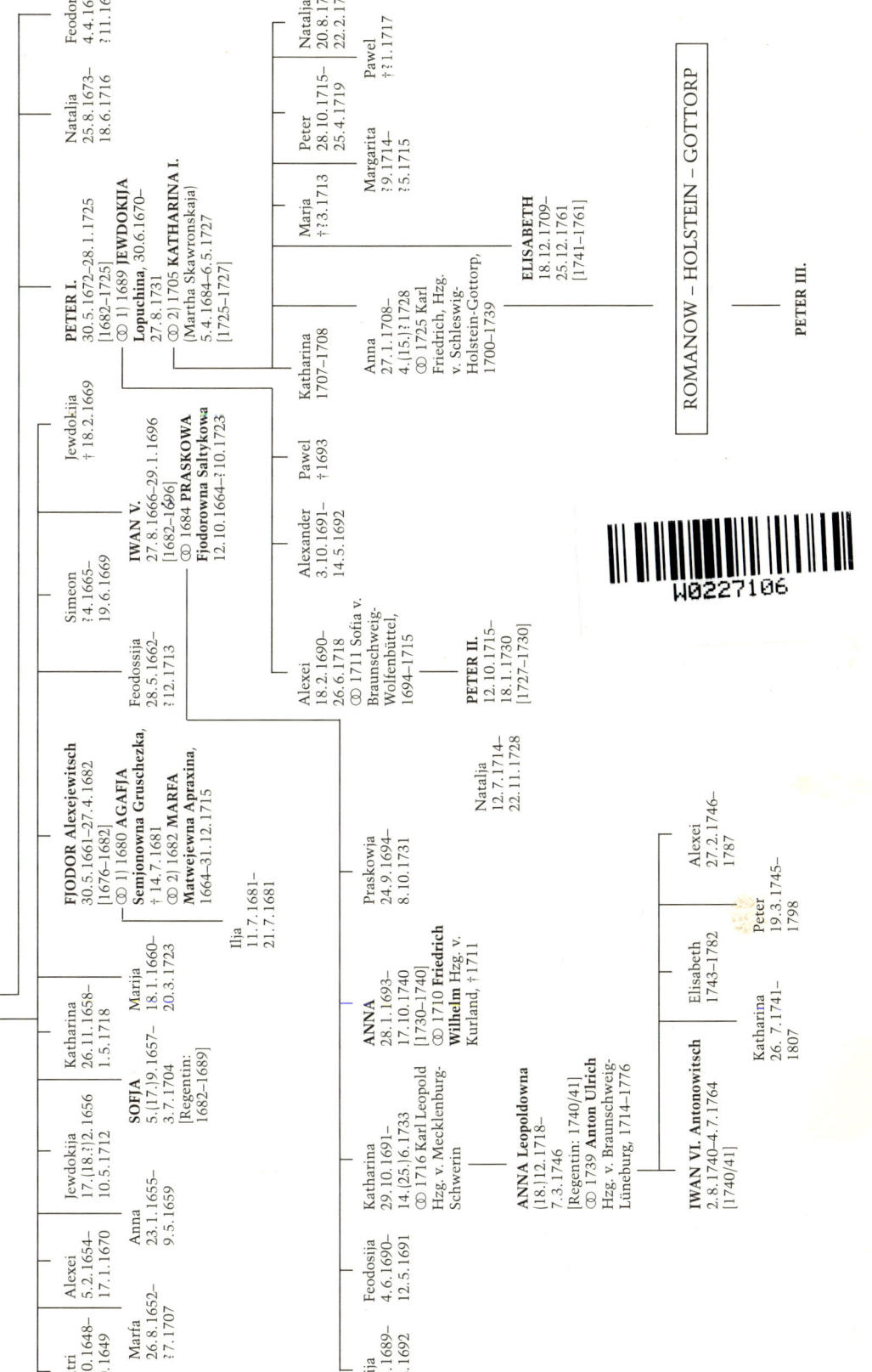

Fortsetzung s. Nachsatz

DIE ZARINNEN RUSSLANDS

Detlef Jena

DIE ZARINNEN RUSSLANDS

(1547–1918)

Verlag Friedrich Pustet Regensburg
Verlag Styria Graz Wien Köln

Umschlagmotive:
Türme der Palastkirche von Zarskoje Selo. (Foto: AKG/Claudia Quaukies)
v. l.: **Alexandra Fjodorowna** (Alice von Hessen-Darmstadt, 1872–1918),
Gemälde von Nikolai Kornilowitsch Bodarewski, 1907. Zarskoje Selo. (Foto: AKG)
Alexandra Fjodorowna (Charlotte von Preußen, 1798–1860),
Gemälde von Franz Krüger, 1830.
Moskau, Historisches Museum. (Foto: bpk/Alfredo Dagli Orti)
Elisabeth Petrowna (1709–1761), Kupferstich von Georg Friedrich Schmidt, 1761,
nach einem Gemälde von Louis Tocque, 1758. (Foto: AKG)

Die Deutsche Bibliothek – CIP-Einheitsaufnahme

Jena, Detlef:
Die Zarinnen Russlands : (1547–1918) / Detlef Jena. –
Regensburg : Pustet ; Graz ; Wien ; Köln : Verl. Styria, 1999
  ISBN 3-7917-1652-2 (Pustet)
  ISBN 3-222-12724-7 (Verl. Styria)

ISBN 3-7917-1652-2 (Pustet)
ISBN 3-222-12724-7 (Styria)
© 1999 by Verlag Friedrich Pustet, Regensburg
Verlag Styria Graz Wien Köln
Umschlaggestaltung: Anna Braungart, Regensburg
Gesamtherstellung: Friedrich Pustet, Regensburg
Printed in Germany 1999

Inhalt

Vorwort

Im Mittelpunkt aller Betrachtungen über die Herrschaftsgeschichte Rußlands stehen die regierenden Zaren und Kaiser. Das Reich ist autokratisch regiert worden, der Wille des Herrschers war die letzte Allmacht. Auch das Leben der Zarinnen ist durch das dominierende Staatsprinzip bestimmt worden. Dennoch haben die Zarinnen oft genug ein relatives Eigenleben geführt, besitzen sie ihre eigene Geschichte. Sie standen zu jeder Zeit einem eigenen Hofstaat mit konkreten Verantwortlichkeiten vor. Manche Frauen aus der herrschenden Dynastie wirkten als Regentinnen für minderjährige Thronfolger, haben selbst als Kaiserinnen regiert, als Zarinwitwen ein nicht unerhebliches politisches Profil erlangt oder einfach als Gemahlinnen regierender Herrscher für ein interessantes Familienleben mit Anregungen aus der Kunst, Literatur und Musik gesorgt.

Die Zarinnen Rußlands kamen von der Zeit Iwans IV. bis zur Herrschaft Peters I. ausschließlich aus dem eigenen Lande. Dafür gab es machtpolitische, religiöse und kulturgeschichtliche Gründe. In dem Maße, wie Rußland zur europäischen Großmacht aufstieg, veränderten sich das Heiratsverhalten und die Lebensweisen in der herrschenden Dynastie. Das Haus Romanow verschwägerte sich mit der westeuropäischen Aristokratie – stufenweise, langsam, aber ständig umfassender und verbunden mit den merkwürdigsten personal-, finanz- und kulturpolitischen Aspekten bei der Auswahl künftiger Zarinnen. Die mitunter eigenartigen Methoden dynastischer Heiratspolitik waren nach Peter I. eher das Werk von Frauen denn das der regierenden Selbstherrscher. Über diesen entscheidenden Lebensbereich übten die Frauen direkten Einfluß auf die Reichspolitik aus, sofern sie nicht selbst regierten.

Die Geschichte der Zarinnen, die im vorliegenden Buch in Gestalt von Lebensbildern vorgestellt wird, ist ein in der Literatur nur in Ausschnitten behandelter historischer Gegenstand, der die Bereiche der dynastischen, politischen und sozialen Geschichte ebenso berührt wie Aspekte der Kulturgeschichte des russischen und europäischen Adels. Nur einen Gedanken darf man getrost beiseite legen: Das Leben der Zarinnen Rußlands produzierte keine einzige emanzipatorische Idee. Die Zarinnen waren sozial und wohltätig wirksam, sie verbreiteten

Kultur und Bildung im aufklärerischen Sinne, aber stets im patriarchalisch-autokratischen Geiste, niemals zum Ziel einer sozialen Frauenbefreiung. Das war in Rußland auch nicht zu erwarten.

Der Gedanke an Frauen auf dem russischen Zarenthron beginnt und endet gewöhnlich mit Katharina II. Die deutsche Prinzessin gilt als Inkarnation europäischer Politik und weiblicher Herrschaft im Russischen Reich. Katharina II. war jedoch in jeder Hinsicht eine Ausnahmeerscheinung, besonders für die Rolle der Zarinnen im Herrscherhaus. Eine differenzierte Beschäftigung mit dem Leben der Zarinnen setzt neue und ungewohnte Akzente, wo sich die russische Geschichte ausschließlich auf Leben und Wirkung der Autokraten selbst – egal, ob männlich oder weiblich – beschränkt. Die Legende von der einflußlosen Abgeschiedenheit der Zarinnen im „Terem" erscheint nun zweifelhaft. Die politischen und kulturellen Einflußspektren der Zarinnen werden vielfarbiger. Die Motive und Methoden dynastischer Heiratspolitik erscheinen - allein auf die Auswahl der Zarinnen begrenzt - in einem mitunter anfechtbarem Geiste, der mit dem Ideal eines von Gott gesandten Selbstherrschers wirklich nichts zu tun hatte.

Die Geschichte der Zarinnen Rußlands ist so, wie sie das vorliegende Buch behandelt, noch nicht dargestellt worden. Dem Leser wird nicht nur dieser Neuheitswert anempfohlen. Er soll Freude und Unterhaltung bei der Lektüre eines Buches empfinden, das auf anregende Weise einmal mehr erkennen läßt, wieviel Neues und Unbekanntes es noch immer in Europas Osten zu entdecken gibt. Der Autor ist seinem Kollegen Rainer Lindner für dessen uneigennützige Hilfe ebenso zu Dank verpflichtet wie seiner Verlagslektorin Heidi Krinner-Jancsik für deren einfühlsame und sachkundige Betreuung.

Rockau, im Sommer 1999   Detlef Jena

Sieben Frauen um Iwan IV., den „Schrecklichen" – Geliebte, Verstoßene, Namenlose im „dritten Rom"

Anastassija Romanowna Sacharjina-Koschkina-Jurjewa
(1530/32 – 7. August 1560)
Erste Gattin Iwans IV. seit 3. Februar 1547

Marija Tscherkasskaja, Fürstin Kutschenej, geb. Temrjukowna
(? – 6. September 1569)
Zweite Gattin Iwans IV. seit 21. August 1561

Marfa Sobakina
(? – 13. November 1571)
Dritte Gattin Iwans IV. seit 18. Oktober 1571

Anna-Marija Koltowskaja
(? – August 1626)
Vierte Gattin Iwans IV. seit 28. April 1572 (bis September 1572)

Anna Wassiltschikowa
(? – 1576)
Fünfte Gattin Iwans IV. seit 1575

Wassilissa Melentjewa
(? – 1580)
Sechste Gattin Iwans IV. seit 1579

Marija Fjodorowna Nagaja
(? – 1612)
Siebte Gattin Iwans IV. seit 6. September 1580

Mit sieben Frauen ist Rußlands erster neuzeitlicher Zar aus dem Geschlecht der Rjurikiden verheiratet gewesen. Außerdem sagte man ihm außereheliche Untreue in unbekannter Zahl nach. Zar Iwan IV. hat schon zu Lebzeiten den Beinamen „der Schreckliche" erhalten. Nach Ansicht von Zeitgenossen fehlte ihm die jedem gefürsteten Patriarchen eigene Pflicht zur Güte und Milde. Iwan IV. ist aber auch ein Vorbild für den Reformer Peter den Großen gewesen. Trotz der terroristischen Handlungen gegen den Bojarenadel und das Volk zählt Iwan IV. Wassiljewitsch auf Grund der von ihm geleisteten Erneuerung und Erweiterung des Moskauer Großfürstentums zu den herausragenden Persönlichkeiten der russischen Geschichte. Er gilt in Rußland als Inkarnation der autokratischen Staatsidee, die das Russische Reich groß und mächtig gemacht hat.

Im Unterschied zur Persönlichkeit des Zaren sind seine Frauen weitgehend im Dunkel der Geschichte geblieben. Ein Name, ein halbes Geburtsdatum, mehr ist oft nicht bekannt. Während der Zar das Reich regierte, lebten die Gemahlinnen vorwiegend im Frauenhaus des Kreml, im legendenumwobenen Terem. Ihre Hauptaufgabe bestand darin, die Thronfolge zu sichern und dafür zu sorgen, daß der zum Erbe auserwählte Sohn ein Lebensalter erreichte, in dem man mit ihm für künftige Aufgaben im Reich rechnen konnte. Die Abgeschiedenheit der Zarinnen unterschied sich wenig von der häuslichen Isolierung der Frauen aus dem einfachen Volk. Insofern trafen die Beobachtungen Siegmund von Herbersteins aus den Jahren 1517 und 1526, vier Jahrzehnte nach dem Ende der Mongolenherrschaft, mit einer gewissen Berechtigung auf den Hof Iwans IV. zu: „Das Leben der Weiber ist erbärmlich. Denn sie (die männlichen Russen; Anm. des Autors) halten keine für ehrbar, die nur auf die Gasse geht. Darum halten die Reichen und Vornehmen ihre Frauen so abgeschlossen, daß niemand ihnen zu Gesicht oder mit ihnen zum Reden kommt, übergeben ihnen auch nicht die Wirtschaft, einzig das Nähen und Spinnen …" Die Urteile Herbersteins resultierten allerdings nur aus dem äußeren Anschein. Innere Vorgänge in der Zarenfamilie entzogen sich seinem Beurteilungsvermögen.

In der Staatspolitik gab es keinen aktiven oder zumindest offiziellen Platz für die Zarin. Diese landläufige These beinhaltet nur die halbe Wahrheit. Allein die Existenz einer Zarin oder die Tatsache, daß der Zar verheiratet wurde, war in Übereinstimmung mit der Herkunft der Auserwählten ein Politikum. Überdies haben die Zarinnen auch zu jener

Zeit schon innerhalb der Familie persönlichen Einfluß auf ihre Ehegatten ausgeübt. Im konkreten Falle kam die mitunter dämonisch erscheinende Übergröße des Zaren hinzu, die alle Personen seiner Umgebung nahezu an den Rand der Bedeutungslosigkeit rückte. Die Gemahlinnen waren vorwiegend Objekte seiner individuellen Leidenschaften und politischen Handlungen. Die Frauen traten als notwendiges Beiwerk neben und hinter den Zaren. Aus diesem Grunde sind das Leben und die Individualität der Gemahlinnen Iwans IV. stärker als bei fast allen späteren Zarinnen vom Werdegang und Wesen ausschließlich seiner Person abhängig gewesen. Von keiner Gemahlin Iwans IV. ist der Wunsch, die Forderung oder gar der Wille nach einer politisch und menschlich eigenständigen Rolle bekannt geworden. Bereits die Andeutung eigenen Wollens hätte den Verstoß oder das Kloster bedeuten können.

Während die Nachwelt über die Kindheit Iwans IV. dank dessen eigener Aussagen relativ gut informiert ist, weiß man über die individuelle Entwicklung seiner Gemahlinnen bis zum Zeitpunkt der jeweiligen Eheschließung so gut wie nichts. Sie kamen aus der Bojarenschaft oder dem Dienstadel. Iwan, 1530 aus der Ehe seines Vaters Wassili III. mit Jelena Glinskaja, einer polnisch-litauischen Aristokratin, hervorgegangen, besaß einen unberechenbaren Charakter, dessen negative und grausame Züge durch erschreckende Erlebnisse in den späten Kinderjahren einseitig verstärkt worden sind. So argumentierte zumindest Iwan selbst. Der Vater starb, als der Junge drei Jahre alt war. Jelena Glinskaja übernahm die Regentschaft. Es war charakteristisch, daß die Tatsache der Regentschaft einer Frau gegenüber dem Ausland als Zeichen von Schwäche verschwiegen wurde. Gemeinsam mit dem Geliebten Iwan Owtschina-Telepnjew-Obolenski errichtete die Zarinwitwe eine Herrschaft, in der die Widersacher mit physischer Gewalt aus dem Wege geräumt wurden. Offenbar zeichnete sich schon in jenen Jahren die große Autorität ab, die später den Zarinwitwen gezollt wurde. 1538 starb Jelena Glinskaja. Hartnäckige Gerüchte sprachen von Vergiftung. Iwan erlebte danach die brutalen Seiten höfischer Machtkämpfe. Die Glinskis wurden entmachtet, die Bojarenfamilien Schuiski und Bjelski kämpften mit wechselnden Erfolgen um die Macht. Die Leidtragenden waren Iwan und dessen Bruder Juri. Zar Iwan IV. hat sich später oft an jene schrecklichen Jahre erinnert. Weil die Kindheitserlebnisse mitunter als Schutz zur Rechtfertigung eigener Schandtaten dienten, wurden sie von Iwan besonders plastisch wiedergegeben: „Und dann haben sich die Fürsten Wassili und Iwan Schuiski eigenmächtig als Aufseher über mich gestellt und sich so zur Herrschaft aufgeschwungen. Uns aber, mich und meinen in Gott ruhenden Bruder, behandelten sie als ob wir Fremde oder Bettler gewesen wären. Wie habe ich unter dem Mangel an Kleidung und an Nahrung gelitten! Man ließ uns keine Freiheit, einen eigenen Willen durfte ich nicht haben; immer geschah das Gegenteil dessen, was ich wollte. Generell wurden wir nicht wie Kinder behandelt, auf unser zartes Alter nahm man keinerlei Rücksicht ... Die Leiden, die ich in der Jugend erdulden mußte, kann man gar nicht alle aufzählen."

Die charakterlichen Anlagen und die schändliche Behandlung, die Weigerung der Bojaren, ihn als Herrscher anzuerkennen, stärkten in Iwan Härte und Grausamkeit sowie den Willen, endlich das Erbe seines Vaters anzutreten. Iwan teilte dem Metropoliten und den Bojaren im Dezember 1546 mit, daß er sich krönen lassen und als Selbstherrscher über Rußland regieren wollte. Er werde heiraten und damit seine Herrschaft festigen. Es war eine einschneidende Demonstration des Jungen, aus dem fast über Nacht ein selbstbewußter und entschlossener Mann geworden war. Im Jahre 1547 ließ sich Iwan zum Zaren von ganz Rußland krönen. Der umsichtige geistliche Berater Makari drängte zur Festigung des Zartums durch eine schnelle Verheiratung des sechzehnjährigen Herrschers. Nicht nur die Freunde, auch die Gegner Iwans machten sich um dieses Problem Sorgen. Über die Braut konnte man neuen Einfluß am Zarenhofe gewinnen. Die Moskauer Bojaren favorisierten eine polnische Prinzessin von königlichem Blut und nahmen Kontakte zum polnischen Königshaus auf – ohne Erfolg. So machten sie, unterstützt durch Iwan, aus der Not eine Tugend. Nach dem Scheitern der Bemühungen setzte man ihm eine Rede auf, in der er vor Bojarenduma und Geistlichkeit erklärte: „Ich habe darüber nachgesonnen, ob ich in fremden Landen einheiraten soll ... bei einem König oder einem Zaren, habe diesen Gedanken jedoch verworfen. Ich möchte nicht in andere Länder heiraten, denn ich ... bin als Kind ohne Vater und Mutter aufgewachsen, würde ich aber eine Gemahlin aus einem anderen Land zu mir holen, so wären unsere Gemüter verschieden, und es gäbe zwischen uns nur Zwist und Hader; und deshalb, ... so habe ich beschlossen, möchte ich im eigenen Lande heiraten."

Wenn die russischen Zaren vor Peter I. nur russische Mädchen heirateten, so war das nur zum Teil ein traditionsgebundenes Prinzip. Eheschließungen mit Ausländerinnen waren nicht grundsätzlich verboten. Es gab nur einen Punkt für die Zaren, Bojaren und Geistlichkeit, der nicht kompromißfähig war. Wenn Iwan das unterschiedliche „Gemüt" betonte, meinte er die Religionsfrage. Der Zar des „dritten Rom" konnte unmöglich eine Frau mit einer anderen Religion als der griechischorthodoxen ehelichen. Die Religionen der geographisch angrenzenden Herrscherhäuser waren nach Moskauer Verständnis häretisch und abzulehnen. Außerdem war die dynastische Ehe mit einer ausländischen Prinzessin auch eine Frage der Kosten und des Preises. Zu jener Zeit besaß Rußland an den europäischen Fürstenhöfen noch keinen großen Kredit. Die Zaren waren auf dem dynastischen Markt Europas nicht begehrt.

Darum wurde nach „guter alter russischer Sitte" die Braut unter den Töchtern der eigenen Bojaren und Fürsten gesucht. Die Bojaren hatten die Mädchen, die mindestens 12 Jahre alt sein mußten, den Beauftragten des Zaren zuzuführen. Viele Fürsten oder Bojaren zögerten, ihre Töchter dem als jähzornig und grausam geltenden Zaren zur Verfügung zu stellen. Iwan mußte mehrere Aufrufe im Lande verkünden lassen und durch Strafandrohungen zur Pflichterfüllung mahnen: „Wenn dieses Schreiben zu euch gelangt, so sollen diejenigen, die jungfräuliche Töchter haben, mit diesen Mädchen zur Musterung sofort in der Stadt zu unseren Statthaltern fahren. Und unter keinen Umständen dürfen solche jungfräulichen Töchter verheimlicht werden. Wer von euch aber ein Mädchen versteckt und nicht zu unseren Statthaltern bringt, hat von mir große Ungnade und schwere Strafe zu erwarten. Dieses Schreiben sollt ihr einer dem andern zusenden, ohne es nur eine Stunde lang zu behalten." Dieses Verfahren war, gemessen an den allgemeinen Moskauer Heiratsbräuchen, ungewöhnlich und offenbar allein dem Großfürsten vorbehalten. Im Normalfall warb der Brautvater den künftigen Bräutigam, die Hand der Tochter zu nehmen.

Ein Mädchen aus dem Hause Romanow wird Zarin

Die Suche zog sich in die Länge, nicht zuletzt durch den erbärmlichen Zustand der Verkehrswege im Moskauer Staat verschuldet. Moskauer Bojaren fürchteten, im Rennen um den begehrten Platz am Thron vielleicht zu kurz zu kommen und warteten die Ankunft der jungen Schönen aus der Provinz gar nicht erst ab. Sie brachten ihre herausgeputzten Töchter oder Nichten in den Zarenpalast. Schließlich erwählte Iwan mit Makaris und der Bojaren sanfter Nachhilfe und Unterstützung Anastassija, die Tochter des verstorbenen Okolnitschi (Adliger im Dienste des Großfürsten) Roman-Jurjewitsch-Sacharijn-Koschkin. Romanow hatte als Okolnitschi nicht zur Aristokratie gezählt, entstammte jedoch einem angesehenen und alten Moskauer Adelsgeschlecht, das vor langer Zeit aus preußischem Gebiet zugewandert war. Der Vater Anastassijas hatte wenig gegolten. Einer seiner Brüder ist jedoch ein Vormund Iwans gewesen, so daß Iwan mit der Familie der Braut bekannt gewesen ist. Die Wahl rief den Ärger jener Bojaren hervor, deren Töchter nicht berücksichtigt worden waren und die sich jetzt beklagten, „daß der Herrscher ihnen nicht gnädig ist, daß er die großen Geschlechter entehrt und junge Leute in seine Umgebung zieht und uns mit ihnen bedrückt, und auch damit hat er uns bedrückt, daß er sich bei seinen Bojaren verheiratete, daß er dessen Tochter zur Frau nahm; er nahm seine Dienerin zur Frau, und wie sollen wir unserer Schwester dienen?"

Einzelne Bojaren waren nicht nur darüber ärgerlich, daß sie nicht berücksichtigt worden waren, sondern vor allem verletzte sie die Wahl einer Frau relativ niederen Standes. Sowohl Iwan als auch der Ratgeber Makari hatten diese Wahl jedoch bewußt getroffen. Ein nicht unwesentliches Motiv dürfte in der Tatsache bestanden haben, daß die Glinskis die Romanows für ungefährlich hielten. Zum ersten Mal näherte sich die Familie Romanow dem Thron des Großfürsten! Alle politischen Erwägungen hinderten Iwan nicht daran, das schöne Mädchen lieb zu gewinnen. Bei seinem mürrischen und verschreckten Wesen war es erstaunlich, daß er die Gemahlin mit Koseworten wie „mein Kälbchen" bedachte.

Die Trauung fand am 3. Februar 1547 statt. Natürlich herrschte „große Freude über die Hochzeit des Herrschers". Es war vielen Beteiligten klar, daß die Brautwahl einen dynastischen und machtpolitischen Zweck verfolgte. Adel, Stadtbewohner und Bauern, vor allem jedoch die ausländischen Mächte, sollten in dem Eindruck bestärkt werden, daß der regierende Zar nunmehr vollständig erwachsen war und das Staatsschiff selbständig führen konnte. Metropolit Makari zelebrierte die Trauung nach Würde und Tradition der Moskauer Großfürsten und mahnte das Brautpaar: „Kraft des Geheimnisses der Heiligen Kirche seid ihr nun auf ewig verbunden. Beugt also demütig das Haupt vor dem Allerhöchsten und übt euch in einem tugendhaften Leben. Vor allem müßt ihr euch durch Wahrheitsliebe und Güte hervortun. Mein Zar, liebet und ehret euer Weib. Und ihr, meine Zarin, unterwerft euch als wahre Christin eurem Manne, denn so, wie das heilige Kreuz den Herrn der Kirche darstellt, so ist der Mann der Herr des Weibes."

Die Hochzeitsfeierlichkeiten verliefen für Iwan und Anastassija nach dem gleichen Muster, wie es von Olearius und anderen Zeitgenossen für das 16. Jahrhundert beschrieben worden ist. Der Zar und die Braut gingen ohne Eltern, aber mit den Brautführern und dem Hochzeitszug des Bräutigams in die Kirche. Für die „Krönung" wurde die Braut entschleiert, und der Metropolit belehrte sie über die Verantwortung ihres christlichen Zusammenlebens. Anschließend übergab er die Braut an den Zaren: „Hernach nimpt der Pope des Bräutigams Rechte / vnd der Braut lincke Hand in seyne beide Hände / fraget sie dreymal: Ob sie einander haben / vnd sich wol mit einander begehen wollen?" Der Geistliche forderte die Brautleute zum Kuß auf. Anschließend wurde die Braut wieder verschleiert.

Der weltlich-festliche Teil der Eheschließung war lärmend und vielgestaltig. Am ersten Tag feierten die Hochzeitsgesellschaften der Braut und des Bräutigams getrennt voneinander. Nach der kirchlichen Trauung nahm die junge Gemahlin am Festmahl des Bräutigams teil. Sie wurde erneut entschleiert. Nach dem dritten Gang brachten die Brautführer, deren Ehefrauen und die Brautführerinnen das Paar ins Bett und entkleideten es. Die Gäste feierten, und das junge Paar war gehalten, die Ehe zu vollziehen. Nach angemessener Zeit schickte man einen Brautführer aus, um sich nach der Gesundheit des Paares zu erkundigen. Erfolgte eine positive Antwort, traten die Frauen der Festgesellschaft ins Zimmer und leerten ein Glas auf das Wohl und künftige Glück des Paares. Ein Bote wurde zu den Brauteltern geschickt und überbrachte dort die frohe Botschaft. Alle Gäste verließen das Fest zufrieden.

Am zweiten Tag wuschen sich die Brautleute in getrennten Bädern. Anschließend lud der Ehemann die Hochzeitsgäste seiner Frau zu sich ein. Er dankte den Brauteltern, daß sie die Braut aufgezogen und unberührt verheiratet hatten. In dem Falle, daß die Braut nicht jungfräulich in die Ehe gekommen war, machte er ihnen „mit leiser Stimme Vorwürfe". Nach einem Festessen auf Kosten des Bräutigams wurden Geschenke getauscht. Am dritten Tag waren dann die Brauteltern an der Reihe, die ganze Gesellschaft zu bewirten. Es war ein fröhliches und lockeres Fest, bei dem Besinnlichkeit und Heiterkeit nicht selten mit grobem Unfug wetteiferten.

Die junge Gemahlin wurde durch den Hochzeitsakt faktisch zur Zarin gekrönt. Hier lag jedoch ein ernstes Problem. Im Zuge der Zentralisierung der Macht im Moskauer Großfürstentum durch den Großvater und den Vater Iwans, Iwan III. und Wassili III., waren die weiblichen Mitglieder der regierenden Familie aus der natürlichen Erbfolge auf dem Thron ausgeschieden und hatten kein Recht, als offizielle Regentinnen politische Macht auszuüben – das Beispiel Jelena Glinskajas hatte das demonstriert. Es gab auch keine dem Zaren vergleichbare Krönung für die Gemahlin. Die erste offizielle Krönung einer Frau erfolgte erst 1724, als Peter I. die Gemahlin Katharina zur Kaiserin von Rußland krönen ließ, allerdings ohne sie dadurch zu seiner Nachfolgerin zu bestimmen.

Andererseits beinhaltete die Vermählungszeremonie zahlreiche Attribute einer Krönung der Zarin. In gewisser Weise kam sie sogar einer zweiten Krönung des Zaren gleich. Der Herrscher legte für die Hochzeit die „zarische Bekleidung", die er bei der Krönung getragen hatte, an. Die Braut hüllte man in „zarische Gewänder". Vor dem Kirchgang entfernte man ihr den Jungfrauenkranz und ersetzte ihn durch einen Kopfputz, den verheiratete Frauen trugen. Der Zar erhielt die Krone unmittelbar nach der kirchlichen Trauung. Erst nach der Brautnacht, wenn die Mutter des Zaren – oder dessen Vertrauensperson – das Hemd der jungen Frau positiv begutachtet hatte, durfte auch sie im vollen Zarinnenornat vor ihrem Gemahl und dem Hof erscheinen. Von diesem Zeitpunkt an war die Gemahlin kein Untertan des Zaren mehr. Sie wurde in die Eidesformeln für die Dienstleute einbezogen und galt als dem Zaren gleichrangig. Diese Festschreibung schloß die faktische Unmöglichkeit öffentlicher politischer Wirkung ein, unterstrich jedoch, daß keinesfalls von einer politischen Einflußlosigkeit der Zarinnen gesprochen werden darf. Sie besaßen auch in der relativen Abgeschlossenheit der Frauengemächer einen breiten Tätigkeits- und Wirkungskreis.

Auch Anastassija hatte dem dynastischen Ziel zu dienen und sich in die höfischen Bräuche zu fügen. Während Zar Iwan Maßnahmen zur reformerischen Erneuerung des Reichs einleitete und mit der Eroberung des Khanats Kasan daran ging, der Sammlung der russischen Erde einen imperialen Charakter zu verleihen, lebte Anastassija in den Frauengemächern des Kreml oder auf den um Moskau erbauten großfürstlichen Landsitzen und konzentrierte sich darauf, die Rjurikidendynastie durch lebensfähige Erben zu stabilisieren. Dieser Aufgabe kam sie zunächst in der von ihr erwarteten Weise nach. Bereits 1549 wurde die Tochter Anna geboren. Im Jahre 1551 erblickte die Tochter Marija das Licht der Welt. Beide Kinder überlebten das erste Lebensjahr nicht. Im Oktober 1552 wurde der Sohn Dmitri geboren. Sein kurzes Leben konnte die Thronfolge nicht sichern und stand mit einer dynastischen Krise in Verbindung, in deren Verlauf Anastassija wiederholt im Blickfeld der Öffentlichkeit erschien. Die Thronkrise von 1553 besaß ihre für das Leben und Wirken Iwans und Anastassijas charakteristische und langjährige Vorgeschichte.

Nach Krönung und Heirat wurde das Herrscherpaar sofort mit innenpolitischen Problemen konfrontiert. Iwan wollte in den Flitterwochen sowohl seine junge Frau genießen, als auch dem vorgeschriebenen Ritual

16

wie der inneren Überzeugung folgen und gemeinsam mit Anastassija eine Wallfahrt zu den Gräbern Heiliger Märtyrer unternehmen. Eheleben und Tagesabläufe folgten strikt den kirchlichen Regeln. Im Dorf Ostrowka, noch im Vorfeld Moskaus, stieß eine Deputation von Stadtvätern aus Pskow auf das Zarenpaar. Die siebzig würdigen Männer wollten beim Zaren gegen die Willkür seines Statthalters Klage führen. Iwan war der Situation nicht gewachsen. Er schlug die Männer und zündete ihnen die Bärte an. Zu allem Unglück erreichte ihn die Botschaft, daß im Moskauer Kreml die Glocke vom Turm Iwan der Große gefallen war. Iwan war so erschrocken, daß er mit seiner jungen Frau sofort umkehrte.

Weiteres Ungemach folgte auf dem Fuße. Am 21. Juni 1547 brach in einer Kirche auf dem Arbat ein Feuer aus und griff auf den Kreml über. Die Mariä-Verkündigungs-Kathedrale versank im Feuermeer. 1700 Menschen kamen in den Flammen um. Iwan war mit Anastassija aus Moskau geflohen und hielt sich auf den nahen Sperlingsbergen auf. Er berief den Bojarenrat ein. Das Volk war äußerst erregt. Der Zar leitete eine Untersuchung ein. Am 26. Juni strömten die Menschen vor der Uspenski-Kathedrale zusammen. Es brach ein regelrechter Volksaufstand aus, gesteuert durch die rivalisierenden Hofparteien.

Anna Glinski, die Großmutter Iwans, sollte die Schuldige sein! Anna Glinski und deren Söhne Michail d. J. und Juri hatten drei Jahre zuvor die Schuiskis entmachtet. Die Glinskis hatten ihre Macht durch Anmaßung und Korruption diskreditiert. Die Schuiskis hatten es daher leicht, das Volk gegen die Familie Glinski aufzuwiegeln. Den abergläubischen Moskauern leuchtete die Version von der Hexen-Schuld an dem Feuer ein. Der Ruf nach Rache wurde sofort in die Tat umgesetzt: Juri Glinski, Iwans Onkel, wurde erschlagen, es folgten Plünderungen und brutale Metzeleien mit weiteren Todesopfern aus der Familie Glinski. Das erregte Volk eilte zu Iwan IV. und verlangte die Auslieferung weiterer Mitglieder der Familie Glinski. Aber der junge Zar ergriff die Initiative. Es gelang ihm, die Rädelsführer des Aufruhrs zu fassen. Er ließ sie hinrichten. Die Rebellion von 1547 markierte einen Wendepunkt in Rußlands Geschichte.

Obwohl Iwan selbst bedroht worden war, festigte die Rebellion seinen Willen zur Selbstherrschaft. Sie leitete die erste Periode seiner Herrschaft ein, die allgemein als „Periode der Reformen" betrachtet wird. Sie währte etwa bis zum Jahre 1564. Die Reformperiode und die Ehejahre mit Anastassija sollten zeitlich nahezu identisch werden. Obwohl der unstete Charakter des Zaren zahlreiche Belastungen für die Ehe mit sich brachte, übte Anastassija einen beruhigenden und ausgleichenden Einfluß auf ihren Gemahl aus.

Iwan eröffnete die Reformzeit mit einer theatralischen Geste. Er hielt nach dem Brand von 1547 vor dem Kreml eine Rede, die das Lieblingsthema seines Lebens variierte: „Ich war noch sehr jung, als Gott mir meinen Vater und meine Mutter nahm. In meinem Namen haben die mächtigen Bojaren, die selbst herrschen wollten, Ämter und Würden an sich gerissen, sich mit ihren Ungerechtigkeiten bereichert und das Volk unterdrückt. Niemand widersetzte sich ihnen. In meiner traurigen Kindheit, von niemandem umsorgt, bei meiner jugendlichen Unerfahrenheit war auch ich selbst blind und taub. Ich hörte das Wehklagen der Armen nicht, und kein Wort des Tadels an die Adresse der Bösen kam aus meinem Mund." Er attackierte die Bojaren: „Ihr tatet, was ihr wolltet; ihr wart bestechlich, unmoralisch, habgierig, ihr übtet falsche Gerechtigkeit." Darauf folgte die Schlußfolgerung: „Ich bin schuldlos an diesem Blut. Euer aber wartet ein furchtbares Gericht des Himmels." Der Zar legte ein Regierungsprogramm vor, in dem er das Volk scheinbar zum Verbündeten im Kampf gegen die Bojaren berief: „Gott hat mir sein Volk anvertraut. Ich bitte euch, Gott zu vertrauen und mich zu lieben. Ich werde in Zukunft euer Richter und euer Beschützer sein. Missetaten der Bojaren und Würdenträger wird es nicht mehr geben, und ihr sollt zurückerhalten, was euch genommen wurde."

Iwan benötigte Reformer und durchgreifende Maßnahmen. Seine Bestrebungen fanden in einer Reihe befähigter Männer tatkräftige Unterstützung. Der 1564 aus Moskau nach Litauen geflohene Oberbefehlshaber der russischen Truppen im Livländischen Krieg, Fürst Andrei Kurbski, hat in seiner „Geschichte des Moskauer Großfürsten" für die kleine Gemeinschaft reformwilliger Persönlichkeiten die Bezeichnung „Auserwählter Rat" geprägt. Dem „Rat" gehörten er selbst, der Beichtvater Silvester, der Adlige Adaschew, der Dumasekretär Wiskowaty und der Moskauer Metropolit Makari an. Die von Iwan initiierten Veränderungen gingen auf den Einfluß dieser Berater zurück. Das betraf die Umgestaltung der zentralen und regionalen Verwaltungen, das 1550 erlassene Gesetzbuch „Sudebnik", die Neuregelung des Dienstes in Staat und Kirche, die Aufstellung der Strelitzenverbände und die Anstrengungen zur Eroberung von Kasan und Astrachan. Selbst ein positiver Einfluß Anastassijas auf dieses oder jenes Reformvorhaben darf nicht ausgeschlossen werden. Sie spielte jedoch keine offizielle Rolle und wurde in Dokumenten nicht einmal erwähnt. Aber sie besaß persönliche Kontakte zu Iwans Beratern und kannte deren Ansichten.

Iwans geistlicher Berater Silvester hatte z.B. mit dem „Domostroi" eine Hausordnung, einen Moralkodex für das tägliche Leben in Familie und Öffentlichkeit erarbeitet, dem sich auch die Zarin unterwerfen mußte. Die darin enthaltenen Lebensgrundsätze waren nicht neu, aber Silvester verlieh ihnen agitatorische Eindringlichkeit. Es gehörte zu den Aufgaben der vom Zaren erstrebten Reformen, das allgemeine menschliche Verhalten in der Familie und in der Öffentlichkeit dem durch die Tatarenherrschaft und die feudalen Fehden ausgelösten Wildwuchs der Sitten zu entziehen und eine Ordnung einzuführen, die dem staatserhaltenden Prinzip der Selbstherrschaft folgte. Nach dem „Domostroi" war das Familienoberhaupt das Maß aller Dinge. Es entschied über jegliches Wohl und Wehe aller Familienmitglieder, hatte maßvoll und sorgsam deren Persönlichkeit zu achten. Wie in der Familie, so im Staate. Es spricht für ein unter Iwan IV. in Moskau herrschendes urwüchsig-brutales und archaisches Leben, selbst in der Zarenfamilie, daß sich der „Domostroi" erst siebzig Jahre später unter den Romanows durchsetzte.

Mit den Jahren erhielten die Beziehungen zu den beratenden Freunden einen Riß. Silvester wollte den Selbstherrscher Moral lehren. Adaschew maßte sich mokante Seitenhiebe auf seinen Herrn, auf dessen Gattin sowie auf deren niedere Herkunft an. Iwan war überzeugt, daß er ein Gott wohlgefälliges Leben führte, das Reich schützte und mehrte, ein liebevoller Gatte und treusorgender Vater für seinen 1552 geborenen Sohn Dmitri war. Im Frühjahr 1553 erkrankte der Zar. Iwan fühlte den nahen Tod. Im Juni 1553 wurden die Mitglieder des Erlesenen Rats und die Bojaren von Iwan aufgefordert, den Treueeid auf den Thronfolger Dmitri Iwanowitsch zu leisten. Die Proklamierung zum Zarewitsch schloß die Möglichkeit einer langjährigen Regentschaft Anastassijas zwar in der Öffentlichkeit, aber nicht grundsätzlich aus. Die Bojaren fürchteten neue Machtkämpfe, wie sie während Iwans Kindheit den Hof beherrscht hatten. Eine Regentin niederer Herkunft erschien ihnen vollkommen unmöglich.

Die Familie Anastassija Romanows verlangte jedoch die Regentschaft Anastassijas nach Iwans Tod. Diesem Anspruch widersetzte sich die Familie Stariza. Wladimir Andrejewitsch Stariza war ein Vetter Iwans. Seine Mutter Efrosinja erinnerte sich mit Verachtung und Wut an die Regentschaft Jelena Glinskajas. Sie versuchte, die Thronerhebung ihres Sohnes Wladimir durch eine Verschwörung zu erzwingen. Das führte am Krankenbett Iwans zu schrecklichen Szenen. Der sterbende Zar mußte erleben, wie die Bojaren um sein Erbe feilschten. Er preßte flehendlich heraus: „Wenn ihr nicht das Kreuz küßt in Treue zu meinem Sohn, dann habt ihr also schon einen anderen Herrscher im Sinn ... Wer jetzt dem kleinen Herrscher nicht dienen will, der will auch dem großen, also mir selbst, nicht dienen ... Bedürft ihr aber Unser überhaupt nicht mehr, so ladet ihr dies als Sünde und Last auf eure Seelen." Die Szene zählte zu den Schlüsselerlebnissen in Iwans Leben. Man darf davon ausgehen, daß Anastassija über die Vorgänge im Detail informiert war.

Iwan zwang den Adel, das Kreuz zu küssen und Dmitri als Thronfolger anzuerkennen. Über eine Regentschaft Anastassjas wurde keine Entscheidung getroffen. Iwan wurde gegen alle Erwartungen gesund. Immer wieder erschien ihm ein wirres Bild vor den Augen, in dem Frau und Sohn hingemordet waren. Der Schock paarte sich mit der wunden Seele und floß fortan in mitunter animalische Rituale einer bitteren Lebensführung ein. Iwan vertraute niemandem mehr. Darunter litt auch seine Frau, die ihn aufrichtig liebte. Iwan verdächtigte den „Auserwählten Rat", die Reformen nur inszeniert zu haben, um die Macht des Selbstherrschers zu beschneiden. Seine engsten Freunde waren überrascht, als Iwan verkündete, er werde mit Frau und Kind eine Wallfahrt in den Hohen Norden zum Kloster des Heiligen Kyrill unternehmen. Auf dem langen Weg hielt er das erste Mal 60 Kilometer hinter Moskau an. Im Sergius-Dreifaltigkeitskloster lebte der berühmte Priester Maxim Grek. Iwan bat ihn um den Segen. Grek riet von der Reise ab: Wenn der Zar mit Gott sprechen wollte, dann könnte er das in den Kirchen Moskaus tun. Iwan sollte sich – gestützt auf die Kirche und auf die politischen Berater – besser um das Wohl der Landeskinder kümmern, statt irgendwelchen Phantasien nachzujagen.

Iwan war erschrocken und geriet in Zweifel, als Grek ihm drohte: „Wenn du nicht auf mich hörst, der ich dir sage, wie du gottgefällig handeln sollst ... wenn du hartnäckig auf deiner Pilgerfahrt bestehst, dann wisse, daß dein Sohn von dort nicht lebend zurückkehren wird." Iwan wies den Geistlichen nicht in die Schranken, aber er setzte die Pilgerfahrt fort. Die Zarenfamilie erreichte ihr Ziel, verrichtete die vorgeschriebenen Gebete und rüstete bald wieder zur Rückkehr nach Moskau. Der Thronfolger war bereits in das höfische Zeremoniell eingebunden. Zwei Bojaren hatten die Amme, die das Kind auf dem Arm trug, zu stützen. Sie gingen inmitten der feierlichen Prozession, die vom Kyrill-Kloster zum Landungssteg führte. Dort wartete die Barke des Zaren. Als die Familie den Steg betrat, brach dieser zusammen, und die ganze Gesellschaft fiel ins Wasser. Das Kind wurde zwar sofort aus dem Wasser geborgen, war jedoch bereits tot. Das Unglück geschah am 26. Juni 1553. Maxim Greks Prophezeiung hatte sich erfüllt. Nur so tief religiöse Menschen wie Iwan IV. und Anastassija konnten glauben, daß sie das Opfer ihres Ungehorsams gegen die Kirche geworden waren. Es liegt der Verdacht nahe, daß eine politische Verschwörung zum Schaden des Zaren stattgefunden hatte, um diesen an der Ausübung seiner autokratischen Regierungsabsichten zu hindern.

Iwan kehrte mit seiner Gemahlin nach Moskau zurück. Anfangs schien es, als gehe das Leben seinen gewohnten Gang. Anastassja brachte am 28. März 1554 den Sohn Iwan zur Welt. Dieser muß unmittelbar um jenen Zeitpunkt gezeugt worden sein, da Dmitri tödlich verunglückte. Sollte vielleicht doch eine Inszenierung des Zaren selbst vorgelegen haben, in das auch die Gemahlin Anastassija involviert gewesen ist? Während Anastassja in den folgenden Jahren noch zwei Kinder zur Welt brachte, 1556 die Tochter Jewdokija und im Mai 1557 den Zarewitsch und späteren Zaren Fjodor Iwanowitsch, dabei jedoch ihre Gesundheit mehr und mehr ruinierte, leitete Zar Iwan IV. einen politischen Wechsel ein, der über krasse Formen eines autokratischen Herrschaftsverständnisses hinaus ging.

Iwan begann, das Großfürstentum nach Westeuropa und nach Sibirien zu öffnen. Die Einbindung in das europäische Geschehen wurde durch Polen und Litauen behindert, die einer Barriere gleich zwischen Moskau und dem Westen lagen. Moskau begann 1558 den Livländischen Krieg. Iwan wollte den Zugang zur Ostsee. Der erste Schlag galt im Januar 1558 der reichen Stadt Narwa und eröffnete einen Krieg, der fünfundzwanzig Jahre währen und Rußland in den Ruin stoßen sollte. Die Russen drangen in Livland vor, und das persönliche Leben des Zaren erweckte den äußeren Anschein eines neuen Gleichgewichts, nachdem ihm Anastassija die Söhne Iwan und Fjodor geboren hatte. Es war nur ein Scheinglück. Iwan IV. hatte mit seiner Frau gut zusammengelebt. Die Zarin starb am 7. August 1560 nach langer Krankheit.

Anastassija Romanowna war durch ihre Eheschließung mit Iwan in das Licht der Öffentlichkeit getreten. Sie hatte während der Unruhen von 1547/48 an seiner Seite gestanden und in der Staatskrise von 1553 die Ereignisse miterlebt. Ernsthaft und bewußt wurde sie von der Öffentlichkeit erst durch ihren Tod wahrgenommen. Aus den Frauengemächern im Kreml drangen Einzelheiten über ihr Wesen, ihre Neigungen – über ihre Persönlichkeit. Anastassja ist nur dreißig Jahre alt geworden. Die zahlreichen Entbindungen haben ihre zarte Gesundheit geschwächt und mit Sicherheit zu dem frühen Tode geführt. Die Zarin schien sich beim Volke einer gewissen Beliebtheit erfreut zu haben. Die Chronik vermerkte: „Viele Tränen wurden ihretwegen vergossen, denn sie war zu allen barmherzig und gütig." Wohltätigkeit hatte zu ihren Aufgaben gehört. Anastassija wurde in der Christi-Himmelfahrt-Kirche des Kreml beigesetzt. Daran nahmen viele Menschen teil – wie es dem Brauch entsprach. Die Zarin scheint einen friedlichen Charakter besessen zu haben. Zumindest ist sie nicht macht-, rach- und streitsüchtig in der Art der Regentin Jelena Glinskajas aufgetreten. Ihr Einfluß auf Iwans Regiment ist nur indirekt erkennbar. Auch das Verhalten gegenüber den engsten Ratgebern ihres Mannes kann nur erahnt werden. Mit Silvester soll sie am Ende ihres Lebens einen offenen Streit gehabt haben. Vielleicht hat sie den Einfluß dieser Männer auf den jungen Iwan als bedrückend empfunden. Kritiker warfen Anastassija Gottlosigkeit vor. Das war allerdings nach allen Kenntnissen über ihre Lebensführung ungerechtfertigt.

Die Ehe war kompliziert gewesen. Die Schwierigkeiten wuchsen mit Anastassjas gesundheitlichen Beschwerden, vor allem jedoch durch die Probleme in der Reichsentwicklung und durch die Verschärfung negativer Charaktermerkmale bei Iwan. Der Zar betrog seine Gemahlin. Er machte in der Öffentlichkeit anstößige Bemerkungen und beschimpfte sie in grober Weise. Dennoch hing Iwan an seiner Frau. Als Anastassija starb, weinte er bitterlich und war mehrfach einer Ohnmacht nahe. In seinem weiteren Leben dachte Iwan mit Liebe und mit Reue an seine erste Frau zurück. Entscheidend für den Charakter ihrer Beziehungen war im Lichte der Vita Iwans, daß Anastassija in der emporstrebenden Phase reformerischen Aufbaus ganz offensichtlich einen positiven Einfluß auf ihren Gemahl ausgeübt hat. Was sie selber dachte und fühlte – darüber schweigen die Quellen. Aber die Tatsache, daß sie den kreativen Teil seines Lebens begleitet hat, könnte für das diskrete Einfühlungsvermögen einer Frau sprechen, deren Hauptaufgabe offiziell darin bestand, Thronfolger hervorzubringen. Dieser Verantwortung ist sie nicht ganz gerecht geworden. Selbst der Sohn Fjodor Iwanowitsch, der seinem Vater Iwan IV. 1584 auf dem Thron folgen sollte, ist Zeit seines Lebens ein kranker und schwacher Mensch geblieben.

Das Ableben Anastassijas war für Iwan ein Schlag, den er nur schwer verwinden konnte. Anastassija war der einzige Mensch, dem er am Ende der fünfziger Jahre noch vertraut hat. Sie ist eine liebevolle Persönlichkeit gewesen, die Iwan in seinen Selbstzweifeln Halt gegeben und es nicht versäumt hat, der Familie Romanow eine respektable Stellung am Hofe zu verschaffen.

Der Tod Anastassijas belebte die Fehden zwischen den Schuiskis, den Glinskis, den Starizas und auch den Romanows neu. Eine Woche nach dem Ableben Anastassijas baten Makari und die Erzbischöfe den Zaren, auf eine längere Trauerzeit zu verzichten, „um der christlichen Hoffnung willen schon früher (zu) heiraten und sich nicht weiter der Trübsal hin(zu)geben." Die Initiatoren hofften, eine Zarin aus einer anderen Familie werde die Romanows verdrängen. Mit einer geschickten Ehe konnte auch den zunehmenden Irritationen im Denken und Handeln Iwans entgegengewirkt werden.

Wieder wurde zunächst in Polen und Schweden nach einer Braut gesucht. Die Bemühungen scheiterten. Im Unterschied zur ersten Brautwahl griffen die Ratgeber dieses Mal nicht auf ein russisches Mädchen zurück, sondern erwählten die Tochter des kabardinischen Fürsten Temir Guki, die Fürstin Kutschenej. Sie war jung und schön, aber auch rachsüchtig, ungebildet und über die Maßen hochfahrend. Iwan nahm die Tscherkessin sofort als zweite Gemahlin. Das Mädchen nahm den orthodoxen Glauben an und erhielt den Namen Marija. Alle fremdländischen Bräute der russischen Thronfolger, Zaren und Kaiser mußten den russisch-orthodoxen Glauben annehmen, ehe sie geheiratet werden konnten. Auch im Falle der Fürstin Kutschenej besaßen Glaubenswechsel und Brautwahl einen machtpolitischen Hintergrund. Die Kabardiner waren im 13. Jahrhundert unter die Mongolenherrschaft geraten. Mit dem Untergang der Goldenen Horde zogen sie an die Flußgebiete des Terek und gerieten dort am Beginn des 16. Jahrhunderts unter die Tributherrschaft der Krimtataren. Die christlichen Kabardiner wurden massiv islamisiert. In ihrer Gegenwehr verbündeten sie sich mit den Russen. So ergab die exotische Brautwahl Iwans einen politisch-religiösen Sinn. Die Berater Iwans fürchteten allerdings, daß die orthodoxen Moskauer den politischen Hintergrund nicht verstanden und daß die Tataren oder Türken die Eheschließung durch ein Attentat oder einen gelenkten Aufstand vereiteln könnten. Darum erging eine Anordnung, die allen Moskauern und Ausländern das Verlassen ihrer Höfe während der dreitägigen Hochzeitsfeierlichkeiten unter Androhung der Todesstrafe verbot.

Iwan hatte mit Anastassijas Tod einen starken persönlichen Halt verloren. Die ihm eigenen negativen Charaktereigenschaften brachen sich ebenso Bahn, wie die Kriegsniederlagen überwogen und die innenpolitischen Zwistigkeiten brutaler wurden. Marija wirkte nicht mäßigend auf ihn ein. Iwan erinnerte sich daran, daß Silvester und Adaschew abfällig über Anastassija gesprochen hatten. Er machte die Ratgeber für den Tod seiner ersten Frau verantwortlich und verstieß die ehemaligen Freunde, plötzlich und unmotiviert.

Seine Missetaten trennten Iwan IV. auch von einem Mann, zu dem ein besonders freundschaftliches Verhältnis bestanden hatte: Fürst Andrei Kurbski. Der beobachtete, wie sich Iwan nach 1560 nicht nur der besten Freunde entledigte, sondern die Strafaktionen auf deren Familien und auf die gesamte Aristokratie ausdehnte. Im Frühjahr 1564 erlitten die russischen Truppen eine Niederlage. Kurbski, seit 1563 Statthalter in Dorpat, fürchtete, für den militärischen Fehlschlag verantwortlich gemacht zu werden – er entschloß sich zur Flucht nach Polen/Litauen. Kurbski und Iwan IV. haben in den folgenden Jahren in einem Briefwechsel tief in das innere Leben Rußlands und des Zaren Iwan geblickt. Kaum eine Quelle sagt so viel über Iwan aus. Bei den Briefen, insgesamt sieben – zwei von Iwan und fünf von Kurbski –, ist zu beachten, daß Kurbski weder ein Held noch ein Dissident gewesen ist. Mit den Anklagen gegen Iwan IV. hat er eine Rechtfertigung für den eigenen Verrat gesucht. Der Verrat des Freundes schlug tiefe Wunden und die klafften gerade an jener Stelle, an der Zar Iwan voller Mißtrauen, Selbstzweifel und Verzweiflung war: Wenn schon der Freund zum Verräter wurde – was waren dann die anderen Aristokraten?

Bei dem Briefwechsel ging es in erster Linie um die persönliche Zwietracht zweier Männer, die einstmals Freunde und nun erbitterte Feinde waren – die sich in ihrem gegenseitigen Haß und in ihrer Verbitterung rückhaltlos selbst darstellten und dabei der Zeit einen Spiegel vorhielten. Obwohl Zarin Anastassija nur an einer Stelle erwähnt wurde und die Ehen Iwans kein Gegenstand der Polemik waren, vermittelt der Briefwechsel einen Einblick in die persönlichen Denkweisen Iwans, die sich in der einfachen Formel zusammenfassen ließen: Das Weib sei dem Manne untertan. Iwan IV. hatte in seinem „Sendschreiben" an Kurbski die Wahrheit gesagt, wenn er schrieb, daß er mehr Missetaten „als Sand ist am Meer" begangen hat. Die Morde, Hinrichtungen und Verbannungen am Beginn der sechziger Jahre waren das Vorspiel zum Höhepunkt des Dramas. Das vollzog sich seit dem Jahre 1564. Es ist nichts darüber bekannt, daß sich die zweite Gemahlin Iwans den Greueltaten in den Weg gestellt hätte.

Im November 1564 versammelte Iwan Aristokraten, Geistliche und Würdenträger um sich. Er erklärte, daß er nur noch von Verrat, Untreue und Ungehorsam umgeben sei. Er fürchte für sein eigenes und das Leben seiner Gemahlin. Es sei an der Zeit, auf den Thron zu verzichten. Ohne auf Einwände zu warten, legte Iwan Krone, Zepter und Ornat ab und ließ die konsternierten Bojaren allein. Allerdings wurden ihm die Reichs-insignien nachgetragen. Iwan tauchte in Moskauer Kirchen auf und steckte geweihte Geräte, Ikonen und Reliquien ein. Am 3. Dezember 1564 erschien er in der Uspenski-Kathedrale und nahm an der Mor-genmesse teil. Anschließend segnete er die Menschenmenge mit dem Kreuz, stieg in seinen Schlitten und fuhr schweigend davon. Wenige Tage später zog Iwan mit über hundert Schlitten, seiner Familie und der persönlichen Habe aus dem Kreml aus. Der Zug bewegte sich nach Kolomenskoje, zum Sergius-Dreifaltigkeitskloster und hatte Ende De-zember die Alexandrowskaja sloboda, etwa 100 Kilometer von Moskau entfernt, erreicht. Am 3. Januar 1565 schickte Iwan zwei Briefe nach Moskau. Die Schreiben mußten öffentlich verlesen werden. Während der erste Brief voller wilder Anklagen gegen die Bojaren war und mit dem Thronverzicht endete, war der Brief an das Volk ganz anders gehal-ten. Auch er sprach von Rücktritt, zeigte aber keinerlei Zorn gegen die einfachen Menschen. Das Moskauer Volk glich einer hirtenlosen Schaf-herde und bedrängte den Metropoliten Afanassi, den Zaren um die Rück-kehr auf den Thron zu bitten. Afanassi erfüllte diesen Wunsch in einer Petition.

Der Erzbischof von Nowgorod, Pimen, nahm es auf sich, das verhäng-nisvolle, Wort auszusprechen: „Sollten aber Verrat und Bosheit in unse-rem Lande, wovon wir keine Kenntnis haben, dich Gossudarj in Betrüb-nis versetzen, so steht es in deinem Willen, die Schuldigen streng zu bestrafen oder ihnen Gnade zu erweisen." Iwan zierte sich und beschwor die Bedrohung für seine Familie. Er behauptete erneut, Anastassija sei ermordet worden. Erst nach einigen Tagen gab er die Antwort und stellte für seine Rückkehr zwei Bedingungen. Er verlangte freie Hand bei der Abrechnung mit den „Verrätern" und eine radikale Umgestaltung des Staates. Iwan forderte den Bruch mit der traditionellen Bojarenschaft. Dafür prägte er den Begriff „Opritschnina" (Das Abgesonderte). Er meinte ein territoriales Sondergebiet, in dem kein Bojar eigenen Grund und Boden besitzen dürfte und das allein dem Zaren zur Verfügung ste-hen sollte. In der Opritschnina wollte Iwan IV. seine Vorstellungen von einem autokratischen russischen Staat verwirklichen. Das übrige Ruß-land, die Semschtschina – so Iwan IV. –, dürfe von einem Bojarenrat regiert werden. Die Kriege gegen Polen, Litauen und gegen die Türken würde man gemeinsam führen und den „Verrätern" sollten Iwans Jani-tscharen in ganz Rußland nachstellen dürfen. Die Abgesandten der Kirche stimmten Iwans Vorschlägen zu.

Im Februar 1565 kehrte Iwan mit seiner Frau Marija nach Moskau zurück. Beide sollen abgezehrt, müde und gealtert gewirkt haben. Der Rachefeldzug gegen die „Bojarenverschwörung" begann. Es folgten elf blutige Jahre, in denen Iwan der Schreckliche seine Lebensphilosophie praktizierte: „Ihr sagt, Gott habe dem Menschen, den er schuf, Freiheit und Würde gegeben. Das trifft so nicht zu. Adam wurde zwar mit Macht und freiem Willen ausgestattet, weil er jedoch Gottes Befehl nicht befolgte, wurde er hart bestraft, seine Macht wurde ihm genommen, und er fiel in Ungnade, vom Licht in die Dunkelheit, vom Glanz der Nacktheit in die Gewänder aus Häuten, vom Müßiggang zur Sorge um das tägliche Brot, von der Unsterblichkleit in die Sterblichkeit, vom Leben in den Tod." Der Sinn derartiger Bilder war stets gleich: Er, Iwan IV., war als Selbstherrscher berufen, alle Verräter und Übeltäter zu bestrafen. Was mag da die Frau an seiner Seite empfunden haben?

Marija war eine schöne Frau, aber sie beherrschte die russische Sprache nicht und gab sich auch erst später Mühe, sie zu erlernen. Über Iwan IV. ist geurteilt worden, daß alle weiteren Ehen nach der langen Gemeinsamkeit mit Anastassija wie im Rausch vergingen und Ausdruck seines gehetzten, grausamen und verzweifelten Lebens waren. Das Urteil muß für die Ehe mit Marija relativiert werden. Iwan und Marija waren immerhin acht Jahre miteinander verheiratet – bis zu deren Tod. Gerüchte, sie sei vergiftet worden, scheinen haltlos. Marija hat nur ein Kind zur Welt gebracht, den Sohn Wassili, der bald nach der Geburt gestorben ist. Sie selbst ist offensichtlich in Folge einer natürlichen Krankheit gestorben. Die Ehe mit einem kaukasischen Mädchen blieb in der Geschichte der russischen Herrscherhäuser eine Ausnahmeerscheinung und paßte schwer in die Regeln, denen die Zarenfamilie unterworfen war. Die Jahre, die Marija mit Iwan verbrachte, zählten zu den Höhepunkten seiner Schreckensherrschaft und waren nicht mehr mit den Reformjahren vergleichbar. Es wirkte wie ein Symbol, daß Marijas Tod und das schreckliche Ende des Metropoliten Philipp zeitlich zusammenfielen.

Als die Kirchenfürsten merkten, wohin die Willkür Iwans trieb, suchten sie nach einem rettenden Ausweg. Der Metropolit Makari war 1563 gestorben. Die Auswahl eines Nachfolgers stand im Zeichen des neuen Machtkampfes. Philipp Kolytschow, Abt des Solowezki-Klosters am Weißen Meer, wurde Rußlands neuer Metropolit. Iwan hatte ihn ausgewählt, weil Philipp eine kluge und geistvolle Persönlichkeit mit starkem Willen war. Iwan irrte, wenn er glaubte, einen gefügigen Gottesmann an seiner Seite zu haben. Philipp predigte unüberhörbar gegen die Verbrechen der Opritschnina. In einer öffentlichen Kampfansage verweigerte er Iwan am 22. März 1568 in der Mariä-Himmelfahrts-Kathedrale den kirchlichen Segen. An gleicher Stelle war Iwan zwanzig Jahre zuvor mit der Gemahlin Anastassija gekrönt worden! Der Zar war in der schwarzen Kutte der Opritschniki erschienen, und Philipp starrte ihn an: „Ich erkenne den rechtgläubigen Zaren in diesem seltsamen Gewand nicht und auch nicht in seinen Handlungen. Ihr habt die Reichweite eines Segens hinter euch gelassen. Fürchtet das Gericht Gottes, o Zar!" Gedungene Geistliche beschuldigten Philipp des Aufruhrs und Verrats. Ein Kirchengericht verurteilte ihn zu lebenslanger Haft in einem Kloster bei Twer. Ein Jahr später wurde er von Maljuta Skuratow, dem Anführer der Opritschniki, erwürgt.

Der Zar hatte im Jahre 1569 mit Marija eine Reise nach Wologda unternommen. Dort erreichte ihn die Nachricht von einer „Verschwörung" in Nowgorod. Marija war in Wologda erkrankt. Iwan eilte nach Moskau zurück. Der Bojar Basmanow sollte für die sichere Heimkehr Marijas sorgen. Sie gelangten noch bis zur Aleksandrowsker sloboda, dort verstarb die zweite Gemahlin Iwans IV. am 6. September, ohne tiefere Spuren in der russischen Geschichte hinterlassen zu haben. Selbst in politischer Hinsicht hatte die Ehe ihr Ziel verfehlt. Zwei Jahre nach Marijas Tod drangen die Krim-Tataren bis Moskau vor und brandschatzten die Zarenstadt. Iwan hat um Marija nicht getrauert, obwohl sie ihm acht Jahre lang zur Seite gestanden hatte. Den relativ ruhigen Reformjahren mit Anastassija waren die grausamen Exzesse der Opritschnina gefolgt. Eine aktive Schuld oder Mitwirkung kann Marija daran nicht nachgewiesen werden. Vielleicht wissen wir es auch einfach nicht.

Wer war Marfa Sobakina?

Kurze Zeit nach dem Tode Marijas ließ der Zar 1570 verkünden, er wolle nicht lange auf eine neue Hochzeit warten. Der Livländische Krieg machte eine Brautsuche im Ausland unmöglich, und der Zarenhof warb wieder unter den Mädchen des eigenen Landes. Dieses Mal besaßen keine Bojarentöchter den Vorrang, sondern der Dienstadel entsandte 1500 Bewerberinnen zur Brautschau. Die endgültige Wahl traf Iwan mit Unterstützung des skrupellosesten aller Opritschniki, Maljuta Skuratow. Er entschied sich für ein Mädchen namens Marfa Sobakina, von dem nicht einmal das damalige Alter bekannt ist. Man weiß nur, daß Marfa zur erweiterten Familie Maljuta Skuratows gehörte. Marfa begann unmittelbar nach der Verlobung zu „welken" und hätte eigentlich aus dem Wettstreit um die Liebesgunst des Zaren ausscheiden müssen. Iwan verließ sich nach Skuratows Ratschlägen auf den Willen Gottes und heiratete das schwerkranke Mädchen im Oktober 1571 trotz aller Gegenreden. Die Ehe ist nicht vollzogen worden. Das wurde vom Klerus offiziell bestätigt. Da der Zar Marfa geheiratet hatte, rechnete sich Skuratow zur Verwandtschaft des Zaren und nutzte das, um seinen Einfluß weiter zu steigern. Es ist nicht auszuschließen, daß das Mädchen also lediglich benutzt worden ist, Skuratow näher an den Hof heranzubringen. Nur einen Monat nach der Eheschließung starb Marfa. Die Gerüchte, Marfa sei von „bösen Leuten" vergiftet worden, hielten sich hartnäckiger als im Falle Anastassijas oder Marijas.

Anna-Marija Koltowskaja und das Ende der Opritschnina

Iwans Entschlüsse zur Eheschließung sind in jedem Falle schnell und heftig getroffen worden. Nach Marfas Ableben im November 1571 wurde die Brautsuche ohne größere Unterbrechung fortgesetzt. Aus mehreren Auswahlrunden entschied sich Iwan für ein Mädchen namens Anna-Marija Koltowskaja. Anna entstammte gleichfalls dem übelriechendem Dunstkreis Maljuta Skuratows. Sie war kräftig, gesund und ansehnlich. Iwan heiratete sie im April 1572. Ihre Verwandten waren von so niederer Herkunft, daß Iwan es nicht wagte, sie der Bojarenduma vorzustellen. Die Ehe bestand nur bis zum September 1572. Dann wurde die junge Gemahlin willkürlich in ein Kloster verbannt, und ihre Verwandten gingen der gerade erhaltenen Ländereien verlustig. Anna ist sehr alt geworden und hat ihren Mann um viele Jahre überlebt. Sie starb im Jahre 1626. Auch diese Ehe besaß ihren Grund in dem Versuch, den Opritschnina-Adel zu stärken. Ihr Schicksal glich dem der Opritschnina selbst.

So kurz und abenteuerlich die Ehe war, es war die erste Verbindung Iwans, die nicht mit dem Tode der Gemahlin endete. Die Abschiebung in das Kloster kam einer Scheidung gleich und hätte sich im Falle eines Adligen oder Bürgers nach bestimmten kirchenrechtlichen Regeln vollziehen müssen. Theoretisch war die christliche Ehe nach der orthodoxen Theologie nicht auflösbar. Da für den Ehemann der erste mögliche Scheidungsgrund die nicht angezeigten Kenntnisse der Gemahlin von einer Verschwörung gegen den Zaren war, konnte für den Zaren selbst keine Schwierigkeit bestehen, sich seiner Partnerin auf diese Weise zu entledigen. Der Klostereintritt bedurfte der Bestätigung durch den Erzbischof, und auch von dieser Seite hatte Iwan keine Probleme zu erwarten.

Iwan IV. erreichte mit der Opritschnina einige der selbstgesteckten Ziele. Er dezimierte die alte Bojarenaristokratie bis zur Machtlosigkeit. Von ursprünglich etwa 200 Familien überlebten 20. Mit der Opritschnina wuchs ein neuer Dienstadel heran, dem Selbstherrscher treu ergeben. Iwan IV. schuf eine neue Staatsidee und suchte sie mit brutalsten Mitteln zu verwirklichen. Aber er konnte ihr keine endgültige Gestalt verleihen. Statt dessen stürzte er Rußland in eine wirre Zeit. Seine Zukunftsvision erwies sich langfristig als stabil. In unmittelbarer Wirkung zerstörte sie mehr, als sie aufbaute. Davon zeugten sowohl die Opritschnina als auch der Livländische Krieg. Der Krieg in Livland entwickelte sich wenig erfolgreich. Mit der Opritschnina versiegten die wirtschaftlichen Hilfsquellen. Nach sieben Jahren hatten die Opritschniki etwa 4000 der vornehmsten Würdenträger des Reichs mit ihren Familien, aber auch einflußreiche Adlige, Kaufleute und Bürger aus Nowgorod, Pskow und anderen Städten massakriert.

Im Jahre 1572 wurde die Opritschnina aufgehoben. Ebenso überraschend und unvermittelt, wie Iwan das grausige Schauspiel inszeniert hatte, ließ er den Vorhang darüber fallen. Iwan schien müde geworden, alt und verbraucht. Der Zar schrieb für seine beiden, 1554 und 1557 aus der Ehe mit Anastassija hervorgegangenen Söhne Iwan und Fjodor ein Vermächtnis und klagte: „Mein Leib ist erschöpft, mein Geist leidend; der Schorf meiner seelischen und körperlichen Wunden hat sich vermehrt und es gibt keinen Arzt, der mich heilen könnte. Ich sehnte mich nach einem Menschen, der meinen Gram mit mir geteilt hätte, aber niemand ist da. Ich habe keine Tröster gefunden." Er war ratlos und dachte daran, sich in das Ausland zurückzuziehen. An dem deprimierenden seelischen Zustand sollten auch Iwans weitere Ehen nichts ändern. Neue Günstlinge kamen und gingen. Maljuta Skuratow wurde aus der unmittelbaren Umgebung Iwans verstoßen und Mädchen seiner Protektion besaßen keine Chancen mehr. Die Episode der Ehe mit Anna-Marija Koltowskaja war auch ein Signal für den Abbruch der Opritschnina. Als Maljuta Skuratow fiel, ging die Opritschnina zu Ende, und Anna-Marija wurde verstoßen.

Zweifelhafter Wechsel der Günstlinge am Hof: Anna Wassiltschikowa

An die Stelle Skuratows trat neben anderen als neuer Günstling Wassili Umnoi-Kolytschew. Unter dessen Einfluß ging Iwan IV. im Jahre 1575 eine neue Ehe ein. Er heiratete ein Mädchen namens Anna Wassiltschikowa. Anna gehörte zum Einflußbereich Kolytschews, offenbar jedoch nicht zu dessen unmittelbarer Familie. Die Hochzeit Iwans mit Anna Wassiltschikowa wurde nicht nach altem Brauch, sondern lediglich in kleinem Kreise gefeiert. Trotz des unauffälligen Festes nahmen zahlreiche Mitglieder der großen Familie Kolytschews daran teil. Hier drängte eine neue Klientel an den Zarenhof. Sie geriet jedoch mit der engeren Familie der Braut in Konflikt. Die Brüder der jungen Zarin Anna kämpften um die Stärkung ihres eigenen Einflusses auf den Zaren und wollten nicht von der Gunst Kolytschews abhängig bleiben. Beide Parteien buhlten um die Gunst der Kirche und spendeten Geld für das wehrhafte Troitza-Sergius-Kloster. Die Familien verloren den Kampf gemeinsam: Kolytschew wurde hingerichtet und Anna in ein Kloster verbannt, in dem sie 1576 starb. Die Ehe mit dem Zaren hat kein Jahr bestanden und endete auf die gleiche Weise wie die vorausgegangene Verbindung. Die Kirchenfürsten begannen, mißmutig auf die weiteren Heiratsabsichten Iwans zu blicken. Sie konnten nicht jedes weitere Eheabenteuer des Zaren gutwillig decken. Zunächst durften sie aufatmen. Im Unterschied zu vorausgegangenem Verhalten strebte Zar Iwan IV. nicht sofort nach einer neuen Gemahlin. In den Jahren 1575/76 trat eine neue innenpolitische Situation ein, die sich auch auf Iwans Eheverhalten auswirkte.

Die Furcht um das eigene Leben mag ein Grund gewesen sein, daß die Opritschnina in den Jahren 1575/76 als „Teilfürstentum" (udel) von Iwan noch einmal für kurze Zeit wiederbelebt wurde. Wieder zog er demonstrativ aus dem Kreml aus und logierte als „Fürst Iwanez von Moskau" auf dem Arbat, in Sichtweite der Kremlmauern. Er setzte den tatarischen Fürsten von Kasimow als „Zaren Simeon (Sain Bulat) Bekbulatowitsch" ein. Im Jahre 1564 war der Auszug Iwans in die Alexandrowskaja sloboda eine kalkulierte Farce. Der neue Schritt glich einer irrwitzigen Posse. Erneut fielen Bojarenköpfe, verzweifelte Nowgorod unter einer Neuauflage der blutigen Strafexpedition von 1571.

Bekbulatowitsch tat Iwan jeden Gefallen. Er gab ihm alle notwendigen Vollmachten, die Iwan benötigte, um seinen Blutdurst und seine Rachsucht an den Opritschniki zu stillen. Der Opritschnina hatte die Vorstellung zugrunde gelegen, die Selbstherrschaft durch die Ausschaltung der alten Aristokratie festigen zu können. Für Iwan IV. gab es auch jetzt Gründe, die Posse mit dem Pseudozaren zu spielen. Er benutzte abermals „das verderbte Verhalten unserer Untertanen" als Motivation für das merkwürdige Spiel. Er behielt sich das Recht vor: „Wenn es uns gefällt, können wir die Würden wieder an uns nehmen." Nach einem Jahr verschwand der Großfürst Simeon Bekbulatowitsch spurlos von der russischen Bühne.

Die geheime Liebe und die Erbin – Wassilissa Melentjewa und
Marija Nagaja

Zwischen dieser zweiten Opritschnina und einer weiteren spektakulären Bluttat, der Ermordung des Sohnes Iwan im Jahre 1581, schloß Zar Iwan zwei neue Ehen. Im Gegensatz zu den bisherigen politisch motivierten fünf Eheschließungen scheint die sechste Braut eine Dame gewesen zu sein, die der Zar aus persönlicher Leidenschaft heiratete. Es soll sich um die bereits ältere Witwe des Djaken (Sekretär) Melenti Iwanow, Wassilissa Melentjewa, gehandelt haben. Die reale Existenz Wassilissas ist angezweifelt worden. Letztlich neigt die wissenschaftliche Forschung zu der Meinung, daß sie tatsächlich gelebt hat und mit Iwan verheiratet war. Der Zar hat ihre Kinder Fjodor und Marija im Jahre 1579 mit ansehnlichen Erbgütern beschenkt – der Besitz ist im Grundbuch von Wjasma verzeichnet worden. Da der Vater Melenti Iwanow keinerlei Verdienste erworben hatte, vielleicht nicht einmal adlig gewesen ist, kann diese Schenkung nur mit einer Eheschließung Wassilissas in Verbindung gebracht werden. Allerdings hat Wassilissa nur bis zum Jahre 1580 gelebt. Die Liebesheirat ist eine Episode geblieben und hat Iwans Leben weder verändert, noch sichtbar beeinflußt.

Iwan mag um den frühen Tod Wassilissas getrauert haben. Das hat ihn nicht gehindert, im Jahre 1580 erneut nach einer schnellen Eheschließung – der siebten – zu suchen. Zu den neuen Günstlingen der zweiten Opritschnina gehörte ein gewisser Afanassi Nagoi, der dem Zaren u. a. als Gesandter am Hofe des Krim-Khans Dienste leistete. Nagoi vermittelte seine Nichte Marija Nagaja erfolgreich an den Zaren. Im Jahre 1580 fand die Hochzeit statt. Aber Iwan maß der Ehe keine große Bedeutung bei, zumal die Kirche deren Rechtmäßigkeit bezweifelte. Moskau strebte während des Livländischen Krieges ein Militärbündnis mit England an, um seine Schwäche in der Ostsee durch britische Schiffe zu kompensieren. Der Königliche Rat Englands verweigerte die Ratifizierung des in Wologda geschlossenen Vertrags. Iwan IV. titulierte Englands Königin Elisabeth I. nach der Absage als kraftloses ordinäres Frauenzimmer und als alte Jungfer. Der Schimpf hinderte Iwan jedoch nicht, Brautwerber zu Elisabeth zu entsenden. Er wollte dem Zarenthron entsagen, Rußland verlassen und seinen Lebensabend an der Seite ihrer britischen Majestät verbringen. Der Antrag wurde in London zurückgewiesen. Iwan ließ sich nicht entmutigen. Konnte er die Königin nicht bekommen, wollte er sich mit einer Hofdame begnügen: Mary Hastings. Der russische Gesandte am Londoner Hof, Pissemski, erklärte, daß der

Zar sich von Marija Nagaja scheiden lassen wolle, denn er, „der groß-
mächtige Zar, hat in seinem Staate eine ihm nicht ebenbürtige Bojaren-
tochter zu sich genommen. Wenn aber die Nichte der Königin gut gewachsen und dieser großen Sache würdig ist, so ist unser Zar bereit ...,
seine Frau zu verlassen und um die Hand der Nichte der Königin anzu-
halten." Die Werbung war heftig. Moskau mußte die mit dem Livländischen Krieg verbundene außenpolitische Isolierung überwinden und
wollte durch eine Verbindung mit dem englischen Hof sein Prestige
erhöhen.

Iwan ließ Informationen über die Vermögenslage der potentiellen
Braut einziehen. Königin Elisabeth I. lehnte die Verbindung jedoch ab.
Man teilte in Moskau mit, Mary Hastings stehe der Königin ferner als
alle anderen Nichten, sie besäße eine sehr schwache gesundheitliche
Konstitution und sei außerdem nicht besonders schön. Pockennarben
entstellten ihr Gesicht. Zar Iwan drängte. Es kursierte das Gerücht, er
wollte unter Mitnahme des Staatsschatzes nach England entweichen,
dort heiraten und als Emigrant leben. Alle Bemühungen scheiterten.
Iwan blieb in Moskau, und Marija Nagaja blieb der Nonnenschleier vorerst erspart.

Sechs Gemahlinnen hatte Iwan vor Marija Nagaja besessen. Lediglich
Anastassija hatte ihm Kinder geboren. Von den sechs Kindern lebten am
Beginn der achtziger Jahre nur noch die beiden Söhne Iwan und Fjodor.
Offensichtlich verdächtigte Iwan auch den 1554 geborenen Sohn Iwan,
das Thronerbe vorzeitig antreten zu wollen. Iwan IV. war nicht entgan-
gen, daß die Bojaren Hoffnungen auf den Thronfolger setzten. Da der Zar
nach 1578 häufig erkrankte, wuchs sein Mißtrauen gegen den Sohn nur
noch mehr an. Der Konflikt spitzte sich zu und endete im November
1581 mit einer Katastrophe. In einem zunächst belanglosen Familienstreit – Zar Iwan erregte sich, weil die schwangere Schwiegertochter
ohne die vorgeschriebene Kleidung in der Sonne lag – suchte der Sohn
seine Frau vor dem tobenden Vater in Schutz zu nehmen. Der Zar schlug
mit seinem eisenbewehrten Stab zu. Der Sohn verstarb drei Tage später
an den Folgen der Verletzung. Der im Affekt vollzogene Schlag hat dazu
beigetragen, das Bild vom „Schrecklichen" zu zeichnen. Die Bluttat war
nicht zu verzeihen. Dennoch erschütterte der Totschlag den Zaren derart, daß er sich bis zu seinem Tode im März 1584 nicht wieder erholte.
Als der Sohn in der Moskauer Erzengel-Kathedrale beigesetzt wurde,
brach Iwan IV. fassungslos weinend zusammen. Der Kreml glich fortan
einem Kloster. Iwan legte die prachtvollen Zarenkleider niemals wieder
an. Er ließ Gedenkbücher mit den Namen aller seiner Opfer anfertigen

und für die Gemordeten Seelenmessen lesen. Dennoch: Mit seiner jähzornigen Maßlosigkeit trug der Zar zum Ende der Rjurikidendynastie
bei.

Nach dem Tod des Thronfolgers Iwan blieb nur noch der als schwachsinnig geltende Sohn Fjodor als Erbe übrig. Trotz aller Trauer und Zerrüt-
tung erlebte Zar Iwan IV. ein spätes Glück. Am 19. Oktober 1582 gebar
ihm Marija Nagaja den Sohn Dmitri. Damit gab es neben dem kranken
Fjodor nun einen neuen Prätendenten auf den Zarenthron. Auch diese
Hoffnung sollte sich als trügerisch erweisen.

Das nahende Ende der Herrschaft und der Dynastie war nicht nur
durch das irrationale Wesen des Zaren gekennzeichnet. Der Totschlag an
Iwans Sohn wirkte wie ein Symbol. Im gleichen Jahr ging der Livländische Krieg verloren. Zar Iwan sah die einzige Verantwortung für den
Niedergang des Reichs im Verrat der Bojaren. Iwan IV. resignierte, er
besaß keine Kraft mehr. Er setzte für seinen Sohn Fjodor einen Regentschaftsrat unter der Leitung eines Bojaren aus der Familie Romanow ein,
aber am 18. März 1584 starb Iwan: Er hatte gerade Schach gespielt. Der
Zar hinterließ einen wenig zur Regierung geeigneten Thronfolger. Das
Reich befand sich in einem desolaten Zustand. Dennoch bleibt Iwan IV.,
ein hühnenhafter und massiger Mann, in der Geschichte der russischen
Autokratie eine überragende Persönlichkeit. Der Ruhm entstand vor
allem, weil er die Inkarnation des autokratischen Selbstwertgefühls war.
Iwan verstand sich als ein von Gott gesandter Richter über die Bösen.
Sein Schicksal bestand darin, die Bestrafung des Bösen als persönliche
Schuld auf sein Gewissen zu laden. Den Bluttaten folgten selbstquäle-
rische Bußgebete voller innerer Verzweiflung. Der Selbstherrscher Iwan
verstand die eigene Gewalttat gegen Menschen als Opfer für seine
Untertanen. Die angetrauten Gemahlinnen besaßen in diesen Denk-
und Verhaltensweisen keinen herausragenden Platz. Das Wesen des
Zaren, unzureichende historische Quellen und ein nicht zu übersehen-
der allgemeiner Niedergang im Status der russischen Frau während des
16. Jahrhunderts lassen die Gemahlinnen Iwans nur schemenhaft in
Erscheinung treten. Dennoch, der Tiefpunkt in der sozialen und gesellschaftlichen Stellung der russischen Frauen stand noch bevor. Um so
bemerkenswerter war es, daß Iwans letzte Gemahlin, Marija Nagaja, in
den folgenden wirren Jahren eine geradezu auffällige Rolle spielen sollte.

Zar Demetrius I.

2. Kapitel

Wie Herbstlaub im Winde –
Zarinnen im Knäuel „wirrer" Intrigen

Irina Fjodorowna Godunowa
(? – 26. Oktober 1603)
Gattin des Zaren Fjodor (I.) Iwanowitsch seit 1580

Marija Grigorjewna Bjelskaja-Skuratowa
(? – 10. Juni 1605)
Gattin des Zaren Boris Godunow seit 1571 oder 1572

Maryna Mniszchowna, Tochter des Wojewoden von Sandomir
(ca. 1588 – 1614)
*Gattin des ersten falschen Demetrius seit 8. Mai 1606 –
Anerkennung als Ehefrau durch den zweiten
falschen Demetrius nach 1606*

Jelena Repnina
Erste Gattin des Zaren Wassili Schuiski

Marija Petrowna Buinosowa-Rostowskaja
Zweite Gattin des Zaren Wassili Schuiski seit 1608

Sieben Gemahlinnen hatte Zar Iwan IV. – Der „Schreckliche" sollte mit sieben Frauen für die Geschichte der in Rußland herrschenden Dynastien eine Ausnahmeerscheinung bleiben. Die Ehefrauen wurden von Chronisten und Historikern zur Illustrierung der für den Herrscher besonders charakteristischen Episoden und Merkmale herangezogen. Ein eigenständiges Lebensbild im umfassenden Sinne gewährte man ihnen nicht. Ausländer sahen die Gemahlinnen nur zu offiziellen Anlässen oder tief verschleiert und abgesondert in der Kirche. Sie besaßen keinen Zugang zu deren Erlebnis- und Geisteswelt. Der „Domostroi" setzte zivilisatorische Maßstäbe, die im Prinzip auch für die nachfolgenden Zaren Fjodor I. Iwanowitsch, Boris Godunow und deren Ehefrauen galten. Dennoch gab es eine gewisse Ausnahme: Irina Godunowa, Gemahlin Fjodors und Schwester Godunows.

Als Iwan 1584 starb, bestieg der Sohn Fjodor den Zarenthron. Fjodor galt als schwachsinnig und nicht regierungsfähig. Er war zu Lebzeiten Iwans im Jahre 1580 mit Irina Fjodorowna Godunowa verheiratet worden, und aus dieser Ehe ging 1592 die Tochter Feodossija hervor. Das Mädchen wurde nur zwei Jahre alt. Für Fjodor war die Heirat mit der Schwester Boris Godunows, eines der engsten Gefolgsleute Iwans des Schrecklichen aus den Reihen der Opritschniki, sehr bedeutungsvoll.

Der Schlüssel zu dem engen machtpolitischen Beziehungsgeflecht, das sich in den folgenden Jahren zwischen Marija Nagaja, deren Sohn Dmitri, Zar Fjodor I. und dessen Gemahlin Irina entwickelte, lag in den Händen der starken Persönlichkeit Boris Godunows. Irina Godunowa spielte im Unterschied zu den vorausgegangenen Zarinnen eine öffentliche und politische Rolle, die vom allgemeinen Bild der im Terem verborgenen Frau bereits abwich. Die Zeugnisse über Irinas Leben sind allerdings gering und belegen nicht schlüssig, ob sie ihre intellektuellen Fähigkeiten aus eigenem Selbstbewußtsein und Machtwillen oder im Dienste Boris Godunows wahrgenommen hat. Die Vermutung liegt nahe, daß sie eher ein Instrument in Godunows harten Händen geblieben ist.

Boris Godunow hatte 1570 die Tochter des Opritschniks Maljuta Skuratow, Marija Grigorjewna Bjelskaja-Skuratowa, geheiratet. Das bis zu jenem Zeitpunkt völlig unbekannte Mädchen unterwarf sich gehorsam dem politischen Aufstieg des Ehemanns und sollte tragischer als dieser selbst enden. Boris Godunow überzeugte Zar Iwan IV. nicht nur durch diese verwandtschaftliche Nähe zur Spitze der Opritschniki. Iwan schätzte den schönen Mann von majestätischem Wuchs und durchtriebenem Verstand. Boris Godunow besaß das Ohr des Zaren und verstand es, Iwan bei allen sich bietenden Gelegenheiten zu biegsamer Taktik, List und Hintergründigkeit zu raten. Es ist möglich, daß Iwan die Opritschnina auf Godunows Drängen hin aufgelöst hat, weil deren Ausschreitungen sein, Iwans IV., Ansehen im Ausland negativ beeinflußt haben. Godunows politisches Verständnis lag so weit von der brutalen Blutgier Maljuta Skuratows entfernt, daß Marija Grigorjewna in einem Zwiespalt lebte, aus dem sie sich nur durch stille Duldsamkeit retten konnte. Sie tat gut daran, sich primär dem Willen ihres Gemahls unterzuordnen und blieb völlig im Hintergrund. Godunows Schwester spielte da eine ganz andere Rolle.

Iwan IV. hatte den Sohn Fjodor nicht nur mit Irina verheiratet, sondern auch einen Regentschaftsrat eingerichtet. Zu dem Rat gehörten die angesehenen Bojaren Nikita Romanowitsch Sacharjin-Jurjew (ein Bruder der ersten Gemahlin Iwans), Fürst Iwan Petrowitsch Schuiski – ein Rjurikide – und Fürst Iwan Fjodorowitsch Mstislawski, ein Litauer aus dem Geschlecht der Gediminiden, deren Ansehen dem der Rjurikiden nicht nachstand. Zu diesen gesellte sich der Opritschnik Bogdan Jakowlewitsch Bjelski. Boris Godunow war von Iwan nicht in den Rat berufen worden. Erst nach dem Tode Iwans ernannte der sich selbst zum Mitglied. So sehr alle Regentschaftsräte um die Gunst des künftigen Zaren Fjodor warben, Godunow hatte ihnen eines voraus: die Schwester Irina. Als Schwager des Thronfolgers konnte er an Einfluß gewinnen und seine Macht ausbauen. Daran hinderte ihn auch die eigene Ehe mit der Tochter des vertriebenen Opritschnik Skuratow nicht. Irina hatte den kranken Iwan vor seinem Tode mit betreut und gepflegt und dabei mit dafür gesorgt, daß Godunow trotz heftiger Angriffe von Seiten der Bojaren nicht in Ungnade fiel.

Nach Iwans Tod schlug Godunow seinen ärgsten Konkurrenten Iwan Schuiski aus dem Felde. 1587 floh Schuiski in ein Kloster, nachdem er einen erfolglosen Aufstand gegen den als Usurpator betrachteten Godunow inszeniert hatte. Dann löste Godunow den Regentschaftsrat auf und nahm 1588 den Titel an: „Des Großen Herrschers Schwager und Regent, Diener und Stallmeister, der Bojar, Hofwojewode und Erhalter der großen Herrschaftsgebiete und der Zartümer Kasan und Astrachan". Godunow blieb bis zu Fjodors Ableben im Jahre 1598 Regent. In all den Jahren betrieb er eine für Rußland erfolgreiche Politik, wurde jedoch von den Aristokraten unverändert als skrupelloser Emporkömmling verachtet und hatte sich zahlreicher Intrigen gegen seine Person und Regentschaft zu erwehren. Godunow zahlte mit gleicher Münze heim. Beim Zaren Fjodor blieb er alle Zeit in Gunst, und das verdankte er sowohl seiner machtbewußten Gewaltpolitik als auch der klugen und vermittelnden Tätigkeit Irinas, der er genügend Spielraum für die Darstellung ihrer eigenen Persönlichkeit einräumte. Der aktive Part Fjodors war in dieser Dreiecksbeziehung relativ gering. Zarin Irina Fjodorowna war bei vielen öffentlichen und offiziellen Auftritten und Repräsentationspflichten an der Seite ihres Gemahls. Sie empfing nicht nur ausländische Gesandte, sondern beteiligte sich auch an den Sitzungen der Bojarenduma. Sie besaß zu Fjodor ein ausgesprochen festes Vertrauensverhältnis und verstand es geschickt, ihn in seiner Aufgabe als Zar zu bestätigen.

Irina wurde von Zeitgenossen als gebildet und voller Verständnis für die Nöte der Untertanen geschildert. Man lobte ihr Bemühen um Selbständigkeit. Es existieren aus der Regierungszeit Fjodors eine Reihe von Dokumenten, in denen der Name Irinas neben dem des Zaren auftauchte. Ein besonders deutliches Indiz für die starke menschliche und politische Position der Zarin besteht in ihrem Briefwechsel mit der englischen Königin Elisabeth I. und mit dem Patriarchen von Alexandria. Sie bemühte sich dabei um die Anerkennung der russische-orthodoxen Kirche, die noch kein eigenes Patriarchat besaß. Irina schickte dem Patriarchen wiederholt kostbare Geschenke. Als Dank und Anerkennung bekam sie im Juni 1591 aus Konstantinopel einen Teil der Reliquien der heiligen Marija Magdalena. Da es Boris Godunow gelang, die Anerkennung der russischen Kirche in einem Patriarchat bestätigen zu lassen, belegt das Beispiel erneut das enge Zusammenwirken des Regenten mit der Zarin – im russischen Reichsinteresse.

Irina konnte ihre Position so festigen, daß sie von den eifersüchtigen Bojaren bald selbst angegriffen wurde und man sie nur noch als Stütze und beste Helferin Boris Godunows bei dessen Kampf um den Thron betrachtete. Die Bojaren organisierten im Jahre 1587 eine Verschwörung gegen Irina. Unter Führung des Moskauer Metropoliten und des Fürsten Schuiski wollten sie Zar Fjodor auffordern, er möge sich von seiner Gemahlin trennen, weil sie bislang keine Erben zur Welt gebracht hatte. Irina und Godunow erfuhren rechtzeitig von der Verschwörung und zerschlugen sie. Schuiski mußte danach in das Kloster fliehen. Um allen diesbezüglichen Angriffen zu entgehen, brachte Irina 1592 ihre Tochter zur Welt, die leider bald starb. Die Geburt dieser Tochter mag mit einem anderen Problem in Verbindung gestanden haben, das sowohl Godunow als auch Irina im Hinblick auf die Zukunft des Zarenthrons außerordentlich bewegte.

1582 hatte Marija Fjodorowna Nagaja, die letzte Gemahlin Iwans IV., den Sohn Dmitri geboren. Nach dem Tode des Zaren lebte Dmitri mit seiner Mutter als Teilfürst in Uglitsch an der Wolga. Zar Fjodor hatte den Halbbruder und die Mutter dorthin verbannt. Der Initiator war Boris Godunow. Er fürchtete Marija Nagajas Einfluß am Hofe und streute aus, daß sie zänkisch und unleidlich wäre. Mit Dmitri wurde ein Konkurrent im Kampf um den Thron aus der Hauptstadt entfernt. Marija Nagaja übte in Uglitsch keine Macht aus. Dort herrschte der von Godunow eingesetzte Beamte Bitiagowski. Zwischen der Zarinwitwe und Bitiagowski entwickelte sich ein anhaltender Streit voller persönlicher Angriffe und Bosheiten. Dmitri wurde im Haß gegen Godunow erzogen. Im Mai 1591 starb Dmitri völlig überraschend. Die Zarin fand ihren Sohn auf dem Hof, aus einer tödlichen Wunde am Hals blutend. Marija Nagaja bezichtigte Bitiagowski des Mordes. Der Bojar wurde von der aufgebrachten Volksmenge samt Sohn und zehn Anhängern erschlagen. Godunow entsandte eine Untersuchungskommission nach Uglitsch. Sie wurde durch den Metropoliten von Krutiza, Gelassi und durch den Bojaren Wassili Schuiski geleitet. Die Kommission berichtete, der Zarewitsch habe sich mit Freunden im Messerstechen geübt. Bei einem epileptischen Anfall habe er sich die Wunde selbst beigebracht. Marija Nagaja habe Bitiagowski zu Unrecht des Mordes bezichtigt und das Volk zu einer Bluttat wider den Zaren veranlaßt. Moskauer Bojaren sprachen die Zarinwitwe schuldig. Marija mußte als Nonne Marfa den Schleier nehmen und in ein Kloster gehen. Weitere Familienmitglieder wurden in die Verbannung geschickt. Den Zarewitsch setzte man feierlich in der Kathedrale von Uglitsch bei. Dmitris wahres Ende ist niemals völlig aufgeklärt worden und in den folgenden Jahren Anlaß für politische Machtkämpfe geblieben.

Irina Godunowas Thronverzicht und die Folgen

Boris Godunow und Irina wurden damit erstmals wieder konfrontiert, als Zar Fjodor Iwanowitsch im Januar 1598 starb und der Thron verwaiste. Der Zar hatte – ungewöhnlich genug – Irina zur Thronerbin eingesetzt. Für den kinderlosen Monarchen gab es keine andere Möglichkeit. Die Bojaren drängten Irina, die Nachfolge anzutreten. Eine Thronerhebung Godunows sollte um jeden Preis verhindert werden. Aber Boris Godunow war stärker. Neun Tage nach dem Tode Fjodors erklärte Zarin Irina den Thronverzicht und ging als Nonne Alexandra in das Moskauer Neu-Jungfrauen-Kloster. Sie hatte den Weg wunschgemäß für den Bruder freigemacht. Zunächst übernahm die Bojarenduma die

Aufgaben eines Regentschaftsrats. Im Rat wirkte der Patriarch Jow mit, der selbst als Reichsverweser auftrat. Daß Boris Godunow um die Zarenkrone kämpfen würde, war nach allen vorausgegangenen Ereignissen sehr schnell klar. Ernsthafte Konkurrenten erwuchsen aus der Familie Romanow. Die Romanows leiteten ihre Ansprüche daraus ab, daß Anastassija Romanowna Iwans IV. erste Gemahlin gewesen ist.

Boris Godunow konnte auf keine direkte Blutsverwandtschaft pochen – außer der Tatsache, daß die Schwester Irina Gemahlin Zar Fjodors war –, aber er besaß dennoch die besseren Karten. Jetzt zahlte es sich aus, daß er den Dienstadel privilegiert hatte. Er konnte auf die Sympathie des Patriarchen rechnen. Jow berief den Semski Sobor zum 17. Februar 1598 ein und präsentierte Boris Godunow als einzigen Thronprätendenten. Am Sobor beteiligte sich der Rat des Patriarchen, die Bojarenduma, Vertreter der Dienstleute und auch der handels- und gewerbetreibenden Bevölkerung Moskaus. Es meldete sich jedoch ein Gegenkandidat: Fjodor Nikitisch Romanow, Neffe der Zarin Anastassija Romanowna und ältester Sohn Nikita Romanowitschs. Patriarch Jows Einfluß ließ ihn chancenlos bleiben. Nach der Ehe Anastassijas mit Iwan IV. war der erste Angriff der Romanows auf den Zarenthron abgewehrt. Aber von Stund an sollte die Familie Romanow nicht mehr aufhören, in ständig neuen Operationen auf den Thron hinzuarbeiten.

Der Semski Sobor votierte einstimmig für Boris Godunow. Eine Bittprozession der Bevölkerung zum Nowodewitschi-Kloster, wohin Godunow die Zarin Irina begleitet hatte, bekräftigte die positive Zustimmung zu Godunow. Irina erteilte ihm den Segen. Zum ersten Mal war in der russischen Geschichte ein Adeliger zum Zaren von Rußland gewählt worden – durch eine Reichsversammlung, der Vertreter verschiedener Stände angehörten. Am 1. September 1598 ließ sich Boris Godunow offiziell zum Zaren krönen. Seine Zeit als Zar von Rußland war wenig glückvoll. Verfolgungen und Gewaltakte riefen die Furcht hervor, die Opritschnina könne zurückkehren. Die Bojaren murrten, die Städte unterwarfen sich nur unwillig dem staatlichen Export- und Importmonopol. Konservativen Unmut erregten die Versuche des Zaren Boris, die Verbindungen zum westlichen Ausland zu festigen. Weit schwerwiegender waren die Hungersnöte zwischen 1601 und 1603. Öffentliche Massenspeisungen und Geldgeschenke halfen weder gegen Seuchen noch gegen Hungerrevolten.

Alle diese Erscheinungen im wirtschaftlichen, politischen und äußeren Bereich dokumentierten, daß Godunows Handlungsfähigkeit als Zar von Rußland spürbar gehemmt war. Godunow war zwar ein gesalbter

Zar von großer Frömmigkeit. Von den Aristokraten ist ihm die niedere Herkunft jedoch nicht verziehen worden. In der Hauptstadt wurde eine Verschwörung nach der anderen gegen ihn inszeniert. An diesen Verschwörungen beteiligten sich besonders die Angehörigen der Familie Romanow. Deren Oberhaupt, Fjodor Nikititsch Romanow, wurde als Mönch Filaret ins Kloster gezwungen – ebenso dessen Gemahlin. Nur den kleinen Sohn Michail hielt Zar Godunow für zu unwichtig, beachtet zu werden. Filaret und Michail sollten Rußland Jahre später aus der tiefen und wirren Krise herausführen.

Zur Unsicherheit des Zaren trug vor allem die Last der Vergangenheit bei. In den Anfangsjahren des 17. Jahrhunderts tauchten Gerüchte auf, der Zarewitsch Dmitri sei 1591 nicht umgekommen. Das Gerücht nahm lebendige Gestalt an. In Polen und Rußland erschien ein junger Mann, der sich als wahrer Dmitri Iwanowitsch ausgab. Zu diesem Zeitpunkt lebten neben Boris Godunow weiterhin alle drei Zarinnen, die das Auftauchen dieses Dmitri noch beschäftigen sollte: Die Nonne Marija Nagaja, die Mutter des echten Dmitri; die Nonne Irina Godunowa, Schwester Boris Godunows und ehemalige Gemahlin Zar Fjodors; Marija Skuratowa, Gemahlin Boris Godunows und Mutter des 1589 geborenen Sohnes Fjodor, der als potentieller Thronfolger seines Vaters betrachtet werden konnte. Alle sollten in den Strudel der Ereignisse gezogen werden. Ihnen war bewußt, daß die Romanows und die Schuiskis danach strebten, Boris Godunow vom Thron zu stoßen und daß das einzige legitime Mittel dafür die Wiederkehr eines rechtmäßigen Thronerben sein konnte.

Der neue Prätendent war ein Diakon namens Grigori Otrepjew, der aus dem Tschudow-Kloster, in der Nähe Moskaus gelegen, entwichen war. Otrepjew ging 1601 über Kiew nach Polen-Litauen, um dort die militärische Unterstützung zum Sturz Godunows zu erhalten. Der Weg, die Handlungsmotive und Wegbegleiter, das alles ist weitgehend unbekannt geblieben. Otrepjew tauchte zuerst bei dem Fürsten Adam Wisniowiezki auf und gelangte über ihn an den polnischen Edelmann Mniszech, der ihn in seinem Schloß Sandomir aufnahm. Mniszech hatte eine Tochter namens Maryna. Im März 1604 wurde Otrepjew vom polnischen König Sigismund III. in einer Privataudienz empfangen. Otrepjew gab an, er sei in Uglitsch den von Godunow gedungenen Mördern entkommen und wolle den ihm zustehenden Moskauer Thron erstreiten. König Sigismund reagierte zunächst zurückhaltend. Der orthodoxe Mönch konvertierte im April 1604 zum Katholizismus und nannte sich von da an Demetrius (Dmitri).

In Sandomir durfte er mit Hilfe des Wojewoden Mniszech, dessen Tochter Maryna und anderer polnischer Adliger ein Heer aufstellen. Gleichzeitig wiegelten Emissäre die Kosaken gegen Boris Godunow auf. Sigismund III. unterstützte Demetrius mit einem Heer. In der Öffentlichkeit hielt sich der polnische König mit dem Engagement für Demetrius zurück. Der polnische Sejm lehnte Anfang 1605 den Feldzug gegen Moskau ab, so daß der Heerzug durch die historische Forschung mitunter als Privatunternehmen polnischer Adeliger betrachtet worden ist. Namentlich der Wojewode von Sandomir, Jerzy Mniszech, der seine Tochter Maryna mit Demetrius verlobte, ist an dem Kriegszug interessiert gewesen, um sich im Erfolgsfalle aus seinen finanziellen Schwierigkeiten befreien zu können. Für diese These spricht ein Vertrag, in dem sich Demetrius verpflichtete, Maryna nach der Eheschließung die Fürstentümer Nowgorod und Pskow zur freien Nutzung zu überlassen. Der Wojewode sollte umfangreiche Land- und Geldgeschenke erhalten. Demetrius wollte die Verpflichtungen gegenüber der Verlobten und dem Schwiegervater in spe innerhalb Jahresfrist erfüllen.

Er marschierte gegen Moskau. Von Sandomir aus, vorbei an Kiew und in Richtung Tschernigow. Bis zum Frühjahr 1605 war er mit wechselndem Kriegsglück bis in das Vorfeld Moskaus gelangt. Anfang April 1605 wandte sich Godunow an den polnischen König, er möge die Unterstützung für den Heereszug aufgeben. Sigismund lehnte ab. Die russischen Heerführer wandten sich von Godunow ab. Am 13. April 1605 starb Boris Godunow. Sofort wurde dessen sechzehnjähriger Sohn Fjodor auf den Thron gesetzt. Rußland hatte einen Zaren, aber es war ein Herrscher ohne Macht. Die Versuche der Zarin Marija Grigorjewna, Einfluß auf die Regierung zu nehmen, beschleunigten nur das schnelle Ende Fjodors. Ihr hafteten die Verbrechen der Opritschniki an, und der Haß der Bojaren machte vor der Frau keinen Halt. Die russischen Truppen liefen Anfang Mai zum Usurpator über. Moskauer Bojaren und Wojewoden ließen das Heer den Eid auf Demetrius schwören. Fürst Wassili Schuiski erklärte im Widerspruch zu seinem Bericht aus dem Jahre 1591 öffentlich, der wahre Zarewitsch Dmitri lebe und werde nach Moskau zurückkehren. In der Hauptstadt wurde Zar Fjodor während der von den abtrünnigen Bojaren inszenierten Revolte gefangengenommen und gemeinsam mit seiner Mutter am 10. Juni 1605 ermordet.

Moskau im Griff von Abenteurern – und Abenteurerinnen:
Demetrius und Maryna

Zehn Tage später zog Demetrius in Moskau ein. Am 21. Juni 1605 ließ
er sich in der Mariä-Himmelfahrts-Kathedrale des Kreml zum „Zaren
von ganz Rußland" krönen. Demetrius I. war ein Usurpator ohne Tradition und Dynastie, umgeben von Jesuiten und unterstützt von polnischen Adligen. Die Ablehnung des ungeliebten Godunow durch die
Bojaren und die polnischen Musketen hatten ihn auf den Thron gehoben. Aber die Macht zu behaupten und Rußland zu regieren, war eine
andere Angelegenheit, zumal die Bojaren, geschart um die Familien
Romanow, Schuiski oder Golizyn, Godunow nicht gestürzt hatten, um
einem namenlosen Usurpator auf den Thron zu helfen. Die Moskauer
Bojaren hatten Demetrius für ihre eigenen Ziele gerufen.

Demetrius ließ Marija Nagaja nach Moskau holen, damit sie ihn als
Sohn anerkannte. Die ehrwürdige Nonne Marfa tat ihm den Gefallen.
Demetrius ließ auch die verbannten Bojaren zurückkehren – vor allem
die Romanows und die Nagois. Aber die Begeisterung der Soldaten,
Kosaken und Adeligen für Demetrius schwand schnell, als sie merkten,
daß der neue Herrscher sein Spiel mit den Traditionen am Moskauer Hof
trieb. Er umgab sich mit einer fremdländischen Söldnergarde. Demetrius
sprach oft und gern über seinen „Vater" Iwan IV. und gab Erinnerungen
zum besten, bei denen jedem nachdenklichen Zuhörer bewußt werden
mußte, daß die trogen. Als Iwan IV. 1584 starb, war der echte Dmitri erst
wenige Monate alt. Der Bojar Wassili Schuiski sprach im Gegensatz zu
seinen bisherigen Behauptungen offen aus, daß der Zar kein Zar, sondern
ein Scharlatan war, der Rußland an Polen verkaufte. Es spielte keine
Rolle, daß die Mutter Dmitris mit dieser Wahrheit der Falschaussage
überführt wurde.

Demetrius hat den Stimmungsumschwung bemerkt. Aber so wenig es
ihm gelang, im Innern eine Machtbasis zu finden, so ungeschickt verhielt er sich in der Außenpolitik. Der schwerste Fehler bestand darin,
gegenüber Polen eine eigenständige Politik betreiben zu wollen. Demetrius verweigerte sich einer polnisch-litauisch-russischen Koalition gegen Schweden. Sein früheres Versprechen, Polen russisches Territorium
zu übergeben und den katholischen Glauben in Rußland einzuführen,
wollte er ohnehin nicht einlösen. Damit stand allerdings auch der Vertrag mit der Verlobten Maryna und deren Vater zur Disposition. Ein
Komplott zwischen den russischen Bojaren und dem polnischen König
gegen Demetrius war nicht mehr unmöglich. Sigismunds Sohn Wladis-

law sollte die Krone Monomachs tragen. Demetrius wollte sich durch die Erfüllung des Vertrags mit dem Wojewoden von Sandomir retten. In dieser späten Hoffnung veranstaltete er am 8. Mai 1606 in Moskau ein großes Hochzeitsfest mit seiner Verlobten Maryna Mniszech. Die Hochzeitsfeierlichkeiten, zu denen vor allem die polnischen Gäste und Hofbeamten im Kreml eingeladen worden waren, sowie das anmaßende Auftreten der Polen beschleunigten eine Verschwörung. Am 17. Mai 1606 ließ man in Moskau die Kirchenglocken Sturm läuten. Mit dem Ruf, „die polnischen Pans morden die Bojaren" fegte eine Erhebung den Usurpator hinweg. Die Verschwörer drangen in den Kreml ein, fanden Demetrius in einem Hinterhof und ermordeten ihn.

Die polnische Pseudo-Zarin Maryna wurde mit ihrem gesamten Anhang verhaftet und zunächst nach Jaroslawl gebracht. In Moskau wütete ein Terror, den die anstiftenden Bojaren nur mit großer Mühe unter ihre Kontrolle bringen konnten. Mehr als zweitausend Ausländer fielen einem Pogrom zum Opfer. Die Zarin Maryna, die weder rechtlich noch moralisch eine Zarin war, überlebte. In dieser Stunde meldete sich auch Marija Nagaja erneut zu Wort und erklärte, man habe sie gezwungen, den falschen Demetrius als ihren echten Sohn Dmitri anzuerkennen. Die Aussage interessierte niemanden mehr. An Marijas Nonnenstatus änderte sich nichts. Aber die Zarinwitwe lebte danach noch sechs Jahre und wurde Zeuge einer Entwicklung, die sie durchaus erregen mußte.

Wassili Schuiski – ein aristokratischer Usurpator

Dem falschen Demetrius folgte Wassili Iwanowitsch Schuiski auf dem Zarenthron. Wassili Schuiski war kein geringerer Abenteurer als Demetrius und ist dennoch nicht mit diesem zu vergleichen. Während Otrepjew ein Niemand war, zeichneten Schuiski die aristokratische Herkunft und die höfische Erfahrung im Spiel um die Macht aus. Schuiski war ein gewissenloser Karrierist, der die politischen Fronten nach Belieben wechselte. Die Schuiskis gehörten zum alten russischen Bojarenadel. Sie trugen ihre Herkunft vom Fürsten Alexander Newski als Ehrenschild und waren stolz darauf, daß ihr Urahn im 13. Jahrhundert nicht nur Fürst von Nowgorod und Großfürst von Wladimir-Susdal gewesen ist, sondern daß er 1240 die Schweden an der Newa und 1242 die Ordensritter auf dem Eis des Peipussees geschlagen hatte. Besonders bedeutsam erschien ihnen jedoch, daß die Fürsten von Moskau aus der Familie Alexander Newskis hervorgegangen sind.

1587 hatte Wassili Schuiski die Verschwörung gegen die Zarin Irina und gegen Boris Godunow organisiert. Er entging einer Bestrafung. Als wendiger Intrigant hatte er rechtzeitig eine Loyalitätserklärung gegenüber Godunow zur Hand. Charakteristisch waren die Meinungsumschwünge und Frontenwechsel im Fall Dmitri Iwanowitschs – Demetrius. Letzterer ließ ihm dafür sogar den Prozeß machen. Er wurde zum Tode verurteilt und erst in letzter Sekunde zur Verbannung begnadigt. Schuiski besaß weder politischen Charakter noch herausragende persönliche Fähigkeiten. Er war Rjurikide, und Demetrius' Angriff ließ ihn in die Rolle eines Märtyrers hineinwachsen. Anfang 1606 mußte er wieder nach Moskau zurückgeholt werden. Er bereitete die eigene Thronerhebung vor. Am 17. Mai 1606 stürzten die Bojaren Demetrius.

Am 19. Mai 1606 kürte eine Volksmenge Wassili Schuiski zum Zaren. Bei der Thronbesteigung versprach er, künftig niemanden mehr ohne Gerichtsurteil zu verbannen oder hinrichten zu lassen. Er leistete den Eid, dann vergaß er sein Versprechen sofort wieder, regierte eigensinnig und rachsüchtig. Die Herrschaft des „Bojarenzaren" war ein verhängnisvolles Kapitel der Wirren. Die unrühmliche Besonderheit bestand darin, daß das Land von der ersten und einzigen russischen Machtteilung zwischen zwei einander bekämpfende Zaren zerrissen wurde. Im Süden des Reichs entstand eine neue Bewegung zugunsten Demetrius'. Bis zum Herbst 1606 entfaltete sich ein Aufstand gegen Schuiski und die Bojaren, der sowohl in der Erhebung Iwan Bolotnikows, als auch im Auftreten eines zweiten falschen Demetrius und im Eingreifen der Polen und Schweden seine Eckpunkte fand.

Ein neuer Demetrius – die alte Maryna

Nur einem der damals zahllosen Prätendenten war es beschieden, die Verwüstung des Landes zu verschlimmern: dem „Wor" – dem Räuber, Demetrius II., dem zweiten falschen Dmitri. Im Juli 1607 in Starodub aus dem Nichts erschienen, stand er im Mai 1608 mit einem russisch-polnischen Heer vor Moskau und errichtete im Vorort Tuschino eine Zarenherrschaft, Regierung und Hofhaltung. Rußland besaß nun zwei Zaren und zwei Regierungen. Im Jahre 1608 schloß Schuiski einen Vertrag mit König Karl IX. Schweden hatte Rußland Hilfe zur Abwehr der polnischen Ansprüche auf den Moskauer Thron angeboten. Schweden spekulierte auf eine schwedische Sekundogenitur in Moskau. Schuiski nahm das Angebot an. Die Schweden griffen ein und unterstützten das Moskauer Truppenaufgebot. Gemeinsam schlugen sie 1609 die Streitmacht des Usurpators und trieben sie über die Wolga zurück.

Das Land versank immer tiefer im Chaos. Schließlich kam es am 17. Juli 1610 in Moskau zu einer Erhebung. Schuiski wurde zum Mönch geschoren. Er wurde in das Kloster Tschudow verschleppt. Die Bojaren übergaben ihn an die Polen. Die brachten ihn nach Warschau, während in Moskau ein zweites Interregnum eintrat. Ein siebenköpfiger Bojarenrat übernahm die Macht und öffnete dem polnischen Kronhetman Stanislaw Zolkiewski die Tore Moskaus. Das politische Leben Wassili Schuiskis war zu Ende. Die Ehen mit Jelena Repnina und mit einer Tochter des Fürsten Bujnosow-Rostowski hatten seinen gewaltsamen Aufstieg und Fall nicht beeinflussen können. Es ist über diese beiden Frauen kaum etwas bekannt geworden – als hätten sie nicht an der Seite eines Zaren gelebt. Über Warschau brachte man Schuiski nach Masowien, wo er am 12. September 1612 auf der Burg Gostynen als Gefangener starb.

Nach Schuiskis politischem Sturz informierte Hetman Zolkiewski die Bojaren über den polnischen Wunsch zur Wahl Wladislaws, des Sohnes Sigismunds, zum Zaren. Aber Demetrius II. lagerte wieder vor Moskau. Dem Land drohte ein neuer Bürgerkrieg. Eilig rief man die Bojaren der Hauptstadt zusammen. Es wurde eine Urkunde mit den Bedingungen erarbeitet, nach deren Erfüllung Wladislaw den Thron besteigen sollte: Übertritt zum orthodoxen Glauben, gemeinsame Regierung mit Bojarenduma und Semski Sobor, völlige Selbständigkeit Moskaus von Polen-Litauen. Zolkiewski erklärte sich einverstanden. Die Moskauer Bojaren unterwarfen sich Wladislaw im August 1610. Damals wurden Stimmen laut, die einen Russen auf den Thron wünschten. Wassili Wassiljewitsch Golizyn und der junge Michail Fjodorowitsch Romanow waren im Gespräch. Nur der aus Tuschino drohende Räuber zwang zu allgemeiner Zustimmung für Wladislaw. Es war abzusehen, daß aus dem Vertrag neue Konflikte erwachsen würden.

In dem zehn Kilometer von Moskau entfernten Tuschino, einem Dorf, das auf Grund seiner Lage als uneinnehmbar galt, richtete Demetrius II. eine verschwenderische Hofhaltung ein. Im Jahre 1608 tauchte plötzlich Maryna Mniszech, die Ehefrau Demetrius' I., mit ihrem Vater in Tuschino auf. Maryna lieferte ein Kabinettstückchen der feinsten politischen Art. Sie erkannte den zweiten falschen Demetrius als ihren wirklichen Mann an. Kaum eine andere Tatsache charakterisiert das Wesen des „Gauners von Tuschino" so, wie diese Verbindung. Wer aber wollte Maryna moralische Vorhaltungen machen, da selbst Marija Nagaja im ersten falschen Demetrius ihren wahren Sohn erkannt haben wollte, dann aber ihre Meinung je nach politischer Konjunktur widerrief.

46

Demetrius bildete in Tuschino eine Gegenregierung, einen aus zwölf Personen bestehenden Rat. Dem gehörten die besten Familien Rußlands an, die Fürsten Trubezkoi, Tscherkasski, Schachowskoi oder Dolgoruki. Filaret hatte einen so vorzüglichen Eindruck gemacht, daß er Patriarch von ganz Rußland werden durfte. Die Regierung erhielt einen Verwaltungsapparat, der teilweise mit den Zentralämtern des Zaren in Moskau zusammenarbeitete. Die Lage des „Gauners" spitzte sich bald zu. Zwischen dem Usurpator und den Bojaren kam es in der Haltung gegenüber Polen zu Spannungen. Außerdem hatte das Volk die Raubzüge der marodierenden Kosaken, die auf Demetrius' Seite standen, satt. Es kam zum Krieg. In dessen Verlauf zog Demetrius II. im Sommer 1610 noch einmal von Kaluga aus gegen Moskau. Der Zug scheiterte. Im Dezember 1610 erschlugen die eigenen Anhänger den zweiten falschen Demetrius während eines Streits in Kaluga. Nur die „Zarin" Maryna blieb sich treu. Sie brachte in Kaluga einen Sohn zur Welt, dem die Kosaken als neuem Herrscher über Rußland huldigten. Maryna zog anschließend gemeinsam mit dem Kosakenführer Iwan Saruzki marodierend bis nach Astrachan. Dort errichteten Saruzki als „wahrer Dmitri" und dessen Gemahlin ein Schreckensregiment. Im Jahre 1614 wurde das Räubernest ausgehoben. Saruzki und Marynas kleiner Sohn wurden in Moskau umgebracht, Maryna selbst starb noch im gleichen Jahr.

Das Jahr 1610 hat in Rußland zwei Zaren verschlungen. Zeitgenossen glaubten, den Tiefpunkt in der russischen Staats- und Gesellschaftskrise erreicht zu haben. Das Chaos wurde noch schlimmer. In den folgenden zwei Jahren gab es gar keinen Herrscher mehr. Die Polen regierten Moskau, und die russischen Bojaren stritten sich. Die untergegangenen Zaren waren Abenteurer gewesen. Alle Zaren waren wirklich oder vermeintlich verheiratet. Welche Rolle spielten die Frauen, die wirklichen oder angemaßten Zarinnen, welches Verhältnis besaßen sie zu ihren Gemahlen und deren Politik? Die wenigen überkommenen Informationen sprechen eine eindeutige Sprache. Sie berichten von der machtpolitischen Mittäterschaft der Zarinnen an den jeweiligen Usurpationen, Manipulationen und Untergängen der echten und falschen Zaren. Eine eigenständige Rolle haben sie nur punktuell gespielt: Marija Nagaja im Zusammenhang mit dem Tod und Erbe ihres Sohnes Dmitri, Irina als mehr oder weniger getreue Helferin ihres Bruders Boris Godunow, oder die polnische Abenteurerin Maryna Mniszschowna als „ehrenwerte" Gemahlin der beiden falschen Demetrius'.

Alexei Michailowitsch und Natalja Naryschkina. –
Medaille anläßlich der Geburt ihres Sohnes Peter, 1672.

Die Frauen der ersten Romanow-Zaren: Familienzwist zwischen Terem und Thronsaal des Moskauer Kreml

Marija Wladimirowna Dolgorukaja
(? – 7. Januar 1625)
*Erste Gattin des Zaren Michail Fjodorowitsch
seit September 1624*

Jewdokija Lukjanowna Streschnewa
(? – 18. August 1645)
*Zweite Gattin des Zaren Michail Fjodorowitsch
seit 5. Februar 1626*

Marija Iljinitschna Miloslawskaja
(1. April 1626? – 3. März 1669)
*Erste Gattin des Zaren Alexei Michailowitsch
seit 16. Januar 1648*

Natalja Kirillowna Naryschkina
(26. August 1651 – 25. Januar 1694)
*Zweite Gattin des Zaren Alexei Michailowitsch
seit 22. Januar 1671*

Agafja Semenowna Gruschezkaja
(? – 14. Juli 1681)
Erste Gattin des Zaren Fjodor Alexejewitsch seit 1680

Marfa Matwejewna Apraxina
(1664 – 31. Dezember 1715)
*Zweite Gattin des Zaren Fjodor Alexejewitsch
seit Februar 1682*

Weder Symbolkraft noch Methode lag darin, daß die ersten Zaren der Romanow-Dynastie mit jeweils zwei Frauen verheiratet gewesen sind. Es fällt auf, daß diese Gemahlinnen im Vergleich zu den Zarinnen im 16. Jahrhundert und in den Jahren der Wirren mit schärferen persönlichen Konturen aus dem Dunkel der Geschichte erschienen oder mit gestaltender Kraft in der Öffentlichkeit hervortraten. Es blieben dennoch zunächst nur Ansätze weiblich-zarischer Persönlichkeitsbildung. Mit der Erholung Rußlands von den Schrecken der Wirren, mit der Hinwendung zum modernen westlichen Europa, veränderte sich auch langsam und konfliktreich die gesellschaftliche Stellung der Zarin am Hofe und im Staatswesen.

Im Jahre 1613 wurde Michail Romanow zum Zaren gewählt. Bei den vorausgegangenen rechtmäßigen Herrschern hatten die Thronbesteigung, die Krönung und die Vermählung mit einem russischen Mädchen sowohl zeitlich als auch im dynastisch-politischen Sinne in einem engen Zusammenhang gestanden. Michail war zum Zeitpunkt der Thronbesteigung 17 Jahre alt und heiratsfähig. Er wählte die erste Gemahlin im Jahre 1624 – elf Jahre nach dem Herrschaftsantritt. Die Ursachen für die späte Hochzeit lagen nicht im Mangel an gereigneten Bewerberinnen oder an einer individuellen Schwäche des Zaren, sondern in den allgemeinen Umständen Rußlands und in den konkreten Wegen der Herrschaft Michail Fjodorowitsch Romanows.

Mit dem vom Semski Sobor gewählten Zaren Michail endete die Zeit der Wirren. Nach den Rjurikiden und den Jahren ungeordneter dynastischer Herrschaftsverhältnisse bestiegen die Romanows den Moskauer Zarenthron. Mit Zar Michail begann eine neue Ära russischer Geschichte. Michail hat die Herrschaft in einer Situation angetreten, in der das Moskauer Großfürstentum vor dem politischen und sozialen Ende stand. Rußland brauchte Ruhe, Frieden und Einigkeit. Das Volk von Nishni Nowgorod hatte sich auf die verzweifelten Aufrufe des im Tschudow-Kloster eingesperrten Moskauer Patriarchen Hermogen zur Befreiung von der polnischen Fremdherrschaft erhoben. Die neuen Helden, der Fleischhauer Kusma Minin und Fürst Dmitri Michailowitsch Posharski, gaben 1612 mit dem Befreiungszug gegen Moskau den Bojaren endlich Kraft, einen neuen Zaren küren zu wollen, der Rußlands Leben in geordnete Bahnen lenken sollte. Die Wahl erwies sich als außerordentlich schwierig. Es waren polnische und schwedische Interessen zu berücksichtigen. Alle Überlegungen verschwanden hinter der die nationalen

Werte des russischen Volkes erhebenden Euphorie, die durch die Vertreibung der Polen aus Moskau ausgelöst und verstärkt wurde.

Nach langen Debatten fiel die Wahl auf den Sohn des Patriarchen Filaret – der in polnischer Gefangenschaft lebte –, auf Michail Fjodorowitsch Romanow. Über die Entscheidung ist viel gerätselt worden. Weder der Rückgriff auf genealogische Traditionen noch außenpolitische Rücksichten begünstigten die Wahl. Sie scheint sinnvoll gewesen zu sein, weil die Familie Romanow über Anastassija Romanowa mit Iwan IV. und damit auch dessen Sohn Fjodor I. verwandt war. Die Romanows hatten in den Jahren der Wirren mehrfach nach der Krone gegriffen. Auch die zwielichtige politische Rolle Filarets war kein Hindernis für die Nominierung Michails. Der bereits legendäre Patriarch Hermogen, den die Polen im Kreml hatten verhungern lassen, war schon im Jahre 1610 für den Sohn Filarets auf dem Zarenthron eingetreten.

Der Semski Sobor entschied sich in dem Bewußtsein für Michail, daß hinter dem Knaben der Vater stand. Der Kandidat war jedoch nicht auffindbar. Nach langem Suchen fand man ihn mit seiner Mutter Xenija Iwanowna Schestowa, der Nonne Marfa, im Ipatjew-Kloster bei Kostroma. Michail widersetzte sich zunächst der Wahl. Marfa, die einen nicht minder starken Einfluß auf den Sohn ausübte wie der Vater, gab zu bedenken, wie die Wahl angesichts des Schicksals ihres in Polen eingesperrten Ehemannes Filaret wirken konnte. Sein Rat und Segen fehlten. Aber es gab einen Ausweg. Die Mutter Michails wurde zur „Großen Herrscherin" erklärt und besaß so die notwendige Entscheidungs- und Segensberechtigung. Nach langem Gebet bestimmte sie den Sohn, das vom Sobor erwartete „Ich will" zu sprechen. Die Prozession zog langsam durch wüstes Land nach Moskau zurück und kam am 2. Mai 1613 in der Hauptstadt an. Dort mangelte es an den einfachsten Lebensvoraussetzungen. Nur mit Hilfe wohlhabender Spender – der Stroganows – konnte im Kreml ein neuer Holzpalast gebaut werden. Die Mariä-Himmelfahrts-Kathedrale wurde für die Krönung hergerichtet. Im Juli 1613 konnte der junge Zar in traditioneller Weise gekrönt werden.

Michail besaß nicht die die Kraft zur Vertreibung der Polen aus den westlichen und südlichen Regionen. Er konnte auch den Druck der Schweden nicht von Nowgorod und Pskow nehmen. Der Zar besaß keine Truppen, die den inneren Frieden herstellen, die vagabundierenden Räuber vernichten oder die wilden Kosaken bändigen konnten. Die Tatsache, daß Michail nicht sofort heiratete und dadurch versucht hätte, seine Stellung zu festigen, charakterisierte die Schwäche seiner Persönlichkeit und des Zartums der Romanows. Allmählich stellte sich jedoch eine relative Stabilisierung in den wirtschaftlichen und politischen Verhältnissen ein.

Michail war kein Autokrat im Sinne Iwans IV. Die Bezeichnung „samodjershez" (Selbstherrscher) wurde aus seinen Titeln gestrichen. Der junge Zar lernte: Das Regieren überließ er der Mutter, vertrauten Ratgebern, dem Semski Sobor und der Bojarenduma.

Im Jahre 1617 entschloß sich Polens Prinz Wladislaw, seine Thronrechte in Moskau geltend zu machen. Mit einem Heer drang er bis vor die Mauern Moskaus, konnte diese jedoch nicht stürmen. Im Dezember 1618 schlossen Polen-Litauen und Rußland bei dem Dorf Deulino einen auf vierzehneinhalb Jahre befristeten Waffenstillstand. Für Michail besaß der Vertrag zwei wesentliche Folgen: Der Krieg gegen Polen wurde vorerst beendet, Michails Herrschaft wurde von Polen-Litauen faktisch anerkannt; beide Seiten beschlossen einen Gefangenenaustausch, in dessen Folge Filaret nach Moskau zurückkehren durfte. Als Filaret nach Moskau kam, erhob ihn Michail 1619 erneut in den Patriarchenstand und bot ihm die Doppelherrschaft an. Vielleicht trieb Michail die Klugheit zu diesem Schritt, um dem „verhinderten Zaren" die Motivation zur Thronusurpation zu nehmen. Daß Filaret wie seine Gemahlin den Titel „Großer Herrscher" trug, entsprach seiner Stellung neben dem Zaren. Bis zu seinem Tode im Jahre 1633 regierte er den Moskauer Staat. Dadurch entfiel für Michail auch der unbedingte Zwang zu einer sofortigen dynastischen Ehe.

„Keine seiner beiden Ehen haben Zar Michails Herz berührt ..."

Dennoch sorgten sich Filaret und dessen Gemahlin Marfa um den Machterhalt durch die Familie Romanow. Sie waren offenbar auch die Initiatoren, wenn es um die Fortsetzung der Dynastie durch eine passende Verheiratung Michails ging. Zunächst wurde er mit einem russischen Mädchen namens Nastassija (Marija) Chlopowa verlobt. Aber Filaret und Marfa waren sich nicht einig. Das Mädchen wurde nur von Filaret befürwortet. Die Wahl rief auch den Widerstand der am Hofe einflußreichen Brüder Saltykow hervor. Sie beschuldigten das Mädchen kurz vor der Hochzeit einer nicht näher definierten „ansteckenden Krankheit". Die Menschen waren abergläubisch und vertrauten Gerüchten eher als der Wahrheit. Da die Verlobung allein auf das Gerücht hin gelöst und Marija mit ihrer Familie nach Nishni Nowgorod verbannt wurde, liegt der Verdacht einer machtpolitischen Intrige – vielleicht sogar Marfas – nahe, obwohl keine konkreten Angaben über Stand und

Einfluß der Familie Chlopow bekannt sind. Die Vermutung verdichtete sich, nachdem das Gerücht als Unwahrheit erkannt wurde und die Brüder Saltykow den Weg in die Verbannung antreten mußten. Die Familie Chlopow wurde rehabilitiert, Marija schied jedoch als potentielle Heiratskandidatin aus. Die Nonne Marfa hatte ihren Willen gegen den Gemahl Filaret durchgesetzt.

Filaret hatte zwischenzeitlich weitergehende Überlegungen angestellt. Er neigte dazu, den unter Iwan IV. mißlungenen Versuch zu wiederholen, eine Braut aus dem westlichen Ausland zu gewinnen. Er zog Erkundigungen an skandinavischen Höfen ein und richtete seine Aufmerksamkeit auch nach Brandenburg. Michail hatte gegen eine westliche Prinzessin nichts einzuwenden. Da sich die Glaubensfrage für die Bojaren aber erneut als unüberwindbares Hindernis erwies, scheiterten alle Versuche einer ausländischen Brautwahl für Michail. In dieser Situation erwies sich Filarets Gemahlin Xenija Schestowa erneut als tatkräftige und politisch denkende Partnerin. Sie erwählte für ihren Sohn eine Frau aus dem alten und einflußreichen Bojarengeschlecht der Dolgorukis, die einstmals Moskau gegründet hatten. Michail heiratete im Jahre 1624 Marija Wladimirowna Dolgorukaja. Die Motive der Mutter können allerdings auch gänzlich unpolitischer Natur gewesen sein. Der diabolische Zeitvergleich enthüllt schockierende Tatsachen: Die Hochzeit fand im September 1624 statt. Marija starb am 7. Januar 1625 in den Wehen, ohne ein lebendes Kind zur Welt zu bringen. Der Zar hatte eine bereits schwangere Frau geehelicht! Zu jener Zeit besaß der Akt der Eheschließung für die russisch-orthodoxe Kirche noch nicht jenen hohen moralischen Wert wie in späteren Jahrzehnten und im konkreten Falle spielten allein dynastische Motive der Nützlichkeit eine Rolle. Darum mag diesem Umstand keine besondere Bedeutung beigemessen worden sein. Die Ehe blieb letztlich ohnehin bedeutungslos. Es hatte allen Verlautbarungen nach zwischen Michail und Marija keine Liebesheirat gegeben. Die Ehe war für Michail lediglich eine Institution zur Sicherung der Thronfolge. Mit dem gleichen Gefühl fester Verantwortung heiratete er im Februar 1626 Jewdokija Lukjanowna Streschnewa, die Tochter eines Kleinadligen aus Moshaisk. Natürlich war die Wahl der Tochter eines Dienstadligen aus der Provinz ein Politikum und verhinderte, daß ein großes Adelsgeschlecht zu nahe an den Thron heranrückte. Zudem erfüllte die zweite Ehe ihren Zweck. Jewdokija gebar dem Zaren zehn Kinder. Sechs starben zwar in ganz jungen Jahren, aber die männliche Thronfolge wurde gesichert, als am 19. März 1629 nach zwei Mädchen der erste Sohn geboren und auf den Namen Alexei Michailowitsch getauft wurde. Es war der künftige Zar Alexei Michailowitsch – Vater Peters des Großen.

Zarin Jewdokija ist im politischen Leben Moskaus nicht hervorgetreten. Das Familienleben der Zaren, auch der Romanows, hat sich nach wie vor weitgehend abgeschieden von der Außenwelt vollzogen. Hinter den offiziellen Kulissen stetiger Repräsentationspflichten offenbarten Zar Michail und dessen Gemahlin eine individuelle Physiognomie, die auf naiv-fröhliche und zugleich standesbewußte Charaktere schließen ließ. Michails Familiensinn konzentrierte sich ganz auf die Eltern, die Gemahlin und vor allem auf die Kinder.

Der „Terem" – Wahrheit und Legende

Westliche Rußlandreisende haben im 16. und 17. Jahrhundert eine besondere Ansicht über die russische Frau geprägt: Als Folge der Mongolenherrschaft ist die russische Frau der obersten Schichten und des Zarenhauses im Frauenhaus, dem „Terem", untergebracht worden. Als Zeichen ihres Statusverlustes durfte sie den Terem nur zu außergewöhnlichen religiösen oder Repräsentationspflichten verlassen und sich sonst nicht am öffentlichen Leben beteiligen. Dieses Bild erscheint zumindest einseitig gezeichnet. Der „Domostroi", das strenge Hausbuch mit den festen Regeln für jede Lebenslage, reglementierte alle Verhaltensweisen der Frau. Es verbot das Verlassen des Hauses nicht ausdrücklich. Den Begriff „Terem" hatte es in der mittelalterlichen Kiewer Rus gegeben – vor der Mongolenherrschaft. Im Sprachgebrauch des Moskauer Großfürstentums existierte er nicht. Die Besucher aus dem Ausland überblickten nur einen geringen Lebensbereich ihrer Gastgeber außerhalb deren Privatsphäre und zogen aus einzelnen Segmenten ihres Einsichtsvermögens generelle Schlüsse. Bisweilen obsiegte auch mangels einschlägiger Informationen die Versuchung, Gerüchten oder abstrakten Lehrmeinungen einen konkreten Wahrheitsgehalt zu unterstellen.

Die Zarin und deren Kinder lebten aus praktischen und natürlichen Gründen in separaten Räumen, die von denen des Zaren getrennt waren, die sie jedoch zu den verschiedensten Verpflichtungen verlassen mußten. Zar Michail und dessen Gemahlin schliefen demzufolge in getrennten Räumen. Besaßen sie den Wunsch nach einem gemeinsamen Essen oder einer gemeinsamen Nacht, erfüllten sie sich diesen sowohl in seinen als auch in ihren Räumen. Die faßbaren Quellen über Gemeinsamkeiten im Eheleben Michails, über die Repräsentationspflichten der

Gemahlin und die Sorge um die Kinder sind zu gering, um allgemeingültige Schlüsse ziehen zu können. Michail und Jewdokija folgten den Traditionen des Landes und der Kirche. Dennoch entwickelte sich bereits an ihrem Hofe eine Tendenz – getragen vom Vetter Nikita Romanow –, Kleidung, Gebrauchsgegenstände und allerlei Flitter „ausländischen" Zuschnitts zu erwerben. Mit naiver Freude ergötzten sich der Zar und die Gemahlin in ihren Privatgemächern an Musik und Gesang. Stundenlang konnten sie Märchen und Geschichten lauschen. Der Zar hielt sechzehn Hofzwerge und Narren und war selbst zu Spiel und Spaß aufgelegt. Michail und Jewdokija mochten kostbare Kleider, bekamen gern Geschenke und schenkten selber mit Leidenschaft. Obwohl die Eheschließung dynastischen Zwecken gedient hatte, liebten sie ihre Kinder. Sie besuchten einander täglich und beschäftigten sich viel und lange mit der Auswahl von Spielzeug für die Kinder. Die traditionellen Regeln wurden nicht verletzt: Eine Amme betreute die Babys der Zarenfamilie. Bis zum fünften Lebensjahr unterstanden sie einer Kinderfrau. Danach trennte man Jungen und Mädchen, die Jungen gab man in die Obhut männlicher Betreuer. Die Kinder durften außerhalb der Frauenräume des Kreml weder auftreten, noch sichtbar wahrgenommen werden. Selbst bei den Kirchgängen sah sie niemand direkt. Dichte Kleider, verhängte Kutschen und eine undurchdringliche Mauer von Wachen verhinderten jeden zudringlichen Blick Außenstehender. Wie leicht hätte ein „böser Blick" die Zarenkinder treffen und Unglück über die ganze Herrscherfamilie bringen können! Nur der Thronfolger erschien mit fünfzehn Jahren anläßlich seiner Proklamation in der Öffentlichkeit. Bei den Mädchen war das nicht erforderlich. Zarentöchter durften im 17. Jahrhundert nicht heiraten, weil dadurch der mühsam erworbene Familienbesitz in Gefahr geraten konnte.

Das Zarenpaar folgte streng den religiösen Riten. Niemals lächelte es bei Repräsentationen. Aber stets blieb es gegenüber Fremden ausgeglichen freundlich. Adam Olearius berichtete: Michail „regierete sanfftmüthig / und erzeigte sich so wol gegen Ausländische als Einheimische glimpfflich / daß jedermann dafür hielt / es hätte das Land wider ihre gewohnheit in viel 100. Jahren nicht einen so frommen Herrn gehabt." Der von Gott gesandte und gesalbte Zar und dessen Gemahlin waren sakrosankt, und kein Untertan durfte sie außerhalb ihrer geheiligten Bestimmung als normale menschliche Wesen erleben. Aber selbst Michail, der sich seiner historischen Sendung bewußt war und in das autokratische Selbstverständnis hineinwuchs, brach in einem Falle aus dem streng reglementierten Dasein aus.

Er wußte, daß es in Rußland Versuche gegeben hatte, die europäischen Dynastien über Ländergrenzen hinweg mit dem eigenen Hause zu verbinden. Am 22. April 1627 war die Tochter Irina geboren worden. Zar Michail und Zarin Jewdokija wollten mit dieser Tochter einen neuen Versuch zur ehelichen Verbindung des eigenen Hauses mit einem westeuropäischen Herrschergeschlecht wagen. Sie suchten ihr den Prinzen Waldemar von Dänemark als Bräutigam aus. Im Januar 1644 wurden Irina und Waldemar nach überraschender Zustimmung des Dänenkönigs offiziell verlobt, obwohl sich beide noch nicht zu Gesicht bekommen hatten. Michail ließ dem Dänenprinzen einen steinernen Palast errichten und holte ihn nach Moskau. Letztlich wurde die Glaubensfrage erneut zum unüberwindlichen Hindernis. Waldemar war tolerant und mischte sich nicht in Irinas Glaubensangelegenheiten. Spätere Kinder sollten im orthodoxen Glauben erzogen werden. Für sich selbst lehnte er den Übertritt zur russisch-orthodoxen Kirche ab. Obwohl der russische Adel den Prinzen mit Sympathie betrachtete – die Kirchenfürsten waren strikt gegen die Verbindung. Michail wollte das Ansehen seiner Tochter und Dänemarks retten und verhandelte zäh mit dem Patriarchen – ohne Erfolg. Irina blieb unverheiratet. In der russischen Öffentlichkeit mutmaßte man, das Debakel habe den frühen Tod des Zaren Michail befördert. Am 13. Juli 1645 ist er im Alter von 49 Jahren gestorben. Der neue Zar Alexei entließ den Prinzen wieder nach Dänemark.

Zar Michails Gemahlin hat ihn nur bis zum 18. August des gleichen Jahres überlebt. Von ihr ist allerdings nicht bekannt, wie sie das Schicksal Irinas reflektiert hat. Sie darf mit Fug und Recht in das Gesamturteil über die Herrschaft Michails einbezogen werden: „Der erste Romanow wurde zwar gleichsam von den Armen eines Sturmes auf den Thron gehoben, doch entsprach dies keineswegs seiner Wesensart. Er lebte in der traditionellen Abgeschlossenheit, und seine Persönlichkeit erinnert an einen ummauerten Garten. Keine seiner beiden Ehen haben sein Herz berührt, aber es gibt Beweise für seine stille, hingebungsvolle Liebe zu seinen Kindern. Er schätzte Musik und Gesang mehr als Politik, aber er fehlte doch nie bei den Sitzungen der Duma, wenn sie ihn auch noch so langweilten. Er war nicht klug und hinterließ mit Ausnahme der Heiratspläne für Irina nur wenig Spuren von Originalität, doch erfüllte er den Zweck seiner Wahl zum Zaren getreulich: Er war das einigende Symbol, das Rußland zu seiner Gesundung brauchte." Jewdokija erfüllte ihre Aufgaben still, unsichtbar und geduldig. Ihre Nachfolgerinnen sollten da weit mehr Furore machen.

Alexei, der 1629 geborene Sohn Michails, gewann den Thron 1645 durch die natürliche Erbfolge. Er rückte als Persönlichkeit stärker in das politische Rampenlicht und erhielt den Titel des „Samodjershez" zurück. Geistliche spielten in Alekseis Leben eine wichtige Rolle: der Moskauer Patriarch Josef, der den „Domostroi" auf tragikomische Weise zu Grabe trug, oder der ehrgeizige Patriarch Nikon, der die Gesetzessammlung „Sobornoe Uloshenie" und einschneidende Kirchenreformen beförderte. Die Einheit von Kirche und Staat und die tiefe Religiosität des Autokraten wurden wieder ein staatstragendes Prinzip. Alexei umgab sich mit klugen Ratgebern aus Bojarenschaft und Dienstadel, von denen Afanassi Lawrentjewitsch Ordin-Naschtschokin und Artamon Sergejewitsch Matwejew besondere Bedeutung erlangten. Alexeis Herrschaft war mit Marksteinen russischer Reichsgeschichte verbunden. Die Verabschiedung des „Sobornoje Uloshenie" im Jahre 1649 band die Bauern an die Scholle und war die erste zusammenfassende Gesetzeskodifikation seit den Zeiten Iwans IV. Alexei bezog weite Teile der Ukraine in den Moskauer Staat ein, und während seines Zartums begann in Rußland die Kirchenspaltung. Am Ende seines Lebens wurde der Zar von Skorbut und Wassersucht geplagt. Man sagte ihm nach, daß er schwächlich, wankelmütig und leicht beeinflußbar gewesen sei. Es habe ihn Überwindung gekostet, überhaupt eine Entscheidung zu treffen. Der Kampf gegen die aufständischen Kosaken und Bauern unter Stepan Timofejewitsch Rasin, aber auch gegen Türken, Polen und Schweden habe ihn ebenso zermürbt wie der innere Widerstand seiner Bojaren.

Bis zum Jahre 1634 hat Alexei die Frauenwelt in den Gemäuern des Kreml kaum verlassen. Der Vater Michail ließ für den künftigen Zaren einen Palast aus Stein errichten. Kostbare Brokate, Edelsteine, Gold und Silber füllten das Heim des fünfjährigen Jungen. Neben einem Stab von Bediensteten standen Alexei zwanzig Spielgefährten zur Seite sowie Boris Iwanowitsch Morosow, ein 1590 geborener Bojar. Morosow führte die Schar der Lehrer, die Alexei lesen, schreiben, rechnen und Kirchengesang lehrten, an.

Das tägliche Leben war auf die künftige Rolle als Herrscher orientiert. Während Nahrung und Spielsachen einfach und bescheiden blieben, waren jene Gegenstände bewußt herausgehoben, die Symbole für die späteren Aufgaben darstellten: Die Kleider strotzten vor Edelsteinen. Ein holländischer Waffenschmied fertigte eine spezielle Rüstung; das Schaukelpferd war kostbar, mit natürlichem Roßhaar; die Fahne aus Seide.

Alexei konnte sich an der frischen Luft bewegen, durfte im Freien spielen und jenen Tätigkeiten nachgehen, die sich bereits für den aristokratischen Nachwuchs gehörten. Boris Morosow lehrte ihn die Falknerei, interessierte ihn für andere Länder und Kulturen und unterwies den aufgeweckten Schüler auch in ganz praktischen Tätigkeiten des russischen Landlebens. Morosow bereitete den Thronfolger so vor, daß er, Morosow, einen gewichtigen Platz an dessen Seite einnehmen konnte. Der Lehrer erzog einen fleißigen, aktiven, wissensbereiten und aufgeschlossenen Schüler, der gleichzeitig einen unausgeglichenen Charakter erkennen ließ. Obwohl er im allgemeinen ruhig und freundlich war, konnte er sich auch zu jähzornigen Gefühlsausbrüchen hinreißen lassen, die bis zur Grausamkeit reichten.

Nachdem 1645 die Eltern gestorben waren, mußte Alexei über Nacht die Herrschaft übernehmen. Zunächst regierte Morosow im Kronrat für den Zaren. Der Bojar unterschätzte die Bereitschaft Alexeis zur Selbstherrschaft. Im Jahre 1647 beschloß Alexei, die eigene Macht zu festigen und so bald wie möglich zu heiraten. Er suchte gar nicht erst an westeuropäischen Fürstenhöfen nach einer Braut, sondern folgte der Moskauer Tradition. Erneut kam es zu einer Brautwahl, wie sie in russischen Märchen und Liedern beschrieben wird. Aus 200 Mädchen, die aus unterschiedlichen sozialen Schichten nach Moskau geschickt worden waren, stellte man dem Zaren sechs direkt vor.

Die Legende berichtet, daß sich Alexei auf den ersten Blick in Ewfimija Fjodorowna verliebt habe, einer Tochter des Dienstgutsbesitzers Wsewoloshski. Aber bei der offiziellen Vorstellung fiel das Mädchen in Ohnmacht, und sofort tauchte das Gerücht auf, die Kandidatin leide unter Epilepsie. Die ganze Familie Wsewoloshski wurde stehenden Fußes aus Moskau verbannt. Das Ereignis weckte bei den anwesenden Bojaren die Erinnerung an den sehr ähnlichen Vorfall bei Zar Michail. Wieder behaupteten kritische Zeitgenossen, es handelte sich um eine bewußte Manipulation. Boris Morosow habe die Verdächtigungen über die Krankheit ausgestreut. Er besäße ein Interesse an der Vereitelung dieser Verbindung. Das Gerücht ist begründet gewesen. Morosow hatte für den Zaren andere Heiratspläne. Er hatte veranlaßt, daß der Kopfputz des Mädchens so eng geschnürt wurde, daß es zu einer Blutleere im Kopf kommen mußte. Die Folgen wurden offensichtlich.

Morosow wollte, daß Alexei eine Tochter des Truchsess Ilja Danilowitsch Miloslawski heiratete. Miloslawski gehörte zum Klientel Morosows. Die Mädchen wurden zu den Schwestern des Zaren in die Frauenräume des Kreml eingeladen. Dort führte man sie dem Zaren unter

Umgehung des offiziellen Ritus der Brautwahl vor, und, wie von Morosow erwünscht, verliebte sich Alexei in eines der Mädchen. Am 16. Januar 1648 heiratete der Zar Marija Iljinitschna Miloslawskaja. Morosow gab sich nicht einmal Mühe, der Intrige wenigstens einen seriösen Anstrich zu verleihen. In maßloser Selbstüberschätzung heiratete Morosow zehn Tage nach dem Zaren und wählte Anna, eine Schwester Marijas! Zar und Mentor waren verwandtschaftlich miteinander verbunden. Von Frauen, die auf diese Weise als Spielball höfischer Machtintrigen dienten, konnte man vorerst keine aktive politische Rolle erwarten. Morosow, der ohnehin fünf wichtige Zentralämter in seinen Händen hielt, häufte für sich selbst noch mehr Einfluß, Macht und Reichtum aufeinander. Vor Alexei stand, wollte er sich als Selbstherrscher behaupten, das Problem, aus der Abhängigkeit Morosows herauszufinden, ohne den verehrten Erzieher, Schwager und zeitweiligen faktischen Regenten gleich umbringen zu lassen. Dazu bot der Moskauer Aufstand von 1648 die passende Gelegenheit.

Morosow versuchte eine Verwaltungs- und Finanzreform und erließ 1646 u. a. eine drückende Salzsteuer. Diese Last verband sich im Volke mit dem Haß gegen die allgemeine Korruption und Vetternwirtschaft in der Verwaltung. Die Brautwahl Marija Miloslawskajas betrachteten Moskauer Bojaren als Versuch, die dominierende Stellung der Familie Romanow zu erschüttern. So verbanden sich die Interessen der Stadtbewohner mit denen der alten Bojarengeschlechter und des Dienstadels. Am 1. Juni 1648 brach sich die Erbitterung in Moskau Bahn. Dem Aufstand der Stadtbewohner schlossen sich die Strelitzen und das Adelsaufgebot an. Sie drängten den Zaren zur Herausgabe der Hauptverantwortlichen für die Korruption. Vor allem Morosow sollte geopfert werden!

Der Zar hielt sich mit der Gemahlin auf dem Landsitz Kolomenskoje auf. Er befand sich in einer komplizierten Lage, die nicht nur aus der Furcht geboren war. Es ging um den wichtigen Ratgeber Morosow und um die Kräftebalance zwischen den Romanows und den Miloslawskis. Alexei opferte nur im Volke verhaßte Parteigänger Morosows. Einige wurden ermordet. In den folgenden Wochen besänftigte man die Menge durch Geschenke. Aber die Unruhen hielten über Monate hinweg an. Morosow wurde vorübergehend in die Verbannung „gerettet". Nach vier Monaten kehrte er zurück und wurde vom Zaren in die Ausarbeitung des neuen Reichsgesetzbuches (Sobornoje Uloshenije) einbezogen. Boris Morosow übte zwar weiterhin wichtige Staatsämter aus, seinen beherrschenden Einfluß auf den Zaren verlor er jedoch für immer.

Es blieb jedoch die mit der Hochzeit übernommene verwandtschaftliche Last der Familie Miloslawski, die den Romanows offensichtlich den Rang streitig machen wollte. Alexei besetzte die zentralen Verwaltungsinstitutionen neu. Er stellte ein Mitglied aus der eigenen Familie an die Spitze der Bojarenduma und richtete eine zentrale Kanzlei für geheime Staatsangelegenheiten ein. Er schuf ein Instrument, mit dem er die Regierung und allgemeine Verwaltung kontrollieren konnte. Die Kanzlei bildete aber auch eine eigenständige Regierung, mit der der Zar ungehindert selbst regieren konnte. Alexei entschloß sich, ein neues Gesetzbuch erarbeiten und verabschieden zu lassen. Es entstand das „Sobornoe Uloshenie", das mit seinen 967 Paragraphen den Sudebnik Iwans IV. im Umfang um das Zehnfache übertraf. Das Gesetzbuch blieb mit zahlreichen Änderungen bis in das 19. Jahrhundert hinein gültig. Es schrieb eine ständische Ordnung fest, in deren Mittelpunkt die Leibeigenschaft der Bauern stand und die den Intentionen der Autokratie Rechnung trug.

Alexei verlieh dem im 16. Jahrhundert von dem Priester Sylwester zusammengefaßten „Domostroj" eine gesamtnationale und überhöhte Bedeutung. In Moskau wirkte zur Regierungszeit Alexeis der alte Patriarch Josef, der alle Übel des Landes aus Lustbarkeiten und Trunksucht erklärte. Nach der Verbannung Morosows übte er großen Einfluß auf Alexei aus. Andachten, Beten, Fastenzeiten und tagtägliche mehrfache Kirchgänge bestimmten das Leben des Zaren und dessen Familie. Innerhalb weniger Monate wurden im Jahre 1648 durch Erlasse alle Fröhlichkeiten und Spiele, Lustbarkeiten und Scherze im ganzen Reich verboten. Strenge Strafen wurden angedroht, und selbst bei der Hochzeit des Zaren wurden nur Psalmen gesungen. Einerseits entsprachen die Reglementierungen dem nach der Zeit der Wirren strengen Zeitgeist, andererseits lösten sie das einfache Volk mit drakonischen Strafen von den Wurzeln seines Selbstwertgefühls. Es war abzusehen, daß sich die einfachen Menschen mit religiös motivierten Strafartikeln auf die Dauer nicht von ihrer naturgegebenen Unbeschwertheit trennen ließen. Auch Zar Alexei, der die umfassende Auslegung des „Domostroj" ermöglichte, blieb in seinem eigenen Verhalten inkonsequent. Er verzichtete nicht auf die Jagd und empfing häufig die „Kinder Lucifers" – die ausländischen Gesandten und Gäste.

In den Jahren 1652 bis 1667 war Nikon Patriarch von Rußland. Nikon leitete 1653 umfangreiche Kirchenreformen ein. Er vereinheitlichte die kirchlichen Überlieferungen und die Liturgie in Anlehnung an griechische Vorbilder. Daraufhin trennten sich die Altgläubigen, und es kam zur Kirchenspaltung. Nikons Reformen stießen u. a. bei den Geistlichen Iwan Nerono, Awwakum und Daniil von Kostroma auf scharfe Ablehnung. Die widerspenstigen Anführer der Altgläubigen (Altritualisten) wurden mit schweren Strafen belegt. Ein besonders anschauliches Beispiel für die grausamen Bräuche der Zeit war das Schicksal des Protopopen Awwakum, der verbannt wurde, 15 Jahre in einem Erdloch unter strengster Bewachung verbringen mußte und 1682 in Moskau als Ketzer verbrannt wurde. Dabei hatte sich die Zarin – Alexeis zweite Gemahlin Natalja – für Awwakum eingesetzt und zumindest erreicht, daß er nicht mit noch grausameren Strafen verfolgt wurde!

Weder Awwakum noch die Raskolniki vermochten die Nikonschen Reformen aufzuhalten. Nikon erhielt freie Hand für Textkorrekturen in den Kirchenführern. 1655 erschien ein neues Meßbuch. Die liturgischen Änderungen Nikons wurden auf der Synode von 1656 bestätigt. Im Jahr 1658 kam es zwischen Alexei und Nikon zum Bruch. Aus dem Streit erwuchs ein Machtkampf um das Primat von Kirche oder Staat. Der Patriarch verzichtete schließlich auf sein Amt. Er ging in das nahe Moskau gelegene Kloster Neu-Jerusalem, wo er seine Wiederberufung abwartete. Alexei ließ Nikon im Jahre 1660 durch eine Bischofssynode des Amtes entheben. Die Reformen selbst wurden fortgesetzt. 1666/67 billigte eine große Kirchensynode in Moskau unter Anwesenheit der Patriarchen von Antiochia und Alexandria die Nikonschen Reformen: Jeder, der sich ihnen versagte, wurde aus der Kirche ausgestoßen und mit dem Bannfluch belegt. Patriarch Nikon, der wie Filaret den Titel „Großer Herrscher" führte, und der das Verhältnis des Zaren zum Patriarchat wie das des Mondes zur Sonne charakterisierte, wurde in das Ferapont-Kloster von Beloosero eingewiesen.

Das „Sobornoje Uloshenije", der „Domostroi" und die Nikonschen Reformen gaben der Herrschaft Alexeis ein unverwechselbares Bild. Die Festigung rechtlicher Grundsätze und das Bemühen um eine breitere Gesetzlichkeit im gesamten Staatswesen führten nicht nur zu einer Ausweitung des Schrifttums. Auch die Regeln und Aufgaben z. B. für die Zarin in der Familie, am Hof und im Staat wurden gründlicher fixiert und traten für den Außenstehenden sichtbarer hervor. Selbst wenn Alexeis erste Gemahlin Marija persönlich noch nicht deutlicher an die Öffentlichkeit trat als ihre Vorgängerin auf dem Thron, so existieren doch aus der Mitte des 17. Jahrhunderts wesentlich mehr Quellen, die exaktere Aussagen über die Lebensweise der Zarin erlauben. Erst aus jenen Jahren lassen sich konkretere Angaben über Aufgabenverteilungen, religiöse Übungen und kulturelle Ansprüche, Erziehungsfragen,

Eigentumsverhältnisse, Kommunikationssysteme oder Bildungsinteressen und -möglichkeiten ermitteln. Die Angaben besagen, daß die ursprüngliche Isolierung der weiblichen Mitglieder der Zarenfamilie von der Öffentlichkeit langsam und mit retardierenden Tendenzen verschwand.

Der Alltag einer Zarin im 17. Jahrhundert

Die Zarin unterhielt bereits zu Zeiten Alexeis einen stattlichen eigenen Hofstaat. Er gab Frauen unterschiedlicher Schichten Lohn und Brot – Männer wurden nur selten und dann nur zu niederen Diensten herangezogen. Bojarensöhne bewachten die Zarin und deren Hofstaat. Etwa zwanzig Pagen zwischen zehn und siebzehn Jahren, meist aus der eigenen Verwandtschaft, bedienten die Damen bei Tisch. Wuchsen die Pagen heran, traten sie in den Dienst des Zaren.

Die Zarin war von adligen Hofdamen aus der Verwandtschaft umgeben. Das waren meist Witwen, die unmittelbar in den Gemächern der Zarin lebten. Eine herausgehobene Stellung nahmen jene Hofdamen ein, die als Betreuerinnen für die Zarenkinder eingesetzt waren. Ihr Lohn war in der Regel doppelt so hoch wie jener der übrigen Hofdamen – aber sie erhielten nur halb so viel wie die höchsten Dienstränge des männlichen Adels. Die Amme der Zarenkinder konnte aus jedem Stande kommen. Sie zählte nicht zu den Hofdamen, lebte nur für ein Jahr in den Gemächern der Zarin, und nach dem erfolgreichen Ende ihrer Tätigkeit wurde in erster Linie ihr Mann je nach Stand und Tätigkeit reich entlohnt. Es war bemerkenswert, welche Aufmerksamkeit der Kindererziehung in der höfischen Hierarchie gewidmet wurde.

Interessant für den Charakter im Eigentums- und Rechtsstatus der Zarinnen ist auch die Tatsache gewesen, daß unter den übrigen Hofdamen zwar die Oberschenkin stets an der Seite ihrer Herrin war, daß an zweiter Stelle jedoch bereits die Schatzmeisterin rangierte, die den Besitz und den ganzen Hofstaat verwaltete. Sie herrschte über ein ganzes Heer sozial differenzierter Handwerkerinnen – von Goldschmiedinnen bis zu Näherinnen –, die für die materiellen Dinge des Hofes zuständig waren. Die Zarin beschäftigte an ihrem Hof auch eine besondere Richterin, die für den inneren Frieden unter den vielen Damen verantwortlich war.

Auf der zweiten Stufe des Hofstaats standen wiederum Schatzmeisterinnen, die für spezielle Warenein- und ausgänge verantwortlich waren, im Mittelpunkt. Ihnen wurden die Lehrerinnen für die Zarentöchter gleichgestellt. Den Töchtern unterstanden besondere Mädchen, die

Tischdienste versehen mußten und im Bedarfsfalle auch als Spielgefährtinnen herhielten. Die weiblichen Mitglieder der Zarenfamilie wurden von Mädchen und Frauen bewacht, die gleichzeitig die Betten zu versorgen hatten. Das waren Angehörige niedriger Dienstränge. Unter ihnen stand nur noch das große Heer von Wäscherinnen, Küchenhilfen, Lehrmädchen u. a. m. Neben diesen Hofdamen und weiblichen Bediensteten hielt die Zarin zu ihrer Bildung und Unterhaltung Schreiberinnen, Psalmenleserinnen, Sängerinnen, Zwerginnen und Närrinnen. Auch die Zarentöchter bekamen eine eigene Hofhaltung, die sich im Grundsatz nicht von der der Zarin unterschied – lediglich männliche Pagen wurden zu Bedienung bei Tisch durch Mädchen ersetzt!

Eine Vorstellung von der Größe des Hofstaates erhielten die Moskauer bei öffentlichen Ausfahrten der Zarin. D.h., zur Mitte des 17. Jahrhunderts gab es diese öffentlichen Ausfahrten bereits. Etwa dreihundert Personen begleiteten die Herrscherin. Die Hofdamen saßen in Wagen, während die Frauen und Mädchen niederer Dienstränge im Herrensitz auf Pferden folgten.

Der ganze Hofstaat der Zarin unterstand einer zentralen staatlichen Verwaltung, einem Prikas, an dessen Spitze eine Bojarin stand, und der von einem Sekretär, einem Djak, verwaltet wurde. Die Bediensteten der Zarin, einschließlich der hochrangigen Bojarensöhne, mußten in der besonderen Vorstadt Kislowka wohnen. Mit der Hofhaltung war eine abgestufte Ordnung von Verantwortlichkeiten verbunden, die von der Zarin eingeteilt und überwacht worden sind, die sich nicht nur auf die innere Führung beschränkten und vielfältige Sachkenntnis im Recht, in der Verwaltung und in der politischen wie sozialen Entwicklung des Landes verlangten. Die Zarin gab sich nicht dem naiven Müßiggang hin, erschöpfte ihre geistigen Fähigkeiten nicht bei naiver Stickerei und schaute auch nicht den ganzen Tag dem Spiel der Närrinnen zu. Die Zarin führte zumindest ihren eigenen Hofstaat, der vom Lebens- und Herrschaftsbereich des Zaren in der politischen und administrativen Struktur noch vollkommen getrennt war. Aber innheralb des gesamten Herrschaftssystems wuchsen jene Erkenntnisse heran, die auch dazu führten, den Hofstaat der Zarin mehr und mehr zu öffnen. Noch ging die Zarin nicht von sich aus in die russische Welt, sondern sie fing diese Welt bei sich ein – gebrochen und gefiltert. Das war möglich, weil sich Zar Alexei neben der strengen Bewahrung des traditionellen Moskau anschickte, das Land noch weiter als seine Vorgänger Filaret und Michail nach Westen zu öffnen.

Für Rußland genossen damals die Sicherung und Erweiterung der

Grenzen nach Nordwesten, Westen und Süden absolute Priorität. 1653 begann ein neuer Krieg gegen Polen, der 13 Jahre währte. 1654, im „Eid von Perejaslawl", nahm er die „kosakischen Glaubensbrüder" unter russischen Schutz. Die Ukraine und große Teile Galiziens gerieten in russische Hand. Der Zar setzte den Feldzug fort und erlebte eine Wende, als Schweden einen neuen Krieg eröffnete. Der schier unendliche Krieg zwischen Rußland, Polen und Schweden ging unerbittlich weiter. 1667 beendete der Waffenstillstandsvertrag von Andrussowo das russisch-polnische Gemetzel. Smolensk und Kiew, sowie die links des Dnepr liegenden Gebiete der Ukraine kamen zu Rußland. Die baltische Frage blieb offen. Moskau erweiterte sein Territorium.

Gleichzeitig plagte den Zaren die Sorge um den Erhalt der Dynastie. Er hoffte auf seinen am 7. Februar 1654 geborenen Sohn Alexei. Der Junge erwies sich als intelligent und aufgeschlossen für alle Wissensgebiete, Naturereignisse und das Leben insgesamt. Er besaß ausgezeichnete Lehrer, u. a. Ordin-Naschtschokin, und versprach, beste Anlagen für einen Monarchen hervorzubringen. Leider war die Hoffnung vergebens. Am 17. Januar 1670 starb Alexei. Das Unglück war um so größer, als der am 30. Mai 1661 geborene Sohn Fjodor schwächlich war und weil der dritte Sohn, der am 27. August 1666 geborene Iwan „einen trüben Kopf" hatte, d.h. als schwachsinnig galt. Daß damals ein dreizehnjähriges Mädchen zur Familie gehörte, das ebenfalls klug, intelligent und von hohen geistigen Gaben war – die am 5. (17.?) September 1657 geborene Tochter Sofija Alexejewna – erregte weder die Aufmerksamkeit des Zaren noch eines anderen Würdenträgers. Der Tod Alexeis betrübte den Vater sehr, zumal es nicht das einzige persönliche Unglück war, das ihn traf. Bereits im März 1669 war die Zarin Marija Miloslawskaja gestorben. Zar Alexei konnte die Herrschaft nicht in starke Hände geben. Er mußte eine neue Frau suchen und benötigte für die Thronfolge weitere Erben. Er traf eine Wahl, welche die Verhältnisse am Zarenhof, das Leben der Zarenfamilie und die politischen Bedingungen Moskaus auf einschneidende Weise beeinflußte.

Natalja Naryschkina tritt in das Licht der Öffentlichkeit

Im November 1669 begann eine neue Brautwahl, die sich bis in den Mai 1670 hinzog. Es ist nicht klar, ob sich der Zar schon davor für die künftige Gemahlin Natalja Naryschkina entschieden hatte und die ganze Zeremonie nur eine Alibifunktion besaß. Auf jeden Fall versuchte die Familie Miloslawski eine Intrige. Sie präsentierte eine eigene Kandidatin und wollte die Braut aus dem Felde schlagen. Diese Absicht mißlang, ließ aber ahnen, welche Probleme die Zukunft bringen würde. Im Januar 1671 heiratete Alexei das Mädchen Natalja Kirillowna Naryschkina. Der Vater war ein Kleinadliger von geringem Einfluß, der jedoch mit dem bedeutenden Staatsmann und Ratgeber Alexeis, Artamon Matwejew, verwandt und so sehr befreundet war, daß Matwejew und dessen schottische Gemahlin, die im Unterschied zu den sieben Kindern der Naryschkins nur einen einzigen Sohn besaßen, Natalja bei sich aufgenommen und erzogen hatten. Es ist nicht bekannt, wie lange Natalja im Hause der Matwejews gewohnt und welche Bildung man ihr dort vermittelt hat. Aber die Tatsache, daß Matwejew als Leiter des Außenministeriums (Posolski prikas) ein offenes Haus führte und selbst ein kluger und gebildeter Mann war, spricht zumindest dafür, daß Natalja weltoffen erzogen worden ist. Zar Alexei war oft Gast im Hause Matwejews und hatte viele Gelegenheiten, das Mädchen dort zu sehen und kennenzulernen.

Natalja war ein schönes und aufgewecktes, aber nicht besonders intelligentes Mädchen. Sie ging die Ehe mit dem Zaren unter dem Vorsatz ein, das politisch bedeutungslose Leben der Zarinnen nicht hinzunehmen. Das Mädchen war zwanzig Jahre alt. Es besaß einen starken und lebendigen Charakter. Fortan zogen Musik, Tanz und Lebensfreude in den Kreml ein, demonstrierten das Sterben des „Domostroi" und verlangten vom Zaren persönliche Neuorientierungen, die jene Komponenten seines Willens unterstützten, die auf eine stärkere Öffnung nach Westeuropa gerichtet waren. Ungeniert brach Natalja mit gewohnten Bräuchen. Aus dem Jahre 1675 wird berichtet, daß sie sich zu Ehren einer kaiserlichen Gesandtschaft in einem offenen Wagen auf den Straßen Moskaus zeigte. An ihren Namenstagen empfing Natalja auch männliche Gäste, und sie soll sogar aktiv an Jagden teilgenommen haben. Die Zarin durfte selbst zwar offiziell keine ausländischen Gesandtschaften empfangen, aber sie nahm an den Empfängen des Zaren teil und lernte auf diese Weise zahlreiche Politiker, Künstler und Wissenschaftler aus Westeuropa persönlich kennen. Diesen Übergangscharakter im Leben der Zarin betonte im Jahre 1672 der Bericht einer in Hamburg erscheinenden Zeitung: „Die Czarin oder Kayserin aber sass mit ihren Stats-Dames hinter einer Scharlacken-Decken, welche also beschaffen war, dass man dero Schönheit und sie das Ballet wohl sehen konnten. Sie leuchteten wie die hellen Stern aus kleinen Wolcken hervor."

Im Kreml wurde das erste Theater gebaut, und dort wurden offenbar nicht nur biblische Stücke von Simeon Polozki aufgeführt. Die schroffe

Wende in der Auslegung des „Domostroj" war auch der jungen Naryschkina zu verdanken. Das Hausbuch als übermoralisierter Sittenkodex verschwand wieder. Im Grunde genommen hatte ihn das russische Leben, der Zwang zur Modernisierung, von selbst abgestoßen. Das lebendige Vorbild der Zarin hatte dabei mitgeholfen.

Alexei demonstrierte durch das tägliche gemeinsame Leben mit der Gemahlin, daß er den schönen Dingen zugetan war. Er interessierte sich für Landwirtschaft, Gartenbau, Ethnographie und viele andere Angelegenheiten. Es blieb im wesentlichen eine Beschäftigung zur Befriedigung eigener Leidenschaften. Alexei und Natalja waren sich der Würde des Selbstherrschers bewußt – aber nicht immer der Pflichten und Konsequenzen, die sie ihnen auferlegte. Alexei machte Fehler in der Politik gegenüber Schweden. Er bewältigte weder die Unruhen im Süden noch einen Ausgleich mit der Türkei. Seine Vorstellung über Polen war nur allgemeiner Natur. Seinem persönlichen Charakter nach war Alexei gütig und jähzornig zugleich. Diese Eigenschaften kamen auch in dem Streit zum Tragen, der mit dem Erscheinen Natalja Naryschkinas am Zarenhof losbrach.

Der Streit zwischen den Miloslawskis und den Naryschkins entbrennt

Im Jahre 1672 wurde Alexei ein unerwartet kräftiger Sohn geboren: Peter Alexejewitsch. Angesichts der Schwächen Iwans und Fjodors, der Söhne aus erster Ehe, gebärdeten sich die Naryschkins, allen voran Natalja, als die sicheren Erben der Dynastie. In dieser Zeit vergifteten die Flügelkämpfe zwischen den Sippen der Miloslawskis und der Naryschkins die Atmosphäre im Kreml. Alexeis Leben wurde immer schwieriger. Er zog sich aus der Öffentlichkeit zurück und eröffnete dadurch sowohl seiner Frau, als auch dem erbitterten Familienstreit weitere Handlungsspielräume. Im Januar 1676 schlief Alexei „friedlich" ein.

Die Ehe mit Natalja hatte lediglich fünf Jahre gedauert. Neben dem Sohn Peter waren noch die Töchter Natalja und Feodora 1673 und 1674 geboren worden. Die Ehe war stürmisch verlaufen und hatte neue Wege im öffentlichen Wirken der Zarin eröffnet. Natalja durfte auf das Verständnis ihres Gemahls bauen, setzte die Hinwendung zu aktiver Teilnahme an Kunst, Kultur und Öffentlichkeit jedoch vor allem durch die Kraft ihrer individuellen Persönlichkeit durch. Mit Natalja Naryschkina trat in der russischen Herrschaftsgeschichte erstmals ein Phänomen auf, das sich später mehrfach wiederholen sollte. Die Gemahlin Alexei Michailowitschs erzielte ihre wichtigste politische und dynastische

Bedeutung erst nach dem Tode des Gemahls, als es für die Zarinwitwe um die Bewahrung des Erbes, um die Rechte des Thronfolgers ging. Natalja Naryschkina konnte ihre Kräfte in den folgenden Jahren mit einer anderen starken Frau messen, mit der Stieftochter und Regentin Sofja Alexejewna.

Ruhe vor dem Sturm: Die Zarinnen Agafja und Marfa

Zar Fjodor III. Alexejewitsch bestieg den Thron im Alter von fünfzehn Jahren. Es blieben ihm für seine Regierungszeit lediglich sechs Jahre. Dank eigener Intelligenz und Klugheit, dank einsatzbereiter und befähigter Ratgeber setzte Fjodor weitere markante Wegzeichen für Rußlands Durchbruch in die Neuzeit. Zwar konnte auch er weder Hofintrigen noch verhärtete Traditionen überwinden. Aber seine Innen- und Außenpolitik waren durch tätigen Reformeifer und Umsicht charakterisiert. Er hinterließ trotz zweier Ehen keine Kinder.

Fjodor Alexejewitsch profitierte von den lebensoffenen Tendenzen seiner Stiefmutter Natalja. Als kluger junger Mensch behandelte Fjodor die Stiefmutter freundlich und aufmerksam. Er ließ ihr nach dem Tode Zar Alexeis in unmittelbarer Nähe des Kreml einen neuen Holzpalast errichten. Mit seiner leiblichen Schwester Sofja verband ihn eine herzliche Zuneigung. Er gewährte ihr unorthodoxe Freiheiten bei der Regierungsbeteiligung, die niemandem sonst vergönnt waren. Der Machtkampf zwischen den Familien Miloslawski und Naryschkin bestimmte im Grunde die Verhaltensmuster des Zaren. Artamon Matwejew hatte beim Ableben Zar Alexeis im Jahre 1676 den Versuch unternommen, statt des kranken Fjodor dessen gesunden und starken Halbbruder Peter auf den Thron zu setzen. Peter war zwar erst vier Jahre alt, aber er war von einer Kraft, die angesichts des körperlichen Zustandes Fjodors nur Bewunderung erregen konnte. Matwejew war und blieb ein Parteigänger der Naryschkins. Wäre man seinem Vorschlag gefolgt, hätte Natalja für lange Jahre als Regentin herrschen können – mit geeigneter Unterstützung durch Matwejew. Aber Fjodor war klug und handelte trotz seiner Gebrechen schnell. Er ließ die vorgeschriebenen Eidesleistungen vornehmen, und Matwejew sowie einige seiner Verwandten gingen in die Verbannung. Das wirkte sich zwar negativ auf die Stellung der Zarinwitwe Natalja aus, die einst durch Matwejew an den Hof gelangt war, vorerst blieb sie jedoch unbehelligt.

Fjodor war der erste russische Zar, der sich westlich kleidete und der die Resultate westlicher Zivilisation nicht mehr nur in seinen Privatgemächern bewunderte. In machtpolitischer Hinsicht folgte er den Traditionen. Dennoch schien es ein außergewöhnliches Ereignis, daß Fjodors erste Frau – Agafja Semjonowna Gruszecka – eine Polin gewesen ist. Polinnen waren auf dem Moskauer Thron nach den Erfahrungen aus der Zeit der Wirren nicht sehr erwünscht. Fjodor hatte das Mädchen bei einem Passionsgang gesehen und es gefiel ihm. Er zog Erkundigungen ein und erfuhr, daß Agafja bei ihrer Tante, der Frau des Dumasekretärs Semen Saborowski, in Moskau lebte. Es wurde zwar die traditionelle Brautwahl veranstaltet, aber das Ergebnis stand fest. Zar Fjodor wählte Agafja aus dem Reigen der vorgeführten Mädchen aus. Die Ehe blieb jedoch kurz und bedeutungslos. Agafja starb im Folgejahr 1681 im Kindbett, und Fjodors einziger Sohn überlebte die Mutter nur um wenige Tage. Der Zar selbst war damals schon so sehr von der Skorbut gezeichnet, daß er angeblich nicht mehr alleine gehen konnte.

Ein gewisser Zweifel an der Schwere seiner Krankheit ist allerdings angebracht, denn obwohl Matwejew verbannt wurde, setzte Zar Fjodor eine Reihe bedeutender Reformen durch. Er reorganisierte das Militär und schuf erstmals für Europa ein stehendes Heer, schaffte die historisch überlebte „Rangplatzordnung" (Mestnitschestwo) ab und zentralisierte die Verwaltung. Zur Modernisierung gehörte auch die Humanisierung des Strafrechts und die Gründung der ersten russischen Hochschule, der „Slavisch-griechisch-lateinischen Schule". Kulturgeschichtlich bestand Zar Fjodors größte Leistung in der Initiative zur Gründung dieser Einrichtung, deren Eröffnung (1687) er selbst nicht mehr erleben konnte. Der Zar bezog sich bei dem Vorhaben auf den Begriff des Allgemeinwohls und ließ, ebenso wie im Manifest über die Abschaffung der Rangplatzordnung, naturrechtliche Auffassungen erkennen. Diese Erscheinung frühaufklärerischer Ein- und Ansichten weist die Herrschaft Fjodors zwei Jahrzehnte vor Peter dem Großen als einen großen Schritt zur Einbettung Rußlands in die europäische Neuzeit aus.

Kurz vor seinem Tode heiratete Fjodor im Februar 1682 noch einmal, obwohl ihm die Ärzte dringend von der erneuten Eheschließung abrieten. Marfa Matwejewna Apraxina war 1667 geboren worden. Sie war ein Patenkind Artamon Matwejews! Selbst wenn die Heirat ein mögliches Signal für einen Interessenausgleich zwischen den Miloslawskis und den Naryschkins gewesen sein sollte, gingen von ihr keine Folgen aus. Auch diese Ehe brachte keinen Thronfolger hervor. Allein die Tatsache, daß der Zar seiner Schwester Sofja erlaubte, an seinen persönlichen Beratungen in der Regierung, der Bojarenduma oder beim Sobor anwesend zu sein und dort sogar die Stimme zu erheben, spricht für Fjodors großherziges und vernünftiges Verständnis gegenüber den Problemen des Landes. Es kann natürlich auch sein, daß er dem Drängen der energischen Sofja nachgegeben hat und daß deren Einfluß auf die Reformpolitik größer gewesen ist, als bislang angenommen wurde.

In der Herrschaft Fjodors schwelte zwar der Familienzwist unaufhörlich weiter. Es ist jedoch nicht zur offenen und gewaltsamen Explosion gekommen. Sowohl Sofja, als auch die Zarinwitwe Natalja haben sich relativ ruhig verhalten, solange Fjodor lebte. Sein Tod löste im April 1782 jedoch eine Kette von Eruptionen aus, die das ganze Land erschütterten. Es begann mit einem Paukenschlag: Unmittelbar nach dem Tode Fjodors ließ der Patriarch Joakim Nataljas Sohn Peter Alexejewitsch zum neuen Zaren ausrufen. Natalja Alexejewna sollte das Land bis zu Peters Volljährigkeit als Regentin regieren. Damit begann nicht nur der komplizierte Weg Peters I. zur Alleinherrschaft, sondern der Konflikt zwischen Sofja und der Zarinwitwe Natalja Naryschkina war offen ausgebrochen.

4. Kapitel

Die streitbare Regentin Sofja Alexejewna

Sofja Alexejewna
(1657–1704)
Regentin 1682–1689

Ioan Alexouuitz, et Pierre Alexouuitz
Freres Czars ou Grands Dues de Moscouie

1682 übernahm Sofja die Regentschaft für ihren
minderjährigen Bruder Iwan (V.) und Stiefbruder Peter (I.)

Sofja wurde als vierte Tochter des Zaren Alexei Michailowitsch und dessen erster Ehefrau Maria Miloslawskaja geboren. Ursprünglich erwartete Sofja das bedeutungslose Leben von Zarentöchtern. Die Geburt war zwar Anlaß für prunkvolle geistliche und weltliche Feste, für Schenkungen und Gnadenakte. Anschließend aber vergaß man die Mädchen wieder. Sie verschwanden gewissermaßen aus dem öffentlichen Gedächtnis. Die Töchter erhielten eine Elementarbildung und endeten gewöhnlich als Nonnen im Kloster. Russische Untertanen durften sie auf Grund ihrer Zugehörigkeit zur Familie des autokratischen Herrschers nicht heiraten, und der Weg in eine Ehe mit ausländischen Aristokraten blieb noch bis weit in die Herrschaft Peters I. verschlossen.

Im Falle Sofja Alexejewnas sollten die traditionellen Regeln in Frage gestellt werden. Über Sofjas frühe Kindheit in den Frauenräumen des Moskauer Kreml und auf den umliegenden Landsitzen ist nichts bekannt. Ihr Leben wird sich nach den damals üblichen Verhaltensmustern gestaltet haben. Erste Kenntnisse datieren aus dem zehnten Lebensjahr. Durch den von Zar Alexei geförderten vorsichtigen Aufbruch in die westliche Welt und durch den Lebensstil Natalja Naryschkinas hervorgerufen, gelangten westeuropäische Neuheiten auch zu den neugierigen Damen am Zarenhof. Ein waches und energisches Mädchen konnte daraus trotz aller frommen Zucht Gewinn für die eigene Lebensvorstellung ziehen. Mit Sofja erschien ein Mädchen im Lichte der Geschichte, das aufsehenerregend wissensdurstig und vielseitig interessiert war, das den Gesprächen des Zaren mit dem Thronfolger Alexei Alexejewitsch und den Belehrungen durch die Erzieher aufmerksam folgte. Sofja kannte so bedeutende Staatsmänner wie Afanassi Ordin-Naschtschokin persönlich und durfte mit diesen relativ ungezwungen sprechen.

Klug und selbstbewußt

Schon der verstorbene Thronfolger Alexei Alexejewitsch hatte dem Zaren vorgeschlagen, der Mönch Simeon Polozki sollte auch die Bildung Sofjas übernehmen. Simeon Polozki, eigentlich Samuel Jemeljanowitsch Petrowski-Sitnianowisch, wurde 1629 geboren. Er starb 1680 – bevor Sofja die Regentschaft erobert hatte. Er stammte aus Weißrußland, war Gelehrter, Dichter und Schriftsteller. Er hatte an der Kiewer Mohyla-Akademie studiert. 1656 wurde Simeon Mönch, und 1664 übersiedelte er nach Moskau. Hier übernahm er ein Lehramt im Saikono-Spasski-

Kloster. Gleichzeitig wirkte er als Hauslehrer der Zarenkinder Alexei, Fjodor und – Sofja. Als Hofdichter erwarb er sich in Moskau eine starke Position. Seine Oden verherrlichten Zar Alexei und dessen Familie. Zar Alexei galt ihm als Befreier der westlichen Gebiete des russischen Reichs von den katholischen Polen.

Simeon Polozkis Einfluß auf Sofjas Erziehung ist zwar nur indirekt überliefert worden, sollte jedoch von bleibender Wirkung sein. Polozki trat in Sofjas Leben, als Zar Alexei von den Polenfeldzügen zurückkehrte und sich intensiv mit europäischen Ideen beschäftigte. Der Mönch breitete sein religiöses Wissen vor Sofja aus, lehrte sie Sprachen, unterwies sie in verschiedenen Wissenschaften und in der Politik. Sofja fehlten Möglichkeiten eines kritischen Vergleichs mit anderen Ansichten und so teilte sie Simeons Standpunkte, z. B. daß ein Frieden mit Polen nötig war, um sich der Schweden zu erwehren und den Zugang zur Ostsee zu gewinnen. Ihr Geschichtsbild vertiefte sie durch die Lektionen, die der englische Arzt ihres Vaters, Collins, in englischer Geschichte erteilte. Sofja verurteilte den Dreißigjährigen Krieg, weil ihr ein bewaffneter Konflikt zwischen weltlicher und kirchlicher Macht nicht begreifbar erschien. Sie betrachtete die Reformation rein theoretisch mit aufgeschlossenem Verständnis. Im Ergebnis der Unterweisungen reifte in Sofja die damals am Zarenhof gepflegte, aber weiterhin kühne Idee, daß sich Rußland dem Westen öffnen müsse und Probleme zu lösen hatte, die in der Moskauer Abgeschiedenheit nicht realisierbar waren. Zum sichtbaren Zeichen ihrer Weltoffenheit pflegte Sofja die polnische Sprache und kleidete sich nach der polnischen Mode. Gleichwohl dürfen derartige jugendlich-schwärmerischen Tendenzen der noch unreifen Sofja nicht überschätzt werden.

Dem Zarewitsch ließ man eine qualitätvolle Ausbildung angedeihen. Aber daß auch die Tochter des Zaren, Sofja, in diese Bildung und Erziehung direkt einbezogen wurde, ging über das sonst für Zarentöchter übliche Maß hinaus. Das Mädchen durchlief allein zwischen seinem zehnten Lebensjahr und dem Jahre 1682, als es die Regentschaft übernahm, mehrere Reifestufen. Einmal zu Wissensdurst erwacht, beobachtete Sofja aufmerksam die Entwicklung Rußlands und blieb als stumme Zeugin politischer Gespräche am Zarenhof bescheiden im Hintergrund. Ihre Lehrer und die Politik des Vaters führten sie schrittweise an die Probleme der Beziehungen zu Polen und Schweden heran, ließen ihre Kenntnisse über das durch Alexei beförderte Reformwerk wachsen. Sofja verstand die großen und komplizierten politischen Probleme nur zum Teil. Sie war bislang niemals aus Moskau herausgekommen. Das eifrige

Studium der Werke Caesars, polnischer und französischer Dichter oder damals vorliegender Landkarten vermittelten ein abstraktes Wissen, dem die praktische Erfahrung über das Leben in Rußland fehlte.

Im Jahre 1670 trat in Sofjas Leben eine Wende ein. Sie war dreizehn Jahre alt, als ihr älterer Bruder, der Thronfolger Alexei der Jüngere, starb. Ihr Bruder Fjodor übernahm dessen Aufgabe. Sofja liebte den kränkelnden und sanften Fjodor, der wie sie selbst Bücher mochte. Sie unterstützte und pflegte ihn nach besten Kräften, auch unter den sich allgemein verändernden Bedingungen am Zarenhof. 1669 war die erste Frau Alexeis, Maria Miloslawskaja gestorben. 1671 nahm Zar Alexei Natalja Naryschkina zur Frau. Sofja, Fjodor und der kleine Bruder Iwan – vier Jahre war er damals alt und galt schon als schwachsinnig – erhielten eine Stiefmutter, die nur sechs Jahre älter als Sofja war.

Am Hofe begannen damit die Auseinandersetzungen und Fehden zwischen den Miloslawskis und den Naryschkins. Sofja verfolgte die Streitereien mit wachsendem Interesse. Natürlich focht sie für die Miloslawskis, war jedoch klug genug, ihr Herz nicht auf der Zunge zu tragen. Die Naryschkins besaßen als klugen Wortführer den Erzieher Nataljas, Artamon Matwejew. Ihn wollte Sofja beeindrucken und – ausschalten. Der Konflikt verschärfte sich am 30. Mai 1672. Natalja Naryschkina brachte einen Jungen zur Welt, der auf den Namen Peter Alexejewitsch getauft wurde. Peter strotzte im Gegensatz zum Thronfolger Fjodor und zum Halbbruder Iwan vor Gesundheit. Die Naryschkins sahen ihre Priorität bei der Thronfolge gesichert. Aber noch lebte Zar Alexei, und das Geschick konnte sich mehrfach wenden. Beide Parteien beruhigten sich wieder, ließen den kräftigen Peter wachsen und die Zeit für sich arbeiten.

Als Zar Alexei 1676 starb, bestieg Fjodor den Thron. Fjodor verfolgte die Naryschkins nicht. Seine Großzügigkeit beseitigte die Rivalitäten aber auch nicht. Alle Naryschkins durften am Hofe bleiben, Natalja, Peter und sogar der als gefährlich geltende Artamon Matwejew. Fjodor und Sofja verband eine enge geschwisterliche Freundschaft. Die kräftige Sofja und der willensstarke Fjodor – damit konnte man die Naryschkins vielleicht sogar aus dem Felde schlagen! Während die Onkel und Tanten intrigierten, handelte Sofja. Sie bezog ihren Bruder Fjodor in das Gespinst der gegen die Naryschkins geknüpften Fallstricke ein. Äußerlich freundlich, verdächtigte sie Matwejew, er habe als Aufseher über die Hofapotheke dem Zaren Alexei falsche Medikamente geben lassen. Fjodor glaubte den Verdacht. Obwohl keine stichhaltigen Beweise erbracht wurden, mußte Artamon Matwejew in die Verbannung gehen. Da er der einflußreichste Ratgeber Natalja Naryschkinas war, mußte diese nun auch mit ihrem inzwischen vierjährigen Sohn Peter nach Kolomenskoje vor den Toren Moskaus übersiedeln. Das war keine Vertreibung vom Hof, legte aber eine gewisse neutralisierende Distanz zwischen die streitenden Parteien.

Sofja saß jetzt selbstbewußt bei Beratungen über innere und äußere Probleme des russischen Reichs an Fjodors Seite. In den Frauenräumen des Kreml bewohnte sie fortan ein eigenes Zimmer, in das wider alle Sitte fremde Männer eintreten durften. Die wichtigsten Ratgeber Zar Fjodors berieten mit Sofja alle Fragen der laufenden Regierungspolitik. Zu ihren Gesprächspartnern gehörte auch der westlich orientierte Fürst Wassili Wassiljewitsch Golizyn. Schlechte Beispiele verdarben schon damals die Sitten: Sofjas Lebensstil, noch ungezwungener als jener Natalja Naryschkinas, bewirkte eine allgemeine Lockerung der strengen moralischen Regeln in den Frauenräumen.

Sofja wußte um die schwache Konstitution ihres regierenden Bruders. Sie überwachte dessen Gesundheitszustand ebenso aufmerksam wie die Aktionen der Naryschkins und wo immer es ging, übernahm sie persönlich die Pflege des Zaren. Besonders intensiv beobachtete sie Natalja und das ungestüme Treiben Peters in Kolomenskoje. Fjodor erlaubte ihr die offizielle Teilnahme an den Beratungen der Bojarenduma, und Sofja lernte dabei manchen einflußreichen Bojaren näher kennen.

Doch keine Umsicht und Aktivität konnten Fjodors Leben retten. 1681 verfiel er zusehends. Aber die für das Großfürstentum und Sofja – wie Natalja – entscheidende Frage war noch nicht einmal erörtert worden: Fjodor hatte bislang keinen Thronfolger benannt. Iwan galt als nicht regierungsfähig, Peter war noch zu klein, und kein Anhänger der Familie Miloslawski wollte sich Natalja Naryschkina als Regentin vorstellen. Sofja wartete schweigend ab. Am 27. April 1682 starb Zar Fjodor. Die Thronfolge war offengeblieben. Noch am selben Tag berief der Patriarch von Moskau, Joakim, eine Beratung ein. Joakim war kein Parteigänger der Miloslawskis, und es schien alles wohl organisiert. Auf dem Roten Platz forderte die bestellte Volksmenge Peter zum Zaren. Peter wurde proklamiert, und Natalja Naryschkina übernahm automatisch die Regentschaft. Darüber gab es keine offiziellen Debatten. Sofja wurde sofort als Verräterin, als Hure und als Ketzerin geschmäht. Sie verschanzte sich im Kreml und mußte abwarten. Bei der Beisetzung Fjodors ergriff sie die Initiative. Es kam fast zu einem Handgemenge. Sofja stellte sich neben Peter an die Spitze der Trauerprozession und verdrängte Natalja vom ersten Platz. Sie berief sich auf das Beispiel des byzantinischen Kaisers Theodosius, der die Macht in die Hände seiner Schwester Pulcheria gelegt hatte. Natalja Naryschkina zog sich mit Zar Peter Alexejewitsch gekränkt in den Kreml zurück.

Sofja hatte das Feld behauptet. Vor der versammelten Menschenmenge brach sie demonstrativ in Tränen aus und klagte lautstark: „Oh, hier sind wir nun, ganz verlassen und niemand beschützt uns ... Die Rechte meines Bruders Iwan sind höchst ungerecht übergangen worden. Wenn ihm oder mir irgend etwas Unrechtes nachgesagt werden sollte, so wäre es das beste für uns, die Heimat zu verlassen und im Ausland unter wahren Christen zu leben, die uns nicht hassen. Und alle in Moskau sollten wissen, daß es böse Menschen mit dem Tod meines armen Bruders Fjodor sehr eilig hatten." Sofja ging davon aus, daß die Naryschkins für den Moment nicht zur Regierung fähig waren, weder durch die Regentin Natalja noch durch den unmündigen Peter. Darum mischte sie Trauer, Verdächtigungen und Drohungen zu einem für das Volk schwer verständlichen, emotional jedoch aufreizenden Aufruf, sie, die Schwester des verstorbenen Zaren, zu unterstützen.

Nach der Rede rief sie unverzüglich ihre Anhänger zusammen. Sie berieten, wie sie die latente Unzufriedenheit der in Moskau stationierten Strelitzen für den eigenen Machtanspruch nutzen konnten. Auch die Naryschkins blieben nicht untätig. Natalja hatte den verstoßenen Artamon Matwejew in Peters Namen zurückholen lassen. Matwejew traf am 12. Mai 1682 in Moskau ein. Drei Tage später, am 15. Mai, fand der Gedenktag zu Ehren des 1591 in Uglitsch umgekommen Dmitri statt. An diesem Tage brach ein Strelitzenaufstand aus, der alle Merkmale einer Palastrevolte zum Nutzen Sofja Alexejewnas trug, obwohl niemals eindeutig geklärt worden ist, ob Sofja die Initiatorin der Ereignisse war. Vielleicht hat sie den Aufstand nur für ihre Ziele genutzt.

Die gegen den Kreml drängenden Strelitzen-Regimenter entglitten zunächst scheinbar jeglicher Kontrolle. Ihre Losung war kalkuliert: Sie stießen bis in die Paläste des Kreml vor und brüllten, die Naryschkins hätten den kranken Zarewitsch Iwan ermordet. Die Bluttat müsse durch Blut gesühnt werden. Mit einem Schlag stand der geistesschwache Iwan, um den sich noch nie ein Mensch ernsthaft gekümmert hatte, der sich außerhalb divergierender Machtinteressen befand, im Zentrum des Geschehens. Anhänger Sofjas holten den vor Angst bebenden Iwan aus seinem Zimmer. Natalja ließ sofort den kleinen Zaren Peter bringen, und beide Parteien zeigten der tobenden, waffenstarrenden Menge die Knaben. Die Strelitzen verharrten einen Augenblick unschlüssig, dann brach sich der Blutrausch in eine bestimmte Richtung ungehindert

Bahn. Er riß Artamon Matwejew und weitere Anhänger und Freunde der Naryschkins in seinen tödlichen Strudel. Die Soldaten forderten auch den Kopf Natalja Naryschkinas. Sofja widerstand diesem Drängen sehr energisch, und so erwachte der Argwohn, Matwejew und die gemeuchelten Brüder Nataljas seien als Bauernopfer beklagt worden.

Der Blutrausch legte sich, und Sofja nahm die politischen Zügel in ihre Hand. Die Strelitzen gehorchten und beschränkten sich auf einen Kompromiß: Peter und Iwan sollten beide zu Zaren ausgerufen werden. Bis zur Volljährigkeit Peters nahm Sofja die Regentschaft wahr. Klerus und Duma konnten sich in der gegebenen Situation nur dem Willen der Strelitzen unterwerfen. Sofja erkannte jedoch, wie unsicher die Unterstützung durch die Schützen war, und sie unterschätzte auch Natalja Naryschkina nicht. Sie hatte zunächst eine Alleinherrschaft Peters verhindert, und am 29. Mai 1682 erklärte sie sich selbst offiziell zur Regentin.

Sofja regiert als Regentin zweier Zaren

Sofja war nicht die erste Moskauer Regentin. Jelena Glinskaja, Irina Godunowa, Marija Skuratowa und Natalja Naryschkina hatten schon für minderjährige männliche Nachkommen regiert. Stets hatte es sich um Provisorien gehandelt, die zudem offiziell kaum bestätigt worden sind. Der Einsatz dieser Regentinnen ist aber auch jedes Mal ein indirekter Beleg gewesen, daß sich die Zarinwitwen einer besonderen Wertschätzung erfreuten oder bereit waren, nach dem Tode ihrer Gemahle selbst aktive Machtpolitik zu betreiben. Im Unterschied zu den vorausgegangenen Regentinnen war Sofja keine Zarinwitwe und wollte selbst langfristig regieren, wollte eine eigenständige autokratische Macht errichten und, wenn möglich, selbst Zarin von Rußland werden.

Sofja sammelte eine Schar vertrauter Männer um sich. Der ihr seit Kindertagen nahestehende Onkel Iwan Miloslawski zählte dazu und auch Fürst Wassili Golizyn, von dem es hieß, er sei Sofjas Geliebter. Sie wurden Schatz- und Außenminister. Ein anderer Favorit, Schaklowity, nahm faktisch die Aufgaben eines Ministerpräsidenten wahr. Besonders ernste Gedanken machte sich Sofja über die Besetzung des Kriegsministeriums. Die Strelitzen-Frage mußte schnell und gründlich gelöst werden. Den größten Einfluß auf die Strelitzen übte Fürst Iwan Andrejewitsch Chowanski aus. Chowanski, der schön und reich gewesen ist, lebte in der Annahme, Sofja Alexejewna zur Frau nehmen zu können. Er war kein Parteigänger der Naryschkins. Sofja wurde von Zweifeln befallen. Chowanskis Eitelkeit und das allzu vertraute Verhältnis zu den Strelitzen erfüllten sie mit Unruhe. Er war jedoch ein glänzender Soldat und wurde schließlich ernannt, obwohl Sofja im Grunde ihres Herzens von Argwohn geplagt wurde.

Knapp drei Jahrzehnte lagen die Nikonschen Reformen zurück. Die Altgläubigen, die auf dem Boden der nationalrussischen Traditionen und in Opposition zum Staat standen, besaßen in den Strelitzen eine starke Stütze. Die Altgläubigen und die Strelitzen sahen in der Beförderung Chowanskis eine Aufwertung ihrer Machtposition. Sie durchschauten die taktischen Fähigkeiten Sofja nicht. Die Regentin berief zum 5. Juli 1682 eine Diskussionsrunde von orthodoxen und altgläubigen Christen in den Kreml ein. Die Strelitzen sollten für Ruhe und Ordnung sorgen. Die Debatte endete in Handgreiflichkeiten. Sofja wollte die altgläubigen Gewalttäter aus dem Saal verweisen und provozierte damit die wachhabenden Strelitzen. Drohungen gegen die Regentin wurden laut. Ob Sofja den Vorfall organisiert oder ob sie nur geschickt auf sich entwickelnde Situationen reagiert hat, blieb abermals unklar. Es ist bekannt, daß sie nach dem Vorfall ihre inzwischen gekrönten Brüder Peter I. und Iwan V., die Vertrauten, Familienangehörigen und Freunde um sich versammelte. Sofja erklärte, der Kreml könne die Sicherheit der Zaren, der Regentin und des Hofstaats nicht mehr gewährleisten. Das ganze Gefolge verließ Moskau, zog in kurzen Abständen von Residenz zu Residenz und von Kloster zu Kloster. Sofja sprach von Verschwörungen gegen die geheiligten Personen der Zaren und der Regentin. Chowanski tappte in die Falle, die mit dem Auszug des Hofstaates aufgestellt worden war. Das ganze Vorgehen beruhte auf einer Absprache, die Sofja am 5. Juli mit dem Patriarchen Joakim, Natalja Naryschkina (!) sowie den Zarentöchtern Tatjana Michailowna und Marija Alexejewna einvernehmlich getroffen hatte. Moskau besaß zu jenem Zeitpunkt keine starken männlichen Persönlichkeiten am Zarenhof und wurde von Frauen regiert.

Chowanski inszenierte tatsächlich eine verschwörerische Intrige wider die Zaren und die Regentin. Er wollte sich selbst zum Zaren krönen lassen. Sofja hielt sich mit den Brüdern in Ismailowo auf und berief die Duma ein. Ein geheimes Gericht verurteilte Chowanski zum Tode. Chowanski residierte schon in Moskau, als ihn Sofjas Einladung nach Ismailowo erreichte. Er leistete der Einladung Folge. Kaum hatte Chowanski am 17. September 1682 Ismailowo erreicht, wurde er festgenommen und geköpft. Die Verschwörung brach zusammen. Die Strelitzen unterwarfen sich Sofja. Die Regentin kehrte als Siegerin in den Kreml zurück. Sofja integrierte sich als Frau und erste längerfristige

Regentin Rußlands nahtlos in die autokratische Tradition der Romanows.

Neuer Leiter des Strelitzenamtes wurde Schaklowity. Alle anderen Regierungsgeschäfte leitete der gebildete und die westlichen Neigungen Sofjas unterstützende Wassili Golizyn, der sich seit dem Jahre 1682 als Leiter des Außenamtes mit dem Titel eines „Kanzlers" zierte. Wassili Golizyn war ein fähiger Politiker und der Geliebte Sofjas. Die persönliche Beziehung zwischen den beiden erscheint nur schemenhaft aus den historischen Quellen. Deutlicher sichtbar wird indes, daß Wassili Golizyn lange Zeit unter dem starken Einfluß seiner Mutter Tatjana Golizyna gestanden hat. Sie mischte sich zum Wohle ihrer eigenen Familie und des Sohnes in alle politischen und militärischen Angelegenheiten ein, die den Sohn betrafen und scheute nicht davor zurück, dem Favoriten der Regentin Dienstanweisungen zu erteilen. Die Vermutung liegt nahe, daß auch Sofja und Tatjana Golizyna ein enges persönliches Verhältnis besaßen, das sich in den Entscheidungen Sofjas niederschlug.

Wassili Golizyns Wirkungsgrad blieb in der Praxis begrenzt. Sofjas Regentschaft zielte nicht auf ambitionierte Reformen. Sie sicherte mit handfesten Mitteln vor allem ihre persönliche Macht. Als Regentin, zwar aus dem Hause Romanow gebürtig, aber ungekrönt, stützte sie sich auf den kleinen Dienstadel und befriedigte dessen Wünsche, so gut sie es konnte. Das betraf die rechtliche Angleichung des Dienstgutes an das Erbgut, die Festigung der Leibeigenschaft und eine neue Generalvermessung des Landes. Andererseits wurde die Bestrafung entflohener Bauern im Interesse einer stärkeren Grenzsicherung mehrmals ausgesetzt. Sofja förderte die Eisen- und Textilherstellung und beseitigte 1687 die Zollschranken gegenüber der Ukraine.

Der allgemeinen Landesentwicklung diente auch die 1689 ausgesprochene Einladung an die Hugenotten zur Niederlassung in Rußland. Die Verfolgung der russischen Altgläubigen nahm unter Sofja rigorose Formen an – aus Furcht, diese könnten sich einem neuen Strelitzenaufstand anschließen und die Unruhe im Lande verstärken. Überhaupt schlugen in ihren Regierungsjahren die Wellen religiös-theologischer Polemik hoch, wie die Ereignisse von 1682 und die Gründung der „Slawisch-griechisch-lateinischen Schule" im Jahre 1687 zeigten. Mit dieser ersten Hochschule ging Sofja den von den Zaren Alexei und Fjodor eingeschlagenen Weg in die Frühaufklärung weiter. Sie kümmerte sich aber auch ganz praktisch um die Ordnung und Sauberkeit in den Städten, nahm den ausweglosen Kampf gegen Bürokratie und Korruption auf, reorganisierte die Streitkräfte und öffnete das Land wirtschaftspolitisch weiter nach Westen. Sofja ließ neue Handelsverträge mit Polen und Schweden unterzeichnen, senkte die Exportzölle für Eisenwaren und Textilien und erweiterte den Handel mit England, mit den Niederlanden sowie mit Brandenburg und Sachsen. Sie besaß für die politischen und wirtschaftlichen Erfordernisse Rußlands einen weitblickenden Sachverstand.

Wie gewonnen, so zerronnen – Die Regentin stürzt

Aber Sofja scheiterte auf eine Art, die der so mancher männlichen Kollegen auf dem Thron entsprach. Sie wurde gestürzt. Zwei Problemkreise ganz unterschiedlicher Natur verursachten nach siebenjähriger Regentschaft Sofjas politisches und persönliches Debakel. Die Außen- und Sicherheitspolitik endete mit einem Fiasko. Die Regentin aus dem Hause der Miloslawskis unterlag schließlich dem Herrschaftswillen der Naryschkins, der Zarinwitwe Natalja und derem ungestümen Sohn Peter Alexejewitsch. Die Tatsache, daß Sofja eine Frau gewesen ist, hat angesichts der bis zu ihrer Herrschaft gewachsenen Rolle der Frauen in der russischen Aristokratie nur sekundär zum Niedergang ihrer Herrschaft beigetragen. Russische Frauen besaßen in der Politik bis dahin zwar keine offiziellen Funktionen. Das galt jedoch nicht mehr vollständig für das autokratisch regierende Herrscherhaus mit seinen eigenen Regeln zur inneren Führung. Die rechtliche und soziale Stellung der russischen aristokratischen Frau ist grundsätzlich auch konstant geblieben, als Rußland im 18. Jahrhundert nahezu vollständig von Frauen regiert wurde und beschränkte sich selbst dann noch auf die Bereiche Familie, Kunst, Literatur und Wohltätigkeit.

Sofja scheiterte in der Außenpolitik. Nutznießer ihrer Niederlagen waren Natalja Naryschkina und der Halbbruder Peter. Sofja errang zwar einige außenpolitische Teilerfolge, die für die Tradition und Fortsetzung der Ziele Zar Fjodors sprachen und von denen sie sich die Stärkung ihrer inneren Machtposition erhoffte. Dazu zählte der am 26. April 1686 in Moskau unterzeichnete Ewige Frieden mit Polen. Rußland nahm an der antitürkischen Heiligen Liga teil. 1683 waren die Türken vor Wien geschlagen worden. Sofjas Regierung erwartete durch den Beitritt zur Heiligen Liga die positive Beförderung eigener Ziele. Man spekulierte auf den Zugang zum Schwarzen Meer. Die Krim sollte ganz an Rußland fallen. Dazu benötigte Rußland die Unterstützung durch Polen, denn ein Angriff auf das Krim-Khanat wäre einem Bruch des 1681 durch Zar Fjodor abgeschlossenen Friedens von Bachtschisserei gleichgekommen.

Sofja sah Rußland nach dem Ewigen Frieden mit Polen zu einem Feldzug gegen den Krim-Khan bereit.

Die Regentin ernannte Wassili Golizyn 1687 zum militärischen Oberbefehlshaber des Feldzugs. Sie beging mit dieser Berufung einen persönlichen und politischen Fehler, auf den die Naryschkins und der heranwachsende Peter Alexejewitsch nur gewartet hatten. Natalja Naryschkina hatte sich seit den Turbulenzen von 1682 im Hintergrund gehalten. Sie war nicht aus dem Kreml verwiesen worden, sondern lebte im Sommer in dem Dorf Preobrashenskoje und im Winter in Moskau. Die Mutter Peters war in den Jahren von 1682 bis 1689 nicht an der Regierungspolitik beteiligt. In aller Stille aber sammelte sie Kräfte und Verbündete für ihren Sohn. Sie hielt ständigen Kontakt zum Patriarchen Joakim und bereitete das befestigte Troiza-Sergejew-Kloster für den Notfall als Fluchtburg vor. Peter war Zar, Sofja regierte in seinem Namen, aber eine Kraftprobe mit Sofja sahen alle beteiligten Personen als unausweichlich an. Während Sofja argwöhnisch auf die Spielzeugregimenter Peters in Preobrashenskoje blickte, verfolgte Natalja aufmerksam die Handlungen Wassili Golizyns.

Golizyn war ein erfolgreicher und glänzender Diplomat und Politiker. Von militärischer Kriegsführung verstand er wenig. Sein Heer, verstärkt durch Kosaken vom Dnepr und Don, brach in Richtung Krim auf, erreichte jedoch den Kampfplatz nicht. Ein Steppenbrand hielt die Regimenter auf, beraubte sie der Weidemöglichkeiten für ihre Pferde und erzwang den Rückzug. Aber in Moskau zogen die russischen Truppen überraschend als „Sieger" ein. Sofja überschüttete nicht nur Golizyn mit Ehren, sondern die Niederlage wurde in einen Erfolg umgemünzt. Zar Peter I. beobachtete die Siegesparaden mit Groll, seine Mutter witterte eine Chance für die Rückkehr an die Macht. Dem ersten Feldzug folgte im Frühjahr 1689 ein zweiter. Abermals stand Fürst Golizyn an der Spitze, ihm zur Seite der schottische General Patrick Gordon. Zunächst wehrten die russischen Soldaten die tatarischen Angriffe ab und drangen bis vor die Tore der Festung Perekop, die den Zugang zur Krim deckte. Hier hielt Golizyn ein. Sofja erklärte er später den Verzicht auf den Sturm gegen die Festung damit, daß der Krim-Khan einen günstigen Waffenstillstand angeboten hätte. Moskaus Heer zog sich ohne ersichtlichen Grund zurück. Das Desaster konnte nicht noch einmal in einen Sieg umgedeutet werden. Sofja spürte die drohenden Wolken einer baldigen Krise über ihrem Kopf. Es nützte ihr nichts mehr, daß russische Diplomaten am 27. August 1689 in Nertschinsk das erste Abkommen eines europäischen Staates mit China abschlossen. Der Vertrag von

Nertschinsk steckte erstmals Grenzen ab, die zwar noch nicht exakt waren, aber die Tatsache an sich war ebenso bedeutsam wie der gemeinsam vereinbarte grenzüberschreitende russisch-chinesische Handel. Das Abkommen war ein außenpolitischer Erfolg für das Moskauer Großfürstentum, der weder die Niederlagen im Süden Rußlands kompensieren noch den Sturz Sofjas aufhalten konnte.

Am 8. Juli 1689 kam es im Moskauer Kreml zu einem öffentlichen Zusammenstoß zwischen Sofja und Peter. An diesem Tage fand dort das Fest der Gottesmutter von Rjasan statt – eine Prozession zur Erinnerung an die Befreiung Moskaus von polnischer Herrschaft im Jahre 1612. Beide Zaren und die Regentin nahmen an dem feierlichen Zug teil. Als Zar Peter I. Sofja erblickte, befahl er ihre sofortige Rückkehr in den Palast. Sofja reagierte nicht. Rot vor Wut sprang Peter auf ein Pferd und galoppierte davon. Er bebte vor Zorn: Peter wollte die Macht, er war volljährig, aber Sofja nannte sich seit 1686 demonstrativ „Selbstherrscherin".

Die Regentin stand vor einem großen Problem. Ihr Anhang unter den Miloslawskis und Golizyns war der Meinung, die Tatsache der Regentschaft reiche in Verbindung mit der Existenz Zar Iwans V. aus, der Familie die Oberhand zu sichern. Gleichzeitig hatte Sofja in der Bojarenduma viele Feinde – weil sie zu den Miloslawskis gehörte, weil sie klug und überlegen war, weil Golizyn in den Krim-Feldzügen versagt hatte und weil Peter mit den Naryschkins die alleinige Macht wollte. Sofja war nicht gekrönt. Dieser Makel lastete schwer auf ihr. Einen ihr ergebenen Adel konnte sie sich nicht schaffen. Sofja mußte sich darauf beschränken, den heranwachsenden Peter und dessen Mutter im Auge zu behalten und an deren Verhalten ihre eigenen Chancen für die Machtbewahrung zu ermitteln. Das war aufreibend, schwierig und riskant. Sofja wußte alles über das tägliche Leben des fünfzehnjährigen Peter und dessen Hofhaltung in Kolomenskoje und Preobraschenskoje. Sie kannte seine Vorliebe für Soldaten, Schiffe, technische Neuerungen, Ausländer und lebenslustige Frauen. Sie kannte seine Klugheit, Energie und Wildheit, seinen ungestümen Charakter und seine Unbeherrschtheit, seinen unberechenbaren Jähzorn. Und die Regentin kannte Natalja Naryschkina. Sofja fürchtete den Tag, da Peter seinen Machtanspruch geltend machen würde. Zunächst erschien Peter überraschend in den Sitzungen der Duma. Er blickte wild um sich, sprach kein Wort und verschwand ebenso unmotiviert wie er gekommen war. Nach dem ersten Krim-Feldzug verweigerte Peter dem Feldherrn Golizyn eine Audienz. Sofja versuchte das Problem mit ironischen Bemerkungen zu entschärfen: „Mein

Bruder hat wahrscheinlich viel zu tun mit seinen Festungen und Schiffen." In Wirklichkeit wuchs ihre Unruhe von Tag zu Tag. Sie wußte trotz ihrer Klugheit und ihres taktischen Geschicks zu keinem Zeitpunkt, von welcher Seite die Naryschkins angreifen würden. Noch stand das Militär auf ihrer Seite. Aber wie sicher ein Bund mit den Soldaten war, wußte Sofja aus den Tagen, da sie selbst die Regentschaft erstritten hatte.

Es folgte der Zusammenstoß am 8. Juli 1689. Sofja wollte nicht auf die Macht verzichten, weil sie die Macht besaß und weil sie Peter natürlich nicht für regierungsfähig hielt. Der Konflikt zwischen Wille und Entsagungen lähmte ihre Entschlußkraft. Sie verlor zuerst ihr taktisches Gespür und dann die Regentschaft.

In einer Julinacht 1689 erhielt Peter im Schloß Kolomenskoje die Nachricht von einem Mordanschlag auf seine Person. In wilder Flucht suchte er im nahe gelegenen und für seine Sicherheit vorbereiteten Troiza-Sergejew-Kloster Schutz. Sofjas Vertraute Schaklowity und Medwedjew sollen zwar einen Plan erarbeitet haben, Peter zum Thronverzicht zu zwingen. Aber ein Mordanschlag wurde von ihnen energisch bestritten. Es liegt eine gewisse Logik in dem Argument. Wenn Sofja die Absicht gehabt hätte, Peter umbringen zu lassen, dann hätte sie damit wohl kaum bis nach dem Erreichen seiner Volljährigkeit gewartet. Welches die Handlungsmotive beider Seiten auch gewesen gewesen sein mögen, das Ereignis markierte den entscheidenden Wendepunkt in den machtpolitischen Auseinandersetzungen zwischen der Regentin Sofja Alexejewna und dem Zaren Peter Alexejewitsch – zwischen den verfeindeten Halbgeschwistern und deren Sippen.

Der Patriarch Joakim ließ in der Öffentlichkeit ausstreuen, Peter sei auf dem Wege der Bekehrung. Sofja beschwor eiligst, es habe sich um einen nahezu alltäglichen Familienstreit gehandelt, um eine Bagatelle. Der Zar werde sich bei seiner älteren Schwester für das ungebührliche Benehmen entschuldigen. Peter reagierte nicht darauf, und die Stimmung wandte sich langsam gegen Sofja. Das Ende des Machtkampfes folgte sehr schnell, nachdem sich Sofja mit versöhnlichen Hoffnungen auf den Weg zum Troiza-Sergejew-Kloster begeben hatte und unterwegs von Peters Soldaten angewiesen wurde, sofort nach Moskau zurückzukehren. Sofja besaß keine andere Wahl mehr, als sich zu fügen. Das Erbrecht stand gegen sie, und ein Strelitzenaufstand war auch nicht in Sicht. Sie kehrte um.

Am 1. September 1689 – dem Neujahrstag nach dem altrussischen Kalender – unternahm Sofja einen letzten Versuch, ihre Macht zu retten.

Sie sprach auf dem Roten Platz zu einer Menschenmenge und wies jeden Vorwurf eines versuchten Brudermordes von sich. Die Moskauer hörten schweigend zu. Niemand erhob das Schwert, die Axt oder die Muskete zu ihrem Schutz. Ein Regiment nach dem anderen fiel von Sofja ab und bekannte sich zu Zar Peter. Im Grunde war es keine dramatische Situation mehr, sondern ein einfacher Wechsel, der die dynastische Gerechtigkeit herstellte, die längst überfällig war. Die Szene war nicht annähernd so spektakulär wie im Jahre 1682, als Sofja die Regentschaft übernommen hatte.

Wassili Golizyn drängte Sofja zur Flucht ins Ausland. Die Regentin aber bewies historische Größe, Romanowsches Blut oder auch den Mut der Verzweiflung: „Ich bin eine Zarentochter. Meinem Land jetzt zu entfliehen wäre nur das Eingeständnis der mir vorgeworfenen Schuld. Ich bleibe, wo ich bin und wohin ich mein ganzes Leben lang gehört habe." Es war eine große Geste, aber sie korrespondierte mit Sofjas weiterem Verhalten. Peter ließ seine Halbschwester im Neuen Jungfrauen-Kloster unterbringen. Sie leistete keinen Widerstand. Niemals erlangte sie die Freiheit wieder, und niemand hat Sofja jemals wieder in der Öffentlichkeit gesehen. Ihr weiteres Leben war von einer hohen Mauer des Schweigens und des Verschweigens umgeben.

Peter I. setzte eine Untersuchungskommission ein. Mit Folter und Erpressung sollte Sofjas „Schuld" erwiesen werden. Es gab keine Schuld und keine Schuldigen. Aber alle Anhänger und Freunde Sofjas mußten sterben. Nur Wassili Golizyn durfte sein Leben in die Verbannung retten. Die gequälten Menschen gaben zu, daß ein Plan bestanden hätte, Peter als Zaren abzusetzen. Aber ein Mordkomplott gegen ihn war aus keinem der zu Opfer gewordenen Täter herauszufoltern.

Währenddessen vergingen für Sofja die Jahre im Kloster. Zar Peter hielt die Erinnerung wach. Voller Rache dachte er an seine Schwester. Neun Jahre später, im Jahre 1698, Peter hielt sich gerade mit der „Großen Gesandtschaft" in Westeuropa auf, revoltierten die Strelitzen noch einmal. Peter veranstaltete ein unglaubliches Blutbad, das an die schlimmsten Verfolgungen durch Iwan den Schrecklichen erinnerte. Wieder sollte bewiesen werden, daß Sofja die Initiatorin der Revolte war. Ein Beweis konnte nicht erbracht werden. Sicherlich hatte es bei den meuternden Strelitzen diesen oder jenen Gedanken gegeben, Sofja für Peter auf den Thron zu heben. Aber Sofja war nicht die Urheberin dieser Vorstellungen. Zar Peter ging den letzten Schritt. Er ließ seine Schwester nicht ermorden, aber er ließ sie zur Nonne scheren. Als Schwester Susanna beendete sie 1704 im Kloster ihr Leben. Vergessen von der Welt, für die sie einstmals den Glanz und die Würde Rußlands verkörpert hatte. In ihren Lebensbedingungen spiegelten sich allerdings nicht die Würde und Achtung, die man in Rußland gewöhnlich den Klosternonnen entgegenbrachte.

Sofjas umstrittener Platz in der Geschichte

Die energische, kluge, weitsichtige und tief in der Tradition ihres Volkes und der Autokratie verwurzelte Sofja hat den Weg der aristokratischen russischen Frau in die Neuzeit verbreitert. Sie war in ihrem ganzen Wesen eine Romanow, mit vielen Vorzügen und Nachteilen des Selbstverständnisses gegenüber der Macht. Willkürlicher und hemmungsloser Jähzorn trieben sie nicht. Durch die Art ihrer Machtübernahme hat sie das Modell für die Palast-Revolutionen der Kaiserinnen des 18. Jahrhunderts vorgeformt, so unterschiedlich auch die konkreten Zeitumstände waren. Aber was bedeutet das schon? Zar Iwan IV. oder Zar Peter I. sind in der Wahl ihrer Mittel wahrlich nicht zimperlicher gewesen. Sofjas „Verbrechen" war für Rußland ein Segen. Indem sie Peter zunächst die Alleinherrschaft streitig machte und klug regierte, verhinderte sie, daß die Willkür eines allzu jungen Tollkopfs in den Rivalitäten der Miloslawskis und Naryschkins zermahlen wurde. Der große Reformer durfte reifen, und als er die Macht übernahm, waren die Familienfehden im Vergleich zu den vorausgegangenen Jahren weniger dramatisch geworden. Es bleibt am Ende die ungeschminkte Tatsache, daß Sofja die erste Regentin im Moskauer Reich gewesen ist, die historische Größe und Selbstbestätigung erlangen konnte.

Sofja bedeutete für die Geschichte der russischen Herrscherdynastie einen markanten Einschnitt. Zum ersten Mal trat eine Frau als Regentin offen und öffentlich in Erscheinung. Sofja galt Zeitgenossen und späteren Historikern als Opfer ihres Halbbruders Peters des Großen. Ihre historische Stellung wurde aus der politischen Geschichte abgeleitet. Die vorausgegangenen Zarinnen und Regentinnen, selbst Natalja Naryschkina, hatten viel zu sehr im Schatten ihrer Gemahle gestanden, als daß ihnen eine derart eigenständige Funktion zugemessen worden ist. Peters übermächtigem Schatten und historischem Anspruch mußte sie weichen, im Leben und in der Geschichte. Sofjas Bild ist allzuoft nur an dem Peters gemessen worden und stellt sie als gewissenlose Intrigantin dar. Als einen Stolperstein auf dem unaufhaltsamem Wege des großen Peter. Das Bild wird weder ihrer Persönlichkeit noch der Regentschaft noch dem langjährigen Verhältnis zu Peter und Iwan V. gerecht.

Sie war ein selbständiger und wacher Mensch, dem ein unverwechselbarer Platz in der Geschichte Rußlands gebührt. Sie scheiterte am Übermaß eigener trügerischer Hoffnungen, an den Traditionen des autokratischen Prinzips und am Willen Peters zur Macht. Sie war eine interessante Persönlichkeit, die viele Merkmale des europäischen und russischen 17. Jahrhunderts in sich vereinte und deren Sehnsüchte an den Unvollkommenheiten Rußlands zerbrachen. Sie war eine Romanowa von Geblüt und Charakter.

Und Natalja Naryschkina? Sie konzentrierte sich in den ihr verbleibenden Lebensjahren auf die Festigung der Machtpositionen Peters. Sie mußte immer wieder Geld beschaffen, Peters ausschweifende Lebensart verzeihen und erschöpfte sich in dem Ziel einer standesgemäßen Ehe für ihn. Seinem unerschöpflichen Anspruch war sie nicht gewachsen. Die Verheiratung Peters sollte sich als Fehlschlag erweisen, und damit sank auch der Stern der Initiatorin dieser unglücklichen Ehe. Als Natalja Kirillowna Naryschkina im Januar 1694 starb, wartete Zar Peter gerade auf neue holländische Schiffe und nahm deshalb nicht an der Beisetzung teil. So hat Peter der Große die beiden Frauen, die ihm zur Macht verholfen haben, behandelt: Sofja endete als Staatsverbrecherin im Kloster, die eigene Mutter strafte er durch Mißachtung.

5. Kapitel

Praskowja und Jewdokia –
friedliche Gemahlinnen ungleicher Brüder

Praskowja Fjodorowna Saltykowa
(12. Oktober 1664 – Oktober 1723)
Gattin des Zaren Iwan V. seit Anfang 1684

Jewdokia Fjodorowna Lopuchina
(30. Juni 1670 – 27. August 1731)
Erste Gattin des Zaren Peter I. seit 27. Januar 1689 (bis 1698)

Der Machtkampf Sofjas gegen die Naryschkins hatte die Persönlichkeit Zar Iwans V. in den Hintergrund treten lassen. Iwan V. nahm unter den russischen Zaren eine besondere Stellung ein. Er stand zeitlebens im Schatten seines Halbbruders Peter, obwohl sie 1682 gemeinsam zu gleichberechtigten Zaren gekrönt wurden. Die Herrschaft überließ der kranke, schwächliche und nahezu blinde Iwan der Regentin und dem Bruder Peter. Er galt als „Narr in Christo", als ein Geistesschwacher, denen man in Rußland Verehrung entgegenbrachte. Peter I. bewahrte gegenüber Iwan menschliche Aufmerksamkeit und Achtung. Der kranke Halbbruder war wohl einer der wenigen Menschen, denen Peter eine lebenslange, gleichmäßige Fürsorge angedeihen ließ. Als Iwan 1696 starb, empfand Peter echte Trauer. Eine gewisse Ironie der Geschichte besteht jedoch darin, daß der kranke Iwan größere dynastische Verdienste um die Sicherung der natürlichen Erbfolge im Haus Romanow aufzuweisen besaß, als der kraftstrotzende Peter. Die Kaiserin Anna und der nominelle Zar Iwan VI. sollten aus seinem Familienstamm hervorgehen. Das war keine übermütige Laune des Schicksals, sondern resultierte im Grunde aus den machtpolitischen Kabalen zwischen Sofja und Natalja Naryschkina.

Iwan V. war für Sofja kein Kontrahent, und so spannte sie den kranken Bruder für ihre Interessen ein. Wassili Golizyn empfahl die Verheiratung Iwans, und Sofja ging darauf ein. Sie hoffte, daß ein gesunder Nachkomme Iwans ein dynastisches Gegengewicht gegen Peter I. sein könnte. Die Wahl fiel ganz im Sinne bewährter Traditionen auf Praskowja Saltykowa, die Tochter eines Bojaren aus dem Aristokratengeschlecht der Saltykows. Die Familie besaß eine interessante Vergangenheit. Ein halbes Jahrhundert zuvor hatte der Bojar Michail Saltykow in der Zeit der Wirren zur polnischen Partei am Moskauer Hof gezählt und war nach der Wahl Michail Romanows zum Zaren auf polnisches Gebiet gewechselt. Unter der Herrschaft Alexei Michailowitschs kehrte Alexander Saltykow, der Vater Praskowjas, zurück und wurde mit dem Namen Fjodor Saltykow wieder in den Bojarenstand aufgenommen. Die Tochter Praskowja scheint ein gesundes, großes und gutgewachsenes Mädchen mit einigem Liebreiz gewesen zu sein.

Die Hochzeit fand im Januar 1684 statt. In den folgenden fünf Jahren traten weder Iwan V. noch Praskowja bemerkenswert in Erscheinung. Sofja regierte, und Iwan erfüllte mit Peter die notwendigen Repräsentationspflichten. Praskowja stand ihrem Hof und Haushalt vor, verbrachte die Zeit mit notwendigen häuslichen Arbeiten und innerfamiliären Verpflichtungen. Da Iwan jegliche Mitwirkung an Machtintrigen gegen die Naryschkins ablehnte, lebte er mit seiner Frau relativ ruhig und unbehelligt. Böse Zungen sagten Praskowja allerdings nach, sie sei nicht nur energisch und kraftvoll, sondern auch streitsüchtig und könne überdies Unmengen von Omeletten und Frikadellen essen. Es existiert sogar eine Geschichte, die von gewissen politischen Ambitionen zeugen könnte. Im Jahre 1687 soll Praskowja in einem Erbstreit Bojaren zu sich gerufen und belehrt haben, wie sie sich bei einer Befragung durch die Regentin zu verhalten hätten. Der Legende nach haben die Bojaren versprochen, nach den Ratschlägen Praskowjas zu verfahren. Vorausgesetzt, der Bericht entspricht den Tatsachen, wäre er ein Beleg für politische Aktivitäten und Einflüsse der Zarin. Die Geschichte ist jedoch zu vage und steht zu einsam, als daß man ihr den Charakter des Allgemeingültigen verleihen dürfte.

Das gewohnte Leben endete für Praskowja mit dem Jahre 1689. Dieses Jahr brachte eine Reihe von Entscheidungen mit sich, die das Leben aller auf der russischen Bühne agierenden Personen beeinträchtigen und verändern sollte. Im Januar 1689 wurde Zar Peter I. verheiratet, und dieser Schritt erfolgte sicherlich nicht aus reinem Zufall auch in einer Zeit, in der bekannt wurde, daß Praskowja ein Kind erwartete.

Peter I., das war bis dahin die Mutwilligkeit seiner Spielregimenter, der spontane Griff zur Axt beim Schiffsbau, die staunende Naivität in der Bewunderung westlicher Zivilisationsgüter. Später wurde es die grausame Unterwerfung der Strelitzen, die Rücksichtslosigkeit im Umgang selbst mit nahestehenden Menschen, die Skrupellosigkeit bei der Durchsetzung von Macht oder auch die glühende Liebe. Peter I. ist in der Geschichte „der Große" geworden, weil kein anderer Herrscher in der russischen Geschichte mit seiner Persönlichkeit so sehr den Nerv der russischen Mentalität getroffen hat: Peter war Rußland in seiner ursprünglichsten und reinsten Form. Es macht die Tatsache staunen, daß ein einziger Mensch in dem am besten geeigneten geschichtlichen Moment die Fähigkeiten besessen hat, alles das zusammenzufassen und auszudrücken, was Rußland charakterisierte und benötigte. Peter wurde nicht „der Große", weil er die Schlacht bei Poltawa gewonnen, Asow berannt oder den Aristokraten die Bärte gestutzt hat. Peter – das ist Rußland, das „Dritte Rom", die große eurasische Landmacht – die Alternative zum westlichen Europa, zu einer Zivilisation, die man erreichen möchte, die aber durch das Wunder eines Propheten – quasi mit einem Axthieb und über Nacht – dem Volke gegeben werden wird. Bis dahin leidet das russische Volk – wie der große Peter für Rußland gelitten hat, sein ganzes Leben lang. Es gab im Leben Peter Alexejewitschs zu keiner Zeit Elemente, die Ruhe und Beschaulichkeit ausgestrahlt hätten. Es war rastlos und von Spontaneität und Kampf getragen. Vielleicht hat es die Geschichtsforschung über die Romanow-Dynastie auch so sehen wollen.

Bei dieser historischen Heldengestalt ist die Frage erlaubt, wie es dazu kam, daß er einer Gemahlin wie Jewdokija Lopuchina angetraut wurde. In seiner gesamten Kindheit und frühen Jugend stand Peter unter dem maßgeblichen Einfluß seiner Mutter Natalja Naryschkina. Die Zarinwitwe führte den Kampf gegen die Miloslawskis und gegen die Regentin Sofja. Sie ließ Peter eine sorgfältige religiöse Erziehung vermitteln und praktizierte diese auch selbst. Dennoch durfte er seinen wilden Launen freien Lauf lassen. Mit sieben Jahren begann für Peter ein regelmäßiger Unterricht. Er lernte an Hand von heiligen Büchern lesen und schreiben. Sein Lehrer Nikita Moissejewitsch Sotow konnte die überschäumende Wißbegierde des Jungen nicht befriedigen und kapitulierte. Vielleicht erklärt sich die ein Leben lang geübte Neugier Peters und der Zwang, alles selbst beherrschen zu müssen, auch aus dem Willen, das in der Kindheit Versäumte nachzuholen.

Im tagtäglichen Leben Peters änderte sich nach dem Jahre 1682 vorerst kaum etwas. Er ließ sich fast ausschließlich von persönlichen Interessen beherrschen. Es gab offizielle Anlässe und Zeremonien, bei denen er repräsentieren mußte. Die überwiegende Zeit verbrachte er in Preobrashenskoje und Semjonowskoje. Zwei Leidenschaften füllten den heranwachsenden Jungen aus: die Bereicherung seiner Kenntnisse auf technischen und naturwissenschaftlichen Gebieten und das Militär. Noch ehe Peter 1689 die alleinige Herrschaft antrat, hatte er in Preobrashenskoje und Semjonowskoje eine Militärbasis errichtet, die Moskau gefährlich werden konnte.

Alle Freude am Spiel änderte nichts an der Tatsache, daß Peter seit seinem zehnten Lebensjahr Zar von Rußland war. Nach wie vor waren die Fronten zwischen den Miloslawskis und Naryschkins nicht geklärt. Peter kümmerte das politische Ränkespiel wenig. Die Mutter Natalja machte sich um so größere Gedanken. Für sie war Peter ein Rumtreiber, der die Zeit vergeudete. Daß er permanent mit Ausländern zechte, Pfeife rauchte und jungen Mädchen nachstellte, gefiel ihr nicht.

Das waren jedoch nicht die wichtigsten Motive, die zu einer baldigen Verheiratung Peters drängten. Iwan hatte man 1684 verheiratet. Ende 1688 war Praskowja in guter Hoffnung. Peter hatte die Volljährigkeit erreicht. Sofja aber regierte weiter. Um die Thronansprüche Peters zu

sichern, hielt es Natalja für besonders wichtig, wenn er getreu dem Vorbild der Väter so bald wie möglich mit einer geeigneten Frau verheiratet
werden würde und Erben zeugte. Es schien ihr geraten, für Peter eine Frau
zu suchen, die keiner der rivalisierenden Hofparteien angehörte. Die fand
sie in Jewdokija Fjodorowna Lopuchina, einem schlichten, geradlinigen
und zurückhaltenden Mädchen aus einer angesehenen und reichen Moskauer Bojarenfamilie.

Jewdokija war für Peter und dessen hochfliegende Pläne ohne jegliches
Interesse. Sie ließ nicht einmal die Energie Praskowjas erhoffen. Peter
fügte sich ebenso willenlos wie die Braut und nahm die Hochzeit am
27. Januar 1689 als lästige Unterbrechung seiner Spiele hin. Für ihn – den
gläubigen orthodoxen Christen – war die Eheschließung ein Ordnungs-
punkt wie so viele andere. Welche Empfindungen Jewdokija besaß, ob sie
glücklich war oder an ihrem Ehemann litt, war ihm vollkommen egal.
Die Thronfolge mußte gesichert werden.

Peter I. war gerade zwei Monate verheiratet, da brachte die Gemahlin
Iwans V. ihr erstes Kind zur Welt. Es war die Tochter Marija, die nur fünf
Jahre alt wurde. Grundsätzlich war Iwan nicht krank genug, keine gesun-
den Kinder zeugen zu können. Als er am 29. Januar 1696 starb, hinterließ
er aus seiner Ehe mit Praskowja drei Töchter, von denen zwei in der
Geschichte Rußlands Aufsehen erregen sollten. Da war die 1693 geborene
Anna, spätere Herzogin von Kurland und nachmalige Kaiserin Anna I.
Iwanowna. Bereits 1691 war Katharina geboren worden, die im Jahre 1716
den Herzog Karl-Leopold von Mecklenburg-Schwerin heiratete und die
Großmutter Kaiser Iwans VI. von Rußland wurde.

Im Frühjahr 1689, als sich der Machtkampf zwischen Sofja und Natalja
zuspitzte, hatten beide Parteien ihre Positionen gestärkt: Iwan V. hatte
einen weiblichen Nachkommen, und Peter I. war verheiratet – seine
Gemahlin wurde bald darauf schwanger. Im Juli, August und September
vollzogen sich die politischen Entscheidungen, die Sofja ins Kloster und
Peter I. zur Alleinherrschaft führten. Es gibt ein eindrucksvolles Dokument aus jenen Tagen, das Peters Stimmungen, seine Lage, Wünsche und
Hoffnungen dokumentiert. Er schrieb in der zweiten Septemberwoche an
seinen mitregierenden Bruder Iwan: „Wisse Herr, daß ich Deiner Unterstützung bedarf für folgende Überlegungen: Durch Gottes Gnade
wurde … im Jahre 7190 (1682) die Regierung Rußlands uns beiden, dem
einen, wie dem anderen, übertragen, indem wir Brüder gekrönt und als
Herrscher anerkannt wurden. Von einer dritten Person, die an den Staatsgeschäften teilhaben sollte, war damals keine Rede. Dennoch hat unsere
Schwester, die Zarewna Sophia Alexejewna, eigenmächtig und entge-

gen unseren Wünschen und denen des Volkes die Führung unserer Regierung übernommen. Ich erinnere Dich daran, daß unsere Geduld lange währte. Heute hat ein Schurke, Fedja Schaklowiti, unter der Folter befragt, gestanden, daß er und andere seiner Komplizen, unser Wohlwollen mißbrauchend, einen Anschlag gegen Unser Leben und das Unserer Mutter geplant hatten. Jetzt, mein Bruder Zar, da wir beide volljährig geworden sind, ist der Zeitpunkt gekommen, selbst über dieses Land zu herrschen, das Gott uns anvertraut hat. Erlauben wir nicht einer dritten Person ... unseren Titel zu teilen und sich in Angelegenheiten einzumischen, die wir beide zu entscheiden haben. Ich zweifele nicht daran, daß Du dem beipflichtest ..." Am 6. Oktober 1689 zog Peter mit großem Gefolge in Moskau ein. Zar Iwan wartete im Kreml auf den Bruder Zar. Sie sanken sich in die Arme und dazu läuteten die Glocken.

Peter tat in den ersten Jahren wenig, um den Beweis anzutreten, daß er tatsächlich regieren wollte. Er ernannte Minister und Beauftragte – und ließ sie gewähren. Er selbst lebte nur seinen ungestümen Leidenschaften, in denen die Gemahlin keinen Platz einnahm und den sie selbst auch nicht beanspruchte. Aber sie erfüllte ihre Pflicht: Im Februar 1690 wurde der Sohn Alexei geboren. Rußland besaß einen männlichen Thronfolger, und der Vater war nicht Iwan V., sondern Peter I. Im folgenden Jahr wurde sogar noch der Sohn Alexander geboren, der allerdings kein Jahr alt wurde. Jewdokija wartete demütig und ergeben auf den Mann, falls er sich einmal herabließ, sie zu besuchen. Das war selten genug, denn Zar Peter ließ sich durch den schottischen General Patrick Gordon in die „Deutsche Vorstadt" und zu seiner neuen Geliebten Anna Mons führen.

In den folgenden fünf Jahren lebten Praskowja und Jewdokija bescheiden im Hintergrund, unauffällig und stets um das Wohl ihrer Kinder besorgt. In diesen Jahren verschlechterte sich der Gesundheitszustand Iwans, während Peter ohne jegliche Rücksichten mutwillig in den Tag hineinlebte. Im Jahre 1694 starb Natalja Naryschkina. Peter hatte ihr alles zu verdanken, das Leben und den Thron. Aber zur Beisetzung der Mutter erschien er nicht. Peter besichtigte in Archangelsk neue Schiffe. Er überließ die Repräsentationspflichten seinem Bruder Iwan und der erwies Natalja die letzte Ehre – einer Naryschkina.

Indes erkannte Peter, daß er mehr tun müsse, um seine Macht zu festigen und Rußlands Prestige in Europa zu stärken. Rußland war ein notleidendes und gebeuteltes Land. Er entschloß sich zu einem Krieg gegen die Türken. Im Jahre 1695 marschierte das russische Heer nach Süden und gegen die Festung Asow. Der Feldzug endete mit einem Reinfall. Der Zar gab sich keinen Selbsttäuschungen hin. Er verstand, daß ein militärischer Erfolg in Asow nur möglich war, wenn die Festung zu gleicher Zeit vom Lande und von der See her bedrängt wurde. Mit einem Kraftaufwand ohnegleichen stampfte Peter 1695/96 auf den neu errichteten Werften in Woronesh eine Flotte aus dem Boden. Das ganze Land, die Zarenfamilie, der Adel und die Kirche mußten ihren Beitrag leisten. Im Mai 1696 verließ die Flotte Woronesh. Der Kapitän Peter Alexejew zog seine Streitkräfte auf dem Wasser und auf dem Land um Asow zusammen. Im Juli 1696 fiel Asow den Russen in die Hände. Peters Mut, seine überschäumende Tatkraft und westliche Technologie und Disziplin hatten Europa einen Sieg über die Türken gebracht. Im September 1696 zog das siegreiche Heer in einem Triumpfzug in Moskau ein.

Die Zarinwitwe Praskowja

Zwischenzeitlich war im Januar 1696 Zar Iwan V. gestorben. Peter wandte Praskowja jenes Maß an Aufmerksamkeit zu, daß er stets für seinen Bruder empfunden hatte. Er richtete Praskowja in Ismailowo einen Palast ein und versorgte sie mit den für eine anspruchsvolle Lebensführung notwendigen finanziellen Mitteln. Die Zarinwitwe lebte viele Jahre zurückgezogen, übersiedelte nach 1703 sogar in die neue Hauptstadt Petersburg und kümmerte sich intensiv um die Verheiratung ihrer Töchter. Eine vordergründige politische Rolle hat sie im Unterschied zu manch anderer Zarinwitwe nicht gespielt, wenn der unmittelbare Einfluß auf den regierenden Zaren als Kriterium herangezogen wird. In der dynastischen Heiratspolitik wirkten Peter I. und Praskowja eng zusammen. Ein Jahrhundert später – bei der Württembergerin Marija Fjodorowna – sollte sich der Einfluß von Zarinwitwen auf die Heiratspolitik des Hauses deutlich und durchschlagend herausschälen. Praskowja Fjodorowna war eine aktive Vorläuferin. Die letzte Entscheidung lag zwar immer beim Zaren selbst, aber Praskowja empfing Gesandte, sprach mit vielen ausländischen Besuchern und besaß einen maßgeblichen Einfluß darauf, daß die Tochter Anna im Jahre 1710 den Herzog Friedrich-Wilhelm von Kurland und die Tochter Katharina 1716 den Herzog Karl-Leopold von Mecklenburg-Schwerin heirateten. Diese Hochzeiten bekommen ihr besonderes Gewicht durch die Tatsache, daß Peter I. den Thronfolger Alexei ebenfalls 1711 mit einer Herzogin von Braunschweig-Wolfenbüttel verheiratete. Das Haus Romanow begann mit dem Griff nach dem westeuropäischen Adel. Zar Peter hatte dafür mit der „Großen Gesandtschaft" am Ende des 18. Jahrhunderts erste Voraussetzungen geschaffen. Peter ließ sich 1697 also nicht nur von der Axt des Schiffszimmermanns in Holland locken, sondern auch von der Möglichkeit, in Berlin, Wien, Rom, Kopenhagen, Venedig und London eine Koalition zu schmieden, die ihm den Weg nach Konstantinopel eröffnen konnte.

Vor der Reise nach Westeuropa kam es in Moskau zu einem Aufstand gegen Peter. Strelitzen wollten ihn töten, den Zarewitsch Alexei auf den Thron heben und Sofja als Regentin einsetzen. Der Zar vermutete, daß Sofja hinter dem Attentatsplan stand. Ein Verdacht gegen die eigene Ehefrau Jewdokija ist nicht bekannt geworden. Praskowja verhielt sich absolut loyal gegen den Zaren. Peter veranstaltete ein grausames Strafgericht und reiste ins Ausland ab – Sofja wurde noch nicht belästigt. Während seiner Abwesenheit regierte ein aus drei Mitgliedern bestehender Rat. Außerdem setzte Peter den Fürsten Romodanowski mit bewaffneter Macht zum Schutze Moskaus ein und verlegte vorsorglich einige Strelitzenregimenter an die Peripherie des Reichs.

Die Leiden Jewdokijas beim Höhenflug Peters

Es war eine beeindruckende Kavalkade, die sich im März 1697 von Moskau aus auf den Weg machte. Nur die eigene Ehefrau Jewdokija blieb zu Hause und kümmerte sich um den heranwachsenden Sohn Alexei. Während der Zar unter den schönsten Freuden und Abwechslungen durch Westeuropa reiste, konnte die Zarin in der Einsamkeit ihrer Gemächer über den Sinn eines Lebens an der Seite Peters nachdenken. Ihre Gedanken sind allerdings nicht weit genug gediehen. Peters Gleichgültigkeit gegenüber den Wünschen seiner Frau korrespondierte mit der Interesselosigkeit Jewdokijas gegenüber den staatspolitischen Ideen Peters. Das Ende der Ehe war abzusehen, zumal die Geliebte Anna Mons wesentlich geschickter die Bedürfnisse des Zaren befriedigen konnte.

Das Wiedersehen zwischen Peter und Jewdokija fand im Jahre 1698 unter dramatischen Umständen statt. Peter gelangte auf seinen Reisen bis an den Kaiserhof nach Wien. Langsam wurde deutlich, daß Peters „Große Gesandtschaft" vor allem astronomische Kosten verschlungen hatte. Zar Peter persönlich hatte eine Fülle handwerklicher Erfahrungen gesammelt. Es gelang auch, zahlreiche Fachleute nach Rußland zu verpflichten. Aber das ungeschlachte Benehmen des Herrschers hatte nicht dazu beigetragen, die Bereitschaft des Westens für einen Kreuzzug gegen die „ungläubigen" Türken zu fördern.

In Wien erhielt der Zar die Schreckensnachricht: Die Strelitzen hatten sich wieder erhoben! Der Zar eilte nach Moskau zurück. Über Kuriere trieb Peter den General Romodanowski an. Der schickte General Gordon gegen die Meuterer. Die wollten Alexei auf den Thron setzen und Sofja erneut zur Regentin erheben. Gordon kartätschte die Aufständischen nieder. Sechsundfünfzig Meuterer ließ er sofort aufknüpfen, über zweitausend wanderten in Gefängnisse. Die Revolte war zu Ende, bevor Peter Moskau erreichte.

Als er am 4.September 1698 in Moskau eintraf, fuhr der Zar in die deutsche Vorstadt zu seiner Geliebten Anna Mons. Der Kreml, die Ehefrau Jewdokija und die Strelitzen konnten warten. In den folgenden Tagen kam es zu jenen merkwürdigen Szenen, bei denen Zar Peter dem Generalissimus Schejn und Romodanowski eigenhändig die Bärte abschnitt. Fünf Tage später sah sich der Monarch anläßlich eines Banketts nur noch glattrasierten Gesichtern gegenüber.

Zur gleichen Zeit befaßte sich Peter mit den Untersuchungen gegen die Strelitzen. Er hatte Sofja nicht vergessen. Das Schicksal der Strelitzen war ihm gleichgültig, Sofja sollte ausgeschaltet werden. Ihre Schuld nachzuweisen, war das Ziel. In Preobrashenskoje wurden die Strelitzen erbarmungslos gefoltert. Peter wütete, schlug, brannte und fragte. Zwei Wochen hielten die Quälereien an. Am 30. September erfolgte die erste Hinrichtungswelle. Zar Peter I. schaute im Kreise seiner Freunde und des Diplomatischen Korps zu. Im Oktober gingen die Folterungen und Massenhinrichtungen weiter. Peter suchte Sofja im Kloster auf und verhörte sie. Es war ihr keine Verschwörung nachzuweisen. Auch als Initiatorin des Aufstands der Strelitzen konnte sie nicht namhaft gemacht werden. Peter glaubte ihr nicht. Er ließ hundertfünfundneunzig Strelitzen unmittelbar vor den Fenstern ihrer Klosterzelle aufhängen.

Im Vergleich zum Umgang mit den Strelitzen verfuhr Peter mit seiner Schwester geradezu mildtätig. Sie blieb im Kloster, mußte nun endgültig den Schleier nehmen und starb am 14. Juli 1704 als Nonne Susanne. Und weil Peter gerade seine Familienangelegenheiten neu regelte, traf er eine weitere Entscheidung. Er ließ seine Ehefrau Jewdokija kommen und befahl ihr ebenfalls, als Nonne ins Kloster zu gehen. Sie verteidigte sich, beteuerte, daß sie in keinem Zusammenhang mit dem Aufruhr der Strelitzen gestanden habe. Peter wollte die ihn langweilende Frau loswerden. Der Thronfolger Alexei war geboren und wuchs heran. Die Zarin hatte ihre Pflicht erfüllt. Jewdokija wurde als Nonne Helene in das Kloster zur Fürsprache der Heiligen Jungfrau in Susdal gebracht. Sie verlor alle Titel und Ansprüche sowie ihren Sohn Alexei. Peter galt für die Kirche als Witwer. Er konnte tun und lassen, was er wollte.

Innere Reformen, der Nordische Krieg gegen Schweden, die Gründung St. Petersburgs, die Erhebung Rußlands zum Kaiserreich, Kriege gegen die

Türken, umfangreiche Aufrüstungen in Heer und Flotte, Einmischung in Europa und die Wiedererlangung des „Fensters nach Europa" – das alles bewältigte Peter in dem ihm verbleibenden Vierteljahrhundert im stürmischem Vorwärtsschreiten und führte dabei ein Leben, das an Vitalität nichts zu wünschen übrig ließ – einschließlich seiner Beziehungen zur litauischen Magd Martha Skawronska, der späteren Gemahlin und Kaiserin Katharina I. Aber auch die verschmähte Jewdokija Lopuchina sollte ihn auf seinem Weg wie ein Schatten begleiten, sein Gewissen belasten und seinen Weg immer wieder kreuzen.

Jewdokija verzieh die ihr zugefügten Demütigungen niemals. Sie übte auf ihre Weise Vergeltung. Nicht so sehr die Tatsache war wichtig, daß sie im Susdaler Pokrowski-Kloster einen Geliebten besaß. Das war der verheiratete Major Stepan Glebow, dem sie glühende Liebesbriefe schrieb. Der Major besuchte Jewdokija auch in den Nächten, und beide wurden in unzweideutigen Situationen entdeckt. Peter ließ den Offizier foltern und pfählen. Die Episode könnte als Marginalie über den Zustand in manchen russischen Klöstern abgetan werden, wenn sie nicht den Verdacht nähren würde, daß Jewdokija den Major benutzt hat, um Kontakte zur antipetrinischen Opposition zu unterhalten, die sich um den Thronfolger Alexei sammelte.

Die Affäre um den Thronfolger gehört ebenso zur Vita Jewdokija Lopuchinas, wie sie nicht aus dem Leben Peters und Katharinas I. gestrichen werden kann. Im Jahre 1717 beendete Peter die zweite Auslandsreise nach Westeuropa. Politisch war auch diese Tour ein Fehlschlag und hatte ihn seinem wichtigsten Ziel, dem Sieg über Schweden, nicht nähergebracht. Zu Hause wartete ein langwieriges Problem auf ihn. Im Oktober 1715 hatte Peter einen Brief an Alexei geschrieben, der die Problematik ihrer gegenseitigen Beziehungen beschrieb. Peter warf dem Thronfolger vor, nur Ausflüchte zu gebrauchen, um sich der Verantwortung für das Reich zu entziehen: „Ich werde noch ein wenig abwarten, um zu sehen, ob du dich aufrichtig bessern wirst. Geschieht dies nicht, so wisse, daß ich dir die Nachfolge entziehen und dich enterben werde, so wie sich der Körper von einem brandigen Glied trennt."

Peter I. war als Mensch von Tat und Verantwortung religiöser als der träge Sohn. Alexei war unter der Obhut seiner Mutter Jewdokija Lopuchina in blinder Angst vor den Dogmen der Kirche aufgewachsen. Als die Mutter in das Kloster gehen mußte, verlor Alexei das stärkste familiäre Bindeglied. Die Strelitzenprozesse und der Verlust der Mutter verschmolzen zu einer Einheit, und in beiden Fällen war für Alexei der regierende Vater der Schuldige. Alexei hatte Angst vor dem Vater und respektierte

ihn zugleich. Er trauerte der Mutter nach. Immer wieder waren es Leute
der Kirche, die ihn gegen den „Antichrist" einstimmten.Welche Motive
den Vater bewegten, interessierte ihn nicht. Dazu war er zu sehr Egoist
und in seine eigene Scheinwelt versponnen. Der Zar hatte den Sohn nach
Dresden befohlen, damit er dort Fremdsprachen, Geometrie, Festungsbau
und Politikwissenschaft studiere. 1710 folgte er widerwillig den Weisungen des Vaters. In Dresden gab er sich seinen religiösen Leidenschaften,
den Frauen und dem Alkohol hin.

Auch den folgenden Entscheid des Vaters verstand Alexei nicht. Entgegen den Moskauer Traditionen wollte Peter I. den Sohn mit einer
deutschen Prinzessin verheiraten, mit Charlotte Kristine Sophie von
Braunschweig-Wolfenbüttel. Alexei war entsetzt: Dieses magere, pocken-
narbige Mädchen sollte er ehelichen? Außerdem war die Prinzessin lutherischen Glaubens. Wieder setzte sich der Vater durch. Am 14. Oktober
1712 nahm Peter selbst an der Zeremonie im Schloß Torgau teil. In Torgau, weil die Patin der Braut Königin von Polen und Kurfürstin von Sachsen war. Nach dem Ehevertrag mußte die Braut nicht einmal zur orthodoxen Kirche übertreten – nur künftige Kinder sollten von Geburt an in
diesem Glauben erzogen werden. Diese großzügige Regelung sollte später
nicht noch einmal wiederholt werden. Die Ehe wurde geschlossen, war
aber nicht glücklich. Obwohl Charlotte sich redliche Mühe gab, ihren
Mann zu lieben – der tat es nicht. Keiner von beiden begriff, daß die
Romanow-Dynastie mit ihnen einen grundsätzlich neuen Schritt gewagt
hatte. Zum ersten Mal griff sie mit ihrem Thronfolger in das Geflecht der
europäischen Aristokratie ein, hoffte, eine ausländische Prinzessin als
Zarin gewinnen zu können. Der Thronfolger sollte eine historische Mission erfüllen. Für Alexei war das Eheleben ein weiterer Gewaltakt seines
Vaters, der ihn in seiner bequemen Frömmigkeit störte. Alexei wurde
gegenüber seiner Frau gleichgültig, sie erduldete das arme Leben einer
verkuppelten Prinzessin. Als Charlotte 1714 mit der Tochter Natalja nie-
derkam, war Alexei nicht einmal zu Hause. Er betrank sich gerade in
Karlsbad. Als er zurückkehrte, brachte er die Leibeigene Afrosinja, ein
häßliches und ordinäres Mädchen, mit in die eheliche Wohnung.

Trotz der zerrütteten Beziehungen brachte Charlotte am 22. Oktober
1715 ein zweites Kind zur Welt, den Sohn Peter, der von 1727 bis 1730 als
Kaiser Peter II. Rußland regieren sollte. Charlotte starb am 2. November
1715 an den Folgen der Geburt, am Kummer, an ihren unerfüllten Träumen. Alexei soll an ihrem Sterbebett dreimal in Ohnmacht gefallen sein.
Als er am 27. November vom Begräbnis seiner Frau kam – das er Seite an
Seite mit dem Vater absolviert hatte – fand er den Brief vom Vater vor,

datiert auf den 11. Oktober 1715, möglicherweise aber später geschrieben, der oben zitiert worden ist.

Freunde rieten ihm, auf die Thronfolge zu verzichten. Es ist nicht bekannt, ob er die Mutter um Rat gefragt hat. Die Entscheidung traf Peters zweite Frau Katharina. Sie gebar dem Zaren am 29. November 1715 den Sohn Peter, und jederman wurde klar, daß Peter dem Großen die Wahl nicht schwer fallen würde, welchen der beiden kleinen Peter er zum Nachfolger ernennen werde. Alexei verzichtete am 30. November auf die Thronfolge. Am 19. Januar 1716 antwortete Peter I. dem Sohn und warf ihm vor, daß er sich nicht gegen die Vorwürfe der Faulheit und Unfähigkeit gewehrt habe, und drohte ihm die Mönchskutte an.

Alexei teilte dem Vater bündig mit: „Es verlangt mich danach, Mönch zu werden …" Er wollte das Schicksal seiner Mutter teilen, Ruhe haben und dem Vater seine Mißachtung zeigen. Peter bat den Sohn noch einmal, den Entschluß zu überdenken. Als nach sieben Monaten keine Reaktion vorlag, schrieb der Vater, Alexei sollte entweder sofort zu ihm nach Dänemark kommen oder ihm Tag und Ort des Klostereintritts mitteilen.

Alexei floh nach Wien – zu seinem Schwager, dem deutschen Kaiser Karl VI. In Wien offenbarte sich Alexei dem Kanzler Schönborn und brachte Karl VI. in eine peinliche Situation. Der Kaiser nahm den Flüchtling zwar auf, sperrte ihn aber in die Festung Ehrenberg in Tirol, von wo er ihn weiter nach Italien schickte. Der Kaiser hoffte darauf, daß sich Vater und Sohn noch einmal versöhnten.

Peter I. setzte den Grafen Tolstoi und den Hauptmann Rumjanzew in Marsch. Der Zar versprach für den Fall der Rückkehr Straffreiheit und das Bemühen um Zuneigung. Sollte sich Alexei dem Rückkehrbefehl widersetzen, würde der Zar ihn als Verräter verfluchen und bestrafen. Nach langen Gesprächen war Alexei zur Heimkehr bereit – wenn er zuvor die schwangere Afrosinja heiraten durfte.

Peter wollte verzeihen, wenn der Sohn nur nach Hause käme. Auch Afrosinja sollte er heiraten dürfen, allerdings nur auf russischem Boden. Alexei traf am 31. Januar 1718 wieder in Moskau ein. Peter hatte für den 3. Februar einen Rat in den großen Audienzsaal des Kreml einberufen. Offiziere führten den Sohn vor den Zaren. Peter wollte nur unter zwei Bedingungen Gnade gewähren: Der Sohn sollte erneut den Thronverzicht erklären und alle jene preisgeben, die ihm bei der Flucht geholfen hätten. In einem feierlichen Schreiben entsagte Alexei dem Thron und erkannte seinen kleinen Stiefbruder als rechtmäßigen Thronerben an. Ein Manifest wurde auf dem Roten Platz verlesen: „Deshalb schließen Wir ihn, unseren Sohn Alexei, zum Wohle des Staates von der Erbfolge aus und ernennen und proklamieren Unseren anderen Sohn Peter zum Erben des besagten Thrones, auch wenn er noch sehr jung ist." Bereits einen Tag später mußte Alexei alle „Mitschuldigen" aufschreiben. Er notierte etwa fünfzig Personen – darunter auch die eigene Mutter Jewdokija Lopuchina. Die Untersuchung brachte viel Sympathie für Alexei an den Tag. Eine Verschwörung gegen den Zaren konnte nicht entdeckt werden. Es hagelte Todes- und Körperstrafen. Vergleichsweise mild war das Schicksal Jewdokijas. Sie wurde von Susdal in ein Kloster am Ladogasee verbannt und dort öffentlich ausgepeitscht.

Dieser zweite Akt beschloß das Drama noch nicht. Peter wartete ab, bis Afrosinja aus dem Ausland zurückgekehrt war. Sie wurde in die Peter-Pauls-Festung gebracht und verhört. Die Frau konnte keine Neuigkeiten mitteilen, aber sie vermischte Dichtung und Wahrheit so eng miteinander, daß Peter sich bestätigt fühlen konnte. Alexei wurde in die Peter-Pauls-Festung gesperrt. Eine Gegenüberstellung Afrosinjas mit Alexei in Gegenwart Peters führte zum Zusammenbruch des Zarensohnes. Peter besaß keinen Zweifel, daß sein Sohn und auch seine erste Gemahlin schuldig waren. Er fragte die hohe Geistlichkeit nach ihrer Meinung. Mit Zitaten aus dem Alten und dem Neuen Testament plädierte sie sowohl für Strenge als auch für Gnade, erklärte sich für inkompetent und gab die Entscheidung in Peters Hände zurück. Der Zar wollte nicht die alleinige Verantwortung übernehmen, und inszenierte das Schauspiel eines Staatsgerichtshofes. Er selbst wählte die Gerichtsherren aus und ließ sie unter seinem Beisein tagen. Das Urteil stand von vornherein fest, und alle unterschrieben sie: Generalissimus Menschikow, Kanzler Golowkin, Admiral Apraxin, Graf Peter Tolstoi, Iwan Buturlin: „24. Juni 1718 ... Wir, die Unterzeichneten, Minister, Senatoren, Funktionäre, Offiziere und Zivilpersonen, versammelt im Saal des Senats von St. Petersburg, haben nach reiflicher Überlegung und inspiriert durch unseren christlichen Glauben kraft der heiligen Gebote des Alten und Neuen Testaments, der heiligen Briefe der Evangelisten und der Apostel, der Regeln und Satzungen der Kirchenväter und Lehrer, des Rechtes der römischen und griechischen Kaiser und jenes der anderen christlichen Herrscher wie auch kraft des russischen Rechtes einstimmig und ohne Widerrede entschieden, daß der Zarewitsch Alexei für seine Schuld und seinen Aufruhr gegen seinen Herrscher und Vater ebensosehr als Sohn wie als Untertan seiner Majestät den Tod verdient." Die durch Peters Gnade mächtigen Günstlinge entschieden skrupellos über das Leben des Sohnes. Am 26. Juni wurde die Nachricht verbreitet, Alexei habe nach der Urteilsverkündung einen Schlaganfall erlitten, habe gebeichtet, sich mit seinem

Vater ausgesöhnt und sei gestorben. Niemand konnte das glauben. Es kursierten bald die verschiedensten Mordvarianten. Eine davon wußte zu berichten, Peter habe seinen Sohn nach der Urteilsverkündung erschlagen. Alexei bekam ein würdevolles Staatsbegräbnis. Peter küßte seinen geschundenen Sohn. Anschließend ging er zur Feier des neunten Jahrestages der Schlacht von Poltawa. Der Zar war überzeugt, im Staatsinteresse gehandelt zu haben. Später sagte er: „Ihr habt gesehen, wie ich die Verbrechen eines undankbaren, heuchlerischen und unvorstellbar böswilligen Sohnes bestraft habe ... Ich hoffe dadurch mein großes Bestreben zu sichern, die russische Nation für immer mächtig und gefürchtet und alle meine Länder blühend zu machen, ein Werk, das mich so viel Mühe und meine Untertanen so viel Blut und Geld gekostet hat und das im ersten Jahr nach meinem Tode zunichte geworden wäre, hätte ich nicht auf diese Weise die Ordnung wiederhergestellt." Jewdokija Lopuchina durfte im hohen Norden gründlich nachdenken, welches bizarre Schuldmaß der Kaiser ihr zugedacht hatte.

Das stürmische russische Leben ging an ihr vorüber und sie besaß keinen Anteil an den Höhenflügen Peters. Jewdokija erlebte die Siege im Nordischen Krieg ebensowenig wie die Kaiserkrönung, die Ehe Peters mit Katharina und den mißglückten Feldzug in den Kaukasus. Sie hatte vom Leben nur noch innere Einkehr in der Abgeschiedenheit des klösterlichen Lebens zu erwarten, und dennoch sollte ihr eine späte Genugtuung wiederfahren.

Als Kaiser Peters des Großen letzte Lebensjahre heranrückten, war der große Krieg vorbei, und Rußland hatte Schweden als nördliche Großmacht abgelöst. Die Reformen gingen schlecht und recht voran, aber die Thronfolge war nicht geregelt. Peter I. hatte 1722 entschieden, daß künftig allein der Imperator verantwortlich war, einen Thronfolger einzusetzen. Dieser Bruch mit den Traditionen und selbst die Krönung Katharinas zur Kaiserin im Jahre 1724 lösten die zentrale dynastische Frage nicht. Alexei war umgekommen, und der 1715 geborene Zarewitsch Peter war 1719 gestorben. Potentiell standen Katharina sowie die beiden Töchter Anna und Elisabeth auf der Kandidatenliste. Peter, der kleine Sohn Alexeis, war für den Kaiser kein Kandidat – er wurde ignoriert. Bei Anna und Elisabeth war sich der Kaiser seiner Sache nicht sicher. Sie waren jung, unerfahren und außerdem wußte er nicht, ob und wie sie sich verheiraten würden. So blieb nur Katharina als Prätendentin übrig. Peter betonte seine hohe Wertschätzung für die „Imperatrix russorum". Doch auch dieses Glück zerbrach.

Im Mai 1724 war Katharina zur Kaiserin gekrönt worden. Nach wenigen Monaten entdeckte Peter, seine liebe Kathinka war nicht nur bestechlich und korrupt, sie besaß auch einen Geliebten – den Kammerherrn William Mons, Bruder von Anna Mons. Der Konflikt wurde offiziell zwar beigelegt, die alte Vertrautheit kehrte nicht zurück. Peter machte deutlich, daß er sich vor allem um die beiden überlebenden Töchter kümmerte. Anna sollte den Herzog von Holstein heiraten, und für Elisabeth ersehnte er sich den König von Frankreich. Kluge Ratgeber sagten ihm, daß der Streit mit Katharina keine Empfehlung für diese Heiratspläne wären.

Der Bruch mit Katharina war ein Menetekel für das nahende Ende. Peter lebte rastlos und unbekümmert. Trotz der Kälte im Winter 1724/25 fuhr er zum Ladogakanal, arbeitete in einer Schmiede und ritt erhitzt nach Petersburg zurück. In Lachta entdeckte er ein gestrandetes Schiff und sprang ins Wasser. Alle Schiffsbrüchigen konnten gerettet werden, Peter kehrte mit hohem Fieber in die Hauptstadt zurück. Man stellte Harngries fest, und eine alte Syphilis brach wieder auf. Am 23. Januar 1725 entnahm ihm der englische Chirurg Horn vier Liter Urin. Die Erleichterung ging schnell vorüber. Das Land hielt den Atem an und wartete. Peter der Große war eine so kraftvolle Persönlichkeit, daß jedermann glaubte, mit seinem Leben und Sterben sei das Schicksal des Reichs verbunden.

Peter sagte nichts, traf keine Entscheidung. Wenn er in seinem Schweigen fortfuhr, konnte Alexeis Sohn Peter in natürlicher Erbfolge zum Prätendenten aufsteigen. Katharina wartete mit gespannter Aufmerksamkeit. Am 27. Januar ließ sich Peter Papier und Tinte geben. Mit zitternden Händen schrieb er: „Übergebt alles an …" Dann wurde er ohnmächtig. Kurz darauf verlangte er nach seiner Tochter Anna, wollte ihr den Rest des Satzes diktieren, auf den der ganze Hof wartete. Alles, was Peter an diesem Tage sagte, blieb unverständlich. Der erste Kaiser aller Reußen hatte versäumt, die von ihm selbst gesetzten Maßstäbe in die Tat umzusetzen. Am 8. Februar 1725 starb Peter nach langem, vergeblichem Kampf. Katharina eilte zum Senat. Als Senatoren aus den Familien Repnin, Golizyn oder Dolgoruki Protest anmeldeten, stürmten Gardeoffiziere in den Saal, und draußen marschierten die Garderegimenter auf. Das Manifest, mit dem Katharina zur Alleinherrscherin proklamiert wurde, war eine reine Formsache.

Jewdokija Lopuchina erlebte die Ereignisse in der Ferne, obwohl es von St. Petersburg bis zum Ladogasee nicht sehr weit war. Es ist nicht bekannt, ob und in welcher Weise sie das Ende Peters I. und die anschließende Herrschaft Katharinas I. aufgenommen und reflektiert hat. Von der Kaiserin hatte sie keine Erlaubnis zur Rückkehr nach Petersburg zu erwarten. Katharina I. starb nach zwei Jahren, und plötzlich änderten sich die politischen Bedingungen auf eine Weise, die in Jewdokija Hoffnungen erweckten.

Mit Peter II. gelangte ein zwölfjähriger Knabe auf den Thron, der gute geistige Veranlagungen zur Herrschaftsausübung mitbrachte. Der Tradition folgend, wurde ein Regentschaftsrat eingesetzt, der für den minderjährigen Zaren regierte. Fürst Menschikow, der engste Vertraute und Günstling Peters des Großen, stand an der Spitze des Rates. Auch die beiden Töchter Peters des Großen, Anna und Elisabeth, gehörten dazu. Das Verhältnis zwischen Peter II. und Menschikow wurde zum Prüfstein für Peters politische und gesellschaftliche Strategie, für sein Verständnis von der Vergangenheit und Gegenwart der Dynastie und für seine Art des Umgangs mit der russischen Geschichte. Nach allen Voraussetzungen konnte Zar Peter II. gegenüber Menschikow nur feindselige Gefühle hegen. Er wußte um dessen verderbliche Rolle beim Tode des Vaters Alexej Petrowitsch und hatte die Jahre seiner Kindheit, da auch er durch Peter den Großen und Menschikow gedemütigt worden war, nicht vergessen. Für den jungen Zaren verband sich mit der Person Menschikows alle Düsternis der Vergangenheit.

Das Schicksal Jewdokija Lopuchinas löste den Konflikt aus. Peter II. kümmerte sich sofort um die verstoßene Großmutter – fast dreißig Jahre, nachdem sie in das Kloster gezwungen worden war! Er verlangte vom Regentschaftsrat die unverzügliche Rückkehr Jewdokijas. Menschikow wehrte sich heftig, wohl wissend, daß seine eigene Rolle bei der Abschiebung Jewdokijas ans Licht kommen würde. Er drohte für den Fall einer Freilassung Jewdokijas mit Unruhen und Aufständen. Der Zar konterte: „Sie glauben, daß sich dann die Freunde meines Vaters um mich scharen werden." Menschikow konnte nur haßerfüllt prahlen. „Ich weigere mich, eine solche Verfügung zu treffen, ich bin der Regent." Das aber ließ Peter unberührt: „Und ich bin der Kaiser", entgegnete er kaltblütig.

Jewdokija Lopuchina kehrte noch im Jahre 1727 zurück. Menschikow unterschätzte den Einfluß des Moskauer Adels auf den jungen Herrscher und glaubte, der Ehemann von Peters I. Tochter Anna, Herzog Karl Friedrich von Holstein-Gottorp, sei stärker. Diesem wurde jedoch nahegelegt, in seine Heimat zurückzukehren. Jewdokija kam befreit nach Moskau, wo die damals 57jährige Frau bleiben wollte. Es war keine ausschließlich persönliche Entscheidung, sondern ein Wunsch, der die Moskauer Traditionen beleben sollte, einen Gegensatz zur Modernisierung Peters des Großen schuf und seine Wirkungen auch nicht verfehlte. Peter II. und dessen Schwester Nathalja fuhren sofort von Petersburg nach Moskau und sprachen der alten Hauptstadt ihre Sympathie aus. Der Zar reiste bald wieder nach Petersburg, aber die Geste wurde vom Moskauer Adel positiv aufgenommen.

Menschikow suchte nach einem letzten Ausweg. Er wollte Peter II. mit der eigenen Tochter Marija verheiraten. Vertreter alter Adelsgeschlechter agitierten gegen Menschikow, der sich als Emporkömmling mit der Familie Romanow verbinden wollte. Menschikow geriet in Panik. Er faßte den abenteuerlichen Entschluß zur Gefangennahme Peters II. Das war eine Verschwörung wider den Selbstherrscher. Im September 1727 reiste Menschikow in Ketten nach Sibirien. Niemals wieder tauchte er in St. Petersburg auf, jener Stadt, die ihn groß gemacht hatte.

Peter II. wurde im März 1728 zum Imperator von ganz Rußland gekrönt. Die obersten Reichsbehörden, wie der Kronrat, der Senat oder der Synod, und die wichtigsten Verwaltungsinstitutionen siedelten an die Moskwa über. Es war eine Abkehr vom despotischen Modernismus, ein Bekenntnis zur vorpetrinischen Tradition und eine Trotzreaktion auf das Verbrechen gegen die Großmutter Jewdokija, den Vater Alexei und die eigene verlorene Kindheit. Die Fürsten Dolgoruki und Wassili Golizyn blieben offizielle Regenten. Sie übten den entscheidenden Einfluß auf den Monarchen aus und ersehnten die eigene familiäre Bindung an die Romanows. Peter pflegte nach seiner Thronerhebung die Beziehung zur Schwester Natalija, die ihn ebenso ständig umgab und umsorgte, wie die nur wenige Jahre ältere Tante Elisabeth. Für Peter war der frühe Tod Natalijas im Dezember 1728 ein unersetzbarer Verlust, über den ihn auch die Verbindung mit Katharina Dolgorukaja nicht hinweghelfen konnte. Probleme der Thronfolge berührten selbst den erst vierzehnjährigen Zaren Peter II. Namentlich die wieder zu Ehren gelangten Fürstengeschlechter besaßen ein Interesse daran, die Thronfolge möglichst schnell und zu ihren eigenem Nutz und Frommen zu regeln. Im Dezember 1729 wurde Peter mit Katharina Dolgorukaja verlobt. Am 30. Januar 1730 sollte die Hochzeit stattfinden. Wenige Tage zuvor erkrankte der Monarch an den Pocken, und am Morgen des Tages, der sein Hochzeitstag werden sollte, verstarb er. Die Großmutter Jewdokija Lopuchina überlebte ihren Enkel Peter II. um ein und ein halbes Jahr, sie starb im August 1731.

Es war ein seltsames Phänomen, daß Jewdokija, deren Lebensweg einen Bruch mit den bereits gewonnenen Positionen russischer Zarinnen bedeutete, ausgerechnet durch den großen Reformer Peter I. in die Bedeutungslosigkeit gestoßen worden ist, daß sie Peter I. überlebt und ihren Enkel in der Restauration unterstützt hat – einer Restauration, die dennoch die durch Peter I. initiierten Umgestaltungen nicht in Frage stellen konnte. In dieser Hinsicht war das politisch gar nicht so unbedeutende Leben der Lopuchina ein Ausdruck für die Ambivalenz russischer Gesellschaftsentwicklung, für den fortschreitenden Übergang in eine moderne europäische Welt.

Jewdokija mußte auch noch erleben, daß mit Peter II. der letzte rechtmäßige Romanow in der direkten männlichen Erblinie starb. Nicht nur der Thron war verwaist, sondern die Dynastie drohte auf dem Thron zu erlöschen. Der Oberste Kronrat beriet Tag und Nacht, wie man aus dem Dilemma herauskommen könnte. Den Ausschlag gab schließlich Fürst Dmitri Golizyn. Er schlug Anna vor, die Tochter Zar Iwans V., die seit 1711 verwitwete Herzogin von Kurland. Mit ihr sollte die Macht des Adels neu errichtet und die Autokratie faktisch beseitigt werden. Die Mitglieder des Obersten Kronrates ahnten nicht, wie sehr sie sich verrechneten. Dennoch: Im Lichte der Entwicklung russischer Zarinnen stand Jewdokijas Jugend im Zeichen der Auseinandersetzungen zwischen Sofja und Natalja Naryschkina. An ihrem Lebensabend regierte die Kaiserin Katharina I. Nach dem Zwischenspiel Peter II. folgte noch zu ihren Lebzeiten die Kaiserin Anna. Ihr eigenes Schicksal hat den Zug der russischen Zarin zur Selbstherrschaft weder befördert noch aufgehalten.

6. Kapitel

Katharina I. – eine litauische Magd wird die erste russische Kaiserin

Katharina I. Alexejewna – Martha Skawronska
(6. April 1684 – 6. Mai 1727)
*Zweite Gattin des Kaisers Peter I. seit 1705
(offiziell seit Februar 1711)
Kaiserin 1725–1727*

Die russischen Bojarenfamilien hatten lange um den Moskauer Thron gekämpft. Die Familie Romanow hatte sich durchgesetzt und endlich die Regentin Sofja hervorgebracht. Bis zu dem Zeitpunkt, als Zar Peter I. die Gemahlin Jewdokija Lopuchina verstieß, waren Brautwahl und Lebensweise der russischen Zarinnen traditionell geregelt und hatten sich den jeweiligen Wertmaßstäben und der zeitbedingten sozialen Stellung der russischen Frau in wesentlichen Punkten angepaßt. Jewdokija Lopuchina bildete insofern eine Ausnahme, als sie von ihrem Gemahl bewußt erniedrigt, als vollkommen unwesentlich betrachtet, und als „lästiger Unrat" beseitigt worden ist. Eine derartige Geringschätzung hatte seit dem Jahre 1613 kein russischer Herrscher gegenüber seiner Gemahlin an den Tag gelegt. In dieses Urteil über Peter den Großen paßt auch die Tatsache, daß die erste russische Kaiserin ihrer Herkunft nach eine litauische Dienstmagd war.

Die Laune eines autokratischen Despoten trug Katharina bis auf den Gipfel damaligen gesellschaftlichen Ansehens. Sie trat dank ihres Mannes alle Tradition, in der Sofja noch gestanden hatte und in der Praskowja Fjodorowna als Gemahlin Iwans V. positiv verharrte, mit Füßen und stand am Beginn des russischen Jahrhunderts der Frauen, in dem die Kaiserinnen Anna, Elisabeth und Katharina II. den Zarenthron beherrschten, und in dem sich die „reinen" Moskauer Romanows mit der europäischen Aristokratie verbanden. Katharina galt auch als eine dynastische Entgleisung, die sich nicht einmal Peter der Große erlauben durfte.

Über Charakter und Leben Katharinas I. existieren mehr bewundernde Beschreibungen als überzeugende Tatsachen. Eine Frau von so niederer Herkunft umhüllte ihr kaiserliches Prestige besser mit dem Mantel des Vergessens. Die Höflinge schmeichelten ihr, solange sie die Macht verkörperte. Dem Kaiser Peter durfte ohnehin niemand widersprechen.

Martha Skawronska entstammte der livländischen Bauernfamilie Samuel Skawronskis. Sie war Magd in Marienburg, als die Wirren des Nordischen Krieges sie in russische Gefangenschaft geraten ließen. Marthas Vater war an der Pest gestorben. Damals ist das Mädchen noch kein Jahr alt gewesen. Die Mutter überlebte den Vater nur um zwei Jahre. Nach deren Tod wurde der Haushalt aufgelöst. Martha, die römisch-katholisch getauft worden war, lebte als Waise im Hause des protestantischen Pastors Glück in Marienburg. Der Pastor betrachtete das Mädchen als Dienstmagd und Haustochter. Er adoptierte sie sogar. Glück hat ihr Grundkenntnisse im Katechismus vermittelt. Das geschah durch mündliche Belehrungen, denn die junge Martha konnte weder lesen noch schreiben. Die russische Sprache beherrschte sie ungenügend und mit einem starken deutschen Akzent. In den häuslichen Pflichten bewies sie große praktische Erfahrungen. Martha galt als frühreifes, außerordentlich liebesbedürftiges und bildschönes Mädchen. Dem Pastor geriet die Moral seiner Kirchenschule durch Martha ins Wanken. Die Pastorin wachte argwöhnisch über die Sittlichkeit ihres Gatten, und Glück verheiratete das Mädchen möglichst schnell an den schwedischen Dragoner Johann Kruse. Der Soldat verschwand mit der Zerstörung Marienburgs. Ob Kruse bei der Verteidigung der Stadt gegen die russischen Soldaten umgekommen ist, weiß niemand. Die Ehe hat nur wenige Wochen bestanden.

Als die russischen Truppen unter Führung Generalfeldmarschall Boris Petrowitsch Scheremetjews – eines persönlichen Rivalen Alexander Menschikows – 1703 Marienburg belagerten, schwor der schwedische Kommandant, die Festung eher in die Luft zu sprengen, als sich zu ergeben. Er erfüllte den Schwur, entließ zuvor jedoch zahlreiche zivile Einwohner über die Mauern. Zu diesen Überlebenden zählte auch die Familie des Pastors Glück. Glück geriet in die Arme russischer Vorposten. Er bot seine Dienste als Dolmetscher an und durfte nach Moskau weiterreisen. Martha, gerade einmal achtzehn Jahre jung, mußte bei Scheremetjew im Lager bleiben – die Offiziere benötigten ihre Dienste.

Martha klagte nicht über die unmoralische Lage, in die sie durch die Gewalt Scheremetjews gezwungen wurde, sondern erblickte im Umgang mit hohen russischen Generälen die Chance für einen neuen Lebensweg. Moralische Skrupel besaß sie nicht. Zuerst wurde sie die Geliebte des kommandierenden Generals Scheremetjew. Der mußte bald vor der lebens- und liebessprühenden jungen Dame kapitulieren. Alexander Menschikow wurde auf das Mädchen aufmerksam. Er machte sie zu seiner Geliebten. Das Verhältnis war nur von kurzer Dauer. Als Zar Peter eines Tages bei Menschikow zu Gast war, bemerkte er Martha, die sich keine besondere Mühe gab, vom Zaren übersehen zu werden: „Er fand sie lebhaft und schlagfertig und sagte ihr schließlich, sie müsse ihm die Kerze in sein Zimmer bringen, wenn er zu Bett gehe. Das war ein Befehl, der keinen Widerspruch zuließ, auch wenn er lachend ausgesprochen wurde. Menschikow hatte nichts dagegen. Und die Schöne verbrachte die Nacht mit Einwilligung ihres Herrn im Zimmer des Zaren." Zar

Peter übernahm die Gespielin seines Ratgebers und der freute sich, denn er hatte seinem Herren einen Dienst erwiesen. Im Jahre 1703 wurde Martha die Geliebte des großen Zaren. Das bedeutete zunächst nicht, daß Menschikow auf freudvolle Stunden mit Martha verzichten mußte. Peter I. und Alexander Menschikow unterhielten sich ungeniert über die Vorzüge und Nachteile der gemeinsamen Geliebten. Es war dennoch abzusehen, daß dieser Zustand dem Zaren nicht lange gefallen würde. Tatsächlich schickte er Martha aus dem Feldlager nach Moskau, in ein abgelegenes Haus, in dem ihr eine vornehme Dame Manieren beibringen sollte.

Martha muß über phänomenale Fähigkeiten verfügt haben. Sie begann an der Seite des anspruchsvollen Zaren einen kometenhaften Aufstieg. Martha trat sofort zum orthodoxen Glauben über und erhielt den Namen Katharina Alexandrowna – Alexej, der Sohn Peters aus erster Ehe, stand ihr als Taufpate zur Seite. Schritt für Schritt wuchs Katharina in die Rolle des einzigen Menschen hinein, der rückhaltlos offen mit Peter umgehen durfte. Peter besuchte sie regelmäßig in dem kleinen und verschwiegenen Haus. Er erledigte, so berichtete Kapitän Villebois in seinen Erinnerungen, in ihrer Gegenwart wichtige Regierungsgeschäfte: „Er, der eine so schlechte Meinung von den Frauen hatte und sie nur für die Liebe tauglich fand, ist so weit gekommen, daß er Katharina um Rat bittet, wenn er mit seinen Ministern nicht einig ist; er folgt ihrem Urteil, beugt sich ihren Argumenten und behandelt sie, kurz gesagt, wie man es sich von Numa Pompilius der Nymphe Egeria gegenüber erzählt." Sie wurde bald der einzige Mensch, der es verstand, Peters Wutausbrüche zu zügeln. Sie gab ihm Ruhe und Selbstsicherheit für schwierige Entscheidungen. Sie war da und fand mit sicherem Instinkt den notwendigen Ton. Sie trank mit Peter, nahm an seinen derben und grausamen Späßen teil und konnte ihn zum rechten Zeitpunkt mäßigen. Katharina holte ihren Zaren von unmäßigen Zechgelagen weg, und ihrem freundlich-natürlichen Wort: „Es ist Zeit, heimzugehen, Väterchen", folgte er gelegentlich brav wie ein Kind.

Als Peter Moskau zu den entscheidenden Schlachten gegen Schwedens König Karl XII. verließ, ordnete er an: „Sollte mir durch den Willen Gottes ein Unglück zustoßen, so befehle ich, die dreitausend Rubel, die sich im Hause Menschikows befinden, an Katharina und ihre Tochter auszufolgen." Die Summe war nicht üppig, aber Katharina wußte Peters Anordnung dankbar zu schätzen. Sie umgab Peter auch aus der Ferne mit mütterlicher Liebe. Ihr Briefwechsel atmete eher den Geist biederer Zweisamkeit als staatspolitischer Weisheiten. Peter schrieb: „Es ist langweilig ohne Dich, und meine Wäsche ist schlecht gepflegt." Katharina vermutete in der Antwort, er sei sicher schlecht frisiert! Peter gab ihr recht und schrieb, sie sollte zu ihm kommen und den liederlichen Zustand beenden. Katharina fuhr wirklich nach Poltawa und machte sich nicht nur beim Zaren, sondern auch bei den Soldaten nützlich. Sie pflegte Verwundete, verteilte Wodka und bewies eins ums andere Mal, daß sie für Peter die ideale Frau war.

Als im Juni 1709 bei Poltawa das große Treffen zwischen Russen und Schweden stattfand, schickte Peter Katharina vom Schlachtfeld weg. Sie fuhr nach Kiew und wartete dort. Am Abend nach der Niederlage Karls XII., schrieb Peter: „Guten Tag, Mütterchen! Ich teile Dir mit, daß Gott uns heute in seiner Gnade erlaubt hat, einen beispiellosen Sieg zu erringen. Kurz gesagt, alle feindlichen Truppen sind vernichtet. Ich wollte, daß Du diese Nachricht von mir selbst erführest. Was die Glückwünsche betrifft, mußt Du selbst herkommen! – Im Lager, den 27. Juni 1709 – Piter." Aber Peter eilte selber nach Kiew und erfuhr die Neuigkeit: Katharina war wieder schwanger. Es tauchte der Gedanke an eine offizielle Heirat auf, er wurde aber verworfen. Zunächst mußte der Sieg gefeiert werden. Katharina begab sich mit nach Moskau, zog sich aber nach Kolomenskoje zurück. Dort erwartete sie die Geburt ihrer Tochter Elisabeth, die am 28. Dezember 1709 das Licht der Welt erblickte.

Katharinas glückliche Jahre an Peters Seite

Acht Jahre lebte Katharina an Peters Seite, ehe er sie als Ehefrau anerkannte und offiziell ehelichte. Zum ersten Mal heiratete ein wirklicher russischer Zar eine Frau, die nicht über die traditionelle Brautwahl erkoren worden war, die nicht dem russischen Adel entstammte und die obendrein aus der niedrigsten Volksschicht zufällig emporgetaucht war. Dafür entsprang diese Ehe einer etwas wilden, aber aufrichtigen Zuneigung. Die Heirat bedeutete für die am Zarenhof üblichen Ehesitten einen Traditionsbruch ohnegleichen. Sie war ein Ausdruck für Peters vollkommen unkonventionellen Umgang mit Frauen: Die ehrenwerte Russin Jewdokija Lopuchina hat er ins Kloster geschickt, die listenreiche Deutsche Anna Mons hatte er geliebt und die litauische Magd Martha hat er geehelicht. Peter hat lange überlegt. Katharinas hatte sich im täglichen Leben und besonders vor Poltawa als eine so zuverlässige Partnerin erwiesen, daß er sie, als es gegen die Türken gehen sollte, nicht missen wollte. Am 19. Februar 1711 heirateten der „Konteradmiral Peter" und die „gottesfürchtige Katharina Alexejewna" zu früher Morgenstunde in der Privatkapelle Menschikows. Es waren nur wenige Zeugen anwesend. Als Brautjungfern fungierten die kleinen Töchter Anna und Elisabeth. Der bescheidenen Zeremonie folgten Bankett, Ball und Feuerwerk. Peter war stolz über die Entscheidung, die er endlich getroffen hatte. Angesichts des bevorstehenden Feldzuges legte er seiner Schwester ans Herz, Katharina vor Gott zu achten. Falls ihm ein persönliches Unglück zustoßen sollte, müsse man ihr den Rang, die Privilegien und auch die Einkünfte einer regulären Zarenwitwe zuerkennen.

In einer „Parole" gab Peter am 6. März 1711 bekannt, daß Katharina Alexejewna seine rechtmäßige Gattin und Zarin war. Peter unternahm diesen Schritt auch, um die Zukunft seiner Töchter zu sichern. Er wollte Katharina eine feste Stellung an seiner Seite geben. Sie hatte sich als Glücksfee bewährt und sollte auch künftig für den Zaren nützlich sein. Außerdem hing der Zar mit großer Zuneigung an Katharina. Peter erkrankte schwer an Skorbut, aber Katharina hielt fest zu ihm. Der Zar ließ in sein Journal schreiben: „Seine Majestät hatte die Absicht, seine Gemahlin mit den anderen Damen in eine sichere polnische Stadt zu schicken, um sie vor den Strapazen zu bewahren, die dem schwachen Geschlecht nicht zuträglich sind. Aber Katharina, diesen Schwächen nicht unterworfen, hatte so inständig gebeten, ihr den Verbleib bei der Armee zu gestatten, daß sich seine Majestät genötigt gesehen hat, einzuwilligen. Seit dieser Zeit begleitet ihn die Zarin auf allen seinen Feldzügen."

Der Krieg gegen die Türken endete für Rußland tragisch. Die osmanischen Truppen siegten im Juli 1711 am Fluß Pruth. Peter geriet in Panik. Er erdachte verwegene Ideen, um seiner Frau und sich das Leben zu retten. Katharina erwies sich als Herr der Situation. Während sich der Zar schon als Sklave in der Türkei sah, dann aber wieder den feindlichen Feuerring mit seinen Kosaken durchbrechen wollte, schlug Katharina vor, dem türkischen Großwesir ihren Schmuck und ihre Wertsachen anzubieten, um zumindest Waffenstillstandsverhandlungen zu erreichen. Peter folgte dem Rat, und sie hatten Glück: Katharinas Geschenke, das Geschick des Feldmarschalls Scheremetjew und die zweischneidige Lage der Türken, denen die Rückzugswege abgeschnitten werden konnten, führten am 23. Juli 1711 zum Frieden von Husch. Rußland mußte zwar große Opfer hinnehmen – so ging das mühsam erkämpfte Asow wieder verloren, und Karl XII. durfte nach Schweden zurückkehren – aber der Frieden bewahrte Rußland vor einer militärpolitischen Katastrophe. Peter wußte die standhafte Festigkeit Katharinas zu würdigen. Nach dem Krieg in Finnland von 1713/14 stiftete er am 24. November 1714 den Orden der Heiligen Katharina. Am Namenstag der Zarin erhielt sie die Auszeichnung unter ausdrücklichem Hinweis auf ihre Selbstbeherrschung am Pruth, wo man sie „nicht wie eine Frau, sondern wie einen Mann handeln sah". Es dürfte das erste Mal in der neuzeitlichen russischen Geschichte gewesen sein, daß einer Zarin zu Ehren ein Orden gestiftet worden ist und daß diese Zarin die Auszeichnung aus politischen Motiven heraus selbst empfangen hat.

Katharina handelte bei aller Impulsivität überlegt und ausgewogen. Unter Peters führender Hand löste sie politische Aufgaben. Überdies gebar sie dem Zaren ein Kind nach dem anderen. Insgesamt gingen elf Kinder, fünf Söhne und sechs Töchter, aus ihrer Verbindung hervor. Lediglich zwei Töchter blieben am Leben: Anna und Elisabeth. Katharina und Peter besprachen und entschieden wichtige staatliche und dynastische Fragen gemeinsam. Dennoch behinderten Katharina die zahlreichen Schwangerschaften in ihrer Aktivität, und auch die dralle jugendliche Schönheit verging allmählich.

Im Jahre 1717 besuchte Peter I. auf einer weiteren Europareise Frankreich. Katharina wartete auf ihn in Holland. Gemeinsam fuhren sie dann nach Berlin. Das Zarenpaar hinterließ in Preußen ob seiner Grobschlächtigkeit und der ungezügelten Manieren widersprüchliche Erinnerungen. Die Markgräfin von Bayreuth fällte über Katharina ein vernichtendes Urteil: „Die Zarin war klein, untersetzt und stark gebräunt und hatte weder Ausstrahlung noch Würde. Schon ihr Anblick verriet ihre niedere Herkunft. Man hätte sie in ihrem geschmacklosen Anzug für eine deutsche Komödiantin halten können. Ihr Kleid hatte man wohl in einem Trödlerladen gekauft; es war altmodisch und starrte von Silber und Schmutz ... Vorne an ihm waren von oben bis unten ein Dutzend Orden und ebenso viele Heiligenbilder und Reliquien angebracht, und wenn sie ging, hätte man glauben können, ein Maultier zu hören." Das war keine schmeichelhafte Beurteilung über die erste Frau Rußlands.

Der Besuch in Preußen fiel allgemein nicht günstig aus. Die Pedanterie der Gastgeber und der ungeschliffene Umgang der Gäste vertieften Unverständnis und die Aversionen, die allerdings durch staatspolitische Interessen ausgeglichen wurden. Die preußischen Adligen mokierten sich bei jeder Gelegenheit über die fremden russischen Gäste. Der Freiherr von Pöllnitz aus der Suite König Friedrich Wilhelms I. notierte über Katharina, deren Gatten und den Petersburger Aufzug: „Ihr (Katharinas – Anm. d. Autors) Benehmen hatte nichts Anstößiges, und man war versucht, es gut zu nennen, wenn man an ihre Herkunft dachte. Sicher hätte sie, wenn sie eine vernünftige Person neben sich gehabt hätte, sich bilden können, da sie großes Verlangen danach hat, alles richtig zu machen; aber es gab nichts Lächerlicheres als die Damen ihres Gefolges. Man sagt, daß der Zar, ein in allem außergewöhnlicher Fürst, Vergnügen darin gefunden habe, gerade diese auszuwählen, um die anderen Damen seines Hofes zu ärgern, die würdiger gewesen wären."

Die Späße Peters bestachen tatsächlich durch Grobheit und Geschmacklosigkeit. Er drohte seiner geliebten Katharina in aller Öffentlichkeit an, ihr den Kopf abschlagen zu lassen, weil sie sich zierte, im Museum für antike Münzen und Statuen eine heidnische Gottheit, die in „obszöner Haltung" gestaltet war, zu küssen. Die Gesandtschaft hinterließ auch ihre Quartiere in beklagenswertem Zustand: „Dieser barbarische Hof reiste endlich nach zwei Tagen ab ... Die Königin begab sich nach Schloß Monbijou. Dort sah es aus wie nach der Zerstörung Jerusalems; ich habe nie etwas ähnliches gesehen; alles dort war dermaßen ruiniert, daß sich die Königin gezwungen sah, fast das ganze Gebäude renovieren zu lassen." Zar und Zarin waren mit der Reise durchaus zufrieden. Sie wußten jetzt, was noch zu tun war, um Rußland an das Niveau westeuropäischer Zivilisation heranzuführen ...

Einen Beweis ihrer Lernfähigkeit hätten sie im Falle Alexeis, des unglücklichen Sohnes Peters I. erbringen können. Katharina setzte sich mehrfach für das Leben des Thronfolgers ein. Nach dem Todesurteil mahnte sie Peter zur Gnade: „Begnüge dich damit, ihn zum Mönch zu machen. Sein Tod würde auf dich und deine Nachkommen zurückfallen." Peter hörte nicht auf seine Frau. Katharina wirkte nach dem Tode Alexeis gedrückt und nachdenklich. Ihre Zurückhaltung konnte natürlich auch inszeniert sein. Aber es entsprach nicht ihrem Naturell, sich lange tiefsinnige Gedanken über etwas zu machen, was ohnehin nicht mehr zu ändern war.

Im September 1721 wurde der Frieden von Nystadt gefeiert. Der qualvolle Tod Alexeis lag weit zurück. Katharina freute sich ebenso ausgelassen und hemmungslos wie ihr Gemahl Peter. Rußland hatte nach einundzwanzig kriegerischen Jahren mit Schweden endlich Frieden geschlossen und das Fenster nach Europa aufgestoßen. Der Senat bat Peter „in tiefster Ergebenheit", den Titel „Peter der Große, Vater des Vaterlandes, Kaiser aller Reußen" anzunehmen. Als Peter die unzähligen Glückwünsche empfing, saß Katharina neben ihm, ganz in ein mit Silber besticktes rotes Samtgewand gekleidet. Zur Linken des Kaisers saßen die Töchter Anna und Elisabeth.

Der äußere Glanz bei offiziellen Staatspflichten täuschte nicht darüber hinweg, daß das alltägliche Leben des Kaiserpaares von Beispielen despotischer Unmoral und eines kaum zu überbietenden Unverständnisses gegenüber anderen Mitmenschen begleitet war. Peter besaß neben seiner geliebten Kathinka unzählige Mätressen. Er übertrug die bei fremden Mädchen eingehandelte Geschlechtskrankheit auf Katharina, und deren Hofstaat bildete das Reservoire für Peters Liebschaften. Seiner Liebe zu Katharina tat das keinen Abbruch. Dabei wurde sie mit den Jahren unförmig korpulent und zunehmend unansehlicher. Sie trank wie Peter, war stark sowie zuverlässig und verschwiegen. Aber auch Katharina holte die Vergangenheit ein. Da wurde ein Postillion namens Fjodor Skawronski aufgegriffen, der mit seiner nahen Verwandschaft zum Zaren prahlte. Es war der älteste Bruder Katharinas. Dazu gesellten sich nach und nach ein weiterer Bruder und drei Schwestern. Durch kleine Pensionen hielt man die Verwandschaft ruhig. Damit war das Problem gelöst und Katharinas Gewissen befriedigt.

Nach dem Tode Alexeis hatte Peter I. große Hoffnungen auf Katharinas kleinen Sohn Peter gesetzt. Aber der Junge war im April 1719 gestorben. Der Thron und die Dynastie besaßen keinen männlichen Erben mehr! Der Zar glaubte an eine göttliche Strafe für das an Alexei verübte Unrecht. Er zog eine für ihn charakteristische Schlußfolgerung: Wenn von Katharina kein Sohn zu erwarten war, mußte eine neue Mätresse diese Aufgabe erfüllen. Nötigenfalls könnte man Katharina auch verstoßen – wie Jewdokija Lopuchina. Er fand die Geliebte in Marija Kantemir, der Tochter des ehemaligen Hospodars der Moldau. Katharina durchschaute das Spiel, hielt sich aber zurück. Ein Widerspruch hätte das Ende ihres Glücks bedeuten können. Katharina war lediglich die Gemahlin des Kaisers – sie selbst war keine Kaiserin und in jeder Hinsicht der Gewalt des Imperators unterworfen. Peter verachtete die Tradition. Es interessierte ihn nicht, daß die Zarengemahlinnen nach alter Moskauer Sitte mit der Heirat faktische Thronrechte erworben hatten.

1722 begann Rußland einen Feldzug gegen Persien. Beide Frauen fuhren im Troß mit und behandelten einander freundschaftlich. Abends verschwand nicht mehr Katharina, sondern Marija Kantemir im Zelt des Imperators. Als die russischen Truppen Astrachan erreichten, blieb Marija zurück: Sie war schwanger, und Peter erhoffte einen Sohn. Katharina begleitete ihren Gatten über das Kaspische Meer. Sie erreichten Derbent, litten unter der Hitze und der mangelhaften Kriegsvorbereitung. Wie seinerzeit am Pruth stärkte Katharina die Moral ihres Mannes und der Truppen. Die Achtung Peters für diese Leistung verwandelte sich in einen heimlichen Triumph Katharinas, als sie nach Astrachan zurückkehrten: Marija Kantemir hatte eine Fehlgeburt erlitten. Peter verstieß sie, und Katharina bewies für den Kummer ihres Gemahls aufrichtiges Mitgefühl!

Martha Skawronska wird Kaiserin von Rußland

Peter I. hatte noch vor dem Feldzug weitreichende Entscheidungen getroffen. Durch ein Manifest hatte er am 5. Februar 1722 das Prinzip der Primogenitur außer Kraft gesetzt und sich selbst auserwählt, über die Erbfolge zu entscheiden. Ein Ukas vom 15. November 1722 ordnete unter ausdrücklichem Bezug auf die Teilnahme Katharinas an den vorausgegangenen Feldzügen an: „Da Unsere teure Gemahlin, die Kaiserin Katharina, Uns dabei eine große Hilfe war, Uns überallhin und auf allen Feldzügen aus freien Stücken und auf eigenen Wunsch begleitete, ohne die üblichen Schwächen ihres Geschlechts zu zeigen ... haben Wir beschlossen, kraft der von Uns ausgeübten herrscherlichen Gewalt Unsere Gemahlin in Anerkennung alles dessen zu krönen, was in diesem Winter unweigerlich, so Gott will, in Moskau geschehen wird."

Die Krönung zur Kaiserin von Rußland war für Katharina der Höhepunkt ihres bisherigen Lebens. Der Zar stattete sie für die Zeremonie mit einem Prunk ohnegleichen aus. Die Krone kostete eineinhalb Millionen Rubel. Sie war mit 2564 Juwelen besetzt. Der Rubin, der die Krone gemeinsam mit einem Brillanten aus Peters eigener Krone zierte, besaß die Größe eines Taubeneis und hatte 60 000 Rubel gekostet. Kleider und Kutsche kamen aus Paris. Der Krönungsornat war aus purpurnem Samt und mit goldenen Adlern besetzt. Er wog 135 Pfund. Dennoch schritt Katharina an der Spitze des langen Krönungszuges stolz und voller Würde einher. Einstmals wollte Peter der litauischen Kathinka 3000 Rubel hinterlassen. Damals war sie jung und schön. Nunmehr wirkte die Kaiserin aufgeschwemmt und abstoßend. Aber sie hatte sich seiner würdig erwiesen und das lohnte ein Kaiser, der gewöhnlich im einfachen Arbeitskittel einherging.

Allein, der Grad, auf dem Katharina schritt, blieb schmal und gefährlich. Katharina Alexejewna war die erste offiziell zur Monarchin gekrönte Frau Rußlands. Die Krönung überstieg in ihrem moralischen Anspruch jenes Maß an Nobilitierung, das die Zarinnen Moskaus seit dem 16. Jahrhundert bereits durch den Akt der Eheschließung erfahren hatten. Alle durch die Heirat verbürgten Rechte und Pflichten besaß die Kaiserin bereits. Sie verfügte über ein bisher nicht gekanntes Maß an politischem und persönlichem Einfluß auf den Herrscher. Allein dadurch überragte sie die historische Bedeutung aller vorausgegangenen Zarinnen. In der Praxis besaß diese Genugtuung einen relativ geringen Wert. Die Kaiserkrönung veränderte ihren Rechtsstatus nicht. Kaiser Peter der Große war vom Senat zum „Imperator" ausgerufen worden. Die Krönung seiner Gemahlin hatte er unabhängig vom Februar-Manifest aus dem Jahre 1722 alleine bestimmt, ohne die Kaiserin mit diesem Akt automatisch als seine Nachfolgerin auf dem Thron anzuerkennen. Außerdem war Peter der Große launisch und willkürlich. Der Kaiser besaß die alleinige Macht. Ein Wink genügte, und die Kaiserin Katharina stürzte in eine bodenlose Tiefe.

Am 7. Mai 1724 fand in der Erzengel-Michael-Kathedrale im Kreml die Krönung statt. Katharina weinte und wollte die Knie ihres Gemahls vor reinem Glück umarmen. Peter hob sie auf, setzte ihr die Krone auf den Kopf und übergab ihr den Reichsapfel als Symbol der Herrschaft. Das Zepter, das seine Macht versinnbildlichte, gab er nicht aus der Hand. Er ehrte und erhöhte seine Gemahlin, aber er bestimmte sie durch diese Geste nicht zur Thronfolgerin nach seinem möglichen Ableben. Wer konnte damals ahnen, daß Katharina kein Jahr warten mußte, um auch das Zepter in ihre Hand nehmen zu müssen?

Katharina Alexejewna verspielt ihre Chancen

Das Problem der Thronfolge beschäftigte Peter in seinen letzten Lebensmonaten unablässig. Unter allen Kandidaten setzte er in Katharina das größte Vertrauen. Sie verstand ihn in seinen Aufgaben als Herrscher, Politiker und Mensch. Sie schien keine Geheimnisse vor ihm zu haben. Aber im Sommer 1724 kam Peter dahinter, daß Katharina korrupt und wenig loyal war. Katharina ließ sich ihre Macht und ihren Einfluß gut bezahlen. Den Gewinn transferierte sie heimlich ins Ausland. Peter war starr vor Wut. Da er Katharina in all den Jahren als ideale Herrscherin und Gemahlin, als „Imperatrix russorum" gepriesen hatte, konnte er sie jetzt nicht öffentlich der Korruption anklagen.

Jedermann wußte, daß Katharina mit dem Kammerherrn William Mons ein Verhältnis hatte. Peter leitete die Untersuchungen gegen Mons selbst, prügelte und folterte. Mons gab alle Verfehlungen unumwunden zu. Der Name der Kaiserin fiel mit keinem Wort. Ihre Ehre mußte gewahrt bleiben: „Mons wurde verurteilt, weil er dem Staat Geld, nicht aber dem Zaren die Frau gestohlen hatte." Mons wurde am 16. November 1724 enthauptet. Andere Höflinge peitschte man aus oder schickte sie nach Sibirien. Gleichzeitig ließ der Zar eine Schandliste aushängen, die die Namen aller Würdenträger enthielt, die sich die Dienste von Mons erkauft hatten. In der Liste fehlten weder Fürst Menschikow noch der Kanzler Golowkin. Der ganze Hof erschien der Öffentlichkeit als korrupter Sumpf – Katharinas Name war nicht dabei.

Katharina lächelte unter einer dicken Pudermaske, unbeteiligt und scheinbar unberührt. Als Mons hingerichtet wurde, nahm sie Tanzunterricht. Der äußere Schein trog: „Obgleich die Kaiserin ihren Kummer soweit wie möglich verbirgt, steht er ihr doch im Antlitz geschrieben … jeder wartet darauf, was noch mit ihr geschen wird", schrieb der französische Gesandte Campredon. Tatsächlich handelte der Kaiser auch gegen Katharina. Ein Ukas verbot allen Ministern, Weisungen seiner Gemahlin nachzukommen. Er entzog ihr die für ihre Existenz notwendigen finanziellen Mittel: Peter ließ Katharinas Konten und Guthaben sperren, die Schatullverwaltung gab ihr kein Bargeld heraus. Als er sie sah, zerschlug er ein venezianisches Glas und brüllte: „Genauso mach ich es mit dir und den Deinen!" Beherrscht antwortete Katharina: „Du hast gerade eines der schönsten Schmuckstücke unseres Hauses zerstört. Gefällt es dir nun besser?" Eigenhändig kutschierte er sie zur Hinrichtungsstätte und stellte ihr anschließend den abgeschlagenen Kopf von William Mons in einem Glas auf den Arbeitstisch. Katharina ertrug die Demütigung mit Selbstbeherrschung. Der Kopf wurde wieder entfernt. Langsam verebbte der Sturm.

Eine vertraute Gemeinsamkeit kehrte nicht wieder ein. Das Kaiserpaar ging einander aus dem Wege, und Höflinge orakelten, die Kaiserin werde ein ähnliches Schicksal erleiden wie Peters erste Frau Jewdokija. Aber Peter der Große konnte Katharina nicht ewig gram sein. Außerdem ließen sich die Heiratspläne für die Töchter Anna und Elisabeth in Westeuropa nur verwirklichen, wenn ein glücklich geeintes Kaiserpaar politische Stabilität verhieß. So konnte denn der sächsische Gesandte Jean Lefort eines Tages halb erleichtert berichten: „Die Zarin hat in einem langen, unterwürfigen Kniefall vor dem Zaren um die Vergebung ihrer Schuld gebeten; das Gespräch dauerte drei Stunden; man speiste zusammen, dann trennte man sich." Man arrangierte sich, das alte Vertrauen kehrte nicht wieder zurück. Was aber hatten sie sich gegenseitig wirklich vorzuwerfen?

Katharina I. – Herrscherin von Menschikows Gnaden

Es blieb keine Zeit, über Wert oder Unwert alter und neuer Kränkungen und Freuden nachzudenken. Peter litt an einem Nierenleiden. Im Januar 1725 erkrankte er schwer, nachdem er sich leichtfertig zur Rettung schiffbrüchiger Matrosen ins kalte Wasser gestürzt hatte. Katharina weinte Tag und Nacht an seinem Totenbett. Der Schmerz kam aus reinem Herzen. Außerdem wollte sie ihrem Herrn und den kaiserlichen Würdenträgern auf diese besondere Weise zeigen, wer der beste Nachfolger für den Kaiserthron war. Wenn Peter schlief, beriet sie sich mit dem Fürsten Menschikow.

In den Tagen vor dem 8. Februar 1725 herrschte am Hofe aufgeregtes Treiben. Während stündlich der Tod des Imperators erwartet wurde, teilten sich die Hofparteien. Eine Minorität setzte auf den jungen Großfürsten Peter als Thronfolger. Katharina führte die Gegenpartei, die Emporkömmlinge und Machtmenschen Menschikow, Apraxin, Tolstoi oder Buturlin. Der Heilige Synod und die Gardeoffiziere standen hinter Katharinas Wunsch nach der Krone. Am 8. Februar starb Kaiser Peter der Große. Katharina rang verzweifelt die Hände: „Öffne dich, Paradies, diese engelhafte Seele aufzunehmen!" Sie war unendlich traurig, daß sie ihren besten Kameraden verloren hatte. Sie vergoß Ströme von Tränen – und eilte zum Senat, um die Thronfolge zu regeln, wohl wissend, daß ihr kaum jemand das Erbe streitig machen würde. Menschikow behauptete im Senat ohne jegliche rechtliche Basis, die kaiserliche Salbung vom Vorjahr sei die maßgebliche Entscheidung Peters für die Nachfolge auf dem Thron gewesen. Die Senatoren nickten zustimmend, und Apraxin entfaltete ein Manifest, das Katharina zur legitimen Herrscherin von Rußland proklamierte. Den wenigen Opponenten (u. a. die Fürsten Golizyn und Dolgoruki) versagte die Courage, als Gardeoffiziere den Saal im Winterpalast stürmten und lautstark den Eid auf die Kaiserin Katharina I. leisteten. Nun konnte Katharina den teuren Gatten gelassen beweinen. Über vier Wochen saß sie tränenüberströmt an dem offenen Sarge. Viele Neugierige kamen und erlebten die Kaiserin in ihrer Trauer. Nachdem am 4. März die Tochter Natalja an den Masern gestorben war, beschloß Katharina, daß der Gemahl und das Mädchen gemeinsam bestattet werden. Am 10. März fand die feierliche Beisetzung in der Peter-Pauls-Kathedrale zu St. Petersburg statt.

Das Ableben Peters I. rief in Rußland und im Ausland zwiespältige Gefühle hervor. Im Volke sah man zunächst nicht den großen historischen Aufbruch, sondern die unsäglichen Lasten, die dieser mit sich gebracht hatte. Die alte Aristokratie sehnte sich nach den vorpetrinischen Zeiten zurück. Jenseits der Grenzen bangte man, welche Politik nun von Rußland ausgehen werde. Das Volk hoffte darauf, Katharina werde auf dem Thron eine Wende herbeiführen. Worin die allerdings bestehen könnte, darüber herrschte weitgehende Unklarheit.

Die erste offizielle Selbstherrscherin Rußlands, Kaiserin Katharina I., erklärte am Tage ihres Regierungsantritts, daß sie das Werk des großen Peter zu Ende führen werde. Daraus ist nichts geworden. Die Regierungszeit Katharinas erscheint wie ein Epilog zu den Jahren des großen Peter. Katharina hatte sich ihrem Herrn zu jeder Zeit untergeordnet. Die litauische Dienstmagd war in allem ein Kind Peters. Sie hatte sich darauf beschränkt, Peters überschäumendes Temperament durch verständnisvolle Ausgeglichenheit zu zügeln und ihm in schwierigen Situationen menschlich geholfen. Sie teilte mit Peter die Wollust des Lebens, war aber keiner eigenen staatspolitischen Weitsicht fähig. Ihre Größe resultierte aus der Übergröße des Despoten. Da er nicht mehr lebte, konnte sie lediglich die gewohnte Lebenslust und Willkür fortsetzen. Die Führung des Staates ging statt dessen von Peter an dessen Protegé Menschikow über, dem sie aus Unkenntnis, Abhängigkeit und Bequemlichkeit freie Hand ließ. Katharina feierte rauschende Feste und breitete ihre Lebenslust aus. Selbst wenn von der Kaiserin Katharina I. einige bemerkenswerte Sätze überliefert worden sind („Das Land ist weiß Gott groß genug. Was wir brauchen, ist ein langer Frieden, um unser Haus zu bestellen und die Staatskasse auf die Füße zu bringen. Kriege sind so verdammt kostspielig."), sagt das im Kontext ihrer praktischen Handlungen wenig über die Qualität praktischer Regierungsarbeit aus.

Alexander Menschikow stand dem von Katharina ernannten „Hohen Geheimen Rat" mit Apraxin, Golowkin, Tolstoi, Golizyn und Ostermann vor. Er war zeitweilig der wahre Herrscher in Rußland. Aber selbst der korrupte Emporkömmling Menschikow war nur ein schwaches Abbild seines früheren Herrn. Er kopierte wohl dessen Herrschaftsmethoden, besaß jedoch keine Visionen für die Zukunft Rußlands.

Einflußreiche und überlegeneWürdenträger verglichen das lockere Leben und den Müßiggang bei Hofe mit dem wilden, aber arbeitsamen und strengen Regiment Peters. Der gewaltsame Despotismus verblaßte langsam. Es wuchs die Erinnerung an den entschlossenen Reformer, der Rußlands Größe und Wohl im Auge gehabt hatte. Zudem erlahmten Katharinas Kräfte zusehends. Sie litt zunehmend unter Herzstörungen. Die körperliche Bewegungsfähigkeit ließ sichtbar nach. Katharina, die einst als der gute Geist Peters gefeiert worden war, hatte mit der Machtergreifung den größten Fehler ihres Lebens begangen. Sie wurde zum öffentlichen Ärgernis. Immer mehr Stimmen forderten den Enkel Peters des Großen, Peter Alexejewitsch, auf den Thron. Menschikow spürte den Stimmungsumschwung und suchte nach einem Ausweg zur Rettung der eigenen Macht. Einst hatte er das Todesurteil für Peters Sohn Alexei unterschrieben. Jetzt wollte er seine Tochter Marija mit dem damals zwölfjährigen Peter Alexejewitsch verheiraten. Er hatte Peter den Großen überlebt. Menschikow war der Herr Katharinas I. Er warf die Schlingen für eine dritte Glanzzeit aus. Menschikow protegierte Peter Alexejewitsch und suggerierte Katharina, sie solle Peter zum Thronfolger bestimmen und seiner Tochter die Vermählung mit Peter erlauben.

In ihren letzten Lebensmonaten wurde Katharina von Tag zu Tag willenloser. Sie gab den drängenden Forderungen Menschikows nach. Aber die Kaiserin war bereits am Ende ihrer Kraft und ihres Lebens angelangt. Am 27. Mai 1727 verstarb sie an einem hitzigen Fieber, nachdem sie zuvor noch den kleinen Peter Alexejewitsch zu ihrem Thronerben ernannt hatte.

Ein Fazit über Katharina I.

Die Regierungszeit Katharinas I. und Menschikows hat eine Reihe staatsrechtlicher Veränderungen erbracht, die dem Erbe Peters des Großen entsprochen haben. Als höchste Regierungsbehörde fungierte der Oberste Geheime Rat. Katharina gelang 1725, was Peter I. nicht mehr erreicht hatte: die Eröffnung der Akademie der Wissenschaften. Außenpolitisch erfolgte die bündnispolitische Orientierung der Großmacht Rußland in Richtung Österreichs und in das seit dem Nordischen Krieg veränderte europäische Kräfte- und Staatensystem. Katharinas persönliche Leistungen lagen dem nicht zugrunde.

Die Kaiserin versuchte, das an Peters Sohn Alexei begangene Unrecht so weit es ging aus der Welt zu schaffen. Sie nahm die Kinder Alexeis, Peter und Natalja, gütig bei sich auf und umsorgte sie mit gewissenhafter Aufmerksamkeit. Vielleicht lag in der Ernennung des kleinen Peter Alexejewitsch zu ihrem Nachfolger ein gewisses Mitgefühl mit dem bisher vernachlässigten Jungen. Es wäre eine menschliche Geste gewesen. Eine Geste, die einem geschichtlichen Denkmal gleichgekommen wäre. Vielleicht! Auf jeden Fall aber bleibt Katharinas einmalige Sonderstellung unter den Zarinnen und Kaiserinnen Rußlands unangefochten: Sie verdankte ihren Aufstieg nicht der Kontinuität im Emanzipationsprozeß der weiblichen Mitglieder der russischen Aristokratie, sondern dem

Egoismus Peters I. Andererseits waren die spezifischen Anforderungen, die das 18. Jahrhundert mit seinen aufklärerischen Ideen an den weiblichen Adel Rußlands stellte, bei Katharina I. weder angelegt noch ausgeprägt. Sie selbst beschäftigte sich aus eigenem inneren Antrieb weder mit Kunst noch Literatur, und ihre besonderen wohltätigen Verpflichtungen bewegten sich im Rahmen des unbedingt Notwendigen. Allein ihrer niederen Herkunft dürfen diese Defizite nicht angelastet werden. Sie waren auch ein Ergebnis der isolierten und abhängigen Sonderstellung Katharinas. Am Ende bleibt noch ein ausgefallenes Merkmal: Die Regentin Sofja hatte 1682 die Macht mit Hilfe der revoltierenden Strelitzenregimenter erkämpft. An Katharinas Thronbesteigung war im Jahre 1725 die Garde maßgeblich beteiligt. Die bis dahin einzigen weiblichen Potentaten verdankten ihre Stellung dem putschenden Militär.

Die aristokratische Frau war zur Zeit Katharinas nicht mehr aus dem öffentlichen Leben der Gesellschaft zu verbannen. In der offiziellen Politik war sie weiterhin machtlos. Wollte eine Frau an der Spitze des Staates stehen, bedurfte es besonders günstiger Umstände, einmaliger individueller Fähigkeiten und der nackten Gewalt. Daran sollte sich im „Jahrhundert der Frauen" nichts ändern – bis sie im 19. Jahrhundert wieder mit spezifischen machtpolitischen Aufgaben unterhalb des Selbstherrschers eingegliedert wurden.

7. Kapitel

Anna I. Iwanowna und das „Regime der Deutschen"

Anna Iwanowna
(28. Januar 1693 – 17. Oktober 1740)
Gattin des Herzogs von Kurland, Friedrich Wilhelm,
seit 31. Oktober 1710 (bis Januar 1711)
Kaiserin von Rußland 1730–1740

Der Thronfolgeukas Peters I. war von diesem selbst nicht erfüllt worden. Nach seinem Tode putschte sich die Kamarilla seiner Günstlinge unter Führung Menschikows und Katharinas I. an die Macht. Katharina I. wahrte nach kurzer Herrschaft auf Anraten Menschikows Gesetzestreue und nominierte Peter Alexejewitsch für den Thron. Peter II., der 1730 mit 15 Jahren verstarb, hinterließ keine Erben und bestimmte niemanden zum Nachfolger. Wieder versagte Peters I. Erbfolgeprinzip. Durch Peter I. ins Land geholte Ausländer, deren fachlicher Rat mitunter weit über den menschlichen Qualitäten lag, errichteten nach und nach eine höfische Diktatur, die den Zorn und die Abwehr der Mehrheit des russischen Adels und auch des Volkes hervorrief. Diese internationale Komponente neuer dynastischer Thronwirren gewann an Einfluß. Trotz der Bemühungen Peters II., die Macht deutscher und russischer Emporkömmlinge zu begrenzen, formierten sich diese und hofften, durch die Wahl Anna Iwanownas ihre eigene Macht behaupten und ausbauen zu können.

Anna Iwanowna wurde zu einem Zeitpunkt geboren, als Peter I. längst den Machtkampf in Rußland gewonnen hatte. Formal regierte er bis 1696 gemeinsam mit Annas Vater, Iwan V. Das Mädchen besaß keine besondere Bildung, man verheiratete es 1710 an den einflußreichen Herzog von Kurland. Anna war lediglich eine Karte in dem dynastischen Spiel, das Peter I. und die Zarinwitwe Praskowja Fjodorowna gemeinsam im Interesse des Hauses Romanow spielten und mit dem sie die internationale Reputation durch entsprechende Heiraten nach Europa stärken wollten. Außerdem sollte Kurland stärker an Rußland gebunden werden.

Anna Iwanowna gelangte in einem intrigenreichen Kampf auf den russischen Kaiserthron. Der letzte direkte männliche Nachkomme der Romanows auf dem Zarenthron war ohne leiblichen Erben geblieben. Der Oberste Geheime Rat entschied alle wesentlichen inneren und äußeren Angelegenheiten im Reich. Allerdings, bis 1730 hatte der Oberste Geheime Rat die Autokratie nicht in Frage gestellt. Nach dem Tode Peters II. und bei der Suche nach einem neuen Imperator, wollten die mächtigen Würdenträger ihren Einfluß stärken. Sie wählten Anna, die Herzogin von Kurland, weil sie – die Dolgorukis und Golizyns – die Herzogin für eine Marionette hielten, die sie nach Belieben bewegen konnten. Das sollte sich als verhängnisvoller Irrtum erweisen.

Annas Gemahl, Herzog Friedrich Wilhelm von Kurland, war bereits im Jahre 1711 gestorben. Seitdem lebte die Herzoginwitwe in der kurländischen Residenz Mitau. Sie gab sich keinen großen Illusionen hin, daß eine Tochter Iwans V. jemals wieder nach Petersburg gelangen würde. Aber hier erreichte sie das Angebot des Obersten Geheimen Rats, als Nachfolgerin Peters II. den russischen Thron zu besteigen. Nach Recht, Gesetz und Tradition standen die leiblichen Töchter Peters des Großen und Katharinas I. dem Thron zwar näher, doch der Rat hatte anders entschieden. Er wollte verhindern, daß Peters des Großen Günstlinge den Hof weiter überschwemmten und trachtete danach, wie es der Fürst Dmitri Golizyn formulierte, „... die eigene Freiheit zu mehren ..."

Der Rat unterbreitete Anna Wahlkapitulationen für die Thronfolge, die einer Aufhebung der Autokratie gleichkamen und die Macht an den Rat übertrugen. Ohne Rücksprache mit anderen Würdenträgern wollte der Oberste Geheime Rat Anna verpflichten, weder erneut zu heiraten noch einen Thronfolger zu benennen. Sie sollte als Kaiserin keine persönliche Entscheidung ohne die Zustimmung des Obersten Geheimen Rats treffen dürfen. Dieser sollte seine Mitglieder selbst wählen und die wichtigsten Beamten ernennen. Schließlich sollte der Oberbefehl über das Heer und die Garde nicht bei der Kaiserin, sondern gleichfalls beim Obersten Geheimen Rat liegen. Die Zarin durfte entgegen allen autokratischen Traditionen und Prinzipien lediglich das Reich repräsentieren. Dieser Versuch einer oligarchischen Diktatur widersprach so sehr allen machtpolitischen Regeln und Erfahrungen im Russischen Reich, daß er bei einer Frau aus dem regierenden Hause Romanow scheitern mußte.

Zur Überraschung der Ratsmitglieder nahm Anna die demütigenden Bedingungen ohne Widerspruch an. Sie unterschrieb die „Konditionen" und reiste unverzüglich von Mitau nach Moskau. Erst nach Annas positivem Votum informierten die Ratsmitglieder den Senat, den Adel und die Geistlichkeit in groben Zügen über den Inhalt der „Konditionen". Die Bestimmungen selbst wurden in ihrem Wortlaut nicht veröffentlicht. Der Rat teilte lediglich mit, er wolle Anna Herzogin von Kurland auf den Thron heben – und alle stimmten zu. Das Verfahren rief im Adel Argwohn hervor. Peters II. Hofhaltung verlangte, daß sich ein Teil des Adels, der Garderegimenter und der Beamtenschaft ständig in Moskau aufhielt. Gerüchte über die „Konditionen" schweiften umher, und der Verdacht, die Familien der Fürsten Golizyn und Dolgoruki wollten die Thronerhebung Annas für eigene Zwecke nutzen, verdichtete sich. Als bekannt wurde, daß Anna unterschrieben habe, auf ihre autokratische Macht verzichten wollte und mit dem Obersten Geheimen Rat gemeinsam zu regieren bereit war, bildeten sich in Moskau mehrere oppositionelle Adelsgruppierungen, die gemeinsam gegen den Rat standen, untereinander jedoch die verschiedensten Ziele verfolgten: Dem Rat gingen mehrere Petitionen zu, sie verschwanden jedoch, oder blieben ohne Reaktion.

Am 25. Januar 1730 bestieg Anna I. Iwanowna den russischen Thron. Die widerstreitenden Adelsparteien informierten die neue Kaiserin über den Unmut gegen den Rat. Anna einte die verschiedenen adeligen Interessengruppen und benutzte sie gegen den Obersten Geheimen Rat. Der niedere Adel erhob seine Stimme: Anna sollte die Selbstherrschaft wiederherstellen, den Obersten Geheimen Rat aufheben und den Senat in seine alten Rechte einsetzen. Selbstverständlich erfüllte Anna die Wünsche. Zum Entsetzen des Obersten Geheimen Rates zerriß sie die Bedingungen und erklärte sie für null und nichtig. Anna Iwanowna wagte den keineswegs risikofreien Schritt, weil breite Kreise des Adels gegen den Machtmißbrauch durch den Obersten Geheimen Rat rebellierten. Des regierungsunfähigen Zaren Iwans Tochter Anna avancierte zur ersten Autokratin auf dem russischen Kaiserthron. Katharina I. hatte diesen Titel wahrhaftig nicht in Anspruch nehmen können. Aber auch bei Anna sind einschränkende Urteile nicht selten.

Es waren keine objektiven Sachinteressen einzelner sozialer Schichten, die Anna den Weg zum Thron bereitet haben. In erster Linie setzte sie sich selbst ohne Bedenken und voller Selbstbewußtsein gegen alle rivalisierenden Gruppierungen der Oligarchie durch. Es war ein höfischer Machtkampf. Das war ein böses Wort, und ohne Zweifel durch einen Parteigänger der von Anna geschlagenen Gruppierung formuliert.

„... eine ausgesprochene Giftnatter"

Als Anna Iwanowna den Thron bestieg, besaß die siebenunddreißigjährige Kaiserin eine Vergangenheit, die nicht nur aus der unglücklichen Ehe mit dem verstorbenen Herzog von Kurland bestand. Anna ist beileibe keine Schönheit gewesen. Zeitgenossen schilderten sie als unförmig dick. Sie besaß einen verkniffenen Mund, benahm sich ungehobelt und bäurisch. Ein baltischer Baron schrieb einmal über Anna: „Sie ist eine ausgesprochene Giftnatter und obendrein noch vulgär. Man hört, sie soll die Äpfel an den Bäumen zählen aus Angst, die Gärtner könnten sie betrügen. Ich wünsche diesem barbarischen Rußland viel Vergnügen mit ihr." Ihr ganzes Wesen atmete den von nur wenigen Freuden begleiteten Lebensweg. Der Vater, Iwan V., war ständig krank; die Mutter,

Praskowja Fjodorowna, hatte sich kaum um das Kind gekümmert. Annas eigene Ehe war erzwungen worden. Der Gemahl war ein lasterhafter Mensch gewesen. Die Witwenschaft in der Provinz entsprach nicht der selbstverständlichen Würde einer Zarentochter. Anna wollte das alles vergessen. Dieser Wunsch war an sich töricht, denn wie konnte eine Romanow auf die natürlichen Traditionen ihres eigenen Hauses verzichten? Sie versuchte es, und so geriet ihre Herrschaft zu einer Mischung aus Rachsucht für alles erlebte Unrecht und dem Hochgenuß einmal errungener persönlicher Freiheit. Annas Maxime war einfach: Weg von den Fesseln des ungeliebten Mitau, in Petersburg und Moskau wird alles anders werden. Ihrer Herrschaft lagen weder Ideen noch Visionen zugrunde, nicht einmal die Suche nach einer soliden Aufgabe.

Moskau bereitete der Tochter Iwans V. einen triumphalen Empfang. Große Teile des Adels und der Kaufmannschaft dachten, nachdem Peter II. Moskau teilweise wieder zur Residenz gewählt hatte, mit Anna würde das alte Moskau endgültig an die Spitze des Reichs zurückkehren. Die Hoffnung sollte sich als Irrtum erweisen. Die Kaiserin entmachtete den Obersten Geheimen Rat. Statt dessen richtete sie ein „Ministerkabinett" ein. Das Kabinett war ein Beratungsgremium mit gesetzgeberischen und administrativen Kompetenzen, dem drei Staatsmänner angehörten. Die kaiserliche Privatkanzlei wurde 1735 in den Rang einer Regierungsinstitution erhoben. Die Kaiserin bestimmte, daß die Unterschriften der drei „Minister" ihrer eigenen gleichkämen. Diese strukturelle Veränderung deutete die tatsächlichen Machtverhältnisse im Lande an. Die Kaiserin enttäuschte die Hoffnungen jener Adelsgruppen, die ihre Thronerhebung gestützt hatten. Sie mißtraute den alten Aristokratengeschlechtern ebenso wie dem Dienstadel. Die unvorbereitet an die Regierung gelangte und zumeist mit ihren persönlichen Angelegenheiten und Vergnügungen beschäftigte Kaiserin bevorzugte als Ratgeber deutsche Politiker und Abenteurer. Sie war inmitten einer Kavalkade deutscher Freunde aus Mitau angereist und favorisierte zunächst den nachmaligen Reichsgrafen, Herzog von Kurland und Regenten Ernst Johann Bühren (Biron). Biron war der Enkel eines Mathias Bühren aus Mecklenburg, dem Kammerdiener Jacobs, des dritten Herzogs von Kurland, der sich bei seinem Herrn so beliebt gemacht hatte, daß dieser ihm die Würde eines Freiherrn und ein kleines Gut geschenkt hatte. Ernst Johann Bühren kam schon als Geliebter und Sekretär Annas in Moskau an. Er war ein so eifriger und praktischer Freund französischer Sitten, daß er seinen Namen Bühren in Biron abwandelte und sich das Wappen der in Frankreich ausgestorbenen Familie Biron aneignete.

Die deutschen Berater Annas stießen in Petersburg und Moskau auf bereits etablierte deutsche Würdenträger, die unter Peter I. zu Ruhm und Ansehen gelangt waren. Besondere Rollen spielten unter ihnen der Graf Burchard Christoph von Münnich – später Generalfeldmarschall und Reichsregent – und der Graf und bedeutende Staatsmann Heinrich Johann Friedrich Ostermann. Biron, Münnich und Ostermann sollten in den nachfolgenden Jahren das Reich im gegenseitigen Konkurrenzkampf führen. Das hatte es bislang in Rußland nicht gegeben, daß Ausländer unter einem russischen Monarchen eine derart privilegierte Stellung einnahmen. Die Herrschaft „der Deutschen" darf dennoch nicht als Signal für eine westlich orientierte Modernisierung Rußlands mißverstanden werden. Sie resultierte vielmehr aus der Schwäche der Kaiserin.

Ein noch herberer Schlag folgte für die Moskauer, als Kaiserin Anna die alte Hauptstadt verließ und wieder von St. Petersburg aus regierte. Sie bestrafte zunächst jene Würdenträger, die ihr Bedingungen für die Machtübernahme diktieren wollten. Von Petersburg aus konnte Biron seine intriganten Netze ungestörter über Rußland ausbreiten. Ostermann wurde Kabinettsminister, Münnich erhielt den Oberbefehl über die Streitkräfte. Die Dolgorukis und die Golizyns wurden verfolgt. Annas Argwohn richtete sich auch gegen den Grafen Tolstoi. Er hatte sich dafür eingesetzt, daß Elisabeth Petrowna Nachfolgerin Peters II. wurde. Elisabeth, die Tochter Peters des Großen, verbannte man auf einen Landsitz. Auch die unglückliche Braut Peters II., Katharina Dolgorukaja, wurde von der Kaiserin auf Lebenszeit nach Sibirien geschickt. Die alte aristokratische Familie Dolgoruki hatte auch den zweiten Anlauf zum Thron nicht geschafft.

Anna besetzte alle wichtigen Staatsämter mit ihren deutsch-baltischen Freunden. Sie stellte neben den traditionsreichen Garderegimentern Preobrashenski und Semjonowski zwei neue Regimenter (Ismailow und das Reiterregiment) auf, in denen nur baltische Offiziere kommandieren durften. Der Name Birons erschien als Schreckenssymbol für alle Verbrechen im Namen der Kaiserin. Die „Bironowschtschina" bedeutete ungehemmte Bereicherung, Denunziation, Folter und Willkür. Biron verachtete die Russen und ließ es sie spüren. Nicht das Wohl des Staates und der Untertanen trieb ihn, sondern habgierige Gewinnsucht. Gnadenlos preßte er im Namen der Kaiserin alle Stände aus. Jedes wirkliche oder vermeindliche Aufbegehren galt als Verschwörung gegen den Staat und gegen die Zarin. Die von Anna und Biron geschaffene „Geheime Kanzlei" überwachte das politische Leben und umfing Rußland mit einem Spitzelsystem nicht gekannten Ausmaßes. Jeder durfte jeden denunzieren und aus dem Wege räumen. Die Agenten der „Geheimen Kanzlei" durchstreifen in ihren grünen Uniformen das ganze Land. Mit dem Wahlspruch „Wort und Tat" erschreckten sie die Menschen. Ihre Opfer verschwanden unauffindbar. Alle Verfahren wurden geheim geführt, Urteile nicht veröffentlicht, die Gerichtsprotokolle verschlüsselt abgefaßt und in Geheimarchiven aufbewahrt. Einflußreiche Fürsten aus den Familien der Golizyns, der Dolgorukis oder der Jussupows wurden verbannt oder hingerichtet, ohne daß sie einer Schuld angeklagt werden konnten. Der Kabinettsminister Artemi Wolynski wurde 1740 nur hingerichtet, weil er gewagt hatte, die Zarin vor den Umtrieben Birons zu warnen. Die Bironowschtschina glich nahezu einer Renaissance der Opritschnina Iwans des Schrecklichen – dieses Mal regierte eine Frau.

Zehn lange Jahre währten die Herrschaftszeit Annas und das Schreckensregiment Birons, an dem jedoch auch viele Würdenträger, Militärs, Beamte und Adelige partizipierten. Auf sich allein gestellt, hätte der Dämon Biron dieses Regiment nicht ausüben können. Der kaiserliche Hof entfaltete einen Glanz und Luxus, der in der russischen Geschichte seinesgleichen suchte. Annas Toilettentisch und Spiegel waren aus massivem Gold. Die Wohnmöbel waren überreich mit Edelmetallen und Edelsteinen verziert. Die zahlreichen Herrenhäuser, der Besitz an ausgedehnten Ländereien, der Luxus an den höfischen Tafeln und märchenhafte Geschenke an den Günstling Biron sprachen ihre eigene Sprache. Anna lebte ausschweifend und mit ihr alle jene, die sich ihrer Gunst erfreuten. Bälle, Maskenfeste, Jagden und andere Vergnügungen lösten einander in bunter Reihe ab. Anna, die einst in Kurland die Armut kennengelernt hatte, schwelgte im Reichtum und legte sich keinerlei Fesseln an. Keine andere russische Herrscherin lebte derart großartig wie Anna Iwanowna.

Die Kaiserin Anna galt keineswegs als dumm oder ungebildet. Sie verfügte über einen politischen Scharfsinn, der viele Zeitgenossen verblüffte. Bei etwas mehr Fleiß und Disziplin hätte sie in die Reihe der schöpferischen Autokraten ihres Landes eingehen können. Zumindest im Vergleich zu Katharina I. ist Annas Regiment stabiler und zielgerichteter gewesen. Sie erkannte die nützlichen Seiten vorgeschlagener Maßnahmen oder Verträge sehr schnell. Anna umgab sich auch nicht nur mit käuflichen und abscheulichen Kreaturen wie Biron. Selbst Ostermann oder Münnich waren durchaus Persönlichkeiten mit politischem und persönlichem Format. Das Regiment Annas ist auch nicht ausschließlich eine Zeit der Völlerei, Intrigen und des Drucks auf das einfache Volk gewesen. Es brachte sinnvolle Veränderungen in der Gesellschaftsstruktur Rußlands mit sich, die dem Denken und Handeln Peters des Großen verpflichtet waren.

Die wichtigsten innenpolitischen Maßnahmen dienten der weiteren Privilegierung des Adels. Dazu gehörten 1730 die Aufhebung des Gesetzes über die Einerbfolge, die Einrichtung des Kadettenkorps im Jahre 1731 oder die Befristung der lebenslangen Dienstpflicht auf 25 Jahre von 1736. Es gelangen bemerkenswerte Fortschritte auf kulturell-wissenschaftlichem und wirtschaftlichem Gebiet. In der Außenpolitik erwies sich die Regierungszeit Annas als eine Phase der Konsolidierung der im Nordischen Krieg Peters I. erlangten europäischen Großmachtstellung. Im Polnischen Thronfolgekrieg (1733-35) gelang es nach dem Tode Augusts II. dessen Sohn als König von Polen (August III.) einzusetzen und Rußlands hegemoniale Vormacht in Osteuropa gegen Frankreichs Politik der „Barrière de l'Est" zu behaupten. Der Krieg gegen das Osmanische Reich (1735–39) brachte nur einen vorübergehenden militärischen Erfolg. Feldmarschall Münnich besetzte die Krim. Bedingt durch einen Separatfrieden Österreichs mit der Türkei, mußte der Frieden von Konstantinopel im Jahre 1739 ohne nennenswerten politischen Gewinn für das Russische Reich geschlossen werden. Anna war überzeugt, daß die russischen Truppen in der Lage waren, die Auseinandersetzungen mit der Türkei siegreich zu gestalten. Kaiserin Annas Feldzüge gegen die Hohe Pforte riefen bei den westeuropäischen Mächten besorgte Aufmerksamkeit hervor. Die Kaiserin war der festen Überzeugung, daß es ihr gelingen werde, den Frieden von Konstantinopel zu revidieren. Dazu sollte es zwar nicht mehr kommen, aber die Orientpolitik Anna Iwanownas war erfolgreicher als die Peters I. und bildete ein weiteres Glied in der langen Kette russischer Expansionen nach Süden.

Kurz vor ihrem Tode bestimmte Anna ihren minderjährigen Großneffen Iwan Antonowitsch, den nachfolgenden nominellen Kaiser Iwan VI., zum Thronerben und ernannte dessen Mutter Anna Leopoldowna zur Regentin. Sie schien der Auffassung gewesen zu sein, daß durch die Ehe ihrer Nichte Elisabeth von Mecklenburg-Schwerin mit Anton Ulrich von Braunschweig-Wolfenbüttel und deren gemeinsamem Sohn Iwan alle notwendigen Voraussetzungen für die sichere Thronfolge der Romanows gegeben waren. Anna Iwanowna hatte keine weitere Vorsorge für das Erbe getroffen und wollte sich wohl auch nicht anders entscheiden. Elisabeth, die leibliche Tochter Peters I. und Katharinas I., wurde wieder einmal übergangen.

Anna erlitt nach einem ersten Schlaganfall im September 1740 im Folgemonat den zweiten Schlaganfall. Die Ärzte sahen keine Hoffnung mehr. Biron wich nicht von Annas Kranken- und Totenbett. Mit seiner ganzen Überredungskunst drängte er die sterbende Kaiserin, ihn an Stelle Anna Leopoldownas zum Regenten über den unmündigen Kaiser Iwan zu setzen. Die Kaiserin gab seinem ungestümen Drängen schließlich sogar nach. Sie schlief jedoch ein, ehe sie das Dokument unterschreiben konnte. Am 17. Oktober 1740 starb die Kaiserin Anna Iwanowna. Nur wenige Menschen empfanden im Russischen Reich aufrichtige Trauer. Diejenigen, die sie schmerzlich vermißten, trauerten lediglich, weil sie um ihre eigenen Privilegien fürchteten. Graf Heinrich Ostermann, Feldmarschall Münnich und Graf Biron waren sich in dieser Hinsicht zunächst einig. Aber jeder beanspruchte die reichste Beute für sich selbst. Ostermann hatte noch zu Lebzeiten Annas veranlaßt, daß die Kindeseltern Iwans und die Großfürstin Elisabeth Petrowna den Treueeid auf den Thronfolger leisteten. Kaum war die Kaiserin Anna verstorben, mußte der Treueeid erneuert werden. Ostermann präsentierte dem Adel das von Anna nicht mehr unterschriebene Testament, das Biron zum Regenten bestimmen sollte. Iwan VI. war nur wenige Monate alt und sein Lebensweg vollkommen unbestimmt. Nach dem Gesetz drohte, daß alle seine künftigen Geschwister unmittelbare Thronfolger werden dürften. Die russischen Aristokraten wollten den Zarenthron aber weder dem Hause Braunschweig-Wolfenbüttel noch Mecklenburg-Schwerin überantworten. Sie wollten weder Biron noch Münnich oder Ostermann an der Spitze des Reichs sehen. Die Zukunft Rußlands schien ungewiß und düster.

Die Kaiserin Anna zählte zwar nicht zu jenen russischen Herrschern, deren überragende Persönlichkeit wesentliche Staatsentscheidungen ausgelöst haben. Dennoch erschien den Zeitgenossen die Regierungszeit Annas als Fortsetzung der Herrschaft Peters des Großen, weil dessen innere und äußere Entscheidungen und Maßnahmen weitgehend erhalten und gefestigt wurden. Diese Meinung konnte nach den Regierungsjahren Katharinas I. nicht schwerfallen. Allerdings, die Frau Anna Iwanowna hat dem Kaiserthron keine neuen oder besonderen Impulse verliehen. In einem Punkte stand sie fest zu Peters des Großen Intentionen: Anna Iwanowna hat die Einbindung des Hauses Romanow in den europäischen Adel fortgesetzt.

8. Kapitel

Regentin auf Abruf:
Die unglückliche Anna Leopoldowna

Anna Leopoldowna – Prinzessin Elisabeth Katharina Christine
von Mecklenburg-Schwerin
(7. Dezember 1718 – 7. März 1746)
*Gattin des Prinzen Anton Ulrich
von Braunschweig-Wolfenbüttel-Bevern –
Großfürstin – Nichte der Kaiserin Anna Iwanowna
Regentin von Rußland 1740 – 1741 für ihren Sohn Iwan VI.*

Die Geschichte Anna Leopoldownas hätte von Shakespeare erdacht worden sein können. Liebe, Haß, Intrigen, Kerker und Mord. Diese russische Variante Shakespearscher Phantasie ist jedoch tatsächlich geschehen und enthält schauerliche Details.

Aus der Ehe Katharina Iwanownas mit Karl Leopold ging im Jahre 1718 in Rostock als einziges Kind die Tochter Elisabeth Katharina Christine von Mecklenburg-Schwerin hervor. Die Prinzessin war gleichzeitig die Nichte der späteren russischen Kaiserin Anna I. Iwanowna. Herzog Karl Leopold war ein unleidlicher und despotischer Mensch. Katharina sah sich gezwungen, im Jahre 1722 gemeinsam mit ihrer kleinen Tochter nach Rußland und in den Schoß der Familie zurückzukehren. In Ismailowo, Moskau und Petersburg lebten sie still und bescheiden bei der Zarinwitwe Praskowja Fjodorowna. Das änderte sich im Jahre 1730, als Anna I. Iwanowna den Thron bestieg. Plötzlich richtete sich aller Aufmerksamkeit auf die inzwischen zwölfjährige Elisabeth Katharina Christine. Das Kind rückte in den Kreis möglicher Thronprätendenten. Kaiserin Anna zog sie näher an den Hof und achtete darauf, daß sie eine gute Ausbildung erhielt und in der rechtgläubigen Religion unterwiesen wurde. Ein Generaladjutant wurde nach Deutschland entsandt und suchte nach einem geeigneten Bräutigam für das Mädchen. Zunächst nahm man Karl Markgraf von Brandenburg in Augenschein, aber dann fiel die Wahl auf den Herzog Anton Ulrich von Braunschweig-Wolfenbüttel-Bevern-Lüneburg. Der Herzog war zwar keine strahlende Persönlichkeit, aber er besaß den unschätzbaren Vorteil einer Verwandtschaft mit dem österreichischen Kaiser Karl VI. Diese Verbindung zum Wiener Hof konnte in Petersburg zur Stärkung der „deutschen Partei" um den Grafen Ostermann und Feldmarschall Münnich nur beitragen und wurde von diesen daher eifrig unterstützt. Kaiserin Anna lud den Herzog Anton Ulrich nach Rußland ein. Im März 1733 kam er in Petersburg an. Der neunzehnjährige Knabe erregte in keinerlei Hinsicht positive Aufmerksamkeit, aber das Verhältnis zu Österreich besaß Priorität. Er wurde in russische Dienste genommen, Elisabeth trat zum orthodoxen Glauben über, erhielt den Namen Anna Leopoldowna, und die Hochzeit galt als beschlossene Sache. Doch dann türmten sich trotz dynastischer Disziplin unerwartete Probleme auf. Die Unbedarftheit Anton Ulrichs veranlaßte Anna Leopoldowna zu mehreren Liebschaften, u. a. mit dem sächsischen Gesandten Graf Lynar. Die Kaiserin ergriff Gegenmaßnahmen und unterzog die junge Anna einem scharfen Überwachungssystem. Sie mußte lernen und wurde von der Außenwelt isoliert.

Gleichzeitig hintertrieb der böse Geist des Reichs, Ernst Johann von Biron, die künftige Ehe Anna Leopoldownas. Der Titel des Herzogs von Kurland reichte ihm nicht. Er wollte seinen Sohn Peter mit Anna Leopoldowna verheiraten und sich selbst auf diese Weise noch näher an den Thron schieben. Die Intrige kam heraus, Anna Leopoldowna stellte sich nicht gegen den Willen der Kaiserin, und obwohl man allgemein von der Regierungsunfähigkeit Anton Ulrichs überzeugt war, erlitt Biron eine Niederlage – die Beziehungen zu Österreich waren wichtiger. Im Juli 1739 wurden Anton Ulrich und Anna Leopoldowna endgültig miteinander verheiratet. In dieser Ehe sah die kinderlose Kaiserin Anna I. Iwanowna die einzig mögliche und sichere Hoffnung für die Thronfolgesicherung zugunsten der Romanows. Aus Peters des Großen Familie lebte zwar noch die zweite Tochter Elisabeth, aber die galt Anna I. Iwanowna nicht als Thronprätendentin. Der Herzog Anton Ulrich sollte lediglich die Thronfolge durch einen einigermaßen geeigneten Erben sichern. Mit politischen Ambitionen seiner Gemahlin rechnete niemand.

Am 2. August 1740 kam wunschgemäß der Sohn Iwan (Johann) Antonowitsch zur Welt. Die wichtigste Aufgabe der „Braunschweiger" schien erfüllt. Aber erst mit der Geburt dieses Kindes gerieten Anna Leopoldowna und deren Familie in einen sie selbst verschlingenden Strudel von Ereignissen höchster Dramatik.

Im September 1740 erlitt Kaiserin Anna I. einen ersten Schlaganfall. Bevor sie am 17. Oktober starb, setzte sie den zwei Monate alten Großneffen Iwan Antonowitsch zum Thronfolger ein und bestimmte nicht dessen Mutter Anna Leopoldowna, sondern den Reichsgrafen Ernst Johann von Biron, Herzog von Kurland, zum Regenten. Biron begann sofort nach Kaiserin Annas Tod, die Eltern des Thronfolgers nach seinem Willen zu dirigieren. Das „Braunschweig-Quartett", wie man Anna Leopoldowna, Anton Ulrich, dessen Mätresse Julia Mengden und den Grafen Lynar nannte, sah sich dem Diktat Birons ausgeliefert. Doch Anna Leopoldowna war letztlich entschlossen genug, die Konkurrenz der anderen „Deutschen", besonders Münnichs und Ostermanns, die allgemeine Ablehnung des verhaßten Biron und den Protest der Garderegimenter gegen den Regenten für sich selbst und den rechtmäßigen Thronfolger zu nutzen.

Anna Leopoldowna war weder gebildet, noch klug, aber sie war macht-besessen. Sie bediente sich des Feldmarschalls Münnich und organi-sierte eine Verschwörung gegen den Regenten Biron. In der Nacht zum 9. November 1740 ließ sie Biron durch Münnich und dessen Adjutan-ten Manstein verhaften und einsperren. Das Szenarium nahm jene Er-eignisse vorweg, mit denen sich später die Kaiserinnen Elisabeth und Katharina II. proklamieren ließen. Anna Leopoldowna ließ Biron so stür-zen, wie einst Sofja die Regentschaft errungen hatte: durch eine gewalt-same Aktion der Soldaten. Münnich und Manstein riefen Anna Leopol-downa in jener Nacht. Gemeinsam gingen sie zu den Soldaten des Regiments Preobrashenski. Anna klagte über ihre entwürdigende Lage, über die Gemeinheiten Birons und stellte materielle Verbesserungen für die Soldaten in Aussicht. Als Manstein mit achtzig Soldaten in das Schlafzimmer Birons eindrang, sahen die diensthabenden Offiziere und Wachen schweigend zu. Manstein erinnerte sich noch nach Jahren: „Wäre ein einziger treuer Offizier oder Soldat dagewesen, wären wir verloren gewesen."

Biron wurde einer Verschwörung angeklagt und zum Tode verurteilt, dann aber zur Verbannung in das im hohen Norden gelegene Pelym begnadigt. Anna Leopoldowna hatte ihr erstes Ziel erreicht und über-nahm die Regentschaft. Ausgestattet mit dem Titel einer Großfürstin veranlaßte sie, daß der Ehegemahl Anton Ulrich den Oberbefehl über die russische Armee erhielt. In den folgenden Monaten erstrebte die Regen-tin für sich selbst die Kaiserkrone und besaß doch für dieses Ziel keine politischen Fähigkeiten. Der Streit zwischen den „Deutschen" sowie deren Dominanz am Hofe hielten an und gerieten zunehmend in einen Widerspruch zu den Wünschen Anna Leopoldownas – aber auch macht-bewußter russischer Aristokraten, Offiziere und Würdenträger.

Zunächst hielt Feldmarschall Münnich alle politischen Fäden im Lande in der Hand. Anna Leopoldowna besaß jedoch kein großes Ver-trauen zu ihm. Im März 1741 trat Graf Ostermann an seine Stelle. Ostermann wandte alle Kraft auf, um das russische Staatsschiff in dem schwierigen Jahre 1741 nicht aus dem Ruder laufen zu lassen. Von allen Seiten drohten Gefahren. In Österreich war der Erbfolgekrieg ausgebro-chen. Die Hohe Pforte wurde unruhig und aktivierte die Krim-Tataren gegen Rußland. Schweden erklärte Rußland den Krieg, drang in Finnland ein und wurde unter Mühen geschlagen. Aber auch Ostermann konnte den Wünschen und Zielen der Regentin nur unvollkommen entsprechen. Die von vielen Russen abgelehnte Präsenz fremdländischer und fremdgläubiger Staatsmänner provozierte Unruhen und leistete Intrigen Vorschub. Es gab eine Frau, die schon zweimal bei der Thronfolge übergangen worden war und diese Demütigung nicht länger hinnehmen wollte: Elisabeth, die Tochter Peters I.

Eine ganze Reihe von Ursachen führte zur Palastrevolte vom 25. November 1741. Die Regentschaft Anna Leopoldownas selbst, der Streit unter den Ausländern sowie der unbefriedigende Zustand eines nicht regierungsfähigen Kaisers gehörten ebenso dazu, wie die ungelösten Sachprobleme namentlich in der Außenpolitik. In den schwierigen äußeren Verhältnissen Rußlands lag ein Schlüssel für den Sturz Anna Leopoldownas. Die Regentin hatte Dank der über Anton Ulrich möglichen Verbindungen mit Maria Theresia von Österreich eine Allianz geschlossen und damit den französischen Hof verärgert. Mit Hilfe des Arztes Lestocq und des französischen Gesandten La Chétardie wurde die Intrige zur Beseitigung Anna Leopoldownas geschmiedet. Elisabeth vergnügte sich nicht grundlos in den Kasernen der Garderegimenter bei alkoholischen Exzessen. Als man ihr suggerierte, die Regentin wollte sie, die Tochter Peters des Großen, zur Nonne scheren lassen, obsiegte der lange genährte Groll. Lange genug hatten sich die beiden Damen aufmerksam beobachtet und wußten, was sie voneinander zu erwarten hatten. Die Wünsche Frankreichs und das Geld La Chétardies, bereitwillig unter den Gardesoldaten ausgestreut, tat ein übriges. Es kam zu jener dramatischen und effektvollen Szene am 25. November 1741, in der die Großfürstin Elisabeth in der Wachstube des Preobrashenski-Regiments auftauchte. Die betrunkenen Soldaten proklamierten mit dem Schlachtruf: „Befiehl, Mutter, befiehl, und wir erwürgen sie alle" eine neue Kaiserin – Elisabeth. Der Vorgang schien das Wort zu bestätigen, das damals in Europa die Runde machte: „In Rußland kann man mit ein paar Talern und einigen Fässern Wodka alles machen." Im konkreten Falle verbündeten sich französisches Geld und russischer Wodka gegen eine „deutsche" Kamarilla und hoben eine russische Potentatin auf den Thron.

In dieser Nacht wurden Anna Leopoldowna mit ihrer Familie und zahlreiche Würdenträger auf Befehl Elisabeths verhaftet. Wie die Regentschaft begonnen hatte, endete sie auch. Das Glück und der Traum von der Krone hatten ein ganzes Jahr gehalten – der nominelle Kaiser Iwan VI. besaß von all den Vorgängen keine Kenntnis, er wurde nicht einmal offiziell gestürzt. Die neue Kaiserin Elisabeth verkündete in einem Manifest vom 28. November, Anna Leopoldowna werde mit ihrer Familie des Landes verwiesen. Zwei Wochen später folgte die erzwungene Reise nach Riga. Dort hielt man die Familie ein Jahr lang fest und entließ sie auch dann nicht nach Hause. Im Dezember 1742 mußten alle in die Festung Dünaburg übersiedeln. Dort brachte Anna Leopoldowna die Tochter Elisabeth zur Welt.

Bereits damals fragte man im In- und Ausland, warum Kaiserin Elisabeth so hart war und die für sie nutzlosen Braunschweiger nicht ausreisen ließ. Die russische kaiserliche Geschichtsschreibung hat betont, daß dieser Entschluß von französischer Seite empfohlen und durch mehrere Intrigen und Verschwörungen zu Gunsten Iwans VI. und Anna Leopoldownas begründet worden ist. Die Wahrheit war ganz einfach und wurde in den nachfolgenden zwanzig Jahren mehrfach offensichtlich: Kaiserin Elisabeth hatte sich auf den Thron geputscht, ein lebender nomineller Kaiser Iwan VI. war eine potentielle Gefahr. Kaiserin Katharina II. sollte nicht anders denken. Sie ging sogar noch einen Schritt weiter. Anna Leopoldowna und Iwan VI. mußten in so sicherem Gewahrsam verbleiben, daß die regierende Kaiserin stets die Kontrolle über deren Leben, Kontakte und Entwicklungen behalten konnte. Im Falle einer Krise konnte man sich der Gefahr unbemerkt entledigen.

Darum erging im Januar 1744 der Ukas, der die Familie in die Festung Ranenburg, im Gouvernement Rjasan gelegen, zwang. Das Gefängnis schien der Kaiserin Elisabeth noch nicht sicher genug. Im Juni 1744 befahl sie das Solowezkikloster bei Archangelsk als Verbannungsort. Die Reise war so beschwerlich, daß das Kloster nicht erreicht werden konnte und die Familie Anne Leopoldownas 72 Werst vor Archangelsk, in Cholmogory, blieb. Hier quartierte man die ganze Gesellschaft im Palast des Bischofs ein. Der Palast wurde mit einer Mauer umgeben, die Einfriedung durfte von den Gefangenen nicht verlassen werden. Das politische Leben der Regentin Anna Leopoldowna war endgültig vorbei – ihre Lebensgeschichte währte länger und wirkte in Anton Ulrich, den Kindern und vor allem in dem Sohn Iwan VI. fort. Anna Leopoldownas Familie ist von vier russischen Kaisern in einem über Jahrzehnte ausgedehnten Martyrium zerstört worden.

Endlose Leiden des Gemahls und der Kinder

Anna Leopoldowna brachte in den Jahren 1741 bis 1746 vier Kinder zur Welt: Katharina, Elisabeth, Peter und Alexei. Es war ein kleines Glück in einer schier auswegslosen Situation. Die Familie litt darunter, daß keine Chance zu einer Rückkehr nach Deutschland bestand und daß man den ältesten Sohn, den Kaiser Iwan VI., in Cholmogory von der

Familie getrennt hatte. Iwan VI. blieb zunächst in Cholmogory, in einem unscheinbaren bewachten Haus, nur wenige hundert Meter von der Familie entfernt. In Cholmogory lebte ein Pastor Korf, der den Jungen besuchen durfte, diesem von der Familie erzählte und das russische Alphabet beibrachte.

Anna Leopoldowna gab zwar die Hoffnung auf eine Rückkehr in die Heimat nicht auf, aber ihre Wünsche verhallten ungehört. Am 26. Februar 1746 starb die 28jährige Frau, vergessen von der Öffentlichkeit, aber nicht von der Kaiserin Elisabeth. Anton Ulrich blieb mit seinen Kindern für Jahrzehnte in der Verbannung. Nach 29 Jahren starb der so erfolglose Braunschweiger Prinz in Cholmogory. Nur die Töchter überlebten den Vater. Sie wandten sich noch zu dessen Lebzeiten mit der Bitte an die Kaiserin Elisabeth und deren Nachfolgerin Katharina II., sie freizulassen. Elisabeth hat das mehrfach abgelehnt. Erst Katharina II. wendete das Schicksal der armen Frauen. Im Jahre 1780 wandte sich Anton Ulrichs Schwester Katharina, Königin von Dänemark, an Katharina II. und bat, die Prinzessinnen freizulassen. Die Kaiserin erfüllte den Wunsch – der gefährliche Bruder Iwan VI. war bereits 1764 ermordet worden. Sie stattete die Prinzessinnen mit Kleidung, Möbeln, Tafelsilber und Geld sowie mit einer tragbaren Kirche aus und entließ sie nach Dänemark. Im Jahre 1787 lebte nur noch die Tochter Elisabeth. Sie war stocktaub. Elisabeth beherrschte nur die russische Sprache und wurde in ihrer Einsamkeit nahezu verrückt. Noch einmal bewiesen die russischen Zaren Unnachgiebigkeit. Alexander I. entschied 1803 ein Gesuch Elisabeths, nach Rußland zurückkehren zu dürfen, negativ. Vier Jahre später starb auch Elisabeth.

Die hartherzige Rache, die die russischen Kaiserinnen an Anna Leopoldowna nahmen, resultierte aus der getreulichen Erfüllung des Auftrags, den ihr die Kaiserin Anna erteilt hatte. Anna Leopoldowna hatte einen Thronfolger geboren, der der eigentliche Kaiser war und den Usurpatorinnen Elisabeth I. und Katharina II. als ständig drohende Gefahr erschien. Anna Leopoldowna entzog sich der Rache durch ihr unfreiwilliges Ableben. Ihr Schicksal war jedoch im Vergleich zum weiteren Weg ihres Sohnes relativ harmlos. Alle Furcht und aller Haß gegenüber der Familie Anna Leopoldownas konzentrierte sich auf Iwan VI.

Epilog zur Regentschaft Anna Leopoldownas:
Der Gefangene Nr. 1

Kaiserin Elisabeth dachte, daß Iwan in Cholmogory noch nicht genügend von der Familie und der Welt isoliert war. Er wurde auf die Inselfestung Solowki im Weißen Meer gebracht. Iwan war sechs Jahre alt. Zehn Jahre vegetierte er in Solowki dahin. Danach folgte die Festung Schlüsselburg unweit der russischen Hauptstadt, um den Gefangenen besser unter direkter Kontrolle und Augenschein zu haben. Elisabeth bestimmte, daß Name und Herkunft des „Gefangenen Nummer Eins" unbekannt bleiben mußten. Die beiden Offiziere, die ihn bewachten, durften nicht mit ihm sprechen. Iwan lebte in der Einzelhaft. Niemand konnte und durfte den heranwachsenden Knaben sehen. Zwischen seinem sechsten und zweiundzwanzigsten Lebensjahr hat Iwan VI. außer seinen Wächtern und den Kaisern Elisabeth I., Peter III. und Katharina II. kein menschliches Wesen gesehen! Es war ein Phänomen, daß er sich mit zunehmendem Alter und in den engen Grenzen seiner geistigen und körperlichen Möglichkeiten mehr oder weniger bewußt wurde, daß er nicht nur eine „namenlose Nummer Eins" war. Iwan konnte sogar die Wiederherstellung seines legitimen Thronanspruchs formulieren. Katharina II. ordnete an, dem Gefangenen jeglichen ärztlichen Beistand zu verweigern. Die Wächter mußten ihn, wenn sich eine beliebige Person ohne ausdrückliche schriftliche Genehmigung der Kaiserin nähern sollte, sofort töten.

Iwan war weder verwirrt, noch geistig umnachtet. Er tat niemandem den Gefallen, an seiner Einsamkeit zugrunde zu gehen. Seinen Wächtern sagte Iwan, daß er ein Fürst und Herrscher sei. Man gab ihm Heiligengeschichten in die Hand und legte ihm nahe, Mönch zu werden. Aber Iwan konnte sein archaisches Sendungsbewußtsein mit den Heiligengeschichten in Übereinstimmung bringen. Er war sich bewußt, kein Wächter durfte die Hand gegen ihn erheben. Wenn der es dennoch tat, dann empörte sich Iwan dagegen. Die Empörung wurde als „Wahnsinn" interpretiert.

Rußland wäre nicht Rußland, wenn sich nicht Verschwörer zur Befreiung Iwans VI. gefunden hätten. Obwohl sein Name im Volke weitgehend unbekannt blieb, am Zarenhofe wußte man um die Existenz des Gefangenen. Er konnte politisch gegen den jeweiligen Herrscher genutzt werden. 1764 entstand eine Verschwörung zur Thronerhebung Iwans. Es war die Tat eines einzelnen Offiziers. Der Leutnant des Smolensker Regiments, Wassili Jakowlewitsch Mirowitsch, diente in der Festung

Schlüsselburg und wollte Iwan befreien. Mirowitsch entstammte dem verarmten ukrainischen Landadel. Der Leutnant, ein Sauf- und Raufbold, attackierte die Petersburger Behörden, wollte den Familienbesitz einfordern und stieß auf taube Ohren. Er wurde für einige Zeit nach Schlüsselburg kommandiert. Die Petersburger Beamten entledigten sich eines räsonierenden Querulanten. Mirowitsch erfuhr von dem geheimnisvollen Gefangenen. Etwa im gleichen Alter wie Iwan, verband Mirowitsch mit seiner Tat den Enthusiasmus eines für die Gerechtigkeit legitimer Thronerben fechtenden Ritters und die Rache des im Leben zu kurz gekommenen Provinzadligen. Mirowitsch entwarf ein edles Manifest, mit dem die Garderegimenter zur Erhebung gegen Katharina II. aufgerufen werden sollten.

Der Leutnant ließ seine Soldaten antreten und verlangte, sie sollten die Kasematten stürmen, Iwan befreien und zum Kaiser proklamieren. Tatsächlich gelang der Sturm. Mit dem erhabenen Ruf: „Wo ist mein Kaiser?" brach Mirowitsch in die Zelle Iwans ein. Der wackere Rebell traf auf einen Sterbenden. Befehlsgemäß waren die beiden Wächter – Wlassjew und Tschekin – beim geringsten Anzeichen drohender Unruhe zu ihrem Häftling gestürzt und hatten ihn trotz heftigster Gegenwehr erstochen.

Mirowitsch verharrte in der Heldenpose. Er trug den blutenden Leichnam auf den Hof, küßte dessen Hände und bedeckte den Körper mit einer Flagge. Dann schloß er die Zeremonie mit den entsagenden Worten: „Dort liegt Euer Kaiser. Jetzt macht mit mir, was Ihr wollt." Mirowitsch wurde festgenommen. Als Katharina die Nachricht vom Tode Iwans erhielt, schrieb sie an den Minister Nikita Panin: „Die Wege Gottes sind wunderbar und unerforschlich. Die Vorsehung hat mir sichtlich ihre Gunst bewiesen, indem sie diese Angelegenheit so gut enden ließ …" Vielleicht war sie tatsächlich froh. Es bleibt merkwürdig, daß Panin kurz vor der Verschwörung erstmals positiv auf die wiederholten Entlassungsgesuche der Wächter Iwans reagiert hatte – selbstverständlich nur bei getreuer Pflichterfüllung.

Mirowitsch wurde als Einzeltäter zum Tode verurteilt und geköpft. Katharina II. hatte selbst befohlen, Iwan beim ersten Anzeichen eines Angriffs zu töten. Die Mörder, die Wächter Wlassjew und Tschekin, wurden reich belohnt. Sie erfüllten noch eine Aufgabe: Sie mußten einen Bericht über das Leben und Sterben Iwans verfassen. Darin schrieben sie auf, was Katharina II. von ihnen erwartete: daß Iwan ein infantiler und geistesgestörter Schwachsinniger gewesen ist. So beruhigte die große Aufklärerin ihr Gewissen. Sie hatte alle notwendigen Vorkehrungen getroffen: Ein „tödlicher Unfall, der dem namenlosen Gefangenen zugestoßen war", beendete sein Leben. Kaiser Iwan VI., der Urenkel Zar Iwans V., Sohn Anna Leopoldownas und Großneffe der Kaiserin Anna, wurde im Bereich der Festung Schlüsselburg verscharrt. Dabei hatte er nicht einmal die geringste Chance besessen, irgendeine Schuld auf sich zu laden. Obwohl die Zarin mit einem speziellen „Manifest des Schweigens" alle Kritiker und Gerüchtemacher mundtot machen wollte – Europa diskutierte und schrieb über den Vorfall, und nur wenige Stimmen verteidigten die Zarin. Von Anna Leopoldowna sprach zu diesem Zeitpunkt niemand mehr.

9. Kapitel

Kaiserin Elisabeth I. Petrowna –
des großen Peters russische Tochter

Elisabeth I. Petrowna
(18. Dezember 1709 – 25. Dezember 1761)
Kaiserin von Rußland 1741–1761

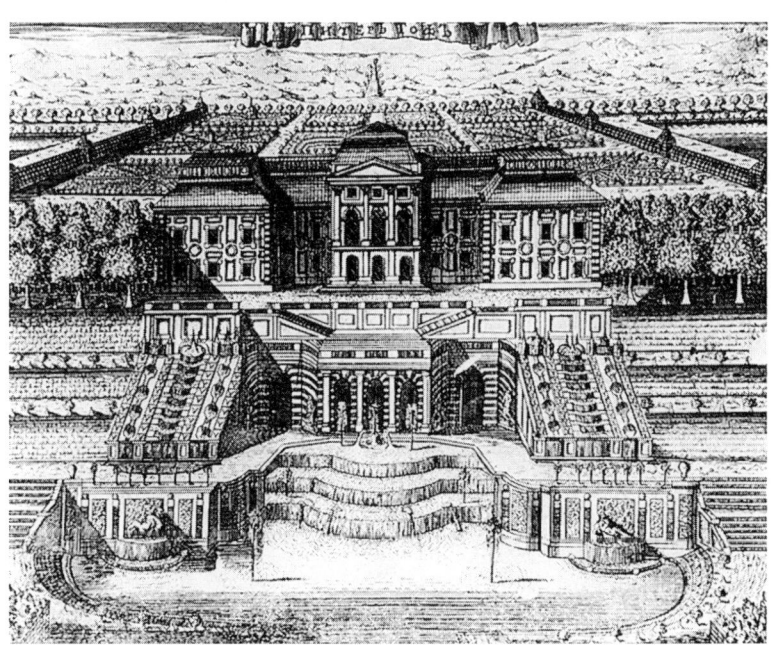

Schloß Peterhof

Die Geschichte der Regentinnen und Herrscherinnen Rußlands seit den Zeiten Sofja Alexejewnas offenbart keine bedeutsame emanzipatorische Tendenz der russischen Frau im Sinne der sozialen oder geistigen Erhebung einer ganzen Schicht der Bevölkerung. Launen der Herrscher, ein bedingungsloser Machtkampf am Hofe und das Festhalten am autokratischen Prinzip ließen durchsetzungsbereite Frauen an die Spitze treten, die um der persönlichen Herrschaft willen jedes Risiko wagten, ja selbst den eigenen politischen und physischen Untergang in Kauf nahmen. Sie emanzipierten sich höchstens auf sehr individuelle Weise selbst. Natürlich war auch das eine Kontinuität, hervorgerufen durch den despotisch-kühnen Aufbruch Peters des Großen. Wenn eine unbedeutende Frau wie Anna Leopoldowna den riskanten Sprung an die Macht wagte, um wieviel stärker muß da der Wille zur Herrschaft bei einer selbstbewußten leiblichen Tochter Peters I. ausgeprägt gewesen sein. Eines zeichnete sie vor allem aus: Kaiserin Elisabeth war in ihren Handlungen mit vielen persönlichen Makeln behaftet. Anders als Katharina I. oder Anna I. regierte sie tatsächlich selbst – gemeinsam mit vielen klugen Beratern und nicht immer konsequent, aber sie war insgesamt eine politisch bewußt und zielstrebig agierende Herrscherin.

Elisabeth Petrowna ist am 18. Dezember 1709 im Schloß Kolomenskoje geboren worden. Zar Peter feierte gerade den Sieg über die Schweden bei Poltawa. Elisabeth war damals ein illegitimes Kind aus der unehelichen Verbindung Peters mit Martha Skawronska, der späteren Kaiserin Katharina I. Sie war bereits das fünfte gemeinsame Kind des seltsamen Paares. Zwei Jungen und ein Mädchen waren gestorben, nur die 1708 geborene Anna lebte noch. Nach ihrer Geburt trat Elisabeth erst wieder in Erscheinung, als Peter und Katharina im Februar 1711 offiziell heirateten. Anna und Elisabeth walteten als Brautjungfrauen. Sie selbst konnten die Aufgaben noch nicht wahrnehmen, und so übernahmen zwei Nichten des Zaren ihre Pflichten. Anna und Elisabeth haben auch die Krönung ihrer Mutter im Jahre 1724 miterlebt. In der übrigen Zeit wuchsen sie im Schloß von Kolomenskoje heran, umgeben von ihren Aufwartefrauen, der Russin Illinitschnaja und der Finnin Lisaweta Andrejewna. Nur gelegentlich ließ Peter sein „kleines Hühnchen" Elisabeth kommen und vor Gästen tanzen.

Später gaben Peter und Katharina ihre Töchter in die Obhut Praskowja Fjodorownas. Peter mochte Praskowja nicht, weil sie in ihrer mürrischen Mildtätigkeit allen möglichen Pilgern und Obdachlosen, Kranken und Notleidenden Hilfe zukommen ließ und dabei ausgenutzt wurde. Aber Praskowja war die geachtete Witwe Iwans V. und Peter hörte bis zu einem bestimmten Grade auf sie, wenn es um die Wahrung dynastischer Interessen ging. Darum übergab er ihr die Töchter und sorgte dafür, daß französische, italienische, deutsche und griechische Hauslehrer eingestellt wurden. Es war das erste Mal in der russischen Geschichte, daß Zarentöchter derart intensiv von Ausländern erzogen und gebildet wurden.

„Ich will nicht sein wie die anderen Prinzessinnen ..."

Peter bezog Elisabeth früh in seine Wünsche ein, die Romanowdynastie mit der westeuropäischen Aristokratie zu verbinden. Als er im Jahre 1717 Paris besuchte, sprach man im Interesse eines besseren französisch-russischen Verhältnisses in vager Form über eine mögliche künftige Ehe zwischen Elisabeth und dem französischen König Ludwig XV. Der französische Hof nahm die Idee skeptisch auf. Elisabeth war ein uneheliches Kind und nicht katholisch! Peter I. begrub den Plan erst, als Ludwig XV. mit der Infantin von Spanien verlobt wurde. Gleichzeitig schlug man Peter den Herzog von Chartres, Sohn des französischen Regenten, in der Hoffnung als Bräutigam für Elisabeth vor, Peter werde dessen Kandidatur auf den polnischen Thron unterstützen. Peter I. wollte Elisabeth aber nicht erst nach dem Tode des polnischen Königs August II. verheiraten. Die langwierigen Verhandlungen führten zu keinem Ergebnis.

Kaiserin Katharina I. kümmerte sich weiter intensiv um einen Ehemann für Elisabeth. Die Schwester Anna war 1725 mit dem Herzog Karl Friedrich von Holstein-Gottorp verheiratet worden. Für Katharina I. war der Markgraf Karl von Brandenburg aus der königlich preußischem Familie interessant. Als sie erfuhr, daß das Verlöbnis Ludwigs XV. mit der spanischen Infantin wieder gelöst worden war, schöpfte sie neue Hoffnungen in Richtung Frankreich. Abermals vergingen Monate des Wartens. Als schließlich die Nachricht in St. Petersburg eintraf, Ludwig XV. sei mit Maria Leszczynska, der Tochter des abgesetzten polnischen Königs Stanislaus Leszczynski, verlobt worden, reagierte Katharina wütend. Wie konnte man in Frankreich die Tochter der Kaiserin von Rußland ausschlagen! Aus Paris kam eine höfliche Absage. Die Zugehörigkeit Elisabeths zur orthodoxen Kirche galt als entscheidendes Hindernis für eine Heirat.

Die Kaiserin blieb ernsthaft entschlossen, ihre Tochter Elisabeth mit einem Angehörigen des europäischen Hochadels zu verheiraten. Als Moritz von Sachsen angeboten wurde, dem es um das Herzogtum Kurland ging, begehrte Elisabeth auf: „Ich will nicht sein wie die anderen Prinzessinnen alle, die man der Staatsräson opfert. Ich will eine Neigungsehe schließen und mich daran erfreuen, den Mann zu lieben, den ich heirate." In diesem Punkte widerstand sie einer bis dahin reibungslos funktionierenden Tradition. Sie hatte einen konkreten Mann im Blick: Karl August von Holstein, einen Bruder des Königs von Schweden und der Prinzessin von Anhalt-Zerbst. Katharina I. gefiel die Idee, und sie lud Karl August nach Petersburg ein. Er kam im Oktober 1726. Elisabeth fand Gefallen an dem 22jährigen Mann. Katharina verlieh ihm den St.-Andreas-Orden, und der französische Gesandte berichtete schon von der angeblich beschlossenen Hochzeit nach Versailles.

Am 7. Januar 1727 sollte die Verlobung Elisabeths mit Karl August öffentlich bekanntgegeben werden. Am Vortage erkrankte Katharina schwer. Die Verlobung sollte bis zu ihrer Genesung aufgeschoben werden. Die Kaiserin erholte sich, erlitt im April jedoch einen Rückfall. Die Ärzte befürchteten das baldige Ende. Katharina starb, und Peter II. bestieg den Thron. Bis zu Peters Volljährigkeit regierte ein neunköpfiger Regentschaftsratrat. Anna Petrowna und Elisabeth waren die ranghöchsten Mitglieder. Für den Fall, daß Peter keine Kinder hinterlassen würde, rangierten die beiden Schwestern ihrem Alter entsprechend an der Spitze der Thronerben.

Katharina hatte den Töchtern ein reiches Erbe hinterlassen. Elisabeth erhielt über eine Million Rubel und für die Übertragung der Thronfolgerechte an Peter ein Jahresgeld von 100 000 Rubeln. Das persönliche Erbe Katharinas an Schmuck, Möbeln, Kutschen und Tafelsilber teilten sich die Schwestern. Elisabeth beweinte ihre Mutter aus reinem Herzen und fand bei Karl August Trost. Ihre Verlobung wurde am 27. Mai 1727 bekanntgegeben. Aber der Traum blieb unerfüllt. Am selben Tage legte sich Karl August krank ins Bett. Er hatte die Blattern und verstarb vier Tage später. Der Trauer folgte Leid. Menschikow betrog Peters Töchter um einen Teil ihres mütterlichen Erbes. Elisabeth erkämpfte sich eine bescheidene Hofhaltung, stand aber auch oft genug mittellos da. Die entbehrungsreichen Jahre, die unter der Kaiserin Anna Iwanowna ihre Fortsetzung fanden, haben sie nachdrücklich geprägt. Sehr viel später hielt sie einmal der nachmaligen Kaiserin Katharina II. vor, „daß man Ausgaben vermeiden müsse, solange man wenig besäße. Hätte sie Schulden gemacht, so hätte sie sich vor der ewigen Verdammnis gefürchtet, denn wäre sie gestorben und keiner dagewesen, ihre hinterlassenen

Schulden zu begleichen, so wäre ihre Seele zur Hölle gefahren und davor fürchte sie sich. Aus diesem Grunde trüge sie daheim und auswärts bei jeder möglichen Gelegenheit immer ganz einfache Kleider mit weißem Taftoberteil und einen schwarzen Mantel darüber. Dadurch spare sie Geld, denn auf dem Lande und auf Reisen sei sie bedacht, niemals Teures und Kostbares zu tragen."

Anna siedelte 1727 nach Kiel über. Elisabeth blieb allein zurück und näherte sich bewußt Peter II. an. Die beiden waren einander zugetan, und Elisabeth konnte ihren Groll gegen Menschikow nicht verheimlichen. Als Peter erkrankte, pflegte und ermahnte sie ihn, Menschikow vom Hofe zu verweisen. Namhafte aristokratische Familien wie die Dolgorukis teilten diesen Wunsch. Elisabeths Anteil am Sturz Menschikows war unumstritten. Menschikow wurde am 25. September 1727 unter der Anklage, in geheimen schwedischen Diensten zu stehen, verhaftet. Er wurde verbannt und kehrte niemals wieder zurück.

Elisabeth geht auf Distanz zum Thron

Das Jahr 1728 brachte einschneidende Ereignisse: Peter II. wurde in Moskau zum Kaiser gekrönt. In Kiel brachte Anna Petrowna den Sohn Karl Ulrich Peter zur Welt. Sie starb kurz darauf. Elisabeth ging der Tod der Schwester sehr nahe. Sie zog sich zeitweilig vom offiziellen Leben bei Hofe zurück. Sie näherte sich dem etwa gleichaltrigen Grafen Semjon Naryschkin an und zog in den Moskauer Vorort Ismailowo. In ihrer Begleitung befanden sich unter anderem Michail Woronzow, Alexander und Peter Schuwalow, der französische Arzt Armand Lestocq und Semjon Naryschkin. Alle diese Männer gehörten später zu jenen Persönlichkeiten, die Elisabeth auf den Thron hoben und ihre Politik maßgeblich beeinflußten

Am 30. Januar 1730 starb Peter II. In der Nacht vorher wollte der Arzt Lestocq Elisabeth überreden, ihre Thronansprüche sofort geltend zu machen. Elisabeth lehnte den Vorschlag ab. Sie ging davon aus, daß sie ohnehin die nächste Anwärterin auf den Thron war und konnte sich nur eine einzige andere Variante vorstellen: der minderjährige Sohn ihrer verstorbenen Schwester Anna, Karl Peter Ulrich, würde zum Thronerben proklamiert und sie, Elisabeth, übte die Regentschaft aus.

Die Situation war jedoch verworrener. Mit Peter II. starb die männliche Linie der Romanows auf dem Thron aus. Es existierten die Ansprüche Elisabeths und des kleinen Holsteiners. Außerdem meldete sich

Alexei Dolgoruki. Seine Tochter Katharina sollte Kaiserin werden und wäre nur durch den Tod Peters um diese Ehre gekommen. Darum müßte man ihre Ansprüche berücksichtigen. Statt dessen setzte der Reichsrat die beiden Töchter Iwans V. auf die Kandidatenliste: Anna und Katharina. Letztere schied aus. Sie hatte ihren Gatten, den Herzog Karl Leopold von Mecklenburg-Schwerin, verlassen und war mit ihrer Tochter Elisabeth Katharina Christina nach Rußland gekommen. Man fürchtete, bei der Wahl Katharinas könne deren Ehegemahl in Moskau auftauchen und Thronansprüche anmelden.

Gegen eine Kandidatur Elisabeths hatte Graf Ostermann Einwände. Er vermutete, Peters Tochter wäre mit seinen politischen Handlungen nicht einverstanden. Als es im Obersten Geheimen Rat zur Abstimmung kam, meldete sich Ostermann krank. Ihm war der hohe Grad einer Anwartschaft Elisabeths auf den Thron bewußt. Es blieb Iwans Tochter Anna übrig. Sie nahm die Krone an und kam als Anna I. Iwanowna von Mitau nach Moskau. In dem Dorf Wseswjatskoje empfing sie Elisabeth, um herauszufinden, wie die potentielle Mitbewerberin um den Thron die Entscheidung aufgenommen habe. Elisabeth gab sich freimütig und fröhlich. Anna gelangte zu der Überzeugung, daß sie in Elisabeth keine Rivalin um den Thron besaß und versprach großzügig, das von Menschikow unterschlagene Erbteil an Elisabeth auszuzahlen. Sie löste ihr Versprechen nicht ein. Elisabeth zog sich wieder nach Ismailowo zurück und führte ein bescheidenes, aber ungebundenes Leben. Ein neuer Geliebter beendete das unbeschwerte Landleben: Elisabeth ließ sich mit dem jungen Soldaten Alexei Schubin ein. Anna zürnte über die amouröse Verbindung, schickte den Soldaten nach Kamtschatka und beorderte Elisabeth nach Moskau. Die Kaiserin kontrollierte Elisabeth, und Elisabeth beobachtete die Kaiserin. Der erste Schritt zu langwierigen Auseinandersetzungen zwischen den beiden Frauen war getan.

1732 siedelte der Hof wieder nach St. Petersburg über, und Elisabeth bezog eigene Räume im Sommerpalast. Sie sah, daß der Zustrom von Deutschen an den Hof anschwoll und daß die Ausländer in hohen und höchsten Rängen an Macht und Einfluß gewannen: Biron, Münnich und Ostermann, aber auch Baron Breyern, Baron Mengden, die Brüder Löwenwolde oder der General Manstein. Elisabeth scheute nicht vor Kritik an der Protegierung alles Deutschen zurück und weckte das Mißtrauen der Kaiserin. Anna umgab sie mit einem Netz von Spitzeln und Denunzianten. Erstaunlich war, daß Biron einer der wenigen einflußreichen Männer blieb, die sie höflich und achtungsvoll behandelten. Elisabeth nahm die Ignoranz des Hofes scheinbar gelassen hin, wurde aber wütend, wenn sie wieder verheiratet werden sollte.

Sie hatte einen Mann gefunden, der ihr weiteres Leben begleiten sollte. Alexei Rasum war am 17. März 1709 in einer Kosakenfamilie geboren worden. Alexeis Interesse an Bildung und seine angeborene Klugheit verliehen ihm dem Spitznamen „Rasumowski" (ein Mann der Vernunft). Diesen Namen behielt Alexei bei. Er war nicht nur klug und sehr hübsch, sondern lernte auch gut und besaß eine schöne Singstimme. Der Vater verprügelte den Sohn so lange, bis der von zu Hause ausriß. Er flüchtete zum Popen von Tschmer, seinem Lehrer. Der ließ ihn im Kirchenchor singen, und dort entdeckte ihn ein durchreisender Oberst Wischnewski, der mit einer Ladung Tokayer für die Kaiserin Anna von Ungarn nach St. Petersburg reiste. Wischnewski nahm den jungen Kosaken mit in die Hauptstadt und ließ ihn im Kirchenchor der Kaiserlichen Kapelle singen. Dort hat ihn Elisabeth entdeckt. Anna stellte den hübschen Chorknaben als Majordomus im Hause Elisabeths ein, wo er allen Ansprüchen seiner Herrin gerecht geworden ist.

Anna erfüllte Elisabeths Wunsch, aber ihre Mißgunst gegen die Cousine wuchs. Das machte sich Annas Schwester Katharina, Herzogin von Mecklenburg-Schwerin, zunutze. Deren Tochter Elisabeth Katharina Christina wurde als Anna Leopoldowna in die orthodoxe Kirche aufgenommen, erhielt nach dem Tode ihrer Mutter einen eigenen Hausstand, und man munkelte nicht zu Unrecht, daß sie Annas bevorzugte Kandidatin für die einstige Thronfolge sein könnte.

Elisabeth beobachtete die Entwicklung Anna Leopoldownas mit Argwohn. Sie registrierte, daß der 1739 ernannte französische Gesandte Jacques Joachim Trotti de la Chétardie nach seinem Empfang bei der Zarin zuerst ihr, Elisabeth, seine Aufwartung machte und erst anschließend zu Anna Leopoldowna ging. Elisabeth verfolgte ebenso die Ereignisse, nachdem Anna Leopoldowna einen Sohn geboren hatte. Die Kaiserin ließ den Jungen sofort in ihre eigenen Gemächer bringen und sorgte dafür, daß er den Namen Iwan erhielt – nach dem Namen ihre Vaters, des Zaren Iwan V. Vier Wochen nach der Geburt Iwans erlitt die Kaiserin einen Schlaganfall, von dem sie sich noch einmal erholte. Sie ernannte Iwan zum Thronfolger. Graf Ostermann ließ die Eltern Iwans, Elisabeth und die rangältesten Offiziere den Treueeid auf den Thronfolger schwören.

Nach Kaiserin Annas Tod riß Biron die Herrschaft an sich. Elisabeth behandelte er großzügig und entgegenkommend. Biron war vorsichtig. Die Zarenfamilie umfaßte viele Glieder, und er selbst wollte in die Zarenfamilie integriert werden! Er versuchte, Elisabeth mit seinem ältesten Sohn zu verheiraten und bezahlte ihre Schulden. Elisabeth durchschaute ihn, war aber für sein Verhalten dankbar. Anna Leopoldowna war um die Regentschaft gebracht, ihr Mann mußte aus der Armee ausscheiden, und beide hatten sich aus der Öffentlichkeit zurückzuziehen. Sie fand Verbündete zum Sturz Birons. Gemeinsam stürzten sie Biron im November 1740. Anna Leopoldowna trat ihre Rolle als Regentin an, erklärte sich selbst zur „Kaiserlichen Hoheit". Die Macht Birons war zu Ende, nicht aber die Herrschaft der Deutschen am Hofe.

Anna Leopoldowna bemerkte nicht, wie sich im Lande und bei den Garderegimentern eine Stimmung ausbreitete, die den Deutschen feindlich gesonnen war. Das war für sie selbst verhängnisvoll, weil sich in Europa politische Veränderungen andeuteten: Österreichs Kaiser Karl VI. war etwa zeitgleich mit Anna Iwanowna gestorben. Anfang Dezember 1740 besetzte Preußen Schlesien. Es begann der Österreichische Erbfolgekrieg, der Europa fünfzehn Jahre lang spaltete und in den Siebenjährigen Krieg mündete. Rußland hatte Österreich versprochen, ihm im Kriegsfalle beizustehen. Rußland stand jetzt inmitten der europäischen Konflikte.

Währenddessen galt Elisabeth in der Öffentlichkeit als leutselig und erfreute sich der Sympathie vieler Gardeoffiziere. Als die Regimenter Biron stürzten, war das Argument schnell zur Hand, man handele im Namen von „Mütterchen Elisabeth Petrowna". Elisabeth widerstand vorerst diesbezüglichen Wünschen. Noch nach vielen Jahren sagte sie rückschauend auf die Jahre um 1740: „Ich bin recht froh, daß ich es nicht getan habe (mein Thronrecht schon früher geltend zu machen). Ich war zu jung, mein Volk hätte mich nicht akzeptiert." Aber die persönlichen Beziehungen zwischen Elisabeth und der Regentin hielten keiner großen Belastung stand. Bald ließ sich Peters Tochter nur noch bei offiziellen Anlässen am Hofe sehen. Im Februar 1741 gab es erste sichtbare Anzeichen für die Entfremdung zwischen den beiden Frauen. Anna Leopoldowna schlug die Mahnungen in den Wind, sie solle die Popularität Elisabeths achten und umgab sie statt dessen mit einem Netz von Zuträgern. Der französische Gesandte de la Chétardie und der Arzt Lestocq nutzten die Gelegenheit. Im Juni 1741 trafen sich die beiden mit

Elisabeth, und es ist wahrscheinlich, daß dabei über einen Thronwechsel gesprochen wurde. De la Chétardie berichtete nach Versailles, Elisabeth glaube, „in ihrer Eigenschaft als Tochter Peters des Großen nach ihres Vaters Wünschen zu handeln, wenn sie auf Frankreichs Freundschaft vertraut und sich beim Geltendmachen ihrer legalen Ansprüche auf Frankreichs Hilfe verläßt." Der französische Gesandte und der Arzt drangen in Elisabeth, sie müsse den Thron besteigen.

Im Sommer 1741 verschlechterten sich Elisabeths Beziehungen zur Regentin drastisch. Ludwig von Braunschweig besuchte Petersburg. Er wollte das Herzogtum Kurland in Empfang nehmen und um die Hand Elisabeths anhalten. Anna Leopoldowna und Graf Ostermann drohten mit dem Kloster, falls sie den Braunschweiger nicht ehelichte. Andererseits forderte Frankreichs König von Schweden einen Angriff auf Rußland, damit Elisabeth den Thron besteige und Finnland an Schweden zurückgebe. Tatsächlich griff Schweden Rußland an, wenngleich ohne sichtbare Erfolge. Ostermann vertraute dem englischen Gesandten Finch an: „Elisabeths Liebe und Treue zu Rußland seien zu groß, als daß sie den gerüchtweise kolportierten Projekten je nähertreten würde." Die Gerüchte waren geboren, und Ostermann mußte konzidieren, daß Elisabeth allenthalben geliebt und geschätzt wird, „während die Regentin nicht die rechte Methode anwendet, dies zu erreichen, aber auch intern ist es bei Hofe nicht mehr völlig ruhig."

Einflußreiche russische Aristokraten und Politiker wandelten die traditionelle Furcht vor allem Ausländischen in einen nationalrussischen Isolationismus. Ihr Haß gegen die regierenden „Deutschen" wuchs. Die antideutschen Tendenzen arbeiteten Elisabeth so sehr in die Hände, daß sie selbst keine besonderen Anstrengungen unternehmen mußte. Die Regentin schlug Warnungen, französische Agenten bereiteten ihren Sturz vor, in den Wind. Trotzdem bereitete sie sich auf eine Machtdemonstration vor. Am 7. Dezember 1741 wollte sich Anna Leopoldowna selbst zur Kaiserin von Rußland proklamieren.

Des großen Peters Tochter stürzt die Regentin

Am 20. November 1741 führten Anna und Elisabeth ein entscheidendes Gespräch. Anna beschuldigte die Großfürstin der verschwörerischen Konspiration mit Frankreich und Schweden, um den Thron zu erobern. Elisabeth wies alle Vorwürfe energisch zurück. Anna teilte Elisabeth mit, sie werde Lestocq verhaften lassen. De la Chétardie bewaffnete seine Gesandtschaft und zwang Elisabeth, sich zum Staatsstreich zu bekennen. Elisabeth fühlte sich in die Enge getrieben, gab ihr Einverständnis und bestimmte den Dreikönigstag zum Tag des Handelns. Bis dahin waren noch sechs Wochen Zeit. Aber am 24. November stellte Lestocq Elisabeth plötzlich vor die Alternative: Entweder sie ergriffe die Macht sofort, oder ihr drohe das Kloster. Teile der Elisabeth ergebenen Garderegimenter würden bereits aus der Hauptstadt entfernt.

Um Mitternacht ging Elisabeth, begleitet von Lestocq, ihrem Sekretär Schwartz, Michail Woronzow, den Brüdern Schuwalow und zwei Offizieren in die Unterkünfte der Preobrashenski-Gardegrenadiere. Die Soldaten waren sofort bereit, Elisabeth auf den Thron zu heben. 300 Grenadiere marschierten durch das nächtliche Petersburg, besetzten wichtige Gebäude, verhafteten sorgsam ausgewählte Persönlichkeiten – darunter Ostermann und Münnich. Sie überrumpelten die Wachen im Winterpalais und drangen in das Schlafzimmer Anna Leopoldownas vor. Bei dem Zuruf Elisabeths, „Schwesterchen, es ist Zeit, aufzustehen", erwachte sie, sah, daß es keine Rettung für sie gab und bat um Gnade für ihren Sohn Iwan VI. und für ihre Familie. Elisabeth versprach alles.

Die Gefangenen – die Familie Anna Leopoldownas, Ostermann, Münnich, der Kanzler Golowkin, die Brüder Löwenwolde und Baron Mengden – wurden zum Sommerpalais gebracht und beschuldigt, die Tochter Peters des Großen um ihre Erbrechte gebracht zu haben. In ihrer ersten Regierungsverlautbarung, die am 25. November 1741 um acht Uhr morgens veröffentlicht wurde, erklärte Elisabeth, sie habe „kraft ihres legalen Erbanspruchs ihres Vaters den Thron bestiegen und die Usurpatoren festnehmen lassen". Den „Braunschweigern" wurde die persönliche Sicherheit garantiert. Diese friedfertige Geste trug wesentlich dazu bei, Elisabeth Sympathien zu sichern. Staatsbeamte und die Truppen der Petersburger Garnison schworen unverzüglich den Treueeid auf die Kaiserin Elisabeth I. Petrowna. Noch am selben Tag informierte sie die Monarchen Europas von ihrer Thronbesteigung. An Frankreichs König Ludwig XV. schrieb sie einen persönlichen Brief. Elisabeth versicherte den königlichen Bruder ihrer herzlichen Freundschaft.

Kaiserin Elisabeth I. von ganz Rußland

Für Westeuropa war Elisabeth zunächst ein Rätsel. Man wußte um die vielen vergeblichen Heiratsersuche. Sie galt als schön, lebenslustig und ihren Eltern ähnlich: groß und strahlend. Über ihre politischen Absichten wußte man wenig. Die Russen selbst sehnten sich nach einer national-patriotischen Regierung, die den Einfluß der Ausländer verdrängte.

Zunächst belohnte Elisabeth diejenigen, die ihr bei der Thronerhebung geholfen hatten. Es hagelte höhere Dienstgrade und Rangerhöhungen, Edelsteine, Titel, Leibeigene, Geld, Ländereien und Ämter an die Getreuen. Allein der Favorit Alexei Rasumowski wahrte die Verhältnismäßigkeit. Als er zum Generalfeldmarschall ernannt werden sollte, lehnte er mit der Bemerkung ab, er tauge nicht einmal zum Hauptmann. Viele verbannte Würdenträger, selbst der berüchtigte Biron, wurden begnadigt.

Auf die Belohnung der Guten folgte die Bestrafung der Bösen. Die Kaiserin manifestierte, sie werde ihre Untertanen von der Herrschaft der Ausländer befreien. Das Drama Anna Leopoldownas und Iwans VI. nahm seinen Lauf. Alle Personen, die der Regentin in hohen staatlichen Ämtern gedient hatten, sollten als Verräter vor Gericht gestellt werden. Alle Gegenstände, die Namen oder auch Portraits Annas und des Kaisers trügen, waren zu vernichten. Ostermann, Münnich, Golowkin, Mengden oder die Brüdern Löwenwolde verurteilte ein Gericht zum Tode. Elisabeth wandelte die Urteile nach bewußt langem Zögern in Verbannungsstrafen um, die den Deliquenten erst auf dem Richtblock mitgeteilt wurden.

Von Beginn an demonstrierte Elisabeth einen Grundzug ihrer Regierungszeit: Stärker als ihr großer Vater blieb sie von den Ratschlägen ihrer unmittelbaren Vertrauten abhängig. Sie legte größten Wert auf eine geschickte Personalpolitik. Elisabeth umgab sich mit fähigen Ratgebern und interessanten Persönlichkeiten, die ihre Regierungszeit zu einer der beachtenswerten Epochen russischer Geschichte wachsen ließen. Am Beginn ihrer Regierung trat ein Mann an Elisabeths Seite, der von maßgeblichem Einfluß werden sollte: Alexei Petrowitsch Bestushew-Rjumin. Lestocq hatte den weitgereisten und klugen Mann empfohlen. Die Kaiserin vertraute ihm als erste Aufgabe den Friedensschluß mit Schweden an. Dieser Frieden war für einen Ausgleich mit Frankreich und Preußen notwendig. Elisabeth fürchtete Schweden nicht, war aber auch nicht bereit, nur einen Fußbreit jenes Gebietes herzugeben, das Peter der Große erobert hatte. Sie wollte in keinen europäischen Krieg verwickelt werden, erkannte aber auch die preußischen Eroberungen nicht an. Die Situation war auf Grund der Beistandsverpflichtungen gegenüber Österreich verwickelt.

Der französische Gesandte de la Chétardie mußte seinen Abschied nehmen. Preußens König Friedrich II. förderte und nutzte de la Chétardies Abschied, und im März 1743 kam ein preußisch-russisches Freundschaftsbündnis zustande. König Friedrich nahm sogar Elisabeths Mißbilligung über die schlesische Eroberung offiziell zur Kenntnis und verlieh der Kaiserin dankbar den Schwarzen Adlerorden. Bestushew hatte nicht nur die russisch-preußisch-französischen Probleme zu bewältigen. Immer wieder gab es diplomatische Scharmützel mit den Schweden. Ein russisch-englischer Ausgleich war zwingend notwendig. Elisabeth widersprach Bestushews Vorschlag zur Erneuerung des Freundschaftsvertrages mit England. Sie hoffte auf ein Angebot aus Frankreich. Andere Kräfte favorisierten eine engere Bindung an Preußen und arbeiteten aus diesem Grunde am Sturz Bestushews.

Als Georg II. von England Elisabeth im Dezember 1742 nicht länger den Titel einer Kaiserin verweigerte, konnte Bestushew einen Sieg verbuchen. Elisabeth stimmte dem russisch-englischen Freundschaftsvertrag zu. Frankreichs Empörung nahm sie in Kauf. In Paris erregte man sich über die Siege russischer Truppen in Finnland. Als Schweden um Frieden bat, intrigierte Lestocq weiter gegen Bestushew und erreichte, daß Elisabeth gegenüber Schweden territoriale Zugeständnisse machte. Aber der Frieden war wiederhergestellt – in Åbo, 1743.

Stärker als die außenpolitischen Probleme beunruhigte Elisabeth das Gefühl, von Verschwörern umgeben zu sein. Aufmerksam ging sie jedem Gerücht nach und ließ drakonische Strafen gegen vermeintliche Feinde verhängen. Die von Alexander Schuwalow geleitete Geheimpolizei erhielt zusätzliche Mittel, um jeder negativen Äußerung über die Kaiserin begegnen zu können. Elisabeth fürchtete nicht um ihre eigene Person und besaß keine Angst vor dem Tode. Sie bangte um den Thron, um die Erbfolge, um das Schicksal Rußlands. Darum verfolgte sie den österreichischen Gesandten Botta oder die Gräfin Lopuchina so barbarisch. Beide hatten abfällige Reden wider die Kaiserin gehalten! Darum trieb es die Kaiserin ruhelos durch ihre Paläste und durch russische Klöster, ohne daß sie erholsame Ruhe finden konnte und wollte.

Sorgen um die Thronfolge

Elisabeth wurde sich bald darüber klar, daß sie keine Kinder haben würde. Der junge Holsteiner Neffe Karl Peter Ulrich, Sohn der Schwester Anna, besaß wenig persönliche Voraussetzungen, Rußland regieren zu können. Aber sie hielt an ihm fest und beruhigte die eigenen Ängste mit der vagen Hoffnung, er werde an Charakter und Bildung gewinnen, und wenn man eine geeignete Frau für ihn finden würde, könnte die einen positiven Einfluß ausüben. Elisabeth holte den jungen Herzog Karl Peter Ulrich von Holstein nach Petersburg und suchte diese Frau. Friedrich II.

von Preußen empfahl ihr Sophie Auguste Friederike von Anhalt-Zerbst. Als Elisabeth im Herbst 1743 merkte, wie Peter psychisch und körperlich verfiel, weil er einsam war, sich langweilte, und weil die Pflicht zum Lernen seine Kräfte überstieg, ließ sie Sophie mit ihrer Mutter nach Rußland kommen.

Beide Frauen trafen am 9. Februar 1744 in Moskau ein. Sophie war überwältigt vom Glanz, Luxus und der Hoheit der Kaiserin, von deren patriotischer Gesinnung und der offen zur Schau gestellten Liebe zu Rußland. Sophie besaß einen praktischen Verstand. Das mittellose Mädchen aus der Provinz erkannte mit sicherem Blick die Chance ihres Lebens. Mit dem ihr eigenen Taktgefühl, Verstand und Geschick wußte sie intuitiv jene Ausdrucksformen anzuwenden, die der Kaiserin gefielen. Reiche Geschenke und vertraute Zuneigung waren der Lohn. Elisabeth hat nie verstanden, von welch zielstrebiger Raffinesse die Zerbsterin gewesen ist. Die beiden Frauen sollten sich als durchaus ebenbürtig erweisen. Elisabeth vermittelte Sophie das entscheidende Rüstzeug, das diese befähigte, nach Peter I. die zweite „Große" in Rußland zu werden.

So umstritten Großkanzler Bestushew in diesen Machtspielen war, so sehr seine Ansichten denen Elisabeths mitunter zuwiderliefen, sie konnte ihm vertrauen. Bestushew war ein wichtiger Mann, weil Elisabeth sich selbst für eine angestrengte Regierungstätigkeit nicht begeistern konnte. Ihr Hang, wichtige Entscheidungsfragen hinauszuzögern oder zu umgehen, war bei den Ratgebern bekannt. Sie ging lange mit sich zu Rate, zog sich gerne in ein Kloster oder in ihre Privatgemächer zurück. Wenn es jedoch zwingend erforderlich war, handelte sie entschlossen, schreckte vor grausamen Entschlüssen nicht zurück. Todes- und Körperstrafen auch gegen Aristokraten pflasterten den Weg ihrer ersten Regierungsjahre. Vergleichsweise mild kam de la Chétardie davon. Der allmähliche Verlust seiner Favoritenstellung trieb ihn zu respektlosen Ausfällen gegen die Kaiserin. Die Geheimpolizei fing verfängliche Briefe ab. Der französische Gesandte wurde unter Verlust aller Ehren und Geschenke nach Hause geschickt. Nicht anders erging es der Prinzessin von Anhalt-Zerbst, der Mutter Sophies, die für den preußischen König spionierte.

Elisabeth kümmerte sich immer wieder um die Thronfolge. Die Kaiserin verwandte viel persönliche Kraft auf den Übertritt Sophies zum orthodoxen Glauben. Die Konversion wurde am 29. Juni 1744 vollzogen, und das Mädchen trug von nun an den Namen Katharina – zur Erinnerung an Elisabeths Mutter. Auch die Verlobung des Großfürsten Peter mit Katharina am darauffolgenden Tage organisierte die Kaiserin persönlich. Märchenhafte Geschenke begleiteten die beiden Feste.

Vier Wochen später ging die Kaiserin mit den beiden Großfürsten auf Reisen. Das Ziel war die Ukraine. Die künftigen Herrscher sollten ihr Reich kennenlernen. Für Elisabeth war die Inspektion zugleich eine Pilgerreise in das Kiewer Höhlenkloster, und alles zusammen verschaffte ihr Freude und Befriedigung. Die glücklichen Tage von Kiew gingen vorüber, und der Alltag brachte neue Sorgen. England bedrohte Frankreich in den Niederlanden, die Preußen eroberten Prag und marschierten durch Böhmen. Befriedigend war, daß Frankreichs König die kaiserliche Majestät Elisabeths endlich anerkannte und auch Maria Theresia um wechselseitige Freundschaft bemüht war. Zu den politischen gesellten sich persönliche Probleme. Großfürst Peter erkrankte nach der Rückkehr aus Kiew an einem Sumpffieber, anschließend an den Masern und schließlich auch noch an den Blattern. Daß er überhaupt am Leben blieb, verdankte er nur der aufopfernden persönlichen Pflege durch die Kaiserin, die nicht verhindern konnte, daß der Thronfolger durch die Blattern entstellt und häßlich wurde. Katharina durfte ihn nicht am Krankenbett besuchen, schrieb ihm aber täglich herzliche Briefe in bestem Russisch, die die Kaiserin von ihrer Liebe zu Rußland überzeugten. Die Episteln wiesen nur einen Makel auf: Katharina hatte sie nicht selbst geschrieben, sondern der Lehrer Adadurow. Katharina hatte dessen Entwürfe nur säuberlich abgeschrieben.

Europa befand sich im Krieg, und der Krieg pochte an Rußlands Tore. Dennoch entwickelte die Kaiserin den Ehrgeiz, für Peter und Katharina die glanzvollste Hochzeit auszurichten, die der Kontinent je gesehen hatte. Sie kopierte die Pracht der Schlösser von Dresden und Versailles in einem und übertrumpfte beide durch den Glanz der orthodoxen Kirche. Es war das erste Mal, daß in St. Petersburg eine wahrhaft kaiserliche Hochzeit gefeiert werden sollte – mit einem fürstlichen Paar, das die unmittelbare Verbindung zur westeuropäischen Aristokratie unter Beweis stellte, wobei der Thronfolger aus dem eigenen Hause stammte. Elisabeth war von der Idee verzückt, bald einen kaiserlichen Nachkommen zu erhalten.

Elisabeth gab im Vorgefühl des künftigen Thronerben ein Fest nach dem anderen, tanzte, lachte und gab sich mit reiner Freude dem russischen Lebensgefühl hin. Ihre junge Nichte Katharina umgab Elisabeth mit Liebe und Aufmerksamkeit. Großfürst Peter war oft krank und bedurfte besonderer Pflege. Woche um Woche verging, und aus dem Schlafzimmer Peters gelangte keine Erfolgsmeldung an das Ohr der Kaiserin.

Sie wurde ungeduldig und gereizt, gab Katharina die Schuld am ehelichen Versagen und geriet in Zorn, als Anna Leopoldowna im Ferbuar 1746 in Cholmogory im Kindbett gestorben war. Die gestürzte Regentin hinterließ fünf Kinder! Plötzlich war Elisabeths Angst vor dem eingekerkerten Iwan VI. wieder lebendig.

Diese Angst, der wachsende Unwille gegenüber Katharina und Peter, der Zorn auf die preußischen Gebietsgewinne in Böhmen und die von Bestushew geförderte Annäherung an Österreich – all das verwob sich eng miteinander. Katharina und Peter wurden nun streng überwacht und diszipliniert, allerdings ohne den erhofften Erfolg. Österreich erhielt militärischen Beistand, und die Zarin ließ die Armee des Fürsten Repnin gegen Preußen marschieren. Europa war darüber so erschreckt, daß es sich eilig um eine Beilegung des kontinentalen Streits bemühte. Der Frieden von Aachen war im Jahre 1748 die Folge. Rußland blieb ausgeschlossen.

Die letzten quälenden Jahre: Rußland im Siebenjährigen Krieg

Die politischen Spannungen und persönlichen Probleme um die Erbfolge, aber auch ihre ausschweifende Lebensweise ließen Elisabeth 1749 ernsthaft erkranken. Schlaflosigkeit, Angst vor Verschwörungen, Depressionen, Unlust, wichtige Entscheidungen zu treffen, wechselten einander ab. Die Kaiserin ließ Bestushew freie Hand, obwohl ihre engsten Ratgeber, zu denen Alexei Bestushews Bruder Michail, die drei Brüder Schuwalow, Alexei und Kyrill Rasumowski und Michail Woronzow gehörten, mit der Politik des Großkanzlers nicht immer einverstanden gewesen sind. Vor allem die Affinität Elisabeths zu Frankreich blieb ein ewiger Streitpunkt.

Die Jahre gingen dahin. Erst 1754 folgte der von Elisabeth so sehnlich erhoffte Höhepunkt ihres Lebens. Katharina hatte bereits zwei Fehlgeburten überstanden, als am 20. September 1754 ihr drittes Kind lebend zur Welt kam: ein Junge, den Elisabeth sofort zu sich nahm, dem sie den Namen Paul gab und den sie in ihrer eigenen Obhut pflegen und erziehen ließ. Endlich war der so lange ersehnte Thronfolger angekommen. Er bedeutete für die Kaiserin ein neues Glück und neue Ängste. Sie entzog sich nicht völlig den politischen Erfordernissen, aber ihre meiste Zeit verbrachte sie mit der Sorge um den kleinen Paul Petrowitsch. Elisabeths Gesundheit ließ sichtbar nach. Im In- und Ausland begann man sich Gedanken über die Zeit nach ihrem Ableben zu machen. Elisabeth wußte, wie gefahrvoll es werden konnte, einen minderjährigen Prinzen zum Thronfolger zu erheben. Gerade in dieser Zeit – 1757 – ließ sie für kurze Zeit Iwan VI. nach Schlüsselburg bringen und sprach mit dem nominellen Kaiser.

Für den Augenblick plagten Elisabeth nicht nur die persönlichen Sorgen. Die russische Kaiserin hatte am 1. Februar 1756 den Vertrag mit England unterzeichnet. Die Tinte war auf dem Papier noch nicht getrocknet, da schlossen England und Preußen einen Vertrag, der die Bündnisstruktur Europas mit einem Schlag umstieß. Der „Westminstervertrag" verpflichtete England zu militärischer Hilfe, falls fremde Truppen in Preußen eindringen sollten. Bestushew erkannte, daß dieses Abkommen dem englisch-russischen Bündnis zuwiderhandelte. Elisabeth war wütend. Sie sah sich in einen Krieg gegen Frankreich verwickelt und verkündete, sie fühle sich nicht mehr an das Abkommen mit England gebunden. In London und Potsdam versuchten die Könige, mäßigend zu wirken. Sowohl in Frankreich, als auch in Österreich und Rußland war man sich einig, daß der Westminstervertrag eine neue Etappe in der europäischen Politik einleitete.

Elisabeth reagierte heftig. Bestushews politisches System stürzte ein. Elisabeth gründete einen Rat zur Wahrung russischer Interessen im Ausland. Alexei Bestushew gehörte dem Gremium an, aber neben ihm saßen die Widersacher Michail Woronzow, die Brüder Schuwalow, Fürst Nikita Trubezkoi und Graf Apraxin. Die Kaiserin dekretierte neue außenpolitische Prinzipien: Rückgabe Schlesiens an Österreich und Wiederherstellung der ursprünglichen Grenzen Preußens, militärische Unterstützung Österreichs und Neutralität Frankreichs in dem unabwendbar erscheinenden Krieg. Aber Frankreich schloß am 1. Mai 1756 in Versailles einen Bündnisvertrag mit Österreich. Erst später wurde der Vertrag auf Rußland und Schweden ausgedehnt. Die Tradition europäischer Balancen wurde dadurch ebenso gebrochen wie durch den Westminstervertrag.

Preußen eröffnete den Siebenjährigen Krieg mit einem Einfall in Sachsen. Im gleichen Jahr erlitt Elisabeth einen Schlaganfall, von dessen Folgen sie sich nur langsam erholte. Rußland drohte Krieg. Der Vertrag mit Österreich mußte erfüllt, Frankreich als Bündnispartner gewonnen werden. Elisabeth stellte den Grafen Apraxin an die Spitze der Armee. Apraxin verzögerte den Abmarsch ins Feld. Inzwischen knüpfte Elisabeth neue Kontakte nach Frankreich. Bis Ende 1756 kam ein russisch-französischer Vertrag zustande, der Europas Spaltung besiegelte. England und Preußen standen gegen die Koalition Frankreichs, Österreichs, Sachsens und Rußlands.

Weder Elisabeth, noch Bestushew ahnten, daß Ludwig XV. Rußland nicht als vollwertigen Bündnispartner anerkannte, weil Frankreich traditionell Polen und Schweden verpflichtet war und daß der österreichisch-französische Vertrag Rußland bei einer künftigen territorialen Neuordnung ausschloß. Dafür gingen im russischen Kaiserhaus die Meinungen auseinander: Alexei Bestushew diente offiziell seiner Kaiserin, insgeheim hintertrieb er das Bündnis mit Frankreich. Großfürst Peter war Preußen ergeben und Katharina empfand gewisse Sympathien für England. Es war noch kein russischer Soldat in kriegerische Handlungen verwickelt worden, aber am Petersburger Hof wuchsen Konflikte, die in Richtung auf Elisabeths mögliches Hinscheiden gerichtet waren. Sie war ernsthaft krank, konnte kaum noch laufen und verließ ihre Privatgemächer nur selten. Aber sie wollte an den Bündnispflichten gegenüber Österreich und Frankreich festhalten. Für Apraxin war der Feldzug unbequem. Erst nachhaltige Depeschen der Kaiserin, Bestushews und Katharinas ließen ihn im Mai 1757 die russischen Grenzen überschreiten. Im Juli hatte er Memel und Tilsit genommen. Am 30. August 1757 gewannen die Russen bei Großjägersdorf. Österreichische Truppen drangen in die Lausitz und Oberschlesien ein, während Franzosen in Hannover und Hessen vorrückten.

Am 19. September 1757 erlitt die Kaiserin bei einem Gottesdienst in Zarskoje Selo einen zweiten schweren Schlaganfall, der zu zeitweiligem Sprachverlust führte und die Furcht vor dem baldigen Tod vergrößerte. Zwar erholte sie sich relativ schnell, aber die brodelnden Spekulationen zeigten, in welch starkem Maße Elisabeth und Rußland am damaligen europäischen Kriegsgeschehen beteiligt gewesen sind. Apraxin zog sich sofort aus Tilsit zurück. Friedrich II. vertrieb die Russen aus Memel. Alexei Bestushew wurde der Verschwörung bezichtigt. Elisabeth geriet außer sich. Sie wies Apraxin zum Kampf an, konnte sich aber nicht durchsetzen. Preußen nutzte seine Stunde. Die Franzosen wurden bei Roßbach und die Österreicher bei Leuthen-Lissa geschlagen. Bestushew galt als der Sündenbock.

Dabei bedrängte Elisabeth die Sorge um die Thronfolge immer mehr, ohne daß sie zu konsequenten Schlüssen fähig war. Letztlich traf sie Entscheidungen. Apraxin wurde seines Postens enthoben und verhaftet. Katharina war ebenfalls in das Spiel verwickelt. Sie hatte Briefe an Apraxin geschrieben, in denen sie ihn auf Bestushews Wunsch hin zum Angriff drängte. Nun ergriff sie die Flucht nach vorn, warf sich der Kaiserin zu Füßen, beteuerte ihre Unschuld und bat darum, nach Zerbst zurückkehren zu dürfen. Die Kaiserin verzieh ihr, sprach sie aber nicht von Schuld frei. Apraxin entging nach einem Schlaganfall dem Schuldspruch. Nur Bestushew mußte büßen. Er wurde zum Tode verurteilt, ein Spruch, den Elisabeth in eine Verbannung auf sein Landgut Goretowo umwandelte.

Der Krieg ging weiter. Im Sommer 1758 nahm die Russen Königsberg ein und drangen bis nach Brandenburg vor. Am 25. August 1758 kam es zu dem großen Treffen bei Zorndorf. Der verbissene Kampf forderte bei Russen und Preußen jeweils über 10 000 Gefallene. Die Russen galten als Sieger, konnten den Gewinn aber nicht nutzen. Die Kaiserin war empört, daß Österreich nicht in den Kampf eingegriffen hatte. Sie gab Maria Theresia die Schuld und zieh sie der Falschheit. Die schob alle Verantwortung auf die Franzosen. Dennoch blieb die russische Kaiserin fest entschlossen, den Krieg gegen Preußen bis zum bitteren Ende zu führen.

Ihre körperlichen Leiden belasteten sie jetzt außerordentlich. Elisabeth konnte kaum noch laufen. Ihr bedenklicher Gesundheitszustand veranlaßte die langjährigen Freunde, mehr und mehr auf preußenfreundliche Positionen Peters einzuschwenken. In dem Holsteiner mußten sie nach Lage der Dinge den künftigen Kaiser sehen. Der neue Großkanzler Michail Woronzow machte kein Geheimnis aus seinem Sympathiewechsel. Noch drang Elisabeth auf die Fortsetzung des Krieges. Sie bestand darauf, daß sich Österreich und Frankreich an den Feldzügen des Jahres 1759 beteiligten. Ihr Appell blieb ohne Erfolg, worauf auch General Fermor die russischen Truppen anhielt. Die Kaiserin war so zornig, daß sie Fermor absetzte und durch Pjotr Semjonowitsch Saltykow ersetzte, einen Oberkommandierenden, den Friedrich II. verächtlich als „den allerdümmsten aller russischen Schwachköpfe" bezeichnete. Aber Saltykow hatte den jungen General Rumjanzew an seiner Seite und beide zusammen stießen bis nach Frankfurt an der Oder vor, durchquerten die Lausitz und erfochten bei Kunersdorf einen Sieg. Nur ein eher symbolisches österreichisches Truppenkontingent unterstützte die Russen.

45 000 Preußen fielen in dieser Schlacht – nur 3000 überlebten, unter ihnen mit knapper Müh und Not auch König Friedrich II. Zu dessen Glück versagte die russisch-österreichische Allianz abermals. Die Truppen Maria Theresias weigerten sich, an der Verfolgung der Preußen teilzunehmen. So konnten russische Soldaten zwar im Oktober 1760 für vier Tage in Berlin einrücken, mußten sich aber bald wieder bis hinter die Weichsel zurückziehen. Ein erster Schritt zum Frieden war das im Mai 1760 von Elisabeth und Maria Theresia unterzeichnete „Esterhazy-

Abkommen", in dem beide Seiten verabredeten, Rußland sollte bei einem Friedensschluß Gebiete in Ostpreußen erhalten. Ludwig XV. protestierte vergeblich gegen die Beteiligung Rußlands an der Kriegsbeute.

Elisabeth war am Beginn des Jahres 1761 physisch und psychisch ein Wrack. Bewegungslosigkeit, Schwermut und Melancholie wechselten in ununterbrochener Reihenfolge. Sie setzte den Krieg dennoch fort, ernannte den Grafen Buturlin zum Oberkommandierenden und trieb Friedrich II. in die Enge. Am 23. Juli 1761 ließ sich Elisabeth nach Peterhof bringen – und spornte Buturlin an. Doch erst im Oktober, Elisabeth befand sich inzwischen wieder in St. Petersburg, nahm Buturlin die Festung Schweidnitz, und Rumjanzew stand in Kolberg. Für Preußen schien die Lage aussichtslos.

Als der Winter 1761 in Petersburg Einzug hielt, besserte sich Elisabeths Gesundheit. Es war ein letztes Aufflackern ihres Lebenswillens. Am 20. Dezember schien die Krise überwunden, die Kaiserin besuchte eine Theateraufführung und hatte Paul, den Sohn Peters und Katharinas, auf dem Schoß. Mancher Höfling wollte daraus folgern, daß sie Paul als Thronfolger favorisierte. Drei Tage später, in der Nacht zum 23. Dezember, erlitt Elisabeth einen weiteren Schlaganfall. Die Nachricht von den Siegen bei Schweidnitz und Kolberg nahm sie kaum noch wahr. Friedrich II. von Preußen erhielt über Eilboten sofortige Nachricht vom Zustand der Kaiserin und schöpfte neue Hoffnung.

Weder die Brüder Rasumowski noch Katharina noch Großfürst Peter wichen von dem Totenbette. Ab und zu erlangte die Kaiserin das Bewußtsein wieder. Sie nahm die Sterbesakramente und beschwor Peter, mit ihren Freunden friedvoll umzugehen. Der Großfürst versprach es. Am Nachmittag des 25. Dezember 1761 starb die Kaiserin Elisabeth. Mit letzter Kraft hatte sie ihren Neffen, den Großfürsten Peter zu ihrem Thronerben bestimmt. Es gab in Europa wohl nur einen Menschen, der erleichtert aufatmete – Friedrich II. von Preußen. Nach den üblichen Trauerzeremonien wurde Elisabeth in der Peter- und Pauls-Kathedrale an der Seite ihrer Eltern bestattet. Eine Epoche russischer Geschichte war zu Ende gegangen.

Auch Elisabeth I. hinterließ ein historisches Erbe

Elisabeth war ihren charakterlichen Veranlagungen nach eine in sich selbst höchst widersprüchliche Frau. Sie war zwar wenig gebildet, aber sie zeichnete sich durch Klugheit, Milde und durch Frömmigkeit aus. Diese Eigenschaften widersprachen ihrer Trägheit, Eigenwilligkeit

und Verschwendungssucht. Elisabeth neigte wie andere russische Herrscher – unabhängig vom Geschlecht – bisweilen zur Grausamkeit. Den tagtäglichen Staatsgeschäften gegenüber verhielt sie sich zurückhaltend. Aber sie agierte mit politischem Verstand. Sie liebte Pracht und Luxus. Sie betrieb eine geschickte Personalpolitik. Dadurch erwarb sie große Verdienste bei der Herausbildung einer neuen Generation von Staatsmännern, Feldherrn und Politikern, von denen viele erst unter Katharina II. zu ihrer wahren Bedeutung fanden. Elisabeth zählte neben Peter dem Großen und Katharina der Großen zu den prägenden Persönlichkeiten des russischen 18. Jahrhunderts. Katharina II. hat ein interessantes Psychogramm über ihre Vorgängerin auf dem Kaiserthron hinterlassen: „Faulheit hielt sie (Elisabeth, Anm. d. Autors) davon ab, sich der Bildung ihres Geistes zu widmen ... Es gelang Schmeichlern und Personen, die nichts als Klatsch verbreiteten, eine so öde, kleinliche Atmosphäre um diese Fürstin zu schaffen, daß ihre tägliche Beschäftigung schließlich in nichts mehr bestand als in der Befriedigung ihrer Kapricen, religiösen Übungen und Schwelgerei. Da ihr jegliche Disziplin fehlte und sie ihren Verstand nie ernsthaft mit Konstruktivem und Vernünftigem beschäftigte, wurde sie während der letzten Lebensjahre von solcher Langeweile befallen, daß sie schließlich keinen anderen Ausweg aus ihrer Depression mehr wußte, als soviel wie möglich zu schlafen."
Katharina hielt Elisabeth für gutmütig, mit natürlicher Würde ausgestattet und voller Eitelkeit: „Meiner Ansicht nach haben ihre äußere Schönheit und angeborene Faulheit ihrem Charakter sehr geschadet. Diese Schönheit hätte sie vor jedem Neid, jedem Gefühl der Rivalität gegenüber allen Frauen, die nicht geradezu abstoßend häßlich waren, bewahren sollen. Doch die Besorgnis, diese ihre Schönheit könne von einer anderen übertroffen werden, machte sie oft derart eifersüchtig, daß es Ihrer Majestät unwürdig war."
Katharina II. schrieb diese Worte aus der Sicht einer absoluten Monarchin, der um eigene geschichtliche Größe bemühten Nachfolgerin auf dem Thron und nicht zuletzt der weiblichen Konkurrentin. Andere sahen es anders. Lord Hyndfort bewunderte Elisabeths Intellekt, Feldmarschall Münnich den Verstand und den persönlichen Mut. Elisabeth liebte das Leben, die Männer und das Essen. Die Prioritäten wandelten sich mit dem Lebensalter. Neben Alexei Rasumowski werden ihr sieben Liebhaber nachgesagt – Katharina II. hätte nur milde gelächelt. Sie kochte gerne und bewirtete ihre Gäste oftmals selbst. Donnerstags und sonntags hielt Elisabeth Cercle. An zwei Abenden der Woche gab es Konzerte, und zweimal wöchentlich wurden Hofbälle arrangiert. Auf

Ижениса руссіи цръ й велнкіи гдрь .
Ѳеораля мца . г . оусееедноиѧме
лн . йоепчалвнхъ всовшрпонцрсон
прегтиыѧ влчцынашелѣⷣчы . йпрпо
лпиы мⷧін чтнаго . нелⷣбнагоⷷлоу

Natalja Naryschkina (1651–1694), zweite Gattin des Zaren
Alexei Michailowitsch, Mutter Peter des Großen. – Holzstichporträt des 19. Jhs.

Marfa Matwejewna Apraxina (1664–1715), zweite Gattin des Zaren
Fjodor Alexejewitsch. – Kopie der 1. Hälfte des 19. Jhs. nach
einem Gemälde Ende des 17. Jhs. Moskau, Staatl. Historisches Museum

Sofja Alexejewna (1657–1704), Regentin für ihre minderjährigen Brüder
Iwan (V.) und Peter (I.) 1682–1689. – Gemälde von Ilja Repin, 1679.
Moskau, Tretjakow-Galerie.

Jewdokia Fjodorowna Lopuchina (1670–1731),
erste Gattin Peters I., des Großen, bis 1698.

Katharina I. Alexejewna (1684–1727),
zweite Gattin Peters des Großen seit 1705 (offiziell seit Februar 1711),
Kaiserin 1725–1727

Anna Iwanowna (1693–1740), Gattin des Herzogs von Kurland,
Friedrich Wilhelm, 1710–1711, Kaiserin von Rußland 1730–1740. –
Kupferstich von J. Wagner, um 1740.

Anna Leopoldowna (1718–1746), geb. Prinzessin Elisabeth von Mecklenburg-
Schwerin, Gattin des Prinzen Anton Ulrich von Braunschweig-Wolfenbüttel-
Bevern, Regentin von Rußland 1740/41 für ihren Sohn Iwan VI.
Moskau, Staatl. Historisches Museum.

Elisabeth Petrowna (1709–1761), Tochter Peters des Großen,
Kaiserin von Rußland 1741–1761. –
Gemälde von Alexei P. Antopow, um 1744/51. Sergijewski Possad, Museum.

Katharina II. Alexejewna (1729–1796),
geb. Prinzessin Sophie von Anhalt-Zerbst, Gattin Peters III. bis 1762,
Kaiserin von Rußland 1762–1796. –
Detail aus einem Gemälde von Andreas Hüne, 1791. Zarskoje Selo.

Marija Fjodorowna (1759–1828), geb. Prinzessin Sophie von Württemberg,
zweite Gattin Kaiser Pauls I. seit 1776. –
Gemälde um 1780. Florenz, Galleria Uffizi.

Elisabeth Alexejewna (1779–1826), geb. Prinzessin Louise von Baden-Baden,
mit ihrem Gatten Kaiser Alexander I. – Zeitgenöss. Kupferstich.

Alexandra Fjodorowna (1798–1860), geb. Prinzessin Charlotte von Preußen, Gattin Kaiser Nikolaus' I. – Berliner Eisenguß nach Modell, 1853/36, von Gustav Bläser.

Maria Alexandrowna (1824–1880),
geb. Prinzessin Maria von
Hessen-Darmstadt, erste Gattin
des Kaisers Alexander II.

Katharina Dolgorukaja
(1849–1922), langjährige Geliebte
Alexanders II. und seit 1880
dessen zweiten Gattin in
morganatischer Ehe.

Marija Fjodorowna
(1847–1928),
geb. Prinzessin Dagmar
von Dänemark, mit
ihrem Gatten
Kaiser Alexander III.
beim Ball des
französischen Gesandten
in St. Petersburg 1893. –
Illustration aus:
Le Petit Journal, Paris

Besichtigung des 2. Leibgarde-Schützenbataillons durch die
russische Kaiserfamilie in Peterhof. – Holzstich von Adolf Wald, 1894.

Alexandra Fjodorowna (1872–1918), geb. Prinzessin Alice (Alix)
von Hessen-Darmstadt, mit ihrem Gatten Kaiser Nikolaus II.
und dem Thronfolger Alexei. Foto, um 1908.

Maskenbällen erschien die Kaiserin bisweilen als holländischer Matrose und nannte sich in der Erinnerung an ihren Vater Michailowa.

In ihren späteren Lebensjahren wuchsen die Schwermut und die Langeweile der Kaiserin. Niemand wußte genau, wo und wann sie speisen wollte. Die Damen und Herren des Gefolges hatten zu jeder Minute bereit zu sein. Sie waren dann vom langen Warten so übermüdet, daß sie beim Essen einschliefen. Das rief den Zorn der Kaiserin hervor. In späteren Jahren durfte bei Tisch weder über Friedrich von Preußen noch über Voltaire, Krankheit, Tod, schöne Frauen, französische Sitten oder über Fragen der Wissenschaft gesprochen werden. Also schwiegen die Gäste und erregten damit wieder den Ärger ihrer Herrin.

Elisabeth besaß zwar die Schönheit der Mutter, das temperamentvolle und ungestüme Wesen stammte jedoch vom Vater. Sie war gutmütiger als Peter und im Unterschied zu ihm liebte sie Kinder, vielleicht, weil sie selbst keine bekommen hatte. Sie versagte sich dynastischen Heiratsinteressen und bewahrte sich damit die Freiheit zur eigenen Herrschaft. Als brave Gemahlin eines deutschen Duodezfürsten hätte sie den russischen Kaiserthron niemals erlangt. Anna Leopoldowna war für sie eine gute Lehrerin.

Als Elisabeth den Thron bestieg, wollte die Kaiserin die Grundlagen der Politik Peters des Großen fortführen. Sie wollte Kriege vermeiden und der Kirche jene Unabhängigkeit und Macht zurückgeben, die der Vater genommen hatte. Trotz dieses Wollens und auch Tuns erreichte sie die Größe ihres Vaters nicht, aber sie orientierte sich an seinen Leistungen. Elisabeth löste den von Anna Iwanowna umorganisierten Staatsrat und das Kabinett auf und gab Peters Senat alte Befugnisse zurück. Sie leitete den Senat und nahm an dessen Sitzungen teil. Sie gab dem Kollegium für religiöse Fragen volle Unabhängigkeit und ordnete sich selbst die Kollegien für Auswärtige Angelegenheiten, Heer und Marine unter. Elisabeth regierte autokratisch.

Selbstverständlich befaßte sie sich auch mit geistigen und sozialen Problemen. Kaiserin Elisabeth gründete in den fünfziger Jahren in Moskau die erste russische Universität. Die Lage der Bauern war dagegen deprimierend. Aufstände wurden mit Waffengewalt niedergeschlagen. Dennoch befand sich die Landwirtschaft im Aufschwung. Das Bevölkerungswachstum führte zur Besiedelung brachliegender Schwarzerdegebiete im Süden und in Sibirien. Die Technologie der Feldarbeit wurde verbessert. In Rußland führte man um 1760 die Kartoffel ein. Elisabeth erleichterte die Lage der Bauern zwar durch eine Kopfsteuer, aber sie annullierte das Gesetz Peters des Großen, nach dem Bauern, die sich freiwillig zum Militär meldeten, ihre Freiheit erhielten. 1754 wurde ein Erlaß verkündet, nach dem nur noch der anerkannte Erbadel ganze Dörfer besitzen durfte. Dadurch wurde der niedere Adel in seinen Besitzrechten eingeschränkt. 1760 verkündete die Regierung ein Gesetz, das Gutsherren u. a. erlaubte, Leibeigene unter vierzig Jahren wegen schwerer Vergehen nach Sibirien zu verbannen. Die Gutsbesitzer konnten willkürlich entscheiden, wen sie „schwerer Vergehen" für schuldig hielten. Während sich mancher echte Sünder von der Verschickung freikaufen konnte, traten Verkrüppelte und überflüssige Esser den Weg in die Weiten Sibiriens an.

Vielleicht liegt die historische Bedeutung Kaiserin Elisabeths für Rußland gerade darin, wichtige politische und gesellschaftliche Voraussetzungen für den späteren aufgeklärten Absolutismus Katharinas II. geschaffen zu haben. Elisabeth war die letzte echte Vertreterin des Hauses Romanow auf dem russischen Zarenthron. In der Geschichte der russischen Autokratie ist ihr Platz nicht nur im chronologischen, sondern auch im inhaltlichen Sinne progressiver Staatsentwicklung exakt zwischen Peter I. und Katharina II. angesiedelt. Die Großmacht Rußland ging unter ihrer Herrschaft einen weiteren Schritt auf Europa zu, im dynastischen, politischen, militärischen und geistig-kulturellen Sinne. Streng nach ihren Leistungen befragt, war Kaiserin Elisabeth I. Petrowna die erste Frau auf dem russischen Kaiserthron, die wirklich autokratisch regiert hat. Katharina I. und Anna I. hatten die glänzende Würde getragen, waren jedoch noch mehr oder weniger von gegeneinander rivalisierenden höfischen Gruppierungen abhängig. Die Kaiserinnen Katharina I. und Anna I. hatten das System Peters des Großen nicht verstanden und neigten eher der Moskauer Tradition denn dem Petersburger Neubeginn zu – unabhängig von ihren persönlichen Qualitäten als Herrscherinnen. Elisabeth I. berief sich ausdrücklich auf das Erbe ihres Vaters und schuf die Grundlagen für das moderne politische und absolutistische Großmachtsystem, das Katharina II. vollendete. Im russischen „Jahrhundert der Frauen" nahm Kaiserin Elisabeth eine beachtliche Stellung ein. Favoriten und Ratgeber hatte es am Hofe stets gegeben. Mit Peter war eine neue Oligarchie entstanden, in der Ausländer dominierten, die nach Peters Tod zur Krake mutierten. Kaiserin Elisabeth führte das System qualifizierter Ratgeber auf nationalrussische Grundlagen zurück, behielt es als solches jedoch bei – als Stütze ihrer eigenen Herrschaft. Sie vereinte auch in diesem Punkte Rußland mit Europa.

10. Kapitel

Katharina II. – die Aufgeklärte:
Rußland auf dem Weg nach Europa

Katharina II. Alexejewna –
Sophie Friederike Auguste, Prinzessin von Anhalt-Zerbst
(2. Mai (N.S.) 1729 – 6. November 1796)
Verheiratet seit 21. August 1745 mit
Großfürst Peter Fjodorowitsch, dem späteren Kaiser Peter III. –
Karl Peter Ulrich von Holstein-Gottorp
(ermordet am 5. Juli 1762)
Kaiserin von Rußland 28. Juni 1762 – 6. November 1796

Katharina II. und ihre Familie vor der Büste Peters des Großen.
V. l.: Die Enkel Alexander und Konstantin, Katharina II.,
ihr Sohn Paul I. mit Gattin Marija Fjodorowna. –
Kupferstich von Daniel Berger (1744–1824)

Katharina II. gilt nach Iwan dem Schrecklichen und Peter dem Großen als die bedeutendste Persönlichkeit auf dem Herrscherthron Rußlands. Sie ist als überragende Aufklärerin und Reformerin gefeiert worden. Man hat sie ob ihres selbstsüchtigen Egoismus, der Halbheit ihrer Reformbemühungen und des späteren Abbruchs der reformerischen Ideale getadelt. Sie ist als Usurpatorin auf dem Zarenthron betrachtet worden. Sie konnte den Makel der Ermordung Peters III. und Iwans VI. nicht abschütteln. Ihr Sohn Paul I., von der Mutter geliebt, gedemütigt und verachtet, hat dafür bittere Rache genommen. Eine Persönlichkeit, die so unterschiedlich bewertet wird, muß interessant sein. In einem Punkt ist sich die Nachwelt einig: In Rußland haben mehrere Frauen geherrscht oder als Regentinnen und Zaren-Gemahlinnen Einfluß auf die kulturelle und politische Entwicklung der Dynastie wie des Landes genommen. Katharina II. hat sie an Geist, Kühnheit, Charakter, Fleiß, Entschlußkraft und Erfolg überragt. In ihrer Persönlichkeit repräsentierte sich der Höhepunkt weiblicher Regierungsfähigkeit in einem Lande, in dem die patriarchalische Autokratie zu den Grundelementen des traditionellen Herrschaftsverständnisses gehörte. Katharina II. war als Frau und Persönlichkeit eine Ausnahmeerscheinung auf dem russischen Thron. Große Stärken und Schwächen begleiteten ihren Weg.

Sophie Auguste Friederike von Anhalt-Zerbst besaß als junges Mädchen nur geringe Chancen, geschichtliches Aufsehen zu erregen. Das anhaltinische Zerbst war unbedeutend, der Vater nur ein gewöhnlicher Offizier. Gerade wegen dieser Herkunft empfahl Preußens König Friedrich II. Sophie der russischen Kaiserin als Braut für den Thronfolger Karl Peter Ulrich aus Holstein-Gottorp.

Die Prinzessin wurde am 2. Mai 1729 im pommerschen Stettin geboren. Vater Christian August diente dort als preußischer General. Der Fürst mußte das wenige Geld mit eiserner Hand zusammenhalten. Sophie schrieb später in ihren Memoiren, der Vater sei „sparsam", die Mutter aber „verschwenderisch" gewesen. Christian August scheint sich durch alle Lehrbuchtugenden eines preußischen Offiziers ausgezeichnet zu haben: Ordnung, Disziplin und Frömmigkeit. Seine Gemahlin Johanna Elisabeth war eine Prinzessin aus dem Hause Holstein-Gottorp. Sie war arm, aber Holstein galt als vornehm, weil es mit dem schwedischen Königsthron verbunden war. Von Gewicht war auch, daß Peters des Großen Tochter Anna seit 1725 mit Karl Friedrich Herzog von Holstein-Gottorp verheiratet war. Aus dieser Ehe ging Rußlands Kaiser

Peter III. (Karl Peter Ulrich) hervor. Sophie von Anhalt-Zerbst war mit ihrem späteren Gatten bereits verwandt, als sie ihn noch gar nicht kannte.

Sophie galt als willensstark, lebhaft, aufgeweckt und selbstbewußt. Sie schien Veranlagungen für eine sich selbst behauptende Persönlichkeit zu besitzen. Von klein an wurde sie in der höfischen Lebensweise erzogen. Die Mutter gab sich Mühe, der Tochter die Eigenwilligkeiten auszutreiben, hatte aber wenig Erfolg. Da besaß die Gouvernante Babette Cardell einen größeren Einfluß auf das Mädchen. Katharina II. sprach bis an ihr Lebensende mit großer Achtung von dieser Tochter eines nach Deutschland geflohenen französischen Hugenotten. Babette Cardel erschloß ihr den Reichtum der französischen Sprache, Literatur und Geschichte und legte Grundlagen für die spätere Zuneigung zur französischen Aufklärung.

Sophie war ein normales kleines Mädchen, das sich nach Gestalt und Gemüt weit eher unter raufenden Dorfkindern als unter den „feinen" Hofkindern wohl fühlte. Der Vater bewies Verständnis, und Sophie durfte auf der Straße mit ihresgleichen spielen. In einem Punkte machten weder die Eltern noch die Erzieher Konzessionen: Sophie wurde durch den Pastor Friedrich Wagner streng im lutherischen Glauben unterwiesen, und sie hielt sich ernsthaft an die damit verbundenen Haltungen und Aufgaben.

So wuchs Sophie bis zu ihrem zehnten Lebensjahr unbeschwert und ohne besondere Höhepunkte oder Belastungen heran. Für diesen ersten Lebensabschnitt galten zwei charakteristische Besonderheiten: Sophie war überdurchschnittlich selbstbewußt und sie bestach durch ihre äußere Unansehnlichkeit. Vielleicht hat sie sich für ihre Häßlichkeit geschämt und daraus ein übersteigertes Maß an Durchsetzungsvermögen entwickelt.

Der Makel auffälliger Unansehnlichkeit verging, als Sophie etwa zehn Jahre alt wurde. Sie wuchs zu einem hübschen, schlanken Mädchen mit äußerem Liebreiz heran. 1739 nahmen sie die Eltern zu einem Familienfest der Holsteiner mit nach Kiel. Hier traf sie zum ersten Mal auf jenen Jungen, der zum Trauma ihres Lebens werden sollte: Karl Peter Ulrich von Holstein-Gottorp, einer der Prätendenten auf den schwedischen und auf den russischen Thron. Obwohl sie ihren Vetter in der Rückschau als schön, liebenswürdig und wohlerzogen geschildert hat, überschätzte sie ihn nicht. Sophie bemerkte die kindliche Verspieltheit des gerade zum Waisen gewordenen elfjährigen Herzogs. Wo die erwachsene Verwandtschaft dominierte, solidarisierten sich die zur Parade mitgeführten Kinder, und Sophie entging ebenfalls nicht, daß sich ihre Mutter und Tanten einander mehr oder weniger versteckte Anspielungen auf eine künftige Verbindung zwischen der Anhaltinerin und dem Holsteiner zutuschelten.

Sophie machte sich schon damals Gedanken um ihre Zukunft, um eine Ehe, um ihren Platz in der Gesellschaft. Sie wollte auf keinen Fall im ärmlichen Dämmerlicht winkeliger Provinzhöfe verkommen. Warum nicht Karl Peter Ulrich? Königin war nicht das schlechteste Ziel auf Erden! Die Mutter besuchte ihren Bruder in Lübeck, der zum Erzieher des verwaisten Herzogs bestimmt worden war, und als Elisabeth I. Petrowna 1741 in Rußland den Zarenthron bestieg, erinnerte Sophies Mutter dort an die engen Familienbande. Sie gab sich alle Mühe, ihr Kind höchstmöglich anzubieten, ohne wissen zu können, ob sich der Einsatz auszahlen würde.

Johanna Elisabeth verstand nicht, warum Kaiserin Elisabeth die Übermacht deutscher Politiker an ihrem Hofe beseitigte. Für sie zählte nur, daß bald nach Elisabeths Krönung alle offenen und geheimen Anzeichen dafür sprachen, daß Karl Peter Ulrich, der Sohn Anna Petrownas, zum russischen Thronfolger auserwählt worden war. 1742 übersiedelte er an die Newa. Johanna Elisabeth schickte ein Portrait ihrer Tochter nach St. Petersburg, und Sophie hat davon gewußt. Ihre Hoffnungen fanden reiche Nahrung, als am 1. Januar 1744 ein Brief eintraf, Mutter und Tochter sollten sofort nach Rußland kommen. Johanna Elisabeth befiel Angst vor der eigenen Courage, und Fürst Christian wollte die Tochter nicht in die Ferne ziehen lassen. Die Entscheidung fiel den Eltern nicht leichter, als ein Brief Friedrichs II. von Preußen eintraf, der forderte, die Mutter habe alles zu unternehmen, damit Sophie Karl Peter Ulrich heirate und Rußland zu einer preußenfreundlichen Politik führe. Für Sophie war das Problem eher entschieden als für die Eltern. Sie wollte Kaiserin von Rußland werden. Wenn es mit Karl Peter Ulrich sein mußte, dann mit diesem.

Hier unterschieden sich die Werbemethoden im Vergleich zu späteren Verfahren. Sowohl für Peters I. Sohn Alexei, als auch für die Kaiserin Elisabeth suchte man eine Braut bzw. einen Bräutigam nach einem konkreten politischen Bedürfnis aus. Das traf auch auf Sophie von Zerbst zu. Preußen brauchte gute Beziehungen nach Rußland. Da gab es nicht viele Variationsmöglichkeiten. Später, ab der Wende vom 18. zum 19. Jahrhundert sollte die Qual der Wahl in den Vordergrund treten: Der Zarewitsch erhielt eine Liste mit zehn bis fünfzehn Mädchennamen. Er klappte die ausgewählten Höfe auf einer Bildungsreise ab und entschied sich für einen der Vorschläge – oder er erspähte ein Mägdelein außerhalb der Vorauswahl, dann bedurfte es größeren Durchsetzungsvermögens. Im Falle Karl Peter Ulrichs und Sophies spielte die Meinung der Kandidaten überhaupt keine Rolle, so unterschiedlich diese auch war. Der Holsteiner ergab sich von Anfang an in sein Schicksal, Katharina war zu allem bereit, wenn es nur die Krone brachte.

Sophie taucht in eine andere Welt ein

In Berlin gab Friedrich II. die letzten Instruktionen für die Reise nach Osten. Friedrich verpflichtete die Mutter zur Tätigkeit einer Geheimagentin in preußischem Auftrag. Es war für Preußens König von existenzieller Bedeutung, den großen Nachbarn im Osten beim europäischen Streit neutral zu sehen. Friedrich befaßte sich mit dem Mädchen, lud es an seine Tafel und gewann einen positiven Eindruck vom Selbstverständnis der damals vierzehnjährigen Dame. Er selbst war dreißig Jahre alt und beeindruckte Sophie durch Charme und Grazie.

Es begann eine Reise ohne Wiederkehr. In Stettin verabschiedeten sich Vater und Tochter. Der General sollte sein Kind niemals wiedersehen, er starb im Jahre 1746. Die „Gräfin von Rheinbeck" – so das Inkognito, fuhr mit ihrer Tochter in Richtung Osten, um der russischen Kaiserin für erwiesene Wohltaten zu danken! Am 15. Januar 1744 war man in Stettin gestartet. Die Reise sollte fünf Wochen dauern. In Riga wurden die Gräfinnen vom kaiserlichen Kammerherrn Semjon Naryschkin begrüßt und mit fürstlichem Luxus umgeben. Im Eiltempo ging es nach Petersburg. Der imposante Empfang blieb eine Episode, der Hof befand sich in Moskau, wo der Geburtstag des Großfürsten Peter feierlich begangen werden sollte. Am 20. Februar trafen die Damen in Moskau ein und wurden am selben Tage von Kaiserin Elisabeth empfangen. Sophie erinnerte Elisabeth stark an deren ehemaligen Verlobten Karl Friedrich von Holstein-Gottorp und rührte damit an das Gefühl der Kaiserin. Es flossen Tränen der Rührung. Peter wohnte der Begegnung bei. Sophie betrachtete ihn mit zwiespältigen Gefühlen. Sie honorierte Peters Freude, in ihr eine altersgerechte Gesprächspartnerin gefunden zu haben. Seine unbedachte Schwatzhaftigkeit aber stieß sie ab. Peter teilte seiner künftigen Gemahlin schon bei der ersten Begegnung mit, er sei in Fräulein Lopuchina verliebt, werde aber Sophie heiraten – die kaiserliche Tante wollte es so.

Sophie fand sich schnell in ihre Rolle hinein. Sie folgte ernsthaft den Unterweisungen durch den klugen und toleranten Geistlichen Simon

Todorski. Todorski hatte lange in Deutschland gelebt, kannte den Pietismus und war kein konservativ-orthodoxer Eiferer. Sophie erkannte, daß die Toleranz Todorskis weit über jener ihres lutheranischen Vaters stand. Sophie machte sich den Glaubenswechsel wahrhaft nicht leicht.

Mit gleichem Fleiß übte sich Sophie in der russischen Sprache, Geschichte und Kultur – zur Freude Elisabeths und des Hofs. Als sich Sophie beim nächtlichen Lernen erkältete und schwer erkrankte, pflegte die Kaiserin sie persönlich und war entzückt, daß Sophie nicht nach einem protestantischen Pastor, sondern nach Simeon Todorski verlangte. In dieser Krise war die Gefahr, das Mädchen werde den Strapazen in der neuen Heimat nicht gewachsen sein, greifbar. Aber Sophies robustes Naturell stemmte sich gegen die Krankheit. Ihre Jugend und die Ärzte taten ein übriges, und an ihrem sechzehnten Geburtstag konnte sie sich wieder in der Öffentlichkeit zeigen. Zwei Wochen später schrieb sie ihrem Vater, daß sie bereit sei, „... zu dem neuen Glauben überzutreten ... Für den 28. Juni 1745 wurde der Übertritt zur orthodoxen Kirche anberaumt. Sophie nahm die Religion aus innerer Überzeugung an und verlieh der Zeremonie eine natürliche Würde, die ihr die Anerkennung der Kaiserin und des Hofes eintrug. Von Stund an hieß sie Katharina Alexejewna und nahm den Rang einer russischen Großfürstin ein.

Am darauffolgenden Tag schloß sich die Verlobung Katharinas mit dem Großfürsten Peter an. Kaiserin Elisabeth stattete das glanzvolle Fest mit orientalischem Luxus aus. Katharinas Mutte beschrieb das Ereignis mit überschwänglichen Worten. Allein für die Verlobungsringe veranschlagte sie 50 000 Taler. Tatsächlich wurde die junge Großfürstin mit kostbaren Geschenken überhäuft. Elisabeth gab dem Mädchen einen eigenen Hof. Auch die Beziehungen zu Peter ließen sich zunächst recht gut an. Katharina betrachtete Peter nicht als idealen künftigen Ehemann, aber sie wollte ihn nach ihrem Bilde formen. Sie waren bisweilen eher Spielkameraden als die künftigen russischen Herrscher. Diese Rolle spielten sie auch, als Elisabeth kurz nach der Verlobung mit dem jungen Peter in Richtung Kiew aufbrach. Katharina und Peter erlebten das weite russische Land und das russische Volksleben – vom Fenster ihrer Kutschen aus und bei kirchlichen Prozessionen. Katharina nahm die Eindrücke fest in sich auf und erfreute die Kaiserin, die das junge Mädchen im Vergleich zum Neffen aus Holstein langsam höher schätzte.

Das junge Glück stand bald vor einer ernsten Probe. Im Dezember 1744 erkrankte Großfürst Peter auf einer Reise von Petersburg nach Moskau an den Pocken. Kaiserin Elisabeth pflegte den Thronfolger voller Hingabe. Katharina stand am Scheidewege: Sollte Peter sterben, mußte sie ihre Hoffnungen auf den Thron begraben. Der Großfürst starb nicht. Dennoch änderte sich alles. Die Krankheit entstellte den Thronfolger. Katharina entsetzte sich über seine äußere Erscheinung. Während sie bisher viel Sympathie für Peter empfunden hatte, begann nun eine von beiden Seiten getragene Entfremdung und nachfolgende offene Feindschaft.

Katharina ergibt sich in eine bizarre Ehe

Elisabeth spürte das Selbstmitleid Katharinas und wollte die Großfürstin nicht gehen lassen. Sie überhäufte Katharina mit Gunstbeweisen und stärkte deren Willen zur Selbstbehauptung. Die Kaiserin intensivierte ihre Anstrengungen: Peter und Katharina mußten so bald wie möglich heiraten. Allen ärztlichen Ratschlägen zum Trotz legte sie die Hochzeit auf den 21. August 1745 fest. Das Thronerbe mußte gesichert werden. Für Peter und Katharina war das Risiko dieser Eheschließung hoch. Peter haßte Rußland, aber Katharinas Selbsterhaltungstrieb zauberte wunderbare Formen des Opportunismus hervor, Anna Leopoldowna und Iwan VI. lebten in der Verbannung, Elisabeth war unverheiratet und kinderlos. Was würde geschehen, wenn die erste kaiserliche Eheschließung Rußlands ohne Folgen für das Thronerbe blieb? Niemand wagte sich im Sommer 1745 diese Frage vorzulegen.

Elisabeth sandte nach Versailles und Dresden, ließ die kostbarsten Kleider schneidern, und am Tage der Hochzeit führte man die beiden jungen Menschen, über und über mit Gold, Silber, Perlen und edlen Steinen bedeckt, zur orthodoxen Trauungszeremonie in die Petersburger Kasaner Kathedrale. Der Trauung folgte das Festessen und ein Ball. Die Kaiserin drängte die Brautleute alsbald in das mit Samt und Seide ausgeschlagene Schlafgemach. An dem ausschweifenden Petersburger Hof wurde die Zeremonie der Brautnacht mit auffälliger Diskretion gehandhabt. Trotz des prächtigen Aufwands verspürte der junge Ehemann keine Absicht, sich seiner Gemahlin körperlich zu nähern. Die offenbar unaufgeklärte Katharina hat ihm das nicht weiter verübelt.

Der Nacht folgten Wochen voller Freuden. Man lachte, tanzte, speiste und trank. Elisabeth ließ die Traditionen ihres Vaters hochleben und beschwor mit einer Fahrt in dem von Peter dem Großen eigenhändig gefertigten Boot auf der Newa Rußlands Erbe. Die Hochzeit ging vorüber, und erst jetzt bemerkte Katharina ihre Einsamkeit. Die Kaiserin wartete die Früchte der jungen ehelichen Beziehungen ab und änderte ihr Verhalten gegenüber dem hofnungsvollen Paar. Als hätte sie mit der Hochzeit ihre Pflicht erfüllt, umgab sie Peter und Katharina nun mit wachsendem Mißtrauen, Ungerechtigkeiten und Feindseligkeiten. Katharina wuchs eine Schutzhülle: „Ich sagte mir: Wenn du diesen Menschen liebst, wirst du das unglücklichste Geschöpf auf Erden sein, weil du, so wie du veranlagt bist, nach Gegenseitigkeit verlangst; dieser Mensch beachtet dich quasi gar nicht, er spricht mit dir schier nur von Puppen und erweist jeder anderen Frau mehr Aufmerksamkeit als dir; du bist zu stolz, um darüber zu klagen, also beherrsche deine Zärtlichkeit gegenüber diesem Herrn: Denken Sie an sich, Madame." Gegenseitige Eifersüchteleien, Mißverständnisse und Denunziationen gehörten zur Tagesordnung. In das Dreieck Elisabeth – Peter – Katharina schlichen sich Ungereimtheiten, je länger der Thronerbe ausblieb. Auch nach sieben Jahren hatten sie die Ehe noch nicht vollzogen. Kaiserin Elisabeth beschuldigte Katharina in einer dramatischen Auseinandersetzung unter vier Augen nicht nur des ehelichen Versagens, sondern auch der Spionage für Preußen. Katharina wartete nur darauf, daß die Kaiserin sie schlagen würde. Aber Elisabeth überließ die konkreten Konsequenzen ihrem Kanzler Bestushew.

Bestushew ließ Peter und Katharina durch ihm treu ergebene Aufsichtspersonen überwachen. Maria Tschoglokowa, eine Kusine der Kaiserin, betreute fortan Katharina. Deren Pflichten erhielten eine eindeutige Definition: „Ihre Kaiserliche Hoheit ist erkoren worden, die würdige Gattin unseres lieben Neffen, S. K. H. des Großfürsten und Erben des Kaiserreichs zu sein, und dieselbe (nämlich Katharina) als jetzige Kaiserliche Hoheit ist ausschließlich zu folgendem Zweck erzogen worden: daß Ihre Kaiserliche Hoheit durch ihr Betragen … und ihre Tugenden in seiner Kaiserlichen Hoheit (dem Großfürsten) eine aufrichtige Liebe erwecke, sein Herz erwärme, so daß auf diese Weise der so sehnlich erwünschte Erbe des Reiches und ein Sproß unseres Hohen Hauses produziert werde." Nach diesen Regeln hatte Katharina bislang die in sie gesetzten Erwartungen enttäuscht. Auch wenn sie sich von allen politischen Angelegenheiten fernhalten mußte und keinen Brief ohne Zensur ins Ausland senden durfte, so änderte das nichts an ihren Lebensauffassungen. Peter Fjodorowitsch litt unter dem gleichen schikanösen Regime. Auch er galt Bestushew als suspekt. Der Kanzler betrachtete Katharina nicht als persönliche Feindin. Er unterwarf sie lediglich seinen politischen Grundregeln und fand sie selbst durchaus sympathisch. Katharinas politische Interessen verbanden sich in den folgenden Jahren immer wieder mit der Persönlichkeit Bestushews. In

186

einem Auf und Ab von Gefühlen, Intrigen und wechselnden politischen Konstellationen gestaltete sich ihr Verhältnis wechselhaft. Katharina konnte keinen besseren Lehrmeister als Bestushew finden.

Ihr Gatte blieb in Rußland ein Fremder. Katharina erschien dagegen hingebungsvoll fromm und folgte mit höchster Akribie den orthodoxen Regeln. Sie lernte die russische Sprache und Geschichte und sie näherte sich den Sitten des russischen Volkes an. Das machte sie in den Augen ihrer Zeitgenossen sympathisch. Aber Katharina war eine Opportunistin. Später schrieb sie: „Die Kaiserin liebte selber einen übertriebenen Aufwand ... und nach diesem Beispiel richteten sich alle; der Tag war mit Kartenspiel und Umkleiden ausgefüllt. Ich, die der Welt, in der ich lebte, grundsätzlich gefallen wollte, nahm ihre Lebensart an ..." Aber die scheinbare Unfruchtbarkeit Katharinas war für Elisabeth nicht der einzige Stein des Anstoßes. Katharina erlangte zunehmend das Bewußtsein, daß sie dem gesellschaftlichen Range nach an dritter Stelle in Rußland stand, daß sie als politische Persönlichkeit galt, die eine bestimmte Position einnehmen mußte. Die Ausländerin konnte sich nur schwer durch das Geflecht von Intrigen und politischen Lagern finden. Sie ging ihren Weg vorsichtig, insgesamt aber recht unbekümmert. Die Gunst der Kaiserin konnte man sich durch eine russisch-patriotische Haltung erwerben. Peter war ein erklärter Freund Friedrichs II. Am Petersburger Hof waren die politischen Interessen gespalten, und die „Ausländer" bekämpften den Kanzler Bestushew, der das Vertrauen der Kaiserin genoß, die österreichische, sächsische und englische Karte spielte, der ein kluger und weitsichtiger Russe war.

Katharina ließ sich nicht in die propreußischen Fäden einspinnen. Sie wollte leben und lachen. Erst langsam erwachte das Verständnis für ihre neue Stellung am Hof. Mag sie sich ob der Oberflächlichkeit gelangweilt haben, mögen ihr viele Traditionen wesensfremd erschienen sein: Sie wuchs in den Jahren des Wartens zu einer zielstrebigen Persönlichkeit heran. Die Aussicht auf die noch ferne Herrschaft rückte alle Widrigkeiten in den Hintergrund. Katharina schrieb später: „Ich habe achtzehn Jahre lang ein Leben geführt, bei dem zehn andere irrsinnig geworden und zwanzig andere an meiner Stelle vor Kummer gestorben wären." Sie ist weder irrsinnig geworden, noch gestorben. Sie war sehr viel allein, las unzählige Bücher und suchte nach Jahren der Treue zum ungeliebten Mann Trost in der Liebe. Wenigstens in diesem Punkt unterschied sich Katharina nicht von ihrer Umgebung.

Zunächst las sie Romane. Das Leben des französischen Königs Heinrich IV. interessierte sie. Sie stieß auf die Arbeiten berühmter Zeitgenossen: Montesquieu, Voltaire oder Bayle. Ihre Zukunftsvorstellungen ließen sie die Werke über Gesetze, Moral, Politik, Religion, über die philosophischen Träume der Aufklärer mit Gewinn lesen. Sie legte mit dieser Lektüre einen Grundstein für ihr späteres Regieren. Katharina hätte ihre Lebenserkenntnisse gern auf den Ehegemahl übertragen, sie suchte den Partner. Aber nach zehnjähriger erfolgloser Missionsarbeit resignierte Katharina: „Eine starke Seele ist nicht dazu geschaffen, eine schwache Seele zu beraten, denn diese ist unfähig, das, was die andere, ihrem Charakter entsprechend vorschlägt, zu befolgen oder auch nur gutzuheißen." Katharina wuchs allmählich selbst in politische Interessen hinein. Das entscheidende Hindernis aber blieb: Auch nach acht Ehejahren gab es noch keinen Thronfolger!

Wachsendes Selbstbewußtsein der Großfürstin Katharina

In dieser Situation spürte Katharina, daß sie eine schöne Frau geworden war, die sich nicht nur allgemeiner Bewunderung erfreute, sondern begehrt wurde. Sie verliebte sich in den verheirateten Kammerherrn Sergej Saltykow, den sie als den schönsten und begehrenswertesten Mann am Hofe vergötterte. Sergej Saltykow war ein Leichtfuß, zynisch und eitel. Er wollte Katharina erobern. Sie gab sich ihm hin und war glücklich. Peter erfuhr natürlich sofort von dem Verhältnis. Er nahm seiner Frau die Untreue keineswegs übel, sondern freute sich, daß Saltykow die Aufsicht durch das Ehepaar Tschoglokow überlistet hatte. Saltykow fürchtete die Entdeckung der Liasion. Er wäre nicht der erste junge Mann aus Katharinas und Peters Umgebung gewesen, der bestraft würde, weil er ein enges Verhältnis zu dem großfürstlichen Paar unterhielt. Er mußte sich nicht sorgen. Kaiserin Elisabeth wollte nicht länger warten. Sie brauchte den Thronfolger – um jeden Preis. Saltykow schien ihr ein sicheres Mittel zum Zweck.

Es begann ein Spiel, das am Ende verschiedene Zeugungsvarianten für den späteren Kaiser Paul erlaubte. Sergej Saltykow entehrte die schöne Katharina. Gleichzeitig führte Elisabeths Kusine Tschoglokow dem Großfürsten eine Frau Groot, die Witwe eines Malers, zu, damit auch er seine Unschuld verliere. Peter ließ jetzt auch bereitwillig die notwendige kleine Beschneidung vornehmen. Katharina wurde schwanger. Während die Frau Groot keinen Beweis für ihre Tüchtigkeit bei Peter erbringen konnte, erlitt Katharina im Dezember 1752 eine Fehlgeburt. In ihrer Liebe zu Saltykow ging Katharina einen Schritt, der von weitreichender Konsequenz für ihr Leben als Frau und künftige Kaiserin werden sollte. Sie bat Bestushew um Hilfe und Schutz für den Geliebten. Sie ließ Bestushew mitteilen, daß sie seinen Ansichten nicht fern stehe. Der Kanzler wußte, was in Katharinas Schlafzimmer vor sich ging und lächelte grimmig-fröhlich: Die Großfürstin und ihr vormaliger Erzfeind fanden sich als Verbündete. Weil Peter zeugungsunfähig blieb und Bestushew neue Sympathien entdeckt hatte, drang Madame Tschoglokow in Katharina, sie solle ihre Bemühungen verstärken, ganz gleich, ob in den Armen Sergej Saltykows oder des Hofmanns Lew Naryschkin. Die Großfürstin wurde erneut schwanger.

Im Juni 1753 erlitt sie wieder eine Fehlgeburt. Aber Katharinas Leidenschaft und die emsigen Bemühungen der Herren ihrer Umgebung führten letztlich zum Erfolg. Im Februar 1754 wartete man schon wieder auf einen Thronfolger. Saltykow und Naryschkin gehörten zum festen Freundeskreis des großfürstlichen Paares. Niemand argwöhnte etwas, und die Kaiserin schien hoch beglückt. Katharina kam am 20. September 1754 mit einem Knaben nieder. Das Kind war kaum geboren, da trug man es schon weg. Die Kaiserin nahm den Jungen in ihre Gemächer. Das Reich hatte endlich einen neuen Erben. Großfürst Peter blieb ein unsicherer Kandidat, und die Kaiserin bemühte sich selbst um das Kind. Katharina ließ man alleine liegen. Sie hatte ihre Mission vorerst erfüllt. Obendrein demonstrierte Elisabeth Schadenfreude. Saltykow mußte die Botschaft über den Thronerben an den schwedischen Hof zu bringen!

Katharina gab sich nach der Trennung von ihrem Sohn, der auf den Namen Paul getauft wurde, gelassen. Ob sie im Interesse eigener Machtambitionen auf das Kind verzichtete, ob sie nur geringe innere Neigungen zu ihm besaß oder ob sie ihre Sehnsucht schweren Herzens überspielt hat, ist schwer zu entscheiden. Katharina hat den Jungen nur sporadisch gesehen. Bis zum achten Lebensjahr kannte Paul seine Eltern nicht. Katharina wird die Absichten Elisabeths vermutet haben. In dem Maße, in dem Paul als Prätendent in Frage kam, sanken die Chancen Katharinas auf den Thron. Herzliche Mutterliebe konnte aus dieser Erkenntnis bei ihr nicht erwachsen.

Außerdem begann eine Zeit, in der die Kaiserin Katharina vernachlässigte und demütigte. Ärmliche Geschenke und zunehmende Mißachtung bestimmten den Alltag. Katharina zog sich in sich selbst zurück. Von Sergej Saltykow fühlte sie sich zurückgestoßen. Immerhin erschien sie auf seinen Rat wieder in der Öffentlichkeit. Katharina verband dieses Zugeständnis mit einer kindlichen Trotzreaktionen: „Ich beschloß, diejenigen, die mir so vielfaches Leid angetan hatten, spüren zu lassen, daß es jetzt von mir abhing, ob ich mich ungestraft beleidigen ließ." Sie

erwies sich als begabte Schauspielerin, und obendrein riefen die Demütigungen charakterliche Veränderungen in ihr hervor.

Man bekam am Hof zum ersten Mal Furcht vor Katharina. Vielleicht
könnte sie mehr sein, als nur die Gemahlin des Großfürsten? Wenn sich
Katharina neu orientieren wollte, mußte sie das Verhältnis zu Peter
revidieren. Peter sah die Veränderungen in seiner Frau, verstand sie
aber nicht. Er setzte das kindliche Spiel mit den ihm bewilligten Holsteiner Gardisten fort – Katharina konnte sich nicht russisch genug
geben. Der Aufenthalt dieser Holsteiner Garde wurde zum Stein des
Anstoßes. Während russische Gardeoffiziere den Thronfolger als Verräter an Rußland bezeichneten, galt Katharina als russische Patriotin. Sie
entwickelte zu ihrem Mann eine so praktische Vernunft, daß Peter
nichts merkte und sich bei seiner „Madame Ausweg" allen Rat holte.
Sie nutzte seine Vertraulichkeiten und ließ verlauten, daß Peters Wünsche nicht die ihren seien. Katharina galt bislang als gutmütig, liebenswert und zurückhaltend. Sie wandelte sich in eine zielstrebige Hofintri-
gantin, die ihre Umwelt studiert hatte und nun mit deren eigenen
Waffen schlagen konnte.

Katharina besaß über sich selbst eine gute Meinung. Sie kannte ihre
Stärken und Schwächen: „Mein Unglück ist, daß mein Herz ohne Liebe
nicht froh sein kann, nicht eine einzige Stunde lang". Es mißfiel ihr, daß
die Welt über sie mehrere Meinungen besaß. Die Welt – das waren die
europäischen Höfe. Dort hatten ihr das Verhältnis mit Saltykow und die
Geburt Pauls den Ruf eines Mädchens eingetragen, das dem Reiz schöner Männer erliege und das auf diesem Wege politisch nutzbar gemacht
werden könnte.

Im Frühjahr 1755 trat mit Sir Charles Hanbury-Williams ein briti-
scher Botschafter seinen Dienst in Rußland an, der diese Eigenschaften
Katharinas – wie ihre permanente Geldnot – nutzte, um sie der englischen Politik dienstbar zu machen. Sir Charles bediente sich des hübschen polnischen Edelmannes Stanislaus Poniatowski und erreichte,
daß sich Katharina in diesen verliebte. In politischer Hinsicht hatte
Sir Charles zunächst wenig Glück, denn Katharinas Einfluß war in
jenen Jahren, da der Siebenjährige Krieg Europa aufwühlte, noch recht
bescheiden.

Stanislaus Poniatowski entstammte der alten polnischen Adels-
familie Czartoryski. Er war ein schöner Mensch, geistreich, gebildet und
charmant. Er war weder ein Draufgänger noch Zyniker und kein
Mensch, der Frauen verführte. Katharina sollte die einzige Frau seines
Lebens bleiben. So sah er die geliebte Katharina: „Ihr Haar war schwarz,

ihr Teint von betörender Weiße, das Kolorit sehr lebhaft, sie hatte große sprechende blaue Augen, einen Mund, der zum Küssen einzuladen schien, herrlich gemeißelte Arme und Hände, einen biegsamen Wuchs, eher groß als klein, einen Gang, der frei und dennoch von höchstem Adel war, und ein Lachen, das so heiter war wie ihre Stimmung." Katharina liebte Poniatowski, aber die Ruchlosigkeit Saltykows hatte ihr nicht minder imponiert, und es ist auch nur schwer zu ermitteln, ob der Charme des jungen Stanislaus oder das Geld des alternden Sir Charles einen größeren Reiz auf sie ausgeübt haben. Katharina kalkulierte ihre politische Zukunft konkreter und die Liebe benötigte sie wie das tägliche Brot. In Geldangelegenheiten verhielt sie sich leichtsinnig. Ihr Sinn nach Luxus trieb ihre Schulden in astronomische Höhen.

Erstes Ringen um die Thronfolge

Der russische Hof hoffte in jenen Monaten mehr oder minder versteckt, Kaiserin Elisabeth werde den jungen Paul zum Thronfolger erklären und dessen Eltern nach Deutschland zurückschicken. Katharina wehrte sich ihrer Haut. Seit September 1756 führte Rußland Krieg gegen Preußen. Was würde geschehen, wenn Elisabeth stürbe und Peter auf den Thron gelangte? Bestushew machte sich große Sorgen. Er animierte Katharina zum politischen Handeln. Auf seinen Rat schrieb sie heimlich Briefe an Rußlands Marschall Apraxin, er möge energischer gegen Preußen marschieren. Bestushew spann Katharina in seine eigenen politischen Ziele ein. Wenn Peter nicht regierungsfähig war, sollte Katharina herrschen – er selbst, Bestushew, wollte sich mit der Leitung der wichtigsten Ministerien und dem Kommando über die Garderegimenter bescheiden.

Katharina lehnte Bestushews Ambitionen zwar ab, setzte aber ihren heimlichen Briefwechsel mit Apraxin fort. Wie leicht konnte das als Verschwörung gegen die Kaiserin gewertet werden! Tatsächlich geriet sie in eine Falle: Apraxin besetzte Memel und schlug die Preußen im August 1757 bei Großjägersdorf. Danach zog er sich überstürzt zurück. Der Skandal zog eine Untersuchung nach sich. Katharina war in dieser Zeit schwanger und brachte das Mädchen Anna zur Welt. Man sagte, Stanislaus Poniatowski sei der Vater gewesen. Auch dieses Kind nahm Kaiserin Elisabeth an sich. Katharina fürchtete um ihre Verwicklung in die Hochverratsaffäre um General Apraxin. Bestushew war so tief in die Intrige verstrickt, daß sein Sturz bevorstand. Am 14. Februar 1758 ließ ihn die Kaiserin verhaften.

Katharina spürte die wachsende Isolierung. Sie mied den Hof und

mußte erleben, daß Peter in Haßtiraden gegen sie ausbrach. Die Großfürstin ergriff die Flucht nach vorn, schrieb der Kaiserin einen gefühl-
vollen Brief und forderte, man möge sie in ihre Heimat entlassen. Sie
wolle bei ihrer deutschen Familie leben. Sie ahnte, daß Elisabeth diesen
Skandal nicht zulassen würde. Katharina wartete ab und war vor Aufregung krank. Sie ließ nach dem Beichtvater rufen, der auch der Beichtvater Elisabeths war. Der Geistliche bewegte die Kaiserin, Katharina zu
empfangen. Daraus entstand eine Schlüsselsituation für Katharinas weiteres Leben. Nach den Erinnerungen Katharinas nahmen an der nächtlichen Begegnung neben Elisabeth auch die Brüder Alexander und Peter
Schuwalow sowie Großfürst Peter teil. Katharina sah sich ihren ärgsten
Feinden gegenüber. Peter beschimpfte seine Gattin. Man warf Katharina
vor, herrschsüchtig, untreu und unbotmäßig zu sein, mit Preußen zu
konspirieren, sich gegen die Kaiserin verschworen zu haben usw. Es gab
keine Beweise. Katharina weinte hemmungslos und rechnete auf die
Schwächen Elisabeths. Am Ende ging Katharina aus dem Scharmützel
siegreich hervor. Elisabeth versprach ein weiteres Gespräch unter vier
Augen. Es vergingen Wochen, und Katharina verlangte unerbittlich die
Rückkehr in die Heimat. Sie operierte so geschickt, daß Elisabeth sich
als Schuldige an dem Zerwürfnis empfand, alle möglichen Gunstbe-
weise erbrachte und der Großfürstin sogar den Zutritt zu ihren Kindern
erlaubte.

In dem Vier-Augen-Gespräch beschworen die beiden Damen ihre
gegenseitige Aufrichtigkeit und besiegelten das seit langem unaus-
gesprochen bestehende Bündnis. Elisabeth begriff die Unmöglichkeit
einer gemeinsamen Regierung durch das großfürstliche Paar. Katharina
besaß ein schwerwiegendes Pfand. Sie war die leibliche Mutter des
Thronerben Paul. Die Vaterschaft blieb umstritten. Das alles konnte
jedoch Elisabeths Entschluß über die Thronfolge durch Peter nicht
umstoßen. Sie schlug lediglich die Verschwörung Apraxin-Bestushew
nieder. Die beteiligten Männer kamen mit geringen Bestrafungen davon.
Katharina wurde wieder in Gnade aufgenommen und durfte ihre Kinder
regelmäßig besuchen. Sie zog aus der Affäre den Schluß, daß es nur einen
Weg in die Zukunft geben könne und daß sie diesen unabhängig von
jedermann beschreiten müßte. Sie wollte die Alleinherrschaft.

In jenen Wochen suchte Katharina die Bekanntschaft der bei der
Garde dienenden Brüder Orlow. Grigori Orlow rückte zum neuen Liebhaber auf. Die Orlows standen in dem Ruf verwegener Haudegen, unge-
schliffen und hemmungslos. Wildheit und Händelsucht besaßen in der
Familie Tradition. Der Großvater hatte bei den Strelitzen Peters des

Großen gedient und stand im Zentrum des legendären Aufstands. Sein Leben hatte er gerettet, weil er das Schafott mit so aufrührerischer Empörung bestiegen hatte, daß er Peter beeindruckte. Der Enkel Grigori Orlow hatte sich bei Zorndorf gegen die Preußen mit verwegener Tapferkeit geschlagen.

Orlow sah die kranke Kaiserin und den merkwürdigen Thronfolger Peter. Er verstand, warum sich die Großfürstin alle Mühe gab, den Geist und das Gefühl des großen Rußlands in sich zu vereinen. Die Orlows genossen einen Vorteil. Von niederer Herkunft, gehörten sie nicht zu jenem Teil der Aristokratie, der durch zahlreiche Fäden mit der Dynastie verbunden war und bei jedem Aufruhr das Schicksal der eigenen Familie riskierte. Den Leutnants war es egal, wer auf dem Thron saß, wenn er nur gut zahlte und ein angenehmes Leben verhieß. Wenn es zudem eine schöne Frau war, eine russische Patriotin voller Sinnlichkeit – um so besser.

Katharina wartete auf ihre Stunde. Rußland führte einen erfolgreichen Krieg, aber die Kräfte Elisabeths nahmen ab, und ihr Ende rückte in greifbare Nähe. Eine Opposition gegen den Großfürsten Peter entstand. Graf Nikita Panin, seit 1760 Hofmeister Pauls, wollte diesen auf den Thron heben – ein Regentschaftsrat sollte von Katharina geführt werden. In der Armee stieg die feindselige Stimmung gegen Peter bedrohlich an. Peter wollte regieren und wußte, daß die Kaiserin die Thronfolge sicher nicht ändern würde. Er richtete sich auf die Krone ein, und der von ihm verehrte Friedrich II. wartete ungeduldig auf den Tod Elisabeths. Die aristokratischen Familien Rußlands, die Panins, die Schuwalows, die Woronzows u. a., neigten dagegen mehr und mehr einer Herrschaft Katharinas zu. Katharina lebte zurückgezogen. Sie demonstrierte, daß sie an keinen Intrigen und Verschwörungen beteiligt war und konnte ihre erneute Schwangerschaft vor der Öffentlichkeit verbergen. Dennoch rückte der schicksalhafte Tag heran, auf den so viele warteten und vor dem sich alle fürchteten. Am Heiligabend 1761 starb Kaiserin Elisabeth. Um vier Uhr am Nachmittag verkündete Fürst Nikita Trubezkoi den Tod der Kaiserin und den Beginn der Herrschaft Kaiser Peters III.

Katharina Alexejewna erobert den Thron

Von diesem Tage an begann zwischen dem neuen Kaiser und seiner Gemahlin ein zäher Machtkampf. Peter zog den Haß der Kirche und der Armee auf sich, indem er protestantisches Preußentum demonstrierte. Seine Gemahlin wollte er zugunsten Elisabeth Woronzows verstoßen.

Katharina beschritt einen entgegengesetzten Weg. Bei den Trauerfeierlichkeiten für Elisabeth betonte sie ihre orthodoxe Frömmigkeit und
kniete tagelang in Tränen vor dem offenen Sarg. Am 11. April 1762 kam
ihr Sohn Alexei zur Welt. Peter merkte nicht einmal etwas davon. Das
war nur eine von vielen Kränkungen, die seinen Sturz beschleunigten.
Entscheidend war jenes Bankett, auf dem der Kaiser sein Bündnis mit
Preußen feierte. Es kam zum offenen Eklat. Peter brachte einen Trink-
spruch auf die kaiserliche Familie aus. Katharina blieb sitzen. Peter ließ
sie fragen, warum sie bei dem Toast nicht aufstehe. Sie entgegnete,
daß sie als Mitglied der kaiserlichen Familie sitzenbleiben dürfe. Peter
nannte sie eine „Idiotin", nur er selbst und die anwesenden Herzöge von
Holstein gehörten nach seiner Ansicht in dieser Runde zur kaiserlichen
Familie. Später notierte Katharina: „Daraufhin begann ich auf die Vorschläge einzugehen, die man mir seit dem Tod der Kaiserin machte."
Katharina wußte, daß sie in den Garderegimentern Verehrer besaß, die
zum Sturz Peters bereit waren: Die Brüder Orlow, Passek und Bredikin
standen an der Spitze einer Verschwörung, zu der an die 10 000 Soldaten
mobilisiert werden konnten.

Am 28. Juni 1762 traten die Vorbereitungen in ihre letzte Phase. Die
Brüder Orlow und die Fürstin Daschkowa ergriffen die Initiative. Fjodor Orlow informierte den Kommandeur des Ismailowski-Regiments,
Kyrill Rasumowski. Der forderte vom Direktor der Akademie-Drucke-
rei, Taubert, den sofortigen Druck eines Manifestes, das den Sturz Peters
und die Thronbesteigung Katharinas proklamierte. Alexei Orlow weckte
Katharina in den Morgenstunden des 28. Juni. Mit einer Kutsche rasten
sie von Peterhof in Richtung Petersburg. Unterwegs stieß Grigori Orlow
zu ihnen. In dem Dorf Kalinkina erreichten sie den Standort des Ismai-
lowski-Garderegiments. Katharina stiegt aus der Kutsche, und die Offiziere beugten die Knie: „Hurra, unserer Mutter Katharina!" Sie leisteten
den Treueeid auf die Kaiserin und Autokratin Katharina.

Damit war der Staatsstreich noch nicht vollbracht. Kyrill Rasumowski und der Feldgeistliche des Regiments gesellten sich zur neuen
Kaiserin, und gemeinsam setzten sie die Fahrt fort. Nach dem Ismai-
lowski-Regiment schlossen sich das Semjonowski- und das Preobra-
shenski-Regiment der Meuterei an. Die Soldaten eskortierten die in die
Kasaner-Kathedrale einziehende Katharina. Dort warteten die Kirchenfürsten auf die neue Kaiserin und segneten sie mit einer feierlichen
Zeremonie ein. Gleichzeitig erfolgte die Proklamierung des Thronerben,
des „Zarewitsch Paul Petrowitsch" . In dieser Stunde begann für Katharina eine neue Sorge. Noch saß Kaiser Peter III. auf dem Thron, gerade

war sie zur „Alleinherrscherin" ausgerufen worden, da jubelte die Menge schon dem kleinen Knaben zu, den die „Kaiserinmutter" Katharina auf dem Arm hielt, dem künftigen Kaiser Paul. Katharina mußte von nun an auch noch mit ihrem Sohn rechnen.

Ihre Position war überhaupt schwach. Sie mußte die Garnison von Kronstadt auf ihre Seite ziehen, um Petersburg nicht durch die Flotte bedrohen zu lassen; sie mußte die von Peter bei Narwa für einen Feldzug gegen Dänemark stationierten Truppen isolieren, die Holsteiner Garde entwaffnen und Peter von seinen Ratgebern trennen. Aber die Probleme lösten sich letztlich ohne wesentliche Komplikationen, weil Peter hilflos in der Gegend umherirrte und sich endlich in Oranienbaum in sein Schicksal fügte. Katharina ließ ihn nach Peterhof kommen und schickte ihn nach Ropscha, wo er am 6. Juli ermordet worden ist.

Ob und inwieweit Katharina am gewaltsamen Tode ihre Gatten schuldig war, beschäftigte Zeitgenossen und Nachfahren mit nie erlahmender Ausdauer. Auch sie selbst hat das Thema immer wieder aufgegriffen. Bewiesen ist nichts. Der Tod Peters III. hat Rußland und Europa nicht gehindert, in Katharina „die Große" zu sehen. Niemals ist Katharinas Leben betrachtet worden, ohne zumindest die Frage nach ihrer Mitverantwortung aufzuwerfen. Ein Kompromiß zwischen Wahrheit und Phantasie scheint in der Formel zu liegen, daß sie den Mord nicht angeordnet hat.

Katharina ergriff die Herrschaft. Am Beginn standen viele anregende Ideen über die Gestaltung von Staat und Gesellschaft. Katharina hatte sich lange und selbständig mit dem Problem des Regierens vertraut gemacht. Man hatte sie nicht dazu erzogen. Sie hatte alle Kenntnisse selbst erworben: wie Katharina I. an der Seite des großen Peter, wie Sofija, die nicht als Nonne leben wollte, wie Elisabeth, die sich ihrer Rolle als Tochter Peters bewußt war und immer wieder übergangen wurde. Die Selbstbildung war von vielen Zufällen abhängig. So blieben die Einsichten in die Notwendigkeiten für den Herrschenden entweder sporadisch oder oberflächlich und abstrakt. Nicht anders erging es Katharina II. Sie wollte am Beginn ihrer Herrschaft Ruhm, Glück, Wohlstand, Gerechtigkeit und ethische Größe für ihre Untertanen. Aber wie? Katharina wollte die moralischen Prinzipien der Aufklärer auf Rußland anwenden. Sie war gegen die Leibeigenschaft, aber sie wollte diese in Rußland nicht abschaffen. Sie besaß kaum eine reale Vorstellung über deren wirklichen Charakter. Religiöse Toleranz gegenüber den nichtrussischen bzw. nichtchristlichen Völkern im Reich war ein edles Ziel. Sie konnte sich die Lebenswelt z. B. fernöstlicher archaischer Völker überhaupt nicht vorstellen.

Vorerst hatte die Staatskunst nur zur Palastrevolte rauhbeiniger Gardeoffiziere, der trivialsten Traditionsform im Moskauer Herrscherhaus, ausgereicht. Katharina II. regierte das Russische Reich. Zum ersten und einzigen Mal saß eine deutsche Frau auf dem autokratischen Kaiserthron Rußlands. Es sollte bei dieser absoluten Ausnahme bleiben, obwohl sie Folgen nach sich zog, die das dynastische Verhalten der Romanows in Europa stark veränderte.

Katharina annulierte die Festlegungen Peters III. Kirchengüter wurden nicht länger eingezogen. Der Krieg gegen Dänemark fand nicht statt, und der Bündnisvertrag mit Preußen wurde nicht bestätigt. Katharina mußte ihrer Macht absoluten Ausdruck verleihen. Der erste Schritt bestand in einer schnellen Krönung, in Moskaus Mariä-Himmelfahrts-Kathedrale, in der Iwan der Schreckliche gesalbt worden war. Die Krönung sollte so prunk- und stimmungsvoll sein, daß sie die Identität der Herrscherin mit Rußlands Geschichte demonstrierte. Katharina wollte beweisen, daß sie die wirkliche Herrscherin war. Sie vertiefte sich in jede Art von Staatsgeschäften. Ihr protestantischer Ordnungssinn und Fleiß rüttelten das russische Verwaltungssystem durcheinander – ohne durchschlagenden Erfolg. Katharina besaß einen westeuropäischen praktischen Geschäftssinn und wußte, daß die Staatskasse nicht durch Appelle an die Sparvernunft der Bürger gefüllt werden konnte. Sie erschloß neue Einnahmequellen. Sie brauchte Vertrauen in ihre Regierungsfähigkeit und mußte als Herrscherin kreditwürdig werden. Das war die beste Zukunftsinvestition. Dazu mußte sie erst einmal investieren, z. B. in die Krönungsfeierlichkeiten. Rußland und Europa sollten wissen, auf dem Zarenthron saß eine junge und schöne russische Frau voller Tatkraft, proklamiert zur Autokratin und zum Oberhaupt der orthodoxen Kirche. Niemand entzog sich dem Glanz der Stunde, und dennoch sahen viele Adlige mit Argwohn auf die Monarchin. Die altrussische Tradition sah in ihr nur die Zarinmutter als Regentin für den eigentlich zu krönenden Großfürsten Paul. Katharina hat dieses Problem erkannt, maß ihm jedoch zunächst keine übertriebene Bedeutung bei. Peter I. hatte eine neue Zeit eingeläutet. Katharina war jung und stark und dachte an keinen Machtverzicht.

Der neuen Stellung mußte auch die äußere Erscheinung entsprechen. Ihr französischer Sekretär Favier zeichnete ein realistisches Bild, fern vieler Schmeicheleien früherer Jahre: „Schön kann man sie nicht nennen; ihre Figur ist schlank und rassig, aber steif, die Haltung vornehm, aber der Gang geziert und ohne Anmut, die Brust schmal, das Gesicht lang, insbesondere das Kinn, sie lächelt unaufhörlich, der Mund ist verkniffen, die Nase leicht gebogen, die Augen sind klein, ihr Blick ist sympathisch ... die Gestalt von mittlerer Größe und ziemlich mager." Das permanente Lächeln als Zeichen freundlicher Aufmerksamkeit gegenüber jedermann widersprach dem Erscheinungsbild russischer Autokraten. Die traten entrückt und als von Gott gesandt in die Öffentlichkeit. Nur der große Peter hatte eine Ausnahme gemacht. So erschien Katharinas Charme wohl gewinnend, aber der französische Gesandt Graf Breteuil schrieb nicht zu unrecht: „Sie muß sich wohl noch ziemlich unsicher fühlen."

Alle Menschen in ihrer Umgebung, ob Woronzow, Bestushew, Peter Schuwalow oder Nikita Panin – selbst die Orlows – verfolgten selbstsüchtige Interessen. Dank dieser Leute war sie Kaiserin geworden, und jeder glaubte, sie müsse seinem Willen folgen. Katharina schrieb: „Der letzte Gardesoldat bildet sich bei meinem Anblick ein, daß ich sein Werk sei." Ihr sicherer Machtinstinkt ließ sie die notwendigen Lösungen finden. Zwar belohnte sie die Häupter der Verschwörung reichhaltig mit Geld und Ländereien, aber zugleich distanzierte sich Katharina von ihnen. Katharina Daschkowa, die sich öffentlich ihres Einflusses auf die Zarin rühmte, wurde in die Schranken gewiesen. Kyrill Rasumowski erhielt nur die ehrenvolle Position des Hetmans der Ukraine und mußte zwei Jahre später selbst darauf verzichten.

Komplizierter war das Problem mit den Orlows. Sie wähnten sich als die wahren Herrn Rußlands. Grigori glaubte, Katharina würde ihn heiraten. Die Brüder überschätzten ihren Einfluß auf die Monarchin. Dem Hof erschienen sie penetrant. Aber Katharina ließ den Geliebten nicht fallen. Zehn Jahre hielt sie an Grigori Orlow fest. Sie liebte ihn, aber sie drückte ihn langsam in die Rolle eines Untergebenen. Er wurde einer der reichsten Männer Rußlands. Sein Lebenstraum einer Ehe mit Katharina erfüllte sich nicht. Alexei Orlow, der vermutliche Mörder Peters III., diente seiner Kaiserin dagegen treu und ergeben. Er erfüllte jeden ihrer Aufträge und er überlebte sie auch in politischer Hinsicht.

Katharina wollte viele Dinge bedenken und regeln. Wenn sie sich als „Große" erwies, dann durch das Pensum der von ihr geleisteten praktischen Tätigkeit auf den unterschiedlichsten politischen und geistigen Gebieten. Als sie den Thron bestieg, lagen dringende Fragen vor ihr: Mit dem Motto „Das Reich braucht vor allem Frieden" erregte sie in Österreich und Frankreich Aufmerksamkeit. Sie ließ die Kriegshandlungen Elisabeths gegen Preußen nicht von neuem beginnen. Das Reich sollte sich sammeln, Kraft schöpfen und jene Gestalt erhalten, die Katharina vorschwebte.

Die zerrütteten Finanzen ordnen, die korrupte Bürokratie ihrer Privilegien berauben oder das Steuer- und Gesetzeswerk reformieren – vieles war zu regeln. Die Außenpolitik benötigte nach den Kapriolen Peters III. feste Geleise. Katharina wollte alles bearbeiten und entscheiden. Die Kaiserin zog eine Reihe befähigter Männer an ihre Seite. Die Namen der Fürsten Wjasamski, Schachowskoi oder Repnin besaßen einen guten Klang – Bestushew bekam wieder Einfluß – niemals aber gab die Kaiserin die alleinige Macht aus der Hand. Die Folge bestand in einer Flut improvisierter Dekrete, die als Regen auf die staatlichen Einrichtungen niederprasselten – und um die man sich in der Provinz wenig kümmerte. Nichts ließ die Kaiserin aus: Sie „regelte" den Straßenbau, die Ausbildung von Hebammen, die Verwaltungsstruktur, die Spesenabrechnungen von Beamten oder die staatlichen Monopole auf wichtige Naturprodukte und Exportartikel. Mit ähnlicher Unbekümmertheit mischte sie sich in die Außenpolitik ein. Ohne Rücksicht auf den Protest deutscher Fürsten eignete sich Katharina Kurland an. Sie argumentierte, daß in Kurland die spätere Kaiserin Anna und Baron Biron regiert hatten. Kurland, in dem ein sächsischer Prinz herrschte, fiel den russischen Truppen kampflos in die Hände. Katharina sah sich im Lichte Peters des Großen: „Jetzt hat Rußland dreihundert Meilen der baltischen Küste in der Tasche". Der Gebietsgewinn war wichtig, aber gering im Vergleich zu Katharinas Erfolg, als es ihr nach dem Tode Augusts III. 1764 gelang, Stanislaus Poniatowski auf den polnischen Königsthron zu setzen. Poniatowski sträubte sich mit allen Mitteln, aber Katharina ließ keine Argumente gelten. Pontiatowski fügte sich und leistete als König Stanislaus II. August seinem Land beachtliche aufklärerisch-reformerische Dienste. Sein Bild ist in der Geschichte durch die Rolle geprägt, die er bei Katharinas Polenpolitik spielte und die zu den drei Teilungen führte. Seine objektive Mitverantwortung kann dabei nicht negiert werden und die zwang ihn 1795 zum vorzeitigen Rücktritt.

Weitere Probleme beschäftigten die Kaiserin. 1764 geschah der Mord an Iwan VI. Durch die Verwandtschaft Iwans mit dem Hause Braunschweig horchte Europa auf. Katharinas Bilanz erwies sich nach zwei Regierungsjahren ein wenig anrüchig: Eine Militärrevolte hatte sie an die Macht geputscht, sie galt am Tod des Ehegatten mitverantwortlich, und nun starb der nominelle Kaiser in einer Festung. Oppositionelle Kräfte stilisierten den Mord an Iwan VI. zur nationalen Katastrophe, drohten der Usurpatorin und bereiteten Aktivitäten zur Befreiung der

Kinder und des Gatten Anna Leopoldownas vor, die noch immer in der Verbannung lebten. Katharina schwieg, tat in der Angelegenheit nichts und widmete sich ihrem Regierungsgeschäft.

Katharina liebte den Prunk, gab große Summen für den Luxus aus und lebte persönlich doch recht bescheiden. Ihre Art von Luxus unterschied sich von der Elisabeths. Es gab auch bei Katharina großzügige Bälle, Feste und Geschenke. Aber sie legte das Geld in wertbeständige Kunstgegenstände an. Sie liebte Bücher und Bibliotheken: „Eine unaufgeklärte Nation ist wie eine Schafherde ohne Leithammel." Das Wort war Lebensmaxime und politisches Programm. Ständig las Katharina, notierte wichtige Gedanken und schrieb selbst aktiv und in vielen Genres. Den größten Reichtum verschaffte sie dem Land und den Menschen durch ihre Bildungspolitik. Die Kaiserin gründete Schulen für jedes Bildungsniveau und für viele Berufe. Sie verband die Bildungspolitik sinnvoll mit den allgemeinen politischen Zielen: Die Militärakademien bereiteten die Eroberung neuer Gebiete vor, die Handelshochschulen intensivierten die europäische Integration Rußlands, die Bergbau-Institute förderten die Erschließung von Rohstoffen. Großen Wert legte Katharina auf die qualitative Verbesserung der Flotte.

Es gab keinen politischen, wirtschaftlichen oder geistigen Bereich, auf den Katharina nicht ihre Hand gelegt hätte. Ihr Arbeitselan und die mit List gepaarte Fähigkeit zum absoluten Staatsmanagement verliehen Katharina jene herausgehobene Stellung, die kein anderer russischer Zar erreichte und die sie neben den imperialen Eroberungen historische Größe erlangen ließ. Minister waren gut besoldete Berater der Kaiserin. Sie allein leitete die Ministerien, den Senat, die Polizei, erließ Gesetze, baute Schlösser, sammelte Kunstwerke und feierte rauschende Feste. Sie allein trug auch die Verantwortung für die im Grunde nur bedingt erfolgreichen Bemühungen zur Reformierung des Staatswesens.

Die aufgeklärte Monarchin

Katharina II. ist als die große Aufklärerin auf dem Zarenthron in die Geschichte eingegangen. Der aufgeklärte Absolutismus galt in jenen westeuropäischen Staaten, in denen das Wort „Der Staat bin ich" auf die konzentrierte Ablehnung eines nach bürgerlichen Menschenrechten strebenden dritten Standes stieß. Katharina mußte nicht fürchten, daß der russische Bauer oder Kaufmann ihre philantropischen Moralvorstellungen verstand. Der Adel hatte zwar als sozialer Stand mit der Aufklärung wenig im Sinn, aber in der zweiten Hälfte des 18. Jahrhunderts förderte Katharinas Herrschaft im Adel die Auseinandersetzung mit geistigen Problemen der Zeit. Namentlich die weiblichen Mitglieder der Aristokratie entdeckten in der Philosophie, in der bildenden und darstellenden Kunst und in der Literatur und Musik reichhaltige Betätigungsfelder mit ausgezeichneten Möglichkeiten zur Emanzipation – zumal ihnen die politischen Bereiche weitgehend verschlossen blieben. Katharina wollte als aufgeklärte Monarchin in die Geschichte eingehen und hat ihr Selbstportrait dementsprechend ausgeschmückt. Durch ihr geschicktes Taktieren am Hofe, mit dem Adel und selbst mit der höheren Administration sowie mit Hilfe der moralischen und sachlichen Kompetenz aus dem Ausland zugereister Freimaurer und einheimischer Literaten gewann Katharina den notwendigen innenpolitischen Spielraum. Die „Große Instruktion" und die „Große Kommission", die sie am Beginn ihrer Regierungszeit inszenierte, sollten der Stabilisierung ihrer eigenen Herrschaft und den großen Reformideen dienen. Dafür mobilisierte die Kaiserin eine kleine und erfahrene Gruppe von Aristokraten, Politikern und Verwaltungspraktikern, die sie zweckdienlich eingesetzt hat.

Katharina II. schwärmte für die Ideen der Aufklärung, auch für die Befreiung der Bauern aus der Leibeigenschaft. Als den Idealen reformerische Gestalt verliehen werden sollte, kapitulierte die Kaiserin vor den praktischen Problemen. Dennoch wollte sie im Westen als der Voltaire Rußlands gelten. Ihr Briefpartner Voltaire, der sie mit dem Begriff „Ein großer Mann, den man Katharina nennt" aus der Ferne umschmeichelte, wollte mit eigenen Augen sehen, was Katharina an aufklärerischen Ideen im fernen Rußland umgesetzt hatte. Katharina war klug und verweigerte die Begegnung. Nichts wäre in Rußland von den hehren Idealen zu sehen gewesen. Die Leibeigenschaft wurde gestrafft, die Rechte des Adels wurden wieder erweitert, und die Autokratie wurde gestärkt.

So erscheint der aufklärerische Anspruch Katharinas bisweilen als Argument gegen den Vorwurf der Thronusurpation. Katharina wußte, daß sie die russischen Gardeoffiziere und konservativen Landadligen nicht durch allgemeine menschliche oder gar bürgerlich-konstitutionelle Weisheiten, sondern nur durch Münze, Boden und „Seelen" zufriedenstellen konnte. Darum weist ihr Portrait in der Geschichte einen Januskopf auf, dessen Gesichter nach Westen und nach Osten sehen. Katharina II. rüttelte niemals an ihrer Maxime: „Das russische Kaiserreich ist so weitläufig, daß außer einem Selbstherrscher jede andere Regierungsform ihm schädlich wäre, denn alle anderen sind langsamer in der Ausführung und haben zahllose verschiedenartige Parteilichkeiten in sich, die zur Zerstückelung der Macht und der Kraft treiben, während der eine Herrscher, der das allgemeine Wohl als sein eigenes ansieht, alle Mittel zur Ausrottung aller Schäden hat."

Es zeugte von wenig Verständnis für die russische Geschichte, wollte man Katharina II. für die Bewahrung des autokratischen Prinzips tadeln. Als Deutsche mußte sie die traditionellen Herrschaftsvorstellungen besonders sorgfältig wahren. Die aufklärerische Tendenz hat sie zur Herrschaftsstärkung gewollt und genutzt. Als sich Katharina 1765 mit der „Großen Instruktion" an die Regelung des russischen Gesetzeswerkes begeben wollte, schrieb sie in 635 Paragraphen jene Grundregeln auf, die u. a. Montesquieu in seinem „De l'esprit des lois" vorformuliert hatte. Graf Nikita Panin las Katharinas Entwurf und bekannte: „Das sind Grundsätze, die geeignet sind, Mauern einzureißen." Soweit durfte es nicht kommen. Die Kommission, die von Katharina zur Durchsicht des Dokuments berufen wurde, strich die Hälfte der Paragraphen ganz und veränderte so viel, daß sie ihr hochfliegendes Papier nur noch als „Regeln, auf die man eine Meinung gründen kann, aber nicht als Gesetz ..." betrachtete. Es war ein bescheidener Erfolg für die Aufklärerin, wenn sie den Schlußstrich zog: „Die Instruktion brachte viel mehr Einheit in alle Regeln und Gesichtspunkte, als dies früher der Fall war. Viele kannten von da an wenigstens den Willen des Gesetzgebers und begannen auch, danach zu handeln." Katharina hat diesen Satz vollkommen ernst gemeint.

Das bereinigte Papier sollte von der „Gesetzgebenden Kommission" diskutiert und verabschiedet werden. Etwa sechshundert Abgeordnete der Stände, der Städte, der Kosaken und der Kronbauern berieten ab 30. Juli 1767 im Moskauer Kreml. Die monatelangen Debatten brachten der Kaiserin zahlreiche Informationen über den inneren Zustand des Reichs, aber sie mußte erkennen, auf diesem Wege war Rußland nicht mit einem geschlossenen Gesetzeswerk zu beglücken. Nach gut einem Jahr gab ihr im September 1768 der Ausbruch des Krieges gegen die Türkei den willkommenen Anlaß, die Versammlung aufzulösen. Ein wichtiger aufgeklärter Grundzug ihrer Politik war gescheitert. Leider hatte Katharina ihr Werk bereits vor den Debatten in die Hauptstädte Westeuropas geschickt. Von dort war ein positives Echo gekommen. Friedrich II. hatte die Grundsätze als menschlich bezeichnet. Das Bild über die russische Aufklärerin war so wohlmeinend, daß im Ausland niemand das Debakel am Ende zur Kenntnis nehmen wollte. Man durfte den Ruf der russischen Kaiserin nicht beschädigen.

Katharina war immerhin ehrlich und schrieb aus dem einst von

Iwan IV. eroberten Kasan an Voltaire: „Jene Gesetze, von denen man so viel spricht, sind noch nicht verfaßt, und wer kann für ihre Tauglichkeit bürgen? ... Stellen Sie sich vor, daß Sie Europa und Asien dienen müssen. Welch ein Unterschied in Klima, Menschen, Gewohnheiten, vor allem in den Begriffen. Das wollte ich mit eigenen Augen sehen, und da bin ich nun in Asien. In dieser Stadt gibt es zwanzig Völker, die sich in keinem Stück gleichen, und trotzdem muß man ihnen einen Rock nähen, der allen gleich gut sitzt. Es ist leicht, allgemeine Regeln zu finden, aber die Details? Und welche Details? Das ist fast so schwer, als müßte man eine ganze Welt erschaffen, sie vereinigen und erhalten."

Inzwischen gab es andere Gesetze. Die Senatsmitglieder, einst von Peter I. zur Stellvertretung berufen, gehorchten nur noch den Befehlen der Kaiserin. Wie kein anderer Herrscher vor ihr säkularisierte Katharina II. den Kirchenbesitz. Der Staat bezahlte die Geistlichen, die Klosterbauern gingen als Kronbauern in die Leibeigenschaft. Jeder Widerstand wurde brutal unterdrückt. Der Erzbischof von Rostow, Arseni Masejewitsch, bezeichnete Katharina als Thronräuberin und gab ihr die Schuld am Tode Iwans VI. Vater Arseni endete 1772 wie Iwan VI. als „namenloser Gefangener" in der Festung.

Katharina hat die Verhältnisse im Lande jedoch nicht als unabänderlich betrachtet. In der von ihr mitgegründeten „Freien Ökonomischen Gesellschaft" (1765) diskutierte man über die Probleme. Dort entstanden Anregungen für die Modifizierung der Leibeigenschaft im Interesse einer rationalen Gutswirtschaft. Seit dem Jahre 1763 wurden ausländische Kolonisten in das Land geholt. Die Vergünstigungen für Ansiedler konnten als Vorgriff auf die langfristig allen russischen Bauern zugedachte Untertanenstellung gedeutet werden. Die von mütterlicher Fürsorge getragene Kaiserin glaubte in einem Brief an Voltaire vom Juli 1769 allen Ernstes: „Übrigens sind bei uns die Abgaben so bescheiden, daß es in Rußland keinen Bauern gibt, der nicht sein Huhn im Topf hat, wenn es ihm beliebt."

Die Empörung Pugatschows führt zur Staatskrise

Im Lande sah es ganz anders aus. Bauern, Baschkiren, Kosaken, Raskolniki, alle Unzufriedenen einte das Gerücht: Katharina hat Peter III. ermorden lassen, weil er dem Bauern und den unterdrückten Völkern die Freiheit geben wollte. Es genügte ein Funke und das Gewitter brach los. Diese Rolle übernahm ein freier Mann vom Don: Jemljan Pugatschow. Als flüchtiger Kosak zog er von der polnischen Grenze bis zum

202

Ural. Die Armee hatte den wilden Kosaken wegen anhaltender Verstöße gegen die Disziplin ausgemustert. Pugatschow wußte um die Sorgen und Nöte der Menschen auf dem Lande und in den Städten. Geschickt nutzte er den Geist der Rebellion und schlüpfte in die Rolle Peters III. Als der so glücklich wiedererstandene Zar löste Pugatschow im Herbst 1773 einen Aufstand aus, der binnen weniger Wochen das Wolga-Becken und den Ural erfaßte. Menschen aller unteren Schichten liefen ihm zu. Er versprach jedem, was er hören wollte. Samara, Pensa und Saratow fielen dem Rebellenheer zum Opfer. Gutsbesitzer, Offiziere und Staatsbeamte wurden mit Frauen und Kindern abgeschlachtet.

Die Staatskrise traf Katharina völlig überraschend. Der Pöbel drang mit Mord und Brand in die heile Welt aufklärerischer Ideale und höfischer Zeremonien. Katharina schreckte aus ihren Träumen. Aber nicht das Problem der sozialen Ursachen berührte sie. Sie verstand die Rebellion nicht. Katharina besaß kein Interesse dafür, daß das Land in Flammen stand. Sie war sicher, daß der Aufstand binnen kurzem niedergeschlagen sein würde. Ihre Überlegungen gingen in zwei Richtungen: Wie konnten die Insurgenten es wagen, Katharinas Bild als alleinige Hüterin des Gemeinwohls anzutasten? Und was sollte das Ausland über die „Semirames des Nordens" denken? Am 10. Dezember 1773 schrieb Katharina an den ihr befreundeteten Gouverneur von Nowgorod, Johann Jacob Sievers: „Ich habe vor zwei Jahren die Pest im Herzen des Reiches gehabt; jetzt habe ich an den Grenzen zu Kasan eine politische Pest, die uns etwas zu raten aufgibt ... Dies wird gleichfalls mit Hängen enden. Doch welche Aussicht für mich, die das Hängen nicht liebt. Europa wird uns, in seiner Meinung, in die Zeit des Zaren Iwan Wassiljewitsch zurückverweisen, solche Ehre für das Reich müssen wir von diesem verächtlichen Bubenstreich erwarten." An den mit der Niederschlagung des Aufstands beauftragten General Alexander Bibikow erging der Befehl, „diese Verbrechen, die uns vor aller Welt beschämen, auszumerzen." Die Anfragen aus „aller Welt", welche Gefahr von der „Pugatschowschina" ausgehe, wollte Katharina mit Selbstsicherheit herabspielen: Nur die Zeitungen machten so viel Lärm um einen Räuber, auf den täglich der Strick warte! Erst nachdem im Juli 1774 durch einen Friedensschluß mit der Türkei erfahrene Truppen zur Verfügung standen, konnte das Heer „Peters III." bei Zarizyn an der Wolga geschlagen werden. Pugatschow wurde von den eigenen Leuten ausgeliefert. Am 10. Januar 1775 schlug man ihm in Moskau öffentlich den Kopf ab.

Niemand durfte mehr die Namen der Rebellen erwähnen. Involvierte Orte wie z. B. Jaiski gorodok erhielten neue Bezeichnungen (Uralsk). Es folgten Massenrepressalien gegen die Aufständischen. Nach der Pugat-schowschtschina ließ Katharina ihre umfassenden Gedanken an liberal gefärbte und dem Geist der Aufklärung verpflichtete Reformen endgültig fallen. Sie reduzierte die Aufklärung stark auf die eigene geistvolle Lektüre, den persönlichen gelehrten Briefwechsel mit europäischen Aufklärern und auf eine wahre Flut von Papier, das sie selbst mit mehr oder weniger brillanten Gedanken beschrieb. Katharina II. besaß wie andere russische Zaren eine erste Reformperiode, die in ihrem konkreten Fall eng mit der Aufklärung verbunden gewesen ist. Diese Periode wurde 1775 durch eine konservative Regierungstätigkeit abgelöst.

Auch in den folgenden Jahren hielt die Zarin an ihrer großen Arbeitsintensität fest. Ihr Engagement für Rußland und die eigene historische Größe erstreckte sich nicht nur auf den Traum einer aufklärerischen Europäisierung Rußlands. Kein Datum dokumentierte ihren Sinn deutlicher als der 7. August 1782, jener Tag, da sie auf dem Senatsplatz von St. Petersburg, ein Reiterstandbild enthüllen ließ, das die programmatische Aufschrift ziert: „Petro Primo Catharina Secunda" – Peter dem Ersten Katharina die Zweite. Katharina war der Begriff „die Große" relativ früh, im Zusammenhang mit ihrer Instruktion von der Großen Kommission angetragen worden. Wirklich groß ist sie erst später geworden. Sie hat am Bosporus die Tür zu den „Heiden" aufgeschlagen und in Polen einen europäischen Vorgarten für das russische Haus geschaffen. Dabei fand sie die eifrigste Unterstützung durch aufgeklärte Häupter Europas.

Die persönliche Freude an der Macht und am geistvollen Gespräch, Prunk und Luxus, die patriarchalische Wohltätigkeit für die russischen Untertanen und die imperiale Größe des Reichs, das waren Katharinas Maxime, die ihre gesamte Regierung beherrschten. Das Reich mußte wachsen und aus isolierter Lage den Anschluß an Europa finden. Peter I. war mit dem traditionellen altrussischen Ziel nach der Ostseeküste an sein Werk gegangen. Katharina war nach Geist und Erziehung eine Europäerin, die die Traditionen Rußlands zu ihrer eigenen Sache gemacht hat und Rußland zur allgemein anerkannten europäischen Großmacht erheben wollte. Die für sie auf dem russischen Weg nach Europa neuralgischen Punkte lagen in Polen und in der Türkei. Die beiden Problemfelder erwiesen sich als eng miteinander verknüpft.

Auf dem Boden der slawischen Mentalität gab es kaum größere politische Gegensätze als die zwischen dem adelsrepublikanischen polnischen Wahlkönigtum und der moskowitischen Autokratie. Die polnische Adelsrepublik wirkte zwischen den aufgeklärten Monarchen Friedrich II. und Katharina II. wie ein schwankes Rohr im Winde. Das nationale Staatsbewußtsein des polnischen Adels zeigte Degenerationserscheinungen. Polen hatte sich krankdemokratisiert, und die Autokraten in Potsdam und St. Petersburg wollten daran nichts ändern. Im Oktober 1763 starb der sächsische Kurfürst und polnische König August III. Katharina protegierte Poniatowski als Kandidaten für die polnische Krone. Dessen Weigerung überwand sie durch eine vertragliche Zustimmung Friedrichs II. Ein russischer Truppenaufmarsch übte Druck aus, und am 7. September 1764 bestieg Poniatowski als Stanislaus II. August den polnischen Königsthron. Katharina hatte Poniatowski favorisiert, „weil er von allen Bewerbern am wenigsten Rechte hatte und sich folglich Rußland mehr verpflichtet fühlen mußte als jeder andere." Poniatowski bewies Standhaftigkeit und Mut, als er versuchte, dem polnischen König eine eigene Machtposition zu geben. Daß Poniatowski dabei nicht nur gegen die Koalitionäre Friedrich/Katharina kämpfte, sondern auch einen Teil des polnischen Adels herausforderte, sollte sich bald zeigen.

Das katholische Polen diskriminierte orthodoxe Gläubige aller Schichten. Katharina forderte deren Gleichberechtigung und verlieh ihrem Wunsch Nachdruck, indem sie russische Truppen unter Fürst Repnin in Warschau einmarschieren ließ. Das Parlament billigte 1768 notgedrungen Katharinas Forderungen. Gleichzeitig formierte Fürst Karol Radziwill im ukrainischen Bar eine Konföderation gegen die Orthodoxen. Vier Jahre tobte ein polnischer Bürgerkrieg. Die innerpolnischen Kämpfe zogen einen russischen Truppeneinsatz nach sich. Polen wies bald einen derartig desolaten Zustand auf, daß es seinen Nachbarn als Gefahr erschien.

Katharina wollte ganz Polen russischem Einfluß unterordnen. Friedrich II. wollte Preußen, Brandenburg und Pommern in einem Territorialblock vereinigt sehen. Dazu war das Wohlwollen des deutschen Kaisers, Joseph II., notwendig. Man war sich bald einig. Polen mußte geteilt werden. Am 5. August 1772 schlossen die drei Seiten in Petersburg einen entsprechenden Vertrag. Rußland erhielt die weißrussischen Gebiete östlich von Düna und Dnjepr, Preußen bekam Westpreußen, und Österreich nahm sich Galizien bis an die Weichsel. Der Eingriff wurde mit einer in Polen drohenden Anarchie begründet. Auch in Polen ging der Geist von Liberalität und Aufklärung um. Es kehrte keine Ruhe ein. Die polnische Frage sollte Rußland, Preußen und Österreich in den folgenden Jahrzehnten wiederholt beschäftigen.

Katharinas Blick nach Konstantinopel

Im 18. Jahrhundert grenzten Polen und das Osmanische Reich in Bessarabien aneinander. Dem türkischen Sultan blieb die Entwicklung in Polen nicht gleichgültig, zumal Katharina den Blick auf das nördliche Schwarze Meer geworfen hatte. Dessen Küste wurde von Tataren und Türken beherrscht. Katharina wollte das Schwarze Meer in ihre Hand bekommen und über Konstantinopel den Zugang zum Mittelmeer erringen. Der türkische Sultan ergriff die Initiative, um den russischen Drang nach Süden zu stoppen. Sultan Mustafa III. brach im September 1768 die diplomatischen Beziehungen zu Rußland ab und ließ im darauffolgenden Frühjahr Krim-Tataren in die russischen südlichen Grenzlande einfallen. Die junge Kaiserin geriet in Verwirrung. Sie machte sich selbst Mut, wollte den „Türken den Mund zu stopfen" und fand in Briefen bald wieder blumige Worte: „Gott weiß, daß nicht ich angefangen habe … Jetzt fühle ich mich wohl, ich darf tun, was ich kann … Rußland kann viel, und Katharina II. baut wohl dazwischen Luftschlösser, jetzt gibt es nichts mehr, was ihre Bewegungen hemmt, und jetzt hat man die Katze, welche schlief, aufgeweckt, jetzt wird die Katze die Mäuse jagen …" Die Unsicherheit blieb und schwand erst, als sie merkte, daß Voltaire nicht nur hinter ihren polnischen Unternehmungen, sondern auch hinter dem Krieg gegen die Türken stand: „… sollten die Türken je aus Europa vertrieben werden, dann wird es, denke ich, durch die Russen geschehen", schrieb Voltaire im November 1768 an Katharina.

Die Kaiserin verfügte über hervorragende Militärs, wie die Generäle Rumjanzew oder Suworow. Die zwangen die Türken 1770 bis hinter die Donau zurück. Katharina schickte ihr Kronstädter Geschwader ins Mittelmeer. Die Griechen sollten sich gegen die Türken erheben. Den Oberbefehl führte Admiral Alexei Orlow – jener Mann, der den Mord an Peter III. verantwortet hatte. Im Juni 1770 besiegte das russische Geschwader die türkische Flotte bei Chios und Tschesme. Katharina war mit den Erfolgen ihrer Waffen zufrieden. In Europa gab es zwar Stimmen, die Katharinas Macht- und Territorialzuwachs mit ängstlicher Vorsicht verfolgten, aber insgesamt dominierte vorerst die Zustimmung zum Sieg über die Muselmanen. Goethe beteuerte gar in „Dichtung und Wahrheit", der russische Sieg über die „Unchristen" und die brennenden türkischen Schiffe in der Bucht von Tschesme hätten in der gebildeten Welt ein allgemeines Freudenfest hervorgerufen. Ein österreichisches Eingreifen auf dem Balkan konnte rechtzeitig durch die erste Teilung Polens verhindert werden.

Am 10. Juli 1774 besiegelte der Frieden von Kutschük-Kainardschi den ersten russisch-türkischen Krieg. Rußland erhielt Kertsch auf der Krim und einen Landstreifen zwischen Dnjepr und Südlichem Bug. Russische Handelsschiffe durften das Schwarze Meer, den Bosporus und die Dardanellen befahren. Die Krim wurde aus der türkischen Herrschaft gelöst und 1783 durch Rußland annektiert. Katharina schrieb voller Stolz an Voltaire: „Aus jedem seiner Kriege ist Rußland blühender als zuvor hervorgegangen. Tatsächlich haben diese Kriege die Industrie in Schwung gebracht; jeder Krieg war bei uns der Vater irgendeiner neuen Heilsquelle, die Handel und Verkehr belebte." Die Kaiserin verdankte diese Erfolge in erster Linie dem Wirken hervorragender Staatsmänner und Militärs, unter denen der Fürst Grigori Potjomkin eine besondere Rolle spielte.

Zarische und kaiserliche Berater und Politiker hatten seit Michail Fjodorowitsch und dessen Vater Filaret stets eine große Rolle gespielt. Es gab Zeiten, so unter den Kaiserinnen Katharina I., Anna oder Elisabeth, da die Berater dominierende Funktionen in der russischen Politik besaßen. Durch Katharina II. wandelte sich das Bild. Sie verfügte mit Persönlichkeiten wie Bestushew, Saltykow, Rumjanzew, Suworow, Besborodko oder Potjomkin über Menschen mit außergewöhnlichen Begabungen für die imperiale Reichspolitik.

Fürst Potjomkin war ein Mann von ganz besonderen Vorzügen und Fähigkeiten. Als Militär kämpfte er erfolgreich gegen die Türken. Als Staatsmann, glänzender Organisator und in Wirtschaftsfragen beschlagener Mensch besiedelte er die südlichen „neurussischen" Gebiete und baute dort unter erheblichen Anstrengungen eine erfolgreiche Wirtschaftsstruktur auf. Zentren seiner Bemühungen wurden die Städte Cherson, Sewastopol und Jekaterinoslaw. Er war ein exzentrischer Mensch, dem im Leben einfach alles gelang. Potjomkin gehört für das 18. Jahrhundert in die Reihe der großen europäischen Persönlichkeiten. Seine Sacherfolge waren so groß und unangreifbar, daß Neidern und Gegnern nur das Mittel niederer Legendenbildung blieb. Niemals hat sich Fürst Potjomkin über seine Kaiserin gestellt.

Katharina besaß keine theoretisch durchdachte gesellschaftspoliti-
sche Konzeption. Sie wollte Rußlands Weltgeltung vergrößern. Aber sie
spielte auch kein politisches Vabanque. Mit dem Fürsten Potjomkin ist
das böse Wort von den „Potjomkinschen Dörfern" verbunden. Das Wort
beruht auf einer bösartigen Verleumdung. Zwischen 1797 und 1800
erschien in Hamburg das Journal „Minerva". Die Zeitschrift veröffent-
lichte ohne Autorenangabe den Artikel „Potemkin der Taurier". Er gab
ein Gerücht wieder, Fürst Potjomkin habe als Generalgouverneur in
Südrußland Attrappen von Häusern errichten lassen, als die Kaiserin
1787 in die neuen Gebiete reiste. Er habe damit seiner Herrscherin die
Existenz einer blühenden Landschaft vorspiegeln wollen, und die habe
es auch geglaubt.

Als Verfasser galt G. A. W. von Helbig, der von 1781 bis 1796 sächsischer Gesandtschaftssekretär am Hofe in St. Petersburg gewesen ist.
Der Sachse hat die Legende nach Westeuropa getragen und ist maßgeblich dafür verantwortlich, daß die „Potjomkinschen Dörfer" seit dem
beginnenden 19. Jahrhundert zum inhaltsvollen Schlagwort geworden
sind. Die historische Forschung hatte bald herausgefunden, daß der
taurische Fürst mit dem einen Auge viel besser gewesen ist als der ihm
aufgedrängte Ruf. Potjomkins zweifelhafter Nimbus, ein Meister der
Täuschung zu sein, war eine Erfindung jener russischen Politiker, die
Katharinas Orientpolitik verurteilten und im Fürsten Potjomkin deren
Urheber sahen.

In Wirklichkeit hat Potjomkin eine insgesamt erfolgreiche Kolonial-
politik betrieben. Er hat die etwas schwächer geratenen Seiten leicht
geschönt, und dadurch die Stärken um so glänzender präsentiert. Auf der
Paraderoute, die die Zarin 1787 nahm, hat er vorhandene Häuser frisch
anstreichen lassen. Die vielen neuen Siedlungen in den Steppenbezirken
erschienen so reizvoll wie möglich. Der Kaiserin hat ihren Fürsten für
einen tüchtigen Mann gehalten. „Täuschung", „Vorspiegelung falscher
Tatsachen", das waren Worte, die nicht der Wahrheit entsprachen, sondern einem politischen Zweck dienten. Katharina war begeistert: „Die
Anstrengungen des Fürsten Potjomkin haben diese Gegend in ein
blühendes Land verwandelt." Wenn Kaiser Joseph II. im Verein mit dem
französischen Gesandten Ségur skeptischer und kritischer war, hatte das
politische Ursachen. Sie waren der Meinung: „Wenn Katharina wieder abgereist ist, wird all diese Herrlichkeit, die Ausschmückung, die
Verschönerungen, verschwinden. Potjomkins Theatercoup ist dann zu
Ende, und er wird sich mit anderen Szenerien befassen, sei es in Polen
oder in der Türkei." Polen oder die Türkei – der französische Parteigän-

ger türkischer Interessen suchte das Haar in der Suppe Potjomkins und monierte Selbstverständlichkeiten, die zum Alltag von Staatsbesuchen zählten.

Katharina ließ sich durch die Verdächtigungen nicht beeinflussen. Potjomkin war ein großer Mann mit vielen Ideen und Taten für Rußland. Die Neuerungen, die die Kaiserin in Neurußland und auf der Krim gesehen hatte, stellte sie sich für ganz Rußland unter ihrer weisen und wohltätigen Führung vor. Potjomkin traf den entscheidenden Nerv seiner Herrin, als er die junge Schwarzmeerflotte vor Sewastopol paradieren und schließlich noch die legendäre Schlacht von Poltawa nachstellen ließ. Joseph II. hatte vollkommen recht, wenn er aus Sewastopol berichtete: „Die Kaiserin vergeht vor Lust, mit den Türken einen Krieg anzufangen". Den Anlaß lieferten die Türken selbst. Sie verlangten, Rußland solle die Krim wieder herausgeben. Katharina weigerte sich, und es gab den gewünschten Krieg. Die Auseinandersetzung währte vier Jahre, ehe im Dezember 1791 der Frieden von Jassy die türkische Niederlage und den russischen Besitz bestätigte. Drei Jahre später gründete Katharina die Stadt Odessa – Sinnbild des freien russischen Handels auf dem Schwarzen Meer und in das Mittelmeer. Potjomkin war im Oktober 1791 in Jassy gestorben. Ein Ziel hatten weder er noch seine Kaiserin erreicht: Die Osmanen waren nicht aus Europa verdrängt worden.

Die Außenpolitik Katharinas sicherte die innere Entwicklung vielfältig ab. Die territorialen Erweiterungen brachten Rußland Europa räumlich und geistig näher. Die Eingliederung der polnischen Gebiete war 1772 zugleich beispielgebend für die innere Gouvernementsreform von 1775. Katharina hat ihre Außenpolitik als gesamteuropäische Angelegenheit betrachtet. Sie war selbst die beste Interpretin und Propagandistin ihrer Absichten in Rußland und in Europa. Der Siebenjährige Krieg hatte das militärische Gewicht ihres Landes gezeigt. Im Nordischen System vermochte Rußland bis in die 80er Jahre seine Interessen wirksam geltend zu machen. Auch danach hielt Katharina an den in Polen erzielten Gewinnen fest und rundete diese bis 1795 ab. Nach einem kurzem Krieg sicherte sie 1790 den Status quo mit Schweden ab. In den deutschen Angelegenheiten war das Gewicht Rußlands in allen Streitfällen von Bedeutung.

Aber Katharinas Politik traf auf einen von England und Preußen ausgehenden wachsenden Widerstand. Die hegemonialen Ansprüche gegenüber der Türkei verdichteten sich im „Griechischen Projekt" zu einer Konzeption christlich-europäischer Renaissance am Bosporus unter russischer Führung, die von den europäischen Mächten nicht mitgetragen wurde und eher in das Reich ideologischer Rhetorik denn in den Bereich politischer Praxis gehörte.

Literatin aus eigener Berufung

Eine Herrscherin wie Katharina II., deren aufklärerische Ideale an der russischen Wirklichkeit scheiterten, deren wahrer Beitrag zur imperialen europäischen Größe Rußlands in Kriegen und Eroberungen bestand und die den Ehrgeiz verwirklichte, das gültige Urteil der Geschichte über die Persönlichkeit Katharinas selbst zu definieren – eine aufgeklärte absolute Monarchin, aufgehend in der Wohlfahrt für die Landeskinder, mußte zwangsläufig zur Feder greifen. Das verlangten der tägliche Arbeitsprozeß, der selbstgewählte Herrschaftsstil und die Pflege des Images einer Aufklärerin. Katharina empfand sich als Dichterin, Literatin und Journalistin. Sie hielt sich in allen literarischen Belangen für nahezu vollkommen. Katharina publizierte nicht nur eigene literarische Werke mit bisweilen für Rußland ungeeigneten moralphilosophischen Sentenzen, sondern sie setzte sich auch polemisch mit ihren Gegnern auseinander.

Sie protegierte das Journal „Wsjakaja Wsjatschina" (Buntes Allerlei), für das sie anonym Artikel über allgemein-philantropische Fragen schrieb. Die Kritiker, z. B. Nikolai Nowikow, ein scharfzüngiger Landadliger, der die satirische Zeitschrift „Trutenj" (Die Drohne) herausgab, amüsierten sich über den literarisch und geistig flachbrüstigen Anonymus. Katharina beging den Fehler, spitzer Gesellschaftssatire mit Grundsätzen autokratischer Staatsautorität zu begegnen und geriet ins Hintertreffen, weil sie literarisch weniger begabt als der Freimaurer Nowikow gewesen ist. Die geistige Freiheit machte vor der sakrosankten Person des Imperators halt. Nowikows „Drohne" mußte ihr Erscheinen einstellen. Geistige, kulturelle und literarische Vielfalt reichten in Rußland so weit wie der Arm der Kaiserin. Freimaurern, obwohl in Verbindung zur Aufklärung stehend und von Katharina ins Land geholt, wurde die Logentätigkeit untersagt, sobald sie sich dem direkten Zugriff der Kaiserin entzog.

Katharina II. hat viele Boulevardkomödien geschrieben, lustig und oberflächlich. Die Kritiker gingen mit den Stücken schonungslos um. Mit den Jahren verflog die Leichtigkeit. Der Krieg gegen Pugatschow schärfte Katharinas Blick, machte sie mißtrauisch und reizbar. Die Komödien erhielten ein schärferes geistiges Profil und richteten sich später gegen alle jene Kräfte, die sich der Kontrolle durch den Oberzensor Katharina II. entziehen wollten. Stein des Anstoßes war erneut Nowikow. Er konnte es sich dank guter Freunde und eines beträchtlichen Vermögens leisten, unabhängig und sozial engagiert zu sein. Im Jahr ihres größten Triumphes, 1787, als die Kaiserin Südrußland vor Europa ausbreitete, wurde das Reich von einer Hungersnot heimgesucht. Nowikow startete caritative Hilfsaktionen und untergrub damit in Katherinas Augen die Wohlfahrt durch den Staat. Der Umgang mit Nowikow zeigte, wie die Kaiserin mit unbotmäßigen Geistern umging: zunächst die lustvolle literarische Polemik, dann die polizeiliche Überwachung, Publikationsverbot, Suche nach „religiösen Irrlehren" und „unsinnigen Neuerungen" in den schriftlichen Arbeiten; schließlich (nach dem Ausbruch der Revolution in Frankreich) 1792 die Verhaftung. Die Zarin wußte nicht einmal, wie man Nowikow anklagen sollte. Sie hielt ihn für einen „gefährlichen Verbrecher", den man mit dem Tode bestrafen müsse. Nur dank ihrer „angeborenen Menschenliebe" ließ sie es mit fünfzehn Jahren Festungshaft in der Schlüsselburg bewenden. Vier Jahre blieb Nowikow eingesperrt, ehe ihn Katharinas schärfster Gegner, der Sohn Paul, befreite.

Nicht anders als Nowikow erging es dem Adligen Alexander Radischtschew, der 1790 das Büchlein „Reise von Petersburg nach Moskau" herausgab. Es war von solcher Empörung über die unhaltbaren Zustände im leibeigenschaftlichen Rußland und von soviel Rebellion gegen die absolute Monarchin erfüllt, daß Katharina Radischtschew zum Tode verurteilen ließ und ihn auf zehn Jahre nach Sibirien schickte. Für die Kaiserin atmete das schmale Bändchen nicht nur den Geist der französischen Revolution. Sie hielt Radischtschew für gefährlicher als Pugatschow. Eine weitere Steigerungsmöglichkeit als Ausdruck der Abscheu stand ihr nicht zur Verfügung.

Es ist für Katharina besonders enttäuschend gewesen, daß der Widerspruch nicht nur ihre eigene Vorstellungswelt von Rußland gestört hat, sondern daß die rebellischen Wortführer aus dem Adel gekommen sind, jenem Stand, den sie als ihre Stütze empfand, nach Kräften förderte und privilegierte. Dem Adel diente sowohl die 1775 neu konstruierte Gouvernementsordnung als auch die Gnadenurkunde aus dem Jahre 1785. Der Adel wurde in seinen Vorrechten und in seinem Einfluß auf die regionalen Verwaltungen gestärkt. In den Adelsgesellschaften erhielt er das Recht zu relativer ständischer Selbstverwaltung. Fortan bestimmten die Adligen selbst, wer ihrem elitären Stand angehören durfte. Die Adelswürde wurde erblich, ihre Träger mußten keine persönlichen

Steuern zahlen und durften Leibeigene besitzen. Der Adlige durfte Dörfer kaufen, Fabrikanlagen errichten und die Bodenschätze seines Besitztums ausbeuten. Wenn er nicht wollte, mußte er auch nicht dem Staat dienen. Die Gnadenurkunde drückte die allgemeine moralische Pflicht aus, daß der Adlige, wenn der autokratische Staat in Not geriet, diesem sofort und mit aller Kraft zu Hilfe eilte. Obwohl Katharina im gleichen Jahre 1785 durch eine Gnadenurkunde eine städtische Ordnung einführte, blieb Rußland unter ihrer Herrschaft ein Adelsstaat, der die leibeigenen Bauern weiterhin knebelte.

Querelen um die Thronfolge

Der autokratische Sinn Katharinas bestimmte auch die kaiserliche Thronfolgeregelung. Katharina wußte seit dem Tage ihrer durch Gewalt erzwungenen Thronbesteigung, daß sie Paul mit dessen Volljährigkeit den Thron überlassen mußte. Man sagt, sie habe Paul so erziehen lassen, daß ihm die Lust am Regieren vergällt werden sollte. Es bleibt eine Tatsache, daß Paul mehr und mehr Verhaltensweisen Peters III. annahm, daß er seine Mutter zu hassen begann, daß Katharina mit Pauls Söhnen Alexander und Konstantin ebenso verfuhr wie seinerzeit Elisabeth mit ihr und Paul. Nicht nur am Hofe munkelte man, daß die Kaiserin Paul von der Thronfolge zugunsten Alexanders ausschließen werde. Mit den Jahren wurde Katharinas Angst vor dem legitimen Thronanspruch Pauls drängender. Daraus erklärt sich, daß sie in ihren Memoiren keine Gelegenheit ausgelassen hat, dem Leser zu suggerieren, Paul sei der Sohn Sergei Saltykows und habe kein Recht auf den Thron. Aber die Kaiserin legte sich nicht fest, und Alexander war nicht bereit, seinem Vater die Krone zu stehlen.

Im September 1796 erlitt Katharina einen leichten Schlaganfall. Sie war enttäuscht, weil Gustav IV. von Schweden eine Ehe mit ihrer Enkelin Alexandra ausgeschlagen hatte. Die Kaiserin erholte sich wieder. Am 6. November 1796 folgte ein zweiter Schlaganfall – er war tödlich. Erst nach Stunden fand man die Kaiserin auf dem Korridor vor ihrem Ankleidezimmer. Sie lebte noch für einige Stunden, erlangte kaum das Bewußtsein wieder und obwohl jedermann wartete – das erlösende Wort über die Thronfolge entwand sich den sterbenden Lippen nicht mehr. Das Geheimnis ihres Willens nahm sie mit in das Grab.

„Ein großer Mann, den man Katharina nennt"

Das Lebenswerk Katharinas ist bis auf den heutigen Tag umstritten. Es erlaubt keine idealisierenden Überhöhungen. Die Frage bleibt interessant, welche tatsächlichen Leistungen sie für Rußland und Europa im Vergleich zu anderen russischen Zaren erreicht hat. Welche Bedeutung kommt der Tatsache zu, daß sie eine Frau gewesen ist, und wie ist ihre geschichtliche Rolle in der Relation zu den anderen herrschenden Zarinnen gewesen? Katharina II. ist eine bedeutende, absolut und autokratisch regierende Herrscherin Europas gewesen. Ihr Tod war ein Symbol für das Ende einer ganzen Epoche. Die spätere triviale Rache ihres Sohnes schmälerte die Leistungen Katharinas II. nicht. Im historischen Sinne erlangte sie machtpolitische Größe. Ihre gesellschaftspolitischen Ideale waren in Westeuropa verwurzelt und auf Rußland nur schwer anwendbar. Katharinas Herrschaftsmethoden unterschieden sich nicht von denen ihrer männlichen Kollegen. Sie war im Gegensatz zu so manchem Zaren eine gesunde und willensstarke Persönlichkeit. Die weiblichen Vorgängerinnen auf dem Thron überragte sie nicht in erster Linie hinsichtlich der legendären Zahl ihrer Liebhaber. Sie baute das Prinzip der Favoriten zu einer politischen Größe aus, ohne sich dem Willen ihrer Favoriten unterzuordnen. Im Vergleich zu Katharina I., Anna Iwanowna oder Elisabeth Petrowna zeichnete sich Katharina II. durch erhebliche persönliche Vorzüge und ganz andere Voraussetzungen aus. Sie war kein Spielball in den Händen machthungriger Würdenträger. Sie konnte sich auch nicht auf direkte väterlich-russische Traditionen berufen. Mit protestantischer Gründlichkeit unterwarf sie sich der allgemeinen russischen Herrschaftstradition und führte sie mit eisernem Willen, geschickter Personalpolitik und kaum zu übersteigerndem Bewußtsein von der Größe der eigenen geschichtlichen Mission zu einem neuen Höhepunkt. Peter I. hatte Rußland den Einstieg nach Europa ermöglicht. Katharina II. verankerte Rußland endgültig als europäische Großmacht.

Als weibliche individuelle Persönlichkeit war Katharina II. auf dem russischen Kaiserthron einmalig. Der Blick auf die russische Herrschaftsgeschichte seit Iwan IV. verdeutlicht ein interessantes Phänomen: Eingeleitet durch die Regentin Sofja und unterbrochen durch die Herrschaft Peters I., folgte anschließend fast ein Jahrhundert, in dem die aristokratischen Frauen in aufsteigender Linie eigenständige Beiträge zur Reformierung, imperialen Ausdehnung und Europäisierung Rußlands geleistet haben. Katharina II. markierte zugleich Höhepunkt und Ende dieser Entwicklung. Nach Katharina II. gab es nie wieder eine derart markante weibliche Persönlichkeit in der Familie Romanow. Keine einzige Frau unternahm mehr den Versuch einer Palastrevolte, um selbst auf den Thron zu gelangen. Niemals wieder gab es eine weibliche Regentin.

11. Kapitel

Das neue Bild der russischen Kaiserin:
Die Frauen des „wahnsinnigen" Paul Petrowitsch

Natalja Alexejewna –
Prinzessin Augustine-Wilhelmine von Hessen-Darmstadt
(25. (N. S.) Juni 1755 – 15. April 1776)
Erste Gattin des Großfürsten Paul Petrowitsch,
des späteren Kaisers Paul I., seit 1773

Marija Fjodorowna –
Prinzessin Sophie Dorothea Auguste von Württemberg
(25. (N. S.) Oktober 1759 – 24. Oktober 1828)
Zweite Gattin des Großfürsten Paul Petrowitsch, des späteren
Kaisers Paul I., seit September 1776

Katharina II. hatte sich nach 1762 bei der Erziehung ihres Sohnes Paul zunächst Mühe gegeben. Sie wollte sein Herz und Vertrauen gewinnen. Anfänglich gelang das sogar uneingeschränkt gut. Eine gewisse geistige und persönliche Freiheit beflügelte Paul. Der Junge war klug genug und sah nicht nur die glänzende Fassade der mächtigen Mutter. Paul störten zunächst die Geliebten der Kaiserin, namentlich Grigori Orlow. Orlow war zudem auf den Knaben eifersüchtig und bestärkte dadurch Pauls Trotzhaltung gegenüber der Mutter. Es gab Leute in Pauls Umgebung, die ihn auf seine eigentliche Rolle als Kaiser hinwiesen. In Paul festigte sich der Gedanke, seine Mutter enthalte ihm den Thron wissentlich vor. Er lebte sich in eine Rolle hinein, die der Peters III. nicht unähnlich gewesen ist. Paul kopierte nicht nur dessen Hang zu militärischen Spielen. Es gab jedoch einen gravierenden Unterschied: Peter verharrte in seinem Haß auf Rußland, Paul war ein standesbewußter russischer Großfürst, hart, ungeduldig und von nagenden Zweifeln über seine Zukunft zerrissen.

Katharina II. bemerkte, daß ihr der Sohn entglitt, daß er ihren feingeistigen und literarischen Schwärmereien ablehnend gegenüberstand. Katharina hatte am Tage des Staatsstreichs versprochen, daß sie sofort abdanken werde, wenn Paul die Volljährigkeit erreichen würde. Das wäre spätestens im Jahre 1772 der Fall gewesen. In jenem Jahre näherte sich Katharina erst den Höhepunkten ihrer Macht- und Prachtentfaltung. Sie dachte deshalb nicht mehr im entferntesten daran, ihr Versprechen einzulösen. Statt dessen schwächte sie die labile Persönlichkeit Pauls. Ein kleiner, unansehnlicher Mensch wie Paul konnte durch abfällige Bemerkungen über sein Äußeres schnell in Not gebracht werden. Jederman konnte die wachsenden Spannungen zwischen Mutter und Sohn spüren. Der Mutter wohlgefällige Höflinge suggerierten Paul, daß es ihm an der „Energie folgerichtigen Denkens" mangele, daß er an „einer unseligen Neigung zu krankhafter, überspannter Exaltation" leide.

Auguste-Wilhelmine – das „gute Geschäft" für Hessen-Darmstadt

Dennoch blieb Paul der legitime Thronerbe, und Katharina mußte für ihn eine Ehe arrangieren. Die Brautwahl folgte bereits wie selbstverständlich der durch Peter I. begründeten Ordnung und konzentrierte sich auf Westeuropa. Bislang waren die Fürstenhäuser aus Braunschweig-Wolfenbüttel, Mecklenburg-Schwerin, Holstein-Gottorp und Anhalt-Zerbst mit unterschiedlichen Motiven in den Kreis der Familie Romanow aufgenommen worden. Katharina II. erweiterte das Feld dynastischer Bindungen. Ihre Anstrengungen zur Verheiratung Paul Petrowitschs entlarven auf mitunter schockierende Weise, daß die Eheanbahnung von allen beteiligten Seiten nicht nur politischen, sondern vor allem finanziellen Motiven folgte, mit idealen Träumen von einem aufgeklärten Europa indes nichts zu tun hatten.

Das finanziell katastrophal bestellte Hessen-Darmstadt hatte bereits bei der Thronerhebung Katharinas II. vage Versuche einer künftigen Koppelung mit Rußland unternommen. Vorerst kam eine dynastische Verbindung mit Preußen zustande, die als Empfehlung gegenüber Rußland dienen konnte. Als Katharina eine Braut für Paul suchte, favorisierte sie das hessische Haus, mit dem Rußland schon jahrzehntelange Kontakte pflegte: Landgraf Friedrich II. von Hessen-Homburg hatte 1670 die Prinzessin Louise Elisabeth von Kurland geheiratet. Zar Iwans V. Tochter Anna hatte in diese hessisch-kurländische Familie geheiratet. Peter der Große hatte hessische Prinzen in die russische Armee aufgenommen. Der Erbprinz von Hessen-Homburg beteiligte sich 1741 am Sturz Anna Leopoldownas und erhielt dafür von Kaiserin Elisabeth den Rang eines Generalfeldmarschalls. Lediglich das begehrte Kurland konnte nicht auf Dauer von den Hessen erworben werden.

Die Kandidatinnenliste für Pauls Brautwerbung enthielt 15 Namen von potentiell geeigneten Prinzessinnen aus Hessen-Darmstadt (allein 6), Mecklenburg-Schwerin, Nassau-Saarbrücken, Sachsen-Gotha, Sachsen-Meiningen, Sachsen-Saalfeld und Württemberg. Freiherr Achatz Ferdinand von der Asseburg visitierte die jungen Damen in kaiserlichem Auftrag und nahm Augustine-Wilhelmine von Hessen-Darmstadt in die engere Auswahl. Katharina II. hatte ihren wohlwollenden Blick zunächst auf Sophie-Dorothea von Württemberg-Mömpelgard geworfen. Die war allerdings mit ihren dreizehn Jahren selbst für damalige Voraussetzungen noch zu jung.

Katharina II. besaß gegen Augustine-Wilhelmine von Hessen-Darmstadt Vorbehalte, denn die Ärmlichkeit des Hofs und die vielen Geschwister verhießen hohe Kosten. Aber die Kaiserin ließ dennoch ein lebensgroßes Portrait von Augustine-Wilhelmine anfertigen, das im Januar 1772 in Petersburg ankam und allerhöchsten Beifall fand. Wie einst im Falle Katharinas schaltete sich Friedrich II. von Preußen als Vermittler ein. Darüber ging das Jahr 1772 hin. Bis zum Januar 1773 konnte Landgraf Ludwig IX. von Hessen-Darmstadt erreichen, daß Rußland ihn im Falle einer Heirat Pauls mit der Prinzessin bei der Sanierung der maroden Staatsfinanzen unterstützen werde. Es ging zunächst um einen zinsgünstigen Kredit und vor allem darum, die 2 Millionen Gulden einzutreiben, die das Haus Habsburg den Hessen seit dem 30jährigen Krieg schuldete. Die hessischen Wünsche und Bedingungen steigerten sich bis zum Februar 1773 allerdings in erstaunliche Höhen. Rußland sollte dem Landgrafen u. a. bei der Bereinigung der Schuldenfrage in Wien helfen und aus seinen militärischen Dienstpflichten als Feldmarschall der habsburgischen Armee befreien – eine gleichwertige Ersatzcharge in der russischen Armee wurde vorausgesetzt. Als „Schutzort" vor den „Zumutungen" durch den Wiener Kaiserhof erstrebte der Landgraf das Generalgouvernement Estland. Der russische Kredit sollte eine Million Rubel umfassen und auf zehn Jahre gewährt werden. Die hessischen Prinzen sollten in russische Dienste genommen werden – natürlich mit einem entsprechenden Einkommen. Als Gegenleistung versprach der Landgraf die Unterstützung Rußlands in allen Deutschland und „das Evangelische Wesen" betreffenden Fragen.

Trotz erheblicher Bedenken seiner Beauftragten hinsichtlich der Realität dieser Forderungen sah sich der Landgraf wohl schon als Herzog über das reiche Kurland. Seine Gemahlin Karoline, die zu den Verhandlungen nach Rußland reiste, stand der Wirklichkeit näher. Sie wollte die dynastische Verbindung mit Petersburg um nahezu jeden Preis – wenn nur die Kinder sicher versorgt würden. Am 26. Juni 1773 kam Karoline mit ihren drei Töchtern Amalie, Luise und Wilhelmine bei der Kaiserin in Gatschina an. Friedrich II. hatte sie unterwegs mit Geld und guten Ratschlägen ausgestattet. Karoline brachte die überspannten Wünsche ihres Gemahls gar nicht erst zur Sprache. Zwischen ihr und Katharina herrschte sofort herzliches Einvernehmen, und zwei Tage später hatte sich Paul Petrowitsch für die Prinzessin Wilhelmine entschieden! Ludwig IX. schraubte aus der Ferne die Forderungen nach Geld, Titel, Land und Leuten in Rußland noch höher und drohte, er werde im Falle der Nichtgewährung seine Zustimmung zur Konversion der Braut zurückziehen. Es war eine hohle Geste. Als sein Minister am 28. August 1773 in Petersburg eintraf, war die Braut bereits zum orthodoxen Glauben konvertiert, hieß nun Großfürstin Natalja Alexejewna, und die jungen Menschen waren miteinander verlobt.

Katharina und Karoline entschieden sich gegen einen förmlichen Ehevertrag, den der Landgraf gewünscht hatte. Dafür erhielt er das Generalfeldmarschallpatent und eine Pension von 7000 Rubel. Nur einer der hessischen Prinzen bekam eine vergütete Obristenstelle in einem russischen Regiment. Der erhoffte Kredit wurde mit dem Verweis auf die Kosten des russischen Krieges gegen die Türkei auf unbestimmte Zeit verschoben. Nur in den Wiener Angelegenheiten war Rußland zu jeder gewünschten Unterstützung bereit – nach vorheriger Konsultation und Abstimmung mit dem preußischen König. Kurland, so argumentierte Katharina, stehe nicht zur Disposition. Kurland sei ein unabhängiges Herzogtum und Lehen der polnischen Krone! Ludwig IX. mußte einsehen, daß ihn sowohl die Gemahlin, als auch der verhandlungsführende Minister Moser hintergangen hatten. Er konnte nicht anders und machte gute Miene zum bösen Spiel. Der Landgraf mußte nicht enttäuscht sein. Die territorialen Wünsche hatten sich zwar nicht erfüllt, aber in politischer und finanzieller Hinsicht war die Verheiratung Wilhelmines für Hessen-Darmstadt ein voller Erfolg. Die ganze hessische Gesandtschaft, die in Petersburg geweilt hatte, wurde mit Spesen, Geldgeschenken, Schmuck, Möbeln und anderen Gegenständen im Wert von mehreren 100 000 Gulden ausgestattet. Mit dem Geld konnten Schulden bezahlt und das einheimische Handwerk mobilisiert werden. Wilhelmine konnte auf die ihr zustehenden 20 000 Gulden Heiratsgeld von den Ständen verzichten. Das Geld wurde angelegt. Ein Gewinn folgte aus dem anderen. In politischer Hinsicht war die Landgrafschaft fest mit dem großen Rußland verbunden. Kaiser Joseph II. mußte dem ausgehandelten Schuldenausgleich zustimmen.

In Petersburg wurde die Hochzeit noch im Jahre 1773 vollzogen. Augustine-Wilhelmine war damals siebzehn Jahre alt. Sie galt als eigenwillig, und der Ehe war kein Glück beschieden. Paul liebte seine junge Frau und wollte in ihr einen moralischen Halt gegen die übermächtige Mutter sehen, aber Natalja dankte es ihm wenig. Sie war ordinär, gemein und hat ihn betrogen. Katharina II. hat der jungen Schwiegertochter ein denkbar schlechtes Zeugnis ausgestellt und behauptet, diese sei ewig krank und lebe nur in Extremen: „... in achtzehn Monaten hat sie nicht ein Wort Russisch gelernt. Sie sagt zwar, sie hätte die Absicht, es zu lernen, aber es bleibt immer nur beim Sagen ... Ihre Schulden sind schon auf das Doppelte ihrer jährlichen Apanage angewachsen, und dabei gibt es in Europa kaum eine Prinzessin, die soviel bekommt wie sie ...“ Natalja schlug in Rußland keine Wurzeln. Als bekannt wurde, daß sie ein Kind erwartete, hoffte man in Darmstadt, daß die russischen Geldquellen nun bald noch reichhaltiger sprudeln würden. Die Erwartung trog. Natalja erwies sich als gebärunfähig. Sie starb bereits am 15. April 1776 im Kindbett. Um ihren Tod rankten sich zahlreiche Gerüchte. Es hieß, Katharina habe einen operativen Eingriff verhindert.

Paul geriet anfänglich in Verzweiflung. Die Kaiserin und Fürst Pot-jomkin halfen in den folgenden Jahren noch mehrfach durch üppige Geldzuwendungen bei der Sanierung der hessischen Staatsfinanzen, aber die dynastische Verbindug war zunächst beendet. Katharina legte dem nach dem Tode Nataljas stark depressiven Paul geheime Liebesbriefe der Verstorbenen an den befreundeten Grafen Andrei Rasumowski vor und zeichnete das Bild der hessischen Prinzessin in den schlechtesten Farben. Das war herzlos, diente jedoch dem nüchternen Kalkül zur Sicherung einer natürlichen Erbfolge.

Marija Fjodorowna: Tu felix Rossija nube!

Paul löste sich aus seiner Verzweiflung und heiratete nach dem Willen der Mutter noch im gleichen Jahre 1776 ein zweites Mal. Man konnte nun ohne Not auf die inzwischen siebzehnjährige Prinzessin Sophie-Dorothea von Württemberg-Mömpelgard zurückgreifen, die nach ihrem Übertritt zum orthodoxen Glauben den Namen Marija Fjodorowna erhielt. Diese Wahl war gut getroffen und wurde auch dadurch nicht beeinträchtigt, daß Paul anläßlich seiner Verlobung ein Memorandum verfaßte, in dem er der Braut die ihm genehmen Lebensregeln dekre-tierte: „… Die Prinzessin wird sich in Geduld üben müssen, um meine Launen und Stimmungen zu ertragen … (Sie) darf sich nicht in Staats-angelegenheiten einmischen … Sie darf nie einen Rat von Mitgliedern des Hofstaates annehmen … Es wird notwendig sein, daß sie ihr Verhal-ten so gestaltet, daß es auch die geringste Möglichkeit ausschließt, in Intrigen verwickelt zu werden."

Die Braut war als Tochter eines deutschen Fürsten und preußischen Generals bescheiden, gottesfürchtig und diszipliniert erzogen sowie mit einer vorzüglichen Ausbildung versehen worden. Wie Katharina II. war sie in Stettin geboren worden, wohin der Siebenjährige Krieg den Vater, Herzog Friedrich Eugen von Württemberg, verschlagen hatte. Die Mut-ter Friederike Dorothee Sophie stammte als geborene Prinzessin von Brandenburg-Schwedt aus dieser Gegend. Erst im Jahre 1769 zog die Familie in das linksrheinisch gelegene württembergische Mömpelgard. Die Eltern lebten mit ihren insgesamt 12 Kindern meist in dem vor Mömpelgard gelegenen kleinen Schlößchen Etupes voller Harmonie und Eintracht. Man las viel, der Vater korrespondierte sogar mit Rousseau, und die Mutter widmete sich voller Hingabe der Armenpflege. Die Toch-ter wurde tatsächlich umfassend auf ihre künftigen Aufgaben vorberei-tet. Sie sollte auch tatsächlich in Pauls und Rußlands Leben, namentlich nach dem Tode Pauls im Jahre 1801, eine sehr aktive Rolle spielen und den Beweis erbringen, welches hohe Maß an politischer Autorität die Zarenwitwen genießen konnten. Als Nichte des Preußenkönigs Friedrich II. besaß sie eine ausgezeichnete Reputation, die sich Katharina II. etwas kosten ließ. Da das Mädchen zwischenzeitlich mit dem Prinzen Ludwig von Hessen-Darmstadt, einem Bruder der verstorbenen Natalja, verlobt worden war, zahlte Katharina eine „Ablösesumme". Alles wurde problemlos geregelt. Marija wurde die erste Gemahlin eines russischen Kaisers, die sich ohne Scheu in die Politik einmischte. Die Verlobungsregeln Pauls waren so antiquiert, daß sich Marija nicht danach richtete. Ihre Position wurde auch dadurch gestärkt, daß ihre Brüder Wilhelm und Karl in russische Dienste traten und hohe Aufgaben in Militär und Verwaltung übernahmen.

Die Ehestifterin Katharina war mit der Wahl zunächst sehr zufrieden und schrieb: „Ich gestehe ..., daß ich leidenschaftlich für diese bezaubernde Prinzessin eingenommen, leidenschaftlich im vollen Sinne des Wortes. Sie ist gerade so, wie wir sie gewünscht: schlank wie eine Nymphe, von weißer Gesichtsfarbe wie eine Lilie, mit dem Inkarnat einer Rose, von hohem Wuchs mit entsprechender Fülle und einer großen Leichtigkeit im Gang. Milde, Herzensgüte und Aufrichtigkeit sprechen aus ihrem Angesicht. Alle sind von ihr entzückt, und wer sie nicht liebt, ist im Unrecht, denn sie ist dazu geschaffen und tut alles, um geliebt zu werden. Mit einem Wort, meine Prinzessin vereinigt alles in sich, was ich wünsche, und somit bin ich zufrieden." Auch die junge Großfürstin Marija war in der ersten Zeit mit der für sie getroffenen Wahl glücklich: „Ich bin sogar mehr als zufrieden, ich hätte es niemals mehr sein können; der Großfürst ist so liebenswürdig als möglich und vereinigt in sich alle guten Eigenschaften. Ich darf mir schmeicheln, daß ich von meinem Bräutigam sehr geliebt werde; dies macht mich sehr, sehr glücklich." Selbst der englische Gesandte, der sich eher von den eigenen politischen Interessen als von dynastischen Gefühlen leiten ließ, berichtete seiner Regierung: „Die Hofgesellschaft spricht mit großem Lob von der Prinzessin von Württemberg; man rühmt ihre Schönheit und ihre Manieren. Der Großfürst fühlt, wie es scheint, eine zärtliche Liebe zu ihr, so daß die Prinzessin eine ähnliche Macht über das Herz ihres Gemahls haben wird wie ihre Vorgängerin, nur wird sie bei ihrem hervorragenden Verstand unstreitig einen besseren Gebrauch davon machen."

Marija und Paul liebten und vertrauten einander trotz des schlichten Memorandums. Dabei hatte es die Gemahlin bei Pauls kompliziertem Charakter niemals leicht. Sie hielt aber trotz aller Widrigkeiten zu ihm und schenkte ihm obendrein zehn Kinder. Die natürliche Erbfolge in der Dynastie konnte gesichert werden. 1777 wurde als erster Sohn Alexander geboren, zwei Jahre später folgte Konstantin. Katharina II. war sehr zufrieden. Herzog Friedrich Eugen wurde im fernen Württemberg mit einer guten Pension belohnt. Das junge Paar erhielt ein Landgut nahe der Residenz Zarskoje Selo, das nach dem Großfürsten Paul Pawlowsk genannt wurde, und auf dessen Boden bald darauf ein respektables Schloß erbaut wurde. Marija Fjodorowna richtete das Anwesen zu einem repräsentativen Heim ein, und nahm besonderen Einfluß auf die Gestaltung des umfangreichen Landschaftsparks, der sie an ihre württembergische Heimat erinnern sollte. Sie ließ sogar nach der Besichtigung des Schlosses Hohenheim bei Stuttgart im Jahre 1782 die dort gesehenen künstlichen Ruinen, Wasserfälle und Hütten in Pawlowsk nachbauen.

Aber mit den beiden Söhnen begann ein Spiel, das wiederholte, was Elisabeth einst praktiziert hatte: Alexander und Konstantin wurden den Eltern genommen und unter der Obhut der Kaiserin erzogen. Nachdem 1783 als drittes Kind die Tochter Alexandra geboren worden war, schenkte die Kaiserin ihrem Sohn das Schloß in Gatschina bei St. Petersburg. Sie verbannte ihn quasi vom Hofe. Paul entwickelte in Gatschina seine eigene militärische Hofhaltung. Es sollte sich zeigen, daß der ständige Wechsel zwischen dem Petersburger Winterpalais, Peterhof (wo Alexander und Konstantin erzogen wurden) und Gatschina negative Folgen für die Erziehung der Jungen mit sich brachte. Es hieße jedoch den Einfluß Marija Fjodorownas unterschätzen, würdigte man nicht, daß der Hof in Gatschina ebenso wie der „große Hof" in Petersburg ein Treffpunkt für Literaten, Künstler und Wissenschaftler wurde. Die Großfürstin pflegte ihre aufgeklärten Ansichten im Rahmen der bestehenden finanziellen Möglichkeiten. Sie initiierte Entdeckungsfahrten des Weltumseglers Adam Krusenstern oder des Forschungsreisenden Otto von Kotzebue. Marija Fjodorowna wurde von der russischen Akademie der Wissenschaften zum Ehrenmitglied ernannt.

Außerdem war sie für ihre literarischen Interessen bekannt, die sich insbesondere an der französischen und deutschen Literatur orientierten. Maximilian von Klinger, der Freund Schillers, wirkte am Hof in Gatschina als Vorleser des Großfürsten Paul. Er sorgte dafür, daß 1787 der „Don Carlos" am Theater in Gatschina aufgeführt wurde. Marijas großzügiger Förderung und Klingers aktiver Arbeit war die Lebendigkeit der Pflege deutscher Literatur in Gatschina zu verdanken. Sie erreichte ein Niveau, das der Petersburger Hof bisher nicht kannte. Im Gegenteil. Als Katharina II. 1795 ein Verzeichnis mit Buchtiteln aufstellte, die für

Gatschina finanziert und angeschafft werden sollten, befand sich keine einzige Arbeit Schillers darunter.

Marija mußte mit Paul auch resignative Perioden durchleben. Aber die Resignation mündete nicht in abstrakte Selbstzweifel über den Sinn des Herrschens und Regierens. Aus ihr floß der Haß auf die Mutter, die Wut auf die Thronräuberin und der Wille, das in Gatschina errichtete militär-konservative Regiment eines Tages auf ganz Rußland auszudehnen. In dieser Hinsicht konnte Marija die Emotionen ihres Gemahls nicht dämpfen. Es bedurfte nicht der Erfahrungen aus der französischen Revolution, ihm Gedanken an eine liberale Reformierung Rußlands im Sinne der Aufklärung auszutreiben. Dafür sorgte die Mutter selbst. Paul stand mit dreißig Jahren fest auf dem Boden der Autokratie. Rußland benötigte nach seiner Auffassung keine Reformgesetze. Die Gnadenurkunde Peters III. für den Adel hielt er für überflüssig. Der Adel mußte vielmehr zu seinen Dienstpflichten zurückgeführt werden. Die Geistlichkeit hatte die reine orthodoxe Lehre zu vertreten, und die Leibeigenschaft mußte gefestigt werden.

Die Sichtweisen Pauls wirkten sich nachteilig auf seine gesamte Lebensführung aus. Dennoch wurde um seine Person ein für die Geschichte der Romanow-Dynastie neues Element erkennbar. Alle Zaren- und Thronfolgerehen waren aus dynastisch-politischen Gründen geschlossen worden. Michail Fjodorowitsch und dessen Sohn Alexei hatten ihre ausgeglichenen familiären Bindungen noch sorgsam vor der Öffentlichkeit verborgen. Durch Peter I. hielten westeuropäische Prinzessinnen ihren Einzug in die kaiserlichen Palais des Russischen Reichs. Weder Alexei Petrowitsch noch Anna Leopoldowna oder Katharina II. hatten Ehen geführt, die von Harmonie oder trauter Zweisamkeit gekennzeichnet waren. Anna I. und Elisabeth I. sind nicht verheiratet gewesen. Pauls Ehe mit Marija Fjodorowna besaß in den ersten Jahren einen relativ harmonischen Grundzug, der das Bemühen der Gemahlin erkennen ließ, westeuropäische aristokratische Familienkultur mit den am russischen Hof erreichten aufgeklärten und kulturellen Lebensäußerungen zu verbinden und dem innerlich zerrissenen Gemahl wie auch den eigenen Kindern in der Familie eine Stütze und Zuflucht zu geben. Zweifellos hatten sich Ehe und Familie im russischen Adel während des 18. Jahrhunderts in Richtung auf eine weitsichtigere Öffnung nach Westeuropa gewandelt. Die Natur, die Romantik, Literatur und Kunst hielten an den Adelshöfen Einzug. Mit Marija Fjodorowna ging diese Tendenz einen praktischen Schritt weiter, indem die politische Verantwortung der Kaiserin stärker betont und die westeuropäische Adelskultur noch stärker in das Hofleben integriert wurden. Insofern begann mit Marija Fjodorowna eine neue Etappe in der Geschichte der russischen Zarenfamilie, deren Beginn so schwer erschien, weil Pauls Charakter schwierig und die Beziehungen zur Kaiserin besonders kompliziert waren.

Katharina II. ließ mit fortlaufenden Jahren durchblicken, für wie wenig geeignet sie Paul auf dem Thron hielt. Sie protegierte statt dessen den Enkel Alexander und dessen Bruder Konstantin. Paul und Marija bemerkten, daß die Kaiserin sie vom Hofe verdrängte. Das ganze militärische Spektakel, das den Tagesablauf in Gatschina ausfüllte, war so sehr an den preußisch-holsteinischen Traditionen Peters III. orientiert, daß es von der Kaiserin als Trotzreaktion des Thronfolgers verstanden werden konnte. Katharina leitete daraus eine noch größere Distanz ab. Aber sie hat sich niemals eindeutig für die Thronkandidatur Alexanders ausgesprochen.

Im November 1796 kam die Zeit der Entscheidung. Katharina erlitt den zweiten Schlaganfall. Paul weilte mit Marija in Gatschina. Alexander wurde zuerst an das Sterbebett der Großmutter geholt. Aber allen Gerüchten zum Trotz fiel weder von ihrer Seite ein entscheidendes Wort noch unternahm Alexander irgendwelche Schritte, die Macht an sich zu reißen. Er schickte sofort den Vertrauten seines Vaters Fjodor Rostoptschin nach Gatschina und wartete selbst ruhig Pauls Ankunft ab.

Thronbesteigung und wohltätige Aufgaben

Paul zog als neuer Imperator in das Palais ein und regierte. Rachsucht begleitete ihn von Stund an. Es war erstaunlich, wie der kleine verfemte, verachtete und von der Kunst des Regierens ferngehaltene Mann sofort die Zügel des Staates in die Hand nahm. Er quartierte sich neben dem Sterbezimmer Katharinas ein. Jeder Hofbeamte, mußte zur Berichterstattung an der sterbenden Kaiserin vorbeigehen. Kaum war die Mutter gestorben, ließ Kaiser Paul seinen Überzeugungen freien Lauf. Eine Flut von Vorschriften überschwemmte das Land. Paul schrieb vor, welche Hüte zu tragen waren, wieviel Pferde vor eine Kutsche zu spannen waren, wer wann welche Abendgesellschaft geben durfte usw. Endlich konnte Paul seine Soldaten in aller Öffentlichkeit paradieren lassen. Endlich durfte er die Garden kommandieren. Endlich entschied sein Wille. Nach all den Jahren der Verachtung kostete Paul seine autokratische Stellung aus.

Seine besondere Verachtung galt der Mutter. Fortan blieben alle Paläste, die Katharina und ihre Favoriten bewohnt hatten, leer. Die sterblichen Reste Peters III. wurden ausgegraben, in einen neuen Sakopharg gelegt, und neben Katharina aufgebahrt. Paul persönlich überwachte die Vorbereitungen zum Begräbnis der beiden „kaiserlichen Majestäten". Im Trauerzug mußte Alexei Orlow die Zarenkrone hinter dem Sarg Peters hertragen. Mancher Zuschauer, auch die Söhne, fragten sich heimlich, ob der neue Kaiser seine Handlungen sorgfältig genug abwägte. Was aber hat die Gemahlin, was haben die Töchter gedacht?

Im April 1797 reiste der Hof zur Krönung nach Moskau. Es ging bei den Festlichkeiten streng, nüchtern, militärisch und sehr religiös zu. Paul führte die Regie. Es gab auch Bankette und Bälle, aber niemand wagte, ausgelassen und unbeschwert das Leben zu genießen. Für den Kaiser genoß höchste Priorität, daß am Krönungstag, am 24. April 1797, ein Ukas die Festlegungen Peters des Großen von 1722 außer Kraft setzte, nach denen nur der Imperator für die Thronfolge verantwortlich war. Nun konnte die Krone wieder in natürlicher Erbfolge auf den erstgeborenen Sohn übertragen werden. Sollte dieser keinen männlichen Erben hinterlassen, würde die Krone nach dem Erstgeburtsrecht auf die Brüder übergehen. Diese Thronfolgeregelung war in der Praxis stabiler als die Entscheidungen Peters I. Bis zu Nikolaus II. ist der Ukas ohne ernste Probleme angewandt worden.

Mit der Krönung Pauls wurde Alexander offiziell zum Thronfolger und ersten Großfürsten des Reichs proklamiert, ohne daß Paul sofort in seinem Sohn den Nebenbuhler und Konkurrenten fürchten mußte. Der Kaiser ordnete alle Aufgaben und schloß die Gemahlin dabei nicht aus. Während Marija Fjodorowna bislang zurückgezogen mit ihrem Mann in Pawlowsk und Gatschina und in der engeren Familie gelebt hatte, trat die Kaiserin nunmehr mit eigenem Gewicht in die Öffentlichkeit. Paul I. übertrug ihr konkrete Verantwortlichkeiten für die allgemeine Wohltätigkeit. Marija Fjodorowna übernahm die Schirmherrschaft und finanzielle Unterstützung für Hospitäler, Waisenhäuser, Kinderbewahranstalten, Bildungseinrichtungen, Armenküchen, Nachtasyle und vielfältigste Institutionen, in denen über wohltätige Spenden aus dem reichen Besitz der kaiserlichen Familie die erbärmliche Lebenssituation der Ärmsten ein wenig gelindert werden konnte. Paul I. stellte ihr dafür jährlich eine Million Rubel zur Verfügung, die u. a. auch in der Findelhaus-Bank und in Witwenkassen zur Kapitalvermehrung angelegt wurden. Die Kaiserin hat in diesem sozialen Bereich ihr ganzes Leben lang vorbildlich gearbeitet, bestehende Traditionen erweitert und ihre Töchter im strengen Sinne religiös und autokratisch motivierter Verantwortung für die sozial Leidenden erzogen. Ihr besonderes Augenmerk galt stets den Kindern, für deren Gesundheit und Bildung die meisten der zur Verfügung stehenden Mittel ausgegeben wurden.

Die Kaiserin zeichnete für zwei weitere Aufgabenbereiche verantwortlich. Von ihr gingen entscheidende Impulse für das kulturelle, literarische und musische Leben am Hofe aus, und sie stellte die Weichen für die Heiratspolitik des Hauses Romanow. Selbst wenn nach geltendem Recht das letzte Wort stets beim Kaiser lag, besaß die Kaiserin den bestimmenden Einfluß auf die Vorbereitung aller Entscheidungen bei der Erziehung und Verheiratung der Kinder. Sie machte ihren Einfluß nicht nur bezüglich des Thronfolgers geltend, sondern auch bei den Töchtern.

Die Töchter erhielten durch die besten Gelehrten und Dichter eine vorzügliche Ausbildung und Erziehung. Sie wurden in gleicher Weise auf rechtlichem wie politischem und musischem Gebiet gebildet. Diese Mädchen erwartete eine Mission, die durch Peter I. begründet worden war und seither in zunehmendem Maße verwirklicht werden konnte: Die Söhne und Töchter des russischen Kaisers sollten die machtpolitischen Interessen des Hauses Romanow auf dem gesamten europäischen Kontinent wahren und die enge Verbindung mit der europäischen Aristokratie sichern. Der Thronfolger Alexander heiratete 1793 Louise Maria Augusta (Elisabeth Alexejewna) von Baden-Baden. Großfürst Konstantin wurde 1796 mit Juliane (Anna Fjodorowna) von Sachsen-Coburg verheiratet. Die Ehe scheiterte allerdings. Großfürstin Alexandra Pawlowna ehelichte 1799 Joseph Erzherzog von Österreich-Ungarn. Großfürstin Jelena Pawlowna heiratete 1799 Erbherzog Friedrich Ludwig von Mecklenburg-Schwerin. Ebenfalls noch zu Lebzeiten Pauls I. wurde die Ehe der Großfürstin Maria Pawlowna mit dem Erbherzog Carl Friedrich von Sachsen-Weimar-Eisenach ausgehandelt. Nach der Ermordung Pauls im Jahre 1801 intensivierte Marija Fjodorowna die einmal eingeschlagene Heiratspolitik mit noch größerer Verantwortung. Großfürstin Katharina Pawlowna war in erster Ehe seit 1809 mit dem Erbprinzen Georg-Peter von Holstein-Oldenburg verheiratet. Die zweite Ehe kam 1816 mit dem Kronprinzen und späteren König Friedrich Wilhelm von Württemberg zustande. Einen vagen Plan zu ihrer Vermählung mit Napoleon I. wies Marija entrüstet zurück. Die Großfürstin Anna Pawlowna heiratete 1816 den Kronprinzen der Niederlande und späteren König Wilhelm I. Dem Großfürsten Nikolaus wurde 1817 Louise Charlotte (Alexandra Fjodorowna), die Tochter des Königs von Preußen, angetraut, und Großfürst Michail heiratete 1824 die Prinzessin Friede-rike Charlotte Maria (Jelena Pawlowna) von Württemberg.

Alle Kinder Pauls und Marijas – außer dem schwarzen Schaf Konstan-tin, der nach seiner Scheidung in morganatischer Ehe mit einer pol-nischen Dame lebte und freiwillig auf den Thron verzichtete – wurden mit europäischen Fürstenhäusern verbunden. Es war ein dynastischer Durchbruch nach Europa in bisher nicht gekannter Breite. Die Initiato-rin war ohne Zweifel in besonderem Maße Kaiserin Marija Fjodorowna. Die Ursachen für diese Entwicklung lagen im politischen und finanziel-len Bereich. Nach der Französischen Revolution sahen die deutschen und europäischen Fürstenhäuser im russischen Kaiserreich ihre wichtigste Schutzmacht und strebten ihrerseits nach dynastischen Verbindungen mit der Familie Romanow-Holstein-Gottorp. Diese nutzte die Möglich-keit, ihren politischen Einfluß auf Mitteleuropa zu stärken. Beide Inter-essenlagen verbanden sich miteinander, selbst wenn mitunter der Ein-druck entstehen konnte, die Außenpolitik Pauls I. wirke dem entgegen.

Während Marija Fjodorowna ihre wohltätigen und familiären Aufga-ben erfüllte und Heiratspläne für die Kinder schmiedete, inspizierte Paul mit dem Thronfolger die Armee. Die Vorliebe Pauls für alle Formen mi-litärischer Disziplin war bekannt. Dennoch hoffte man in Rußland, daß er weitere Reformen einleiten werde. Die Hoffnungen wurden bald ent-täuscht. Alexander bemerkte im Oktober 1797: „Als mein Vater auf den Thron kam, wollte er alles reformieren. Der Anfang seiner Regierungs-zeit war vielversprechend, aber später wurden die in ihn gesetzten Erwartungen nicht erfüllt." Paul teilte die Wertschätzung Katharinas gegenüber kameralistischen Finanzlehren. Der wichtigste Unterschied zu Katharina II. bestand in seinem mangelnden Gespür für die realen Machtverhältnisse und die Interessenlagen der unterschiedlichen gesell-schaftlichen Gruppen innerhalb und außerhalb seines Reichs. Er unter-schätzte die oppositionellen Strömungen im grundbesitzenden Adel und unter den Offizieren der Garde. Das notwendige Augenmaß für die finanziellen Möglichkeiten des Russischen Reichs ging ihm nicht ver-loren.

Die Fixierung auf eine absolutistische Interpretation der Autokratie mit der Forderung nach dem Staats- und Militärdienst aller Untertanen ließ dennoch Raum für eine paternalistisch-fürsorgliche Politik gegen-über den Leibeigenen, für die 1797 der Drei-Tage-Frondienst als Norm festgelegt wurde. Paul setzte Zeichen für eine Wende in der Bauern-politik. Die Zeit reichte nicht zum Abschluß der Ansätze, vieles erwies sich aber als tragfähig. Für Gedankenfreiheit oder ständische Autonomiewünsche hatte Paul keinen Sinn. Unabhängige Ideen galten als Verrat. Träume von einer liberalen Verfassung hielt er für puren Jakobinismus.

Seit Herbst 1797 machten erste Gerüchte über einen Putsch der Garde die Runde. Die Kaiserin hat sie ebenso wie ihr Mann gehört. Paul faßte den Entschluß, inmitten der Hauptstadt eine stark bewehrte Festung zu bauen, die ihn im Falle einer Verschwörung schützte: den Michailow-Palast. 1797 wurde mit den Bauarbeiten begonnen. Zahlreiche Zeitgenossen haben den Festungsbau mit einem bei Paul fortschreitenden Verfolgungswahn in Verbindung gebracht. Pauls Vater war durch eine Offiziersrevolte ums Leben gekommen. Es hatte den Pugatschowaufstand und die französische Revolution gegeben. Paul hatte das alles persönlich erlebt, die Ereignisse waren nicht spurlos an ihm vorübergegangen. Aber Kaiser Paul I. ist nicht wahnsinnig gewesen. Er war körperlich gesund und führte mit seiner Gemahlin zumindest bis zur Thronbesteigung eine gute und gesunde Ehe. Paul I. wollte Rußlands internationale Großmachtstellung festigen. Er wollte den Geist der Französischen Revolution bannen. Die in den Händen Marija Fjodorownas liegende Heiratspolitik war dafür der beste Beweis.

Pauls Charakter und die daraus erwachsene Politik sind sprunghaft gewesen. Ganz Europa war in den damaligen Jahren sprunghaft und irrational. Kein Monarch oder Politiker konnte sagen, wohin Europa nach der Revolution in Frankreich tendieren werde. Paul wollte eine Nichteinmischungspolitik betreiben und attackierte gleichzeitig das revolutionäre Frankreich. Paul fühlte sich als Hort des europäischen Adels, mit dem er sich dank seiner Gemahlin auch familiär verbinden konnte. Als Napoleon 1798 Malta besetzte, trat Rußland in den Zweiten Koalitionskrieg gegen Fankreich ein. Die Koalition scheiterte wieder, und Paul I. suchte einen neuen Verbündeten. Er fand ihn in Frankreich. Offensichtlich konnte der Kaiser den außenpolitischen Kurswechsel vor seiner Umgebung nicht beweiskräftig genug begründen. Das beeinflußte die Gerüchte über eine Verschwörung. Diese gründeten sich primär auf die spontane Willkür des Zaren, auf die Beschneidung der Rechte des Adels, auf die preußische Diziplinierung der Armee und auf die Penetranz, alles zu reglementieren und zu überwachen. Das Mißtrauen Pauls machte nicht einmal vor der eigenen Familie, vor der Gemahlin und dem Thronfolger halt, die es gewiß nicht an Loyalitätsbeweisen fehlen ließen.

Der Kaiser übertrug den versiegenden Groll gegen die Mutter nach und nach auf die Gemahlin. Er entzog ihr das Vertrauen, schloß sie zunehmend von der Regierung aus. Er soll sie öffentlich mit den Worten gedemütigt haben: „Sie haben die Absicht, Madame, sich Freunde zu verschaffen und bereiten sich vor, die Rolle einer Katharina II. zu spielen, doch sollen Sie wissen, daß Sie in mir keinen Peter III. finden." Marija Fjodorownas Tagebücher sind später verbrannt worden, und Briefe sind von ihr aus jenen Monaten kaum vorhanden. Es gibt nur wenige Zeugnisse über ihren Seelenzustand in einer sterbenden Ehe, allenfalls Tatsachen, die einen hinreichenden Aussagewert besitzen.

Paul hatte bereits vor der Thronbesteigung eine Hofdame Marijas, Katharina Nelidowa, zu seiner Mätresse erwählt. Eine bittere Beschwerde Marijas bei Katharina II. hatte daran nichts geändert. Die Kaiserin hatte ihrer Schwiegertochter lediglich einen Spiegel vor das Gesicht gehalten und sie mit den Worten beruhigt: „Die Rivalin ist nur ein kleines Scheusal". Im Jahre 1793 hatte sich Katharina Nelidowa von Paul zurückgezogen, und Marija hatte aufgeatmet. Jetzt, da der Kaiser selbst immer abscheulicher reagierte, holte Marija Fjodorowna die Nelidowa an den Hof zurück. Paul hörte bis zu einem gewissen Grade auf die ehemalige Mätresse. Marija und Katharina Nelidowa verbündeten sich miteinander, suchten den Kaiser von unwägbaren Entschlüssen abzuhalten, und erweckten dadurch dessen Mißtrauen. 1798 zerschlug er die „Verschwörung". Katharina Nelidowa wurde vom Hof verbannt. Freunde Marijas fielen in Ungnade und mußten den Hof ebenfalls verlassen. Der Kaiser entzog seiner Gemahlin vor Wut die Leitung der Findelhäuser und traf sie damit an einer ihrer empfindsamsten Stellen. Nach guter altrussischer Sitte drohte er ihr die Einweisung in ein Kloster an.

Im Frühjahr 1800 nahmen Verschwörungsideen konkretere Konturen an. Der Name Nikita Panins wurde genannt, der des Admirals de Ribas und immer wieder der des Stadtkommandanten von Petersburg, Graf Peter von Pahlen. Panin suchte den Thronfolger auf und sprach mit ihm über die Notwendigkeit einer Entfernung Pauls vom Thron. Ob Alexander seine Beobachtungen und Meinungen der Mutter mitgeteilt hat, bleibt angesichts der weiteren Entwicklungen fraglich.

Im Jahre 1800 waren die Töchter Alexandra und Jelena bereits nach Österreich und Mecklenburg verheiratet, und die Verhandlungen mit Sachsen-Weimar über die Vermählung Marias hielten an. Alexander und Konstantin standen dem Vater kritisch gegenüber. Marija Fjodorowna machte aus ihrer antinapoleonischen Gesinnung kein Geheimnis. Es ist wenig wahrscheinlich, daß Marija die Verschwörungspläne nicht zumindest erahnt hat. Äußerlich bewahrte sie Stillschweigen und fügte sich dem Willen ihres Gemahls.

Am 13. Februar 1801 zog Paul I. mit seiner Frau und den Kindern in den Michailow-Palast. Inmitten des europäischen Petersburg lebte die kaiserliche Familie in einer mittelalterlichen Schutz- und Trutzburg. Wassergräben, Zugbrücken, doppelt gesicherte Türen und ein perfekt organisiertes Wachsystem, von Paul persönlich und regelmäßig kontrolliert, sollten die gewünschte Ruhe und den Schutz vor Anschlägen bringen. Paul verlangte, daß auch die beiden Großfürsten Alexander und Konstantin dem Weg hinter die Mauern folgten. Am 5. März zogen sie mit ihren Familien ein.

Ende Februar hatte Alexander ein Gespräch mit Graf Pahlen geführt. Der Zarewitsch verlangte, daß seinem Vater bei einem Umsturz kein Leid zugefügt werden dürfe. In Rußland lagen jedoch keine Erfahrungen für den menschlichen Umgang mit einem gestürzten Zaren vor; erstmals in der Geschichte der Romanow-Dynastie besaß die Verschwörung eine Publizität, die kaum zu überbieten war. Hatte bei Elisabeth und Katharina II. eine Handvoll Gardisten mit großer Improvisationsfähigkeit alles auf eine Karte gesetzt, so bereitete sich nun faktisch der gesamte Petersburger Adel in aller Öffentlichkeit genüßlich auf den Sturz des Despoten vor. Alexander gab seine Einwilligung, wollte die Folgen aber nicht bis zur letzten Konsequenz durchdenken.

Der Putsch fand in der Nacht vom 11. zum 12. März 1801 statt, und endete mit der Ermordung Kaiser Pauls I. Graf Pahlen eilte mit der Nachricht zu Alexander, Paul I. sei an einem Schlaganfall gestorben. Alexander gab sich verzweifelt, seine Ehefrau Elisabeth mahnte zu Standhaftigkeit. Alexander fuhr zum Winterpalais und zeigte sich den Garderegimentern. Er sagte, sein Vater sei an einem Schlaganfall gestorben. Der schottische Arzt James Wylie beurkundete diese Todesart. Eine Legende war geboren. Kaiser Paul I. war tot. Selten ertönte in Rußland ein derartiger Jubelschrei. Alle Hoffnungen, die despotischen Fesseln abzustreifen, ruhten nun auf Alexander. Man wollte die bedrückenden Herrschaftsjahre Pauls so schnell wie möglich vergessen.

Die Zarinwitwe in der Reichspolitik

Marija Fjodorowna wird für die Jahre ihres gemeinsamen Lebens mit Paul I. als sparsam, liebenswürdig, korrekt, ordentlich und stets ebenso freundlich wie höflich bezeichnet. Sie war als Fürstentochter zu einer Fürstenehe erzogen worden und hielt sich an die Spielregeln ihres Standes. Ständige Schwangerschaften, die Autorität Katharinas II. und das sonderlingshafte Wesen ihres Gemahls schränkten zwar ihre politischen Bewegungsmöglichkeiten ein, unterbanden diese aber nicht. Im Zusammenhang mit der Verschwörung gegen Paul wird Marijas Name nicht erwähnt. Es erscheint glaubhaft, daß sie nichts von den konkreten Vorbereitungen zu dem Mord wußte. So berichtete es auch die ihr und ihren Kindern langjährig vertraute Gräfin Liewen.

Die Ermordung Pauls I. eröffnete Marija gesellschaftliche und politische Verantwortlichkeiten wie auch Spielräume, die sie davor weder wahrnehmen konnte, noch mußte. Ihre Stellung als Zarinwitwe sicherte einen bedeutenden Einfluß, den sie in dem Maße breit nutzte, wie die Erfordernisse der Koalitionskriege gegen Napoleon und die Gestaltung der europäischen Nachkriegsordnung dazu zwangen, das von ihr entworfene dynastische Netz wirksam für Rußland und das monarchische Europa einzusetzen. Der junge Kaiser Alexander I. war ein widersprüchlicher Mensch, dessen Traum in einer politischen Neuordnung Europas nach christlich-ethischen Idealvorstellungen bestand. Am Ende kam die „Heilige Allianz" heraus. Marija Fjodorowna besaß einen großen Einfluß auf alle Kinder, so auch auf Alexander.

Marija Fjodorowna griff in die Handlungen ihres Sohnes ein, nachdem im Dezember 1805 die Schlacht von Austerlitz verloren worden war. Sie kritisierte dessen Entscheidung, selbst an die Spitze der Armee zu treten. Das Treffen Alexanders mit Napoleon in Tilsit im Sommer 1807 beurteilte sie mit großer Skepsis, weil sie das russische Engagement für Preußen als übertrieben ansah, den Beitritt Rußlands zur Kontinentalsperre als Fehler erkannte und ein Bündnis mit dem Usurpator Napoleon für unerträglich hielt. Als in den Jahren 1807 und 1808 die Idee einer Verheiratung ihrer Tochter Katharina mit Napoleon auftauchte, legte sie scharfen und grundsätzlichen Protest ein. Auf dem Erfurter Fürstentag im Jahre 1808 folgte Alexander getreu den Wünschen seiner Mutter und bestätigte in einem Brief deren Ansichten: „Die Stunde, in der wir Bonapartes Untergang mit aller Ruhe zusehen werden, kann nicht mehr fern sein." Marija Fjodorowna reiste in den Jahren nach dem Wiener Kongreß mehrfach durch Europa. Sie begleitete ihren Sohn zu Friedenskongressen und besuchte die im Ausland verheirateten Kinder, die ihrerseits regelmäßig zur Visite nach Petersburg kamen. Die gegenseitigen Besuche waren Familientreffen, über deren Gesprächsgegenstände nichts in der Öffentlichkeit verlautete, standen jedoch in jedem Falle mit wichtigen politischen Entscheidungen für das Haus Romanow in Verbindung. Das bekam auch der Großherzog von Sachsen-Weimar-Eisenach, Carl August, zu spüren. Sachsen-Weimar stand nach den Karlsbader Beschlüssen von 1817 ob seiner liberalen Haltung in dem politischen Ruf, ein „Nest des Jakobinismus" zu sein. Im November 1818 reiste Marija

Fjodorowna nach Weimar und leistete ihren Beitrag, den dortigen Hof nicht dem Gefüge der „Heiligen Allianz" entgleiten zu lassen. Ihre Tochter Maria Pawlowna bewies jedoch genügend eigene Courage, sich nicht den Traditionen des klassischen Weimar entgegenzustemmen. Sie wählte einen anderen Weg. Mit dem von ihr gestifteten „Patriotischen Institut der Frauenvereine" unterwarf sie die gesamte öffentliche Wohlfahrt ihrer patriarchalisch-autokratischen Kontrolle und sicherte dem fürstlichen Hause obendrein eine sichere Einnahmequelle, die überdies mit dem Petersburger Fiskus verbunden wurde.

Marija Fjodorowna zog sich nach der Ermordung ihres Gemahls also nicht in das Privatleben einer Witwe zurück. Sie nahm vielmehr direkten Einfluß auf die konkrete Politik und verankerte das Haus Romanow fest in Mitteleuropa. Diesem Ziel waren selbst ihre letzten Lebensjahre gewidmet. 1824 reiste der Weimarer Erbgroßherzog Carl Friedrich mit seiner Gemahlin Maria Pawlowna und den Kindern Maria und Augusta nach St. Petersburg. Bei diesem Besuch wurde die Vermählung der Töchter mit preußischen Prinzen beraten und verabredet. Im Jahre 1825 starb Alexander I. Auf seinen Tod folgte zwischen Marijas Söhnen Konstantin und Nikolaus der „Großmutsstreit" um den Thron, den Marija Fjodorowna durch die Autorität ihrer Person maßgeblich schlichten half.

Als die Zarenwitwe im Jahre 1828 starb, hatte sie ein wichtiges Ziel ihres Petersburger Lebens erreicht. Kaiser Nikolaus I. regierte ganz im Geiste seines Vaters Paul. Die dynastische Verschwägerung mit dem europäischen Adel, die im 17. Jahrhundert mißlungen und im 18. Jahrhundert erst in Einzelfällen gelungen war, entwickelte sich zur Norm des Hauses Romanow und hielt bis zum Ende der Dynastie auf dem russischen Thron im Jahre 1917 an.

Als Frau und Persönlichkeit war Marija Fjodorowna umstritten. Einige Zeitgenossen urteilten, sie rege sich ständig auf, spräche über alles und jedes, sei in ihrer Eitelkeit unersättlich, dränge sich vor und giere danach, alle Aufmerksamkeit auf sich selbst zu vereinen. Andere hielten sie für eine vortreffliche, wohltätige Frau, die über keine großen Geistesgaben verfügte, borniert sei, „eine Deutsche", durchdrungen von allen möglichen aristokratischen Vorurteilen. Das mag alles gestimmt haben. Aber sie paßte auf den Platz, auf den man sie gestellt hatte. Für die deutsche Literatur hat sie eine große Vorliebe besessen. und wenn am Beginn des 19. Jahrhunderts die Werke Goethes, Schillers oder Wielands und anderer deutscher Dichter in Rußland eine weite Verbreitung gefunden haben, dann hatte Marija Fjodorowna daran einen nicht unmaßgeblichen Anteil.

232

12. Kapitel

Eine stille Dulderin in heroischer Zeit: Kaiserin Elisabeth Alexejewna

Elisabeth Alexejewna –
Prinzessin Louise Maria Augusta von Baden-Baden
(13. Januar (N.S.) 1779 – 4. Mai 1826)
*Gattin des Großfürsten Alexander Pawlowitsch und
späteren Kaisers Alexander I. seit 28. September 1793*

Prinzessin Louise von Baden-Baden hat ihren Gemahl Alexander Pawlowitsch im Jahre 1793 geheiratet. Katharina II. lebte noch. Großfürst
Alexander wurde zwischen der Großmutter und dem Vater hin und her
gerissen, und lediglich die Mutter Marija Fjodorowna bemühte sich um
Ruhe und Ausgleich. Das Haus Romanow weitete seine dynastischen
Verbindungen nach Deutschland im großen Stile aus. Eine Prinzessin
aus Baden war aller Ehren wert, entstammte jedoch keiner aristokratischen Großmacht. Außerdem lebten die Badenser in unmittelbarer
Nähe zum aufrührerischen Frankreich. Das alles waren schwierige Vor-
bedingungen für die Braut, und auch der Auserwählte verfügte trotz
strahlender Jugend über einige komplizierte Charaktereigenschaften.

Alexander war unter der Obhut Katharinas II. spartanisch aufgewachsen und geistvoll erzogen worden. Sie berief u. a. den gemäßigt-liberalen
Schweizer Gelehrten Frédéric César de La Harpe 1783 zum Hauslehrer.
Katharina II. führte den künftigen Thronfolger frühzeitig an Regierungsaufgaben heran. Der Junge tat, was von ihm verlangt und erwartet
wurde. Einflußreiche Höflinge und ausländische Diplomaten haben vermutet, daß Katharina unter Umgehung der natürlichen Erbfolge eine
baldige Heirat Alexanders forcierte. Aber Alexanders Hochzeit mit der
Prinzessin Louise war durchaus kein logisches Indiz für eine etwaige
Enterbung Paul Petrowitschs. Paul und dessen Frau sollen allerdings
durch die Kaiserin erst Einblick in die Heiratspläne erhalten haben, als
Louise bereits in Petersburg weilte. Louise war damals ein liebreizendes
vierzehnjähriges Mädchen. Sie war die Tochter des Markgrafen Karl Ludwig von Baden. Die Mutter Amalie stammte aus dem Hause Hessen-
Darmstadt und war die Schwester der ersten Frau Paul Petrowitschs.
Louise war daher als Nichte dieser verstorbenen ersten Gemahlin Pauls
zumindest indirekt mit ihrem Bräutigam Alexander verwandt. Großfürst Paul und Marija Fjodorowna trugen der künftigen Schwiegertochter die Entscheidung Katharinas in keiner Weise nach, obwohl sich das
Verhältnis Marija Fjodorownas zu Louise in späteren Jahren erheblich
verschlechtern sollte.

Die Kaiserin übertrug das ihr eigene schwärmerisches Lob über Alex-
ander auch auf dessen Frau. Nach deren Konversion zur orthodoxen
Großfürstin Elisabeth Alexejewna und der Vermählung schrieb sie:
„Alle sagten, daß sich hier zwei Engel die Treue schworen. Es gab nichts
Rührenderes zu sehen, als diesen fünfzehnjährigen Bräutigam mit seiner
vierzehnjährigen Braut." Alexander hüllte sich lieber in Schweigen, war

höflich und bedauerte, daß ihn die Aufregungen von seinen Studien abhielten. Vielleicht war er noch zu jung und unerfahren, um das Mädchen so zu sehen, wie sie von Zeitgenossen wahrgenommen wurde: „Sie war noch nicht 16 Jahre alt; ihre Züge waren fein und regelmäßig, und das Oval des Gesichts makellos: das herrliche Licht ihres Antlitzes war nicht scharf geschnitten, sondern die Blässe harmonierte mit einem Ausdruck, dessen Sanftmut sie einem Engel gleich erscheinen ließ ...“

Nachdem am 9. Oktober 1793 die Vermählung gefeiert worden war, zog sich das junge Paar zu den Eltern in das Schloß Gatschina zurück. Alexander und Elisabeth lebten in schöner ehelicher Harmonie. Aber Monat um Monat verging, und der ersehnte Nachwuchs blieb aus. Katharina II wurde ungeduldig, und es lag mehr als Spott hinter den wiederholten Nachfragen Marija Fjodorownas, ob denn die gute Elisabeth nicht in anderen Umständen sei. Da war Marija Fjodorowna „thronbewußter“. Sie brachte ein Kind nach dem anderen zur Welt, darunter 1796 den Sohn Nikolaus – den späteren Kaiser Nikolaus I. Zu Lebzeiten Katharinas erfüllten Alexander und Elisabeth die in sie gesetzten Thronfolgewünsche nicht. Dadurch wurde ihre eheliche Zweisamkeit empfindlich gestört, und Katharinas Interesse wandte sich gegen Ende ihres Lebens aus diesem Grunde von Alexander ab. Sie suchte eine gewisse Wiederannäherung an den leiblichen Sohn Paul und schickte de La Harpe mit der Bitte um Vermittlung zu ihm. Der Schweizer gewann tatsächlich Pauls Zuneigung und besaß offenbar einen Anteil daran, daß dieser 1796 ohne Widerstände den Thron besteigen konnte.

Unter der Despotie Pauls I.

Paul I. bestieg im Dezember 1796 den Thron, und es folgten die von Widersprüchen zerrissenen Jahre seiner Herrschaft. Alexander und dessen Gemahlin führten weiterhin das nahezu unsichtbare Leben des Thronfolgerehepaares. Während Alexander immerhin noch zahlreiche offizielle Verpflichtungen zu erfüllen hatte, sind über Elisabeths Leben in den Jahren zwischen 1797 und 1801 nur drei bemerkenswerte Begebenheiten zu berichten. Im Mai 1799 brachte sie ihr erstes Kind zur Welt. Das Mädchen Marija starb jedoch bereits im Juli 1800. Der Thronfolger ließ weiter auf sich warten. Kaiser Paul bezog auch die Schwiegertochter in sein pathologisches Mißtrauen mit ein und drohte ihr ebenso mit dem Kloster wie seiner Gemahlin. Anfang März 1801 mußte Elisabeth ihrem Mann hinter die Mauern des Michailow-Palastes in St. Petersburg folgen und wurde zumindest indirekt Zeuge der Verschwörung. Kaiser Paul I. wurde schließlich ermordet. Der Thronfolger brach zusammen und weinte: über den Tod des Vaters, daß nun eingetreten war, was er bisher vermeiden wollte, und über die Tatsache, daß er, der sich nie recht entscheiden konnte, nun aber regieren mußte. Seine Frau redete ihm in dieser schweren Stunde gut zu. Seit dem Beginn ihrer Ehe stand sie ihm treu zur Seite, vertraute ihm, und blieb ihm stets eine verläßliche Partnerin. Alexander ging in den Winterpalast, sprach zur Garde und trat sein Regierungsamt in dem Bewußtsein an, daß an dessen Beginn eine Verschwörung und ein Vatermord gestanden hatten.

Nicht mit, sondern neben dem Kaiser Alexander

Pauls Ende löste Begeisterungsstürme aus. Man erwartete, daß der junge Kaiser eine Ära liberaler Reformen einleiten würde. Wenn Alexander betonte, daß er das Volk so regieren wolle, „wie es ihm Gott der Allmächtige anvertraut habe, in Übereinstimmung mit den Gesetzen und dem Geist Unserer verehrten, verstorbenen Großmutter, Katharina der Großen", verhieß das zwar eine größere geistige Liberalität, aber kein Abrücken von Autokratie und Adelsprivilegien.

Alexander rief de La Harpe zurück, aber der neue Staatsrat erinnerte stark an Katharinas letzte Regierungsjahre und schuf dem Kaiser im Adel Popularität. Alexander diskutierte mit seinen Jugendfreunden Czartoryski, Nowossilzew, Stroganow und Kotschubei im „Intimen Komitee" alle gesellschaftspolitischen Probleme Europas und Rußlands. Außer einer Erweiterung des geistigen Horizonts bei den Diskutanten ist nicht viel dabei herausgekommen. Die Freunde kamen im Grunde nur zu der Überzeugung, daß moderne Gesellschaftstheorien auf Rußland nicht anwendbar waren. Die Verfassung – das war für den Kaiser bestenfalls eine Gesetzessammlung oder eine Felddienstvorschrift militärischen Zuschnitts. Elisabeth nahm an den Debatten geistigen Anteil. Sie las und wußte viel und besaß auch zu Alexanders Freunden ein sehr gutes persönliches Verhältnis. Böse Zungen kolportierten, die verstorbene Tochter sei eine Frucht ihrer Beziehungen zu Adam Czartoryski gewesen. Tatsächlich gerieten ihre Bindungen zu Alexander mehr und mehr in die Bahnen kameradschaftlicher Freundschaft.

Im September 1801 fand in Moskau die Krönungszeremonie statt. Alexander und Elisabeth hielten sich streng an das vorgeschriebene Ritual – bis hin zur Pilgerfahrt an das Grab des heiligen Sergius im Troiza-Kloster. Sie waren erleichtert, als sie Ende Oktober wieder in das vertraute St. Petersburg zurückkehren und sich von den Strapazen erholen konnten.

Im In- und Ausland wartete man nun darauf, wie Alexander mit dem väterlichen Erbe umgehen würde. Napoleon gewann zusehends an Macht. Erste Signale deuteten an, daß Alexander sich berufen fühlte, neben Napoleon als Herr Europas aufzutreten. Marija Fjodorownas Initiative war eine Annäherung an König Friedrich Wilhelm III. von Preußen zu verdanken. Im Juni 1802 traf der Kaiser in Memel mit dem preußischen König zusammen. Das Treffen endete ohne formales Abkommen. Alexander war dennoch zufrieden. Er hatte mit der Königin Louise eine zärtliche Beziehung begonnen, die ihn über die nächsten Jahre begleiten sollte. Kaiserin Katharina II. war für ihre Liebe zu den Männern bekannt. Paul I., obwohl sittsam und fruchtbar verheiratet, hatte eine Geliebte an seiner Seite. Alexander I. brach diese Tradition nicht. Während Elisabeth entsagungsvoll in Rußland weilte, liebte er zahlreiche Frauen – darunter auch die preußische Königin.

Am Petersburger Hof beobachtete man zur selben Zeit beim Kaiser erste Gemütsschwankungen. Kaiserin Elisabeth mußte ihn ständig neu motivieren, seinen gesellschaftlichen Pflichten gerecht zu werden. Das fiel ihr selbst zunehmend schwerer, denn anders als in der Zeit nach Pauls Ermordung begann sich der Kaiser von ihr sichtbar abzuwenden. Sie fühlte sich nicht zu Unrecht von ihm kalt, abweisend und selbstherrlich behandelt. Der Grund lag vor allem in seinem Liebesverhältnis zur polnischen Gräfin Maria Naryschkina. Die Affäre währte schon seit mehreren Jahren. Sie war von Alexander wegen der polnischen Frage, und auch mit einem bedauernden Blick auf die Kaiserin zeitweilig unterbrochen, aber nicht beendet worden. Die Geliebte war verführerisch, geistreich und mit einem der reichsten Männer Petersburgs verheiratet. 1803 erwartete sie ein Kind von Alexander. Sie machte sich Hoffnungen auf eine Scheidung des Kaisers und stellte ihre Schwangerschaft offen und provozierend zur Schau. Marija Fjodorowna hatte die Kurtisanen ihres Gemahls Paul im gegenseitigen Einvernehmen mit Freundschaft und Zuneigung umgeben. So war es Brauch am Zarenhof, und Marija Fjodorowna brachte schließlich selbst zehn Kinder zur Welt! Kaiserin Elisabeth befand sich in einer anderen Situation. Sie besaß weder die gesundheitliche noch die moralische Robustheit ihrer Schwiegermutter. Elisabeths erstes Kind war gestorben – auch das 1806 zur Welt kommende Töchterchen sollte nicht einmal zwei Jahre alt werden. Die Kaiserin fühlte sich in Rußland oftmals nicht wirklich geborgen. Am Hof und in der Politik, sogar im Verhältnis zu ihrem Gemahl, wurde sie von

Marija Fjodorowna in den Hintergrund gedrängt. Dennoch liebte Elisabeth ihren Mann durchaus um seiner selbst willen. Die Naryschkina war für sie eine gemeine Dirne, die eine harmonische Ehe zerstören wollte. Trotzdem brachte Elisabeth die Kraft auf, sich auch um ein gutes Verhältnis zu Maria Naryschkina zu bemühen. Als die Geliebte Alexanders die Tochter Sofja zur Welt brachte, kümmerte sich Elisabeth intensiv um dieses Kind ihres Mannes und war ebenso traurig wie der Kaiser, als das Mädchen starb.

Aber die Naryschkina blieb nicht die einzige Geliebte Alexanders. Elisabeth übte sich in sanfter Geduld und lebte in dem tapferen Glauben, sie allein verstehe den sprunghaften Kaiser, der werde ihre Großmut schon noch erkennen und eines Tages reuevoll in ihre Arme zurückkehren.

Tatsächlich besaßen der Kaiser und die Kaiserin immer ein auch durch die bitteren Erfahrungen mit Paul I. geprägtes anhaltend kameradschaftliches Vertrauensverhältnis zueinander. Diese standhafte Beziehung half beiden, die schweren Aufgaben zu meistern, die Rußland in den kommenden Jahren lösen mußte.

Bereits im Jahre 1803 erkannte Kaiser Napoleon in Rußland einen gefährlichen Konkurrenten für die Herrschaft auf dem Kontinent. Die russisch-französischen Beziehungen gerieten in eine Krise. Die Entführung und Hinrichtung des Herzogs von Enghien erschreckte den Petersburger Hof. Geradezu beleidigt war man dort, als Napoleon den Markgrafen von Baden zur Abdankung zwang. Kaiserin Elisabeth entstammte ja dem Hause Baden. Napoleon beging damit einen antirussischen Akt und provozierte den sofortigen Abbruch der diplomatischen Beziehungen. Als Napoleon sich 1804 zum Kaiser der Franzosen proklamierte, lehnte die kaiserliche Familie in Rußland diese Anmaßung geschlossen ab. Im Mai 1805 krönte sich Napoleon gar zum König von Italien. England, Österreich und Rußland fanden sich in der Dritten Koalition zusammen.

Austerlitz und der europäische Krieg

Während Kaiserin Elisabeth in Petersburg unruhig wartete, reiste Alexander in den Krieg. Rußland und Preußen schlossen einen Geheimvertrag, den Österreichs Gesandter, Clemens von Metternich, als „Unglück" bezeichnete. Preußen wollte Frankreich Friedensvorschläge unterbreiten. Sollte Napoleon ablehnen, würde Preußen Ende 1805 der Dritten Koalition beitreten. Bevor Alexander am 5. November abreiste, inszenierte er mit dem König und Louise von Preußen ein Schauspiel. Zu nächtlicher Stunde stiegen die drei Monarchen bei flackerndem Fackelschein in die Krypta der Garnisonskirche zu Potsdam. Vor dem Sarge Friedrichs des Großen umarmten sie sich und schworen ewige Freundschaft. Der Wert dieser Geste sollte sich bald zeigen.

Alexander reiste weiter zu seiner Schwester Maria nach Weimar. Sie war seit einem guten Jahr mit dem Erbprinzen Carl Friedrich von Sachsen-Weimar-Eisenach verheiratet und verstärkte mit tatkräftiger Unterstützung durch ihre Mutter, aber auch durch die Schwägerin Elisabeth, die russische Position unter den deutschen Kleinstaaten. Die beiden russischen Kaiserinnen ließen es nicht an Aufmerksamkeit gegenüber dem klassischen Weimar fehlen. Alexander belebte durch seine Visite die Kontakte und eilte zu dem bedrängten österreichischen Verbündeten nach Böhmen.

Am 2. Dezember 1805 kam es zur Schlacht bei Austerlitz. Russische Militärführer wie Kutusow, Bagration, Miloradowitsch, Großfürst Konstantin oder Buxhöwden boten mit ihren Offizieren und Soldaten Beispiele an Kampfgeist, Einsatzwillen und Tollkühnheit. Dennoch unterlagen sie Napoleons Kriegskunst. Am Abend war die Schlacht für die Koalition verloren. Alexander hoffte auf das Eingreifen der Preußen. Die Österreicher gaben alles verloren. Kaiser Franz bat Napoleon um einen Separatfrieden.

Der russische Kaiser reiste nach St. Petersburg. Er wollte den Krieg bis zu einem für Rußland ehrenvollen Frieden fortsetzen. Niemand empfing ihn in Petersburg mit Vorwürfen, obwohl die Opfer groß waren – 20 000 Mann an Gefallenen, Verwundeten und Gefangenen. Zweifel tauchten auf. Kaiserin Elisabeth schrieb an ihre Mutter: „Mama, wir wollen lieber nicht Austerlitz erwähnen, über dieses unerschöpfliche Thema wäre so viel zu sagen, daß man nicht weiß, wo man beginnen soll, darüber zu schreiben." Trotzdem, in der Familie suchte man intensiv nach den Ursachen für die Niederlage. Der Zustand der Armee, die politischen Berater und selbst die Unentschlossenheit des Zaren wurden kritisch untersucht. Alexander mußte sich von Marija Fjodorowna bittere Worte sagen lassen. Die Analyse von Austerlitz mündete in eine Regierungskrise, die auch durch die schwindende Popularität des Kaisers gekennzeichnet war. Er zog sich in sich selbst zurück, war deprimiert, lustlos und klammerte sich daran, wie seine Vorgänger auf dem Thron autokratisch zu regieren, umgeben vom zornigen Widerstand der Mutter. Nur Elisabeth bemühte sich, seine Seelenlage wieder in das Gleichgewicht zu bringen. Sie ersparte sich Vorwürfe und half ihm wo sie nur konnte. Aber wieder dankte er ihr das Verständnis schlecht. Nach dem Debakel von Austerlitz wollte er Zeit und Abstand gewinnen. Er floh in die Arme der Geliebten Naryschkina. In französischen Zeitungen spottete man, in Petersburg werde das politische Leben von den polternden Launen der Zarinwitwe beherrscht, während die „gekrönte Kaiserin nur geringen Ehrgeiz zeigt, das Herz ihres Gatten zurückzugewinnen." Elisabeths Mutter schickte entsprechende Zeitungsartikel an ihre Tochter. Die Kaiserin erkannte wohl den Wahrheitsgehalt des Spotts, war aber zu stolz und zu tolerant, die Zarinwitwe und den Gemahl durch einen Skandal zu belästigen. Im Frühjahr 1806 hielt sie ja noch einen möglichen Trumpf unter dem Herzen versteckt. Sie war seit sieben Jahren das erste Mal wieder schwanger und hoffte sehnsüchtig auf einen Thronerben! Wenn Elisabeth in den folgenden dramatischen Monaten nicht an die Öffentlichkeit trat, dann geschah das nicht, weil sie ihren Gatten vielleicht verachtet hätte, sondern weil sie dringend Ruhe benötigte. Alexander kümmerte sich auch in jener Zeit um seine Frau und war erfreut, als sie am 15. November 1806 das Mädchen Elisabeth zur Welt brachte. Ein Schatten blieb. Elisabeth schrieb an ihre Mutter: „Es geht mir gut, meine liebste Mama, und auch meine kleine Elise ist gesund, und sie bittet um Verzeihung, daß sie ein Mädchen und kein Junge wurde."

Als die kleine Tochter geboren wurde, hatten sich in Zentraleuropa einschneidende Veränderungen vollzogen. Am 14. Oktober war die preußische Armee bei Jena und Auerstedt geschlagen worden. Die Niederlage Preußens beunruhigte die kaiserliche Familie außerordentlich. Marija Fjodorowna ließ ihre Tochter Maria aus Weimar abreisen und sich für nahezu ein Jahr in das dänische Exil nach Schleswig zurückziehen. Die reiche Mitgift Maria Pawlownas wurde nach Rußland gebracht, der Goldschatz ihrer orthodoxen Kirche vorsorglich an geheimer Stelle in Weimar vergraben. Napoleon verlangte die unverzügliche Rückkehr Maria Pawlownas nach Weimar, hatte jedoch keinen Erfolg. Alexander wollte einen Krieg „für die vornehmste und gerechteste Sache" der Welt führen. Die Armeen Rußlands und Frankreichs trafen bei Pultusk und Preußisch Eylau aufeinander.

Alexander träumte erneut davon, selbst an der Spitze seines Heeres zu reiten. Die Mutter riet ihm nicht nur von diesem Vorhaben, sondern generell von seinem propreußischen Engagement ab. Alexander hörte nicht auf sie. Am 14. Juni 1807 kam es bei Friedland zur Entscheidungsschlacht. Die Russen konnten lediglich 5000 Mann über den Njemen retten. Napoleon hatte gesiegt, der Krieg war entschieden.

Alexander entschloß sich zum sofortigen Friedensschluß. Am 21. Juni wurde ein vierwöchiger Waffenstillstand unterzeichnet. Auch Napoleon wollte den Frieden. Deutschland, Italien und England, das waren seine Ziele.

Frieden in Tilsit

Am 25. Juni 1807 kam es zu der denkwürdigen Begegnung der beiden Kaiser in Tilsit. Über Nacht entstanden Brücken brüderlich-kaiserlicher Liebe. Alexander wurde von seiner Schwester Katharina gewarnt: „Solange ich lebe, kann ich mich einfach nicht mit dem Gedanken befreunden, daß Du Tage mit Bonaparte verbringst ... All die Schmeicheleien, mit denen er dieses Land überschüttet hat, sind nur Betrug, denn der Mann selbst ist eine Mischung aus List, Ehrgeiz und Anmaßung ..." Sie artikulierte die Ansicht der Zarinwitwe und auch der Kaiserin. Alexander folgte den Bedenken nicht. Am 7. Juli 1807 wurden die Verträge unterzeichnet. Ein russisch-französischer Friedensvertrag stand im Mittelpunkt. Während Napoleon und Alexander nach abschließenden Paraden, gegenseitigen Ordensverleihungen und ausgedehnten Essen ihren Hauptstädten in West und Ost zueilten, reiste das preußische Königspaar mit neuen Enttäuschungen nach Memel zurück.

In den Petersburger Palästen begegnete dem Kaiser Eiseskälte. Marija Fjodorowna empfing ihren Sohn nur für eine Minute. Der Adel verweigerte die Zustimmung zur Freundschaft mit Napoleon. Die Stimmung war gereizt, in Moskau und Petersburg kursierten Gerüchte über eine Verschwörung gegen den Imperator. Der Pakt mit Napoleon war noch unpopulärer als das enge Verhältnis zum preußischen König. Die Kontinentalsperre trug dem Kaiser den Ärger des exportierenden Adels, der Unternehmer und Kaufleute im Baltikum und in den angrenzenden Gouvernements ein. Aber Alexander hatte nach den Niederlagen von Austerlitz, Preußisch Eylau und Friedland erreicht, kein russisches Territorium abtreten zu müssen. Der Frieden war ehrenvoll, und niemand wußte genau, welche weiteren Absichten der Kaiser verfolgte.

Die Kaiserin stand auch in dieser Stunde loyal zu ihrem Gatten und verteidigte ihn selbst gegen Marija Fjodorowna. In einem Brief schrieb Elisabeth mit schonungsloser Bitterkeit: „Je mehr der Zar zeigt, wie sehr er mit seinem neuen Verbündeten aliiert ist ... desto lauter erklingt der Aufschrei gegen ihn, und bis heute hat das Ganze besorgniserregende Proportionen angenommen. Die Kaiserinwitwe, eine Frau mit übertriebener Eitelkeit, die Speichellecker bevorzugt, die verstehen, ihr zu schmeicheln, war die erste, die ein Beispiel der Unzufriedenheit setzte und sich offen gegen die Politik ihres Sohnes aussprach ... Die Kaiserinwitwe, die als Mutter die Interessen ihres Sohnes hätte verteidigen müssen, ist in Wirklichkeit zur Führerin der Rebellen geworden ... Ich habe keine Worte, Dir zu sagen, wie mich dies verärgert ... Der gute Kaiser, der anständigste seiner ganzen Familie, scheint mir von seinen Verwandten verraten und verkauft zu werden. Sicherlich ist er ein unglücklicher Mensch, aber je schwieriger die Situation wird, desto mehr fühle ich Sympathie für ihn, vielleicht sogar bis zu einem Punkt, daß ich gegen diejenigen, die ihn nicht freundlich behandeln, ungerecht werde." Natürlich waren diese Gedanken subjektiv, sie vermittelten aber einen Eindruck von der Situation am Hofe und gaben die Gemütsregungen der russischen Kaiserin wider.

Rußland hielt sich an die Abmachungen von Tilsit. Es gab auch keine Verschwörung gegen den Kaiser. Als Napoleon einen gemeinsamen Feldzug über Konstantinopel nach Asien vorschlug, war Rußlands Kaiser begeistert und regte ein neues Treffen an, um die Welt untereinander aufzuteilen. Das Treffen sollte im thüringischen Erfurt stattfinden. Die politische Situation hatte sich seit Tilsit verändert. Alexander mußte um keinen Frieden nachsuchen. Er hatte sich in Rußland gegen alle Widerstände auch aus der eigenen Familie behauptet, und einen siegreichen Krieg gegen Schweden geführt.

Konflikte rund um den Erfurter Fürstentag

Bis zum letzten Tage vor seiner Abreise nach Erfurt mußte Alexander vor allem gegen Marija Fjodorowna kämpfen. Er argumentierte: Rußland „braucht eine gewisse Zeit, um frei atmen zu können, damit es in dieser Atempause seine Mittel und Kräfte sammeln kann. Wir sind gezwungen, in tiefster Stille zu arbeiten und keiner darf von unseren Rüstungen und Vorbereitungen wissen. Auch derjenige, den wir herauszufordern gedenken, darf öffentlich und laut nicht angegriffen werden ... Wenn es der Wille Gottes sein wird, können wir in aller Ruhe seinen Sturz abwarten ... Die Weisheit der Politik liegt im Abwarten, um dann im geeigneten Augenblick zu handeln." Er überzeugte niemanden, ließ sich jedoch auch nicht von seinem Tun abhalten, nicht einmal durch die Mutter Marija Fjodorowna, die ihm abriet, den „Götzen", der ohnehin bald gestürzt werden würde, noch einmal zu treffen. Unter den Folgen dieses innerfamiliären Disputs hatte eine Person persönlich zu leiden. Die Weimarer Erbherzogin Maria Pawlowna, seit Juni 1808 zu Besuch in

Petersburg, wollte ihre Mutter nicht verärgern und blieb während des Erfurter Fürstentags an der Newa. Alexander wollte die Schwester nicht in die Auseinandersetzungen mit der Mutter einbeziehen und riet ebenfalls von einer Rückkehr nach Weimar ab.

Am 27. September 1808 begann der Erfurter Fürstentag. Die Tage verliefen scheinbar in der gleichen schönen Harmonie, wie jene von Tilsit. Napoleon merkte nicht, welch guter Schauspieler Alexander war. Aus Weimar schrieb der an die Schwester Katharina: „Napoleon hält mich für einen Narren, aber derjenige, der zuletzt lacht, lacht am besten." Napoleon erwachte erst, als er bemerkte, daß sich Alexander einer gemeinsamen Militäraktion gegen Österreich widersetzte. Er schrie, aber der russische Kaiser blieb beherrscht: „Sie sind zu hitzig und ich bin starrköpfig. Bei mir richtet man mit Wut nichts aus. Es ist besser, wenn wir uns unterhalten und die Sache besprechen – andernfalls werde ich abreisen."

Der am 12. Oktober 1808 in Erfurt vereinbarte russisch-französische Geheimvertrag enthielt dann auch keinen Paragraphen, der in den großen europäischen Problemen konkrete Maßnahmen beider Länder festgeschrieben hätte. Der Leidtragende war Preußen. Die französische Besetzung blieb bestehen. Die glänzende Machtdemonstration, die sich Napoleon von dem Erfurter Fürstentag versprochen hatte, geriet nur im äußeren Ritual. Substanziell war das Ergebnis eher zwielichtig. Napoleon operierte gegenüber Alexander aus einem sehr persönlichen Grunde vorsichtig. Seit längerer Zeit trug er sich mit dem Gedanken einer Trennung von Josephine. Der Thronfolger war ausgeblieben, und bei der Suche nach einer neuen Partnerin wurde auch Alexanders Schwester Katharina ins Spiel gebracht. Die Frage hatte bereits in Tilsit eine Rolle gespielt. In diesem Falle war Alexander mit seiner Mutter Marija Fjodorowna einig. Eine Romanow kam als Gemahlin für Bonaparte nicht in Frage. Napoleon ließ Talleyrand und Caulaincourt einen diskreten Vorstoß unternehmen. Das Thema war für Alexander so abwegig, daß er gegenüber Napoleon nur allgemein formulierte, der Kaiser der Franzosen werde sein Lebenswerk sicherlich mit einer neuen Ehe und der Begründung einer Dynastie krönen. Katharinas Name fiel nicht – zum Glück für Napoleon, denn die scharfzüngige und politisch ambitionierte Katharina hätte sich nicht darin beschieden, die Dynastie Bonaparte lediglich um einen Thronfolger zu bereichern. Katharina ähnelte in dieser Hinsicht ihrer Mutter Marija Fjodorowna und wurde von Kaiserin Elisabeth für eine ordinäre Intrigantin gehalten. Alexander schätzte das politische Gespräch und den Rat Katharinas. Um allen weiteren Nachfragen aus dem Wege zu gehen, wurde bald nach dem Erfurter Treffen offiziell mitgeteilt, Katharina werde in absehbarer Zeit den Prinzen von Holstein-Oldenburg heiraten.

In Erfurt hatte man neben Katharina auch deren 1795 geborene Schwester Anna in die Überlegungen einbezogen. 1809/10 kam die französische Seite wieder auf das Thema zurück. Die Antwort dachte sich Katharina aus, die inzwischen den Prinzen von Holstein geheiratet hatte und in Moskau residierte. Man beschied den Kaiser in Paris sehr taktvoll, daß Anna noch zu jung für eine Ehe sei. Man sei über den Antrag geschmeichelt und hoffe auf das Einverständnis Napoleons, noch zwei Jahre zu warten. Bonaparte ehelichte jedoch die Tochter von Kaiser Franz I., die Erzherzogin Marie Louise.

Entscheidender war aber, daß Rußland unter der Kontinentalsperre litt. Es wurde mit französischen Luxusgütern überschwemmt, aber die lebensnotwendigen Dinge konnten weder ex- noch importiert werden. Die Regierung riet zur Aushöhlung der restriktiven Handelsbestimmungen, als in Petersburg bekannt wurde, daß Napoleon das Herzogtum Holstein annektieren wollte. Der Anlaß war gegeben. Am letzten Tage des Jahres 1810 erschien ein Ukas über den Zolltarif. Nach diesem Ukas wurden nur noch alle auf dem Landweg eingeführten Waren mit Importzöllen belegt. Exportzölle gab es nicht mehr, und die verschifften Waren durften ohne Zollerhebung gelöscht werden. Das bedeutete den Austritt aus der Kontinentalsperre.

Tilsit, Erfurt und der Zollukas waren Knotenpunkte auf einer absteigenden Linie im russisch-französischen Bündnis. Rußlands Kaiser erkannte die Situation: „Sollte der Kaiser Napoleon mit mir Krieg anfangen wollen, so ist es möglich, sogar wahrscheinlich, daß wir geschlagen werden. Aber dies wird ihm trotzdem keinen Frieden bringen ... Wir werden niemals einen Kompromiß unterzeichnen; wir haben ein weites Hinterland, und wir werden eine gut organisierte Armee zu behalten wissen ... Ich werde nicht der erste sein, der das Schwert zieht, aber der letzte, der seinen Degen in die Scheide steckt ... Lieber ziehe ich mich nach Kamtschatka zurück, als daß ich auch nur eine einzige Provinz aufgebe oder meine Unterschrift in meiner eroberten Hauptstadt unter einen Vertrag setze, der nichts anderes wäre als ein Waffenstillstand."

Der Konflikt wurde unvermeidbar. Ende 1811 warnte der Gesandte Kurakin aus Paris: „Die Zeit ist nicht mehr fern, in der wir mit Mut und Entschlossenheit unser nationales Erbe und unsere derzeitigen Grenzen schützen müssen." Im Dezember 1811 galt Napoleon bereits als eine

„teuflische Kreatur, die der Fluch der ganzen menschlichen Rasse ist". Rußland rüstete zum Krieg. Im März 1812 war der gegenseitige Truppenaufmarsch im vollen Gange. Rußland forderte den von Frankreich verweigerten uneingeschränkten Handel und duldete keine französischen Truppen im östlichen Preußen und im Herzogtum Warschau. Zwar beteuerten beide Seiten, daß sie an eine friedliche Lösung des Konflikts glaubten, aber der Kriegsbeginn konnte nicht mehr aufgehalten werden.

Am 21. April reiste Alexander den an die Westgrenzen marschierenden russischen Truppen nach, begleitet vom Patriotismus seiner Landeskinder: „Gestern nachmittag um zwei Uhr fuhr der Kaiser unter Hochrufen und Segenswünschen einer riesigen Menschenmenge ab, die von der Kasaner Kathedrale bis zum Stadttor dicht gedrängt stand. Da diese Leute nicht durch die Polizei herumkommandiert und die Hochrufe nicht von Agenten inspiriert wurden, war er – verständlicherweise – von diesen Zeichen der Zuneigung unseres großartigen Volkes sehr gerührt! ..." „Für Gott und Kaiser" – so riefen sie. „Weder in ihren Herzen noch in ihren Gebeten machen sie einen Unterschied ...", schrieb die Kaiserin Elisabeth an ihre Mutter in Baden.

Im Vaterländischen Krieg

Der französische Einfall erfolgte am 22. Juni 1812 über Kowno und Tilsit. Die russischen Truppen waren weit auseinandergezogen und ohne feste Verbindung. Erste Lagebeurteilungen ergaben eine nicht erwartete französische Übermacht. Der Kaiser richtete an Volk und Armee Manifeste und rief zum Kampf auf, bis der letzte feindliche Soldat russischen Boden verlassen hätte. Ein Sturm patriotischer Begeisterung antwortete ihm. Auf Wunsch seiner Generäle ging Alexander nach Moskau. Moskau, das war Rußland, der Hort vaterländischen Geistes. Innerhalb von vier Wochen konnten sieben neue Regimenter aufgestellt werden. Anfang August kehrte der Kaiser nach Petersburg zurück.

Die kaiserliche Familie arbeitete in den folgenden Wochen still, konzentriert und angestrengt. Die Nachrichten über den Kriegsverlauf wurden immer beunruhigender, sowohl hinsichtlich des französischen Vormarsches als auch der nicht endenden Streitereien unter den russischen Befehlshabern. Nicht Maria Naryschkina, sondern Elisabeth war in diesen schweren Wochen die entscheidende moralische Stütze für den Kaiser und das Reich. Elisabeth schrieb damals an ihre Mutter: „Wie schmerzlich ist es, daß ich nicht in der Lage bin, Dir mitzuteilen, was meinen Geist bei Tage und bei Nacht unablässig beschäftigt, ganz gleich, ob ich wache oder schlafe. Grüße von meinem lieben und über alles geliebten Rußland, für das ich im Augenblick Gefühle hege wie für ein geliebtes Kind, das schwer krank ist! Ich bin sicher, daß Gott es nicht verlassen wird, aber es wird Schmerzen leiden müssen, und ich leide mit und teile jede seiner angstvollen Zuckungen." Es mußte ein radikaler Ausweg gefunden werden. General Kutusow wurde zum Oberbefehlshaber ernannt. Der Entschluß erfolgte in höchster Not. Die Große Armee stand 240 Kilometer vor Moskau. Kutusows erste Operation war sofort mit historischem Ruhm verbunden. Am 7. September 1812 stellte er die Franzosen bei dem Dorf Borodino zur offenen Feldschlacht – 110 Kilometer westlich von Moskau.

Es war eine verheerende Bataille, bei der über 70 000 Russen, Franzosen und Verbündete ihr Leben lassen mußten. Beide Seiten konnten sich als Sieger betrachten. Kutusow nahm die am ersten Tage unentschieden ausgegangene Schlacht nicht wieder auf. In nächtlicher Dunkelheit zog er die Reste seiner Armee auf Moskau zurück und marschierte durch Moskau hindurch. Die Franzosen folgten und besetzten die alte russische Hauptstadt. Napoleon ließ sich im Kreml nieder.

Die Nachrichten über Verlauf und Ergebnisse der Schlacht von Borodino erreichten St. Petersburg langsam und stückweise. Elisabeth bejubelte einen „großen Sieg". Als die bittere Wahrheit schärfere Konturen annahm, machte sich Entsetzen breit. Dem Patriotismus folgte die Erstarrung. Der Krieg duldete jedoch keinen Stillstand.

Ende Oktober begannen erste russische Gegenoffensiven. Kutusow attackierte Moskau, Kosaken und Partisanen bedrängten die langen französischen Nachschublinien und das Korps Wittgenstein griff im Westen, bei Polozk, an. Es wirkte wie ein Trompetenstoß, als am 27. Oktober die Nachricht in Petersburg eintraf: Napoleon mußte sich aus Moskau zurückziehen. Die Marschälle Napoleons drängten zurück, heraus aus Rußland. Napoleon fügte sich und führte seine Große Armee in den Untergang.

Unter dem Einfluß Elisabeths gab sich der Kaiser in dieser schweren Zeit besonders intensiven religiösen Erbauungen hin: „Ich verschlang die Bibel und ich fand, daß die Worte meinem Herzen einen unbekannten Frieden gaben und den Durst meiner Seele stillten." Die ersten Kriegserfolge, Napoleons Rückzug, die früh hereinbrechenden Winterstürme und der Hang zum Mystizismus weckten in Alexander erneut den Wunsch, die Armee selbst zu kommandieren. Seine Gemahlin, die Mutter und die Ratgeber konnte ihn noch aufhalten, bis die Franzosen nach dem Übergang über die Beresina fluchtartig das Land verließen. Aber am 19. Dezember 1812 hielt Alexander nichts mehr auf.

Der Kaiser steigerte sich in einen religiösen Rausch, dessen Intensität nicht mehr in der Frömmigkeit seiner Gemahlin wurzelte: Der apokalyptische Rachegott flog über Europa: „Meinen ganzen Sieg weihe ich dem Fortschreiten der Herrschaft unseres Herrn Jesus Christus." Zu dieser Stimmung trug vorübergehend auch die Sorge um Katharina bei. Die Schwester übte einen stärkeren politischen Einfluß als Marija Fjodorowna oder Elisabeth auf den Kaiser aus. Ende Dezember 1812 starb Georg von Oldenburg, und die 24jährige Witwe erging sich in Selbstvorwürfen, den Gemahl durch mangelnde Sorgfalt ihrem eigenen rastlosen Ehrgeiz geopfert zu haben. Wenige Wochen später fand Katharina, daß ihr die schwarze Trauerkleidung gut stehe. Sie reiste nach Petersburg und stürzte sich in höfische Intrigen, mit denen sie ihren Bruder im Felde belästigte, bis der unwirsch reagierte, er hätte wichtigere Dinge zu tun. Überhaupt waren diese Monate weniger die Zeit der Damen. Marija Fjodorowna, Kaiserin Elisabeth, aber auch die in Europa verheirateten Schwestern Alexanders bangten um das Schicksal des Vaterlandes. Erst nach der Völkerschlacht bei Leipzig im Oktober 1813 konnten sie etwas aufatmen.

Rußland konnte sich unter den Alliierten mit seiner Losung durchsetzen: „Laßt uns über den Frieden verhandeln, aber setzt den Vormarsch fort! Wir müssen das Herz Frankreichs erobern, so wie er fünfzehn Monate vorher das Herz Rußlands eroberte!" Rußlands Regierung mußte jedoch aufpassen, daß solche Realpolitiker wie Fürst Metternich oder Britanniens Minister Castlereagh keine eigenen Arrangements aushandelten. Als Metternich dem nach Paris drängenden Zaren vorschlug, man möge zur Regelung der Zukunft Europas einen Kongreß nach Wien einberufen, ging Alexander ohne Argwohn auf die Idee ein.

Nach wechselndem Kriegsglück zogen die Alliierten am 31. März 1814 unter Führung Kaiser Alexanders I. von Rußland in Paris ein. Tilsit, Erfurt und Moskau lagen in ferner Vergangenheit. Am 2. April setzten französische Senatoren Kaiser Napoleon ab und riefen den Bourbonen Ludwig XVIII. als König auf den französischen Thron. Nachdem Napoleon am 6. April abgedankt hatte, einigte man sich am 11. April im Vertrag von Fontainebleau über dessen Zukunft. Napoleon zeichnete gegen und reiste auf die Insel Elba.

Nach einem Zwischenaufenthalt in England traf Alexander während der Rückreise aus Paris in Bruchsal, in der Residenz der badischen markgräflichen Familie, wieder auf seine Gemahlin Elisabeth. Gemeinsam fuhren sie nach St. Petersburg. Siegesparaden und Feiern lehnten sie strikt ab. Lediglich die Zarinwitwe durfte ein Bankett geben. Alexander bereitete sich abgeschieden auf den Wiener Kongreß vor. Ein neues Königreich Polen sollte entstehen, mit Verfassung und eigener Verwaltung, aber in Personalunion mit Rußland. Außerdem sollte auf dem Kongreß ein neuer Ehemann für Katharina gefunden und die 1795 geborene Schwester Anna mit einem westeuropäischen Fürsten verheiratet werden. Darüber entschied jedoch Marija Fjodorowna. Nachdem Alexander deren Zustimmung zu den Kandidaturen Friedrich Wilhelms von Württemberg, bzw. des Kronprinzen Wilhelm von Oranien erhalten hatte, brach er am 20. September 1814 gemeinsam mit Kaiserin Elisabeth, den Schwestern und einem großen Beraterstab in die österreichische Hauptstadt auf. Er konnte gewiß sein, in Wien als der große Retter und Ritter Europas gefeiert zu werden.

Der Wiener Kongreß war ein glänzendes gesellschaftliches Ereignis illustrer Häupter, ein prächtiges Experimentierfeld diverser Geheimdienste und eine Musterschule für die hohe Kunst diplomatischer Spiele – ein „Panorama Europas". Alexander I., aber auch die Gemahlin Elisabeth, tauchten in den Strudel des tanzenden Kongresses. Bei dem vielen Amüsement war es schwierig, die eigenen politischen Ansprüche ins rechte Ziel zu bringen: die europäische Friedensordnung. Rußlands territoriale Wünsche liefen u. a. auf die einfache Formel hinaus: Polen zu Rußland und Sachsen zu Preußen. Damit stieß man auf den energischen Widerstand nahezu aller Großmächte und entzweite sich für Monate mit dem großen Regisseur des Kongresses, dem Fürsten Metternich. Den entscheidenden Punkt der Animositäten begriff Alexander nicht: Die Alliierten und Frankreich blockierten die russischen Forderungen, weil sie Alexander von der abstrakten Vision als Friedensstifter für Europa abbringen wollten.

So zog sich der Kongreß hin. Kaiserin Elisabeth hatte ebenfalls alle Hände voll zu tun. Sie spielte ihren gesellschaftlichen Part in den Verhandlungen und unterstützte die Interessen der in Wien anwesenden Schwägerinnen Anna, Katharina und Maria für die Niederlande, Württemberg und Sachsen-Weimar. Außerdem mußte sie großmütig darüber hinwegsehen, daß sich auch Maria Naryschkina zum Kongreß in Wien eingefunden hatte und daß Alexander seine kaiserliche Gunst gleichmäßig auf die Polin Naryschkina und die beiden politischen Kurtisanen, die Fürstin Katharina Bagration und die Herzogin Wilhelmine von Sagan, verteilte. Elisabeth hat während ihres gesamten Lebens in Rußland ein Tagebuch geführt. Sie hat verfügt, daß dieses Tagebuch nach ihrem Tode verbrannt wird. Kaiser Nikolaus I. hat die Anweisung befolgt, so daß nur einige Bruchstücke aus den Notizen bekannt geworden sind. Die folgende Bemerkung beschränkte sich nicht ausdrücklich auf den Wiener Kongreß, hätte aber auch in diesem Zusammenhang formuliert werden können: „Wenn er (Alexander, Anm. d. Autors) nur jemand so richtig lieben würde, dann wäre mir leichter. Aber er hat nicht nur eine Liebe, sondern deren viele. Frauen von Kaufleuten, von Adjutanten oder von Stationswächtern, Schauspielerinnen, flachsblonde Deutsche ... Und dazu noch die endlosen Bälle, Kostümfeste, Konzerte, Festessen, Besuche von allerlei Verwandten, 40 000 Verwandte – die Württemberger, Oranier, Weimarer und die russischen – sie alle bedrängen mich. Ich muß zu allen liebenswürdig sein, doch sobald sie weg sind, falle ich um wie ein abgehetztes Pferd." Elisabeth blieb trotz aller Mühen dabei: „Und dennoch, könnte ich nirgendwo anders leben als in Rußland ... Und auch sterben möchte ich in Rußland." Elisabeths Wunsch nach einem freundlichen und ruhigen Familienleben mit Alexander sollte sich leider nie erfüllen.

Mitte Dezember 1814 setzte plötzlich ein sichtbarer Stimmungsumschwung ein, in dessen Ergebnis auch zu Polen und Sachsen allseits gebilligte Kompromisse vereinbart wurden. So entstand „Kongreßpolen". Es ist viel über den russischen Meinungswandel spekuliert worden. Die geplante Heirat Katharinas mit dem Kronprinzen von Württemberg und die Einflußnahme Rußlands auf den in Wien gegründeten Deutschen Bund, eine Geschlechtskrankheit oder auch die in Wien zwischen Elisabeth und dem Berater Adam Czartoryski aufflammende Leidenschaft sind dafür verantwortlich gemacht worden. Alexanders Handlungsmotive lagen in der religiösen Mystik. Der von Gott gesandte Herrscher durfte nicht mit irgendwelchen Metternichs um einen Landzipfel in Galizien feilschen! Sein alter Plan steigerte sich jetzt fast zur fixen Idee. Alexander hatte einen griechischen Privatsekretär Sturdza. Dessen Schwester Roxana diente der Kaiserin Elisabeth als Hofdame. Die Geschwister waren Anhänger der damals vielgelesenen Bußpredigerin Juliane von Krüdener, einer lettischen Baronin. Frau von Krüdener schrieb Roxana Briefe nach Wien, in denen sie Alexander als Menschen bezeichnete, „dem Gott eine größere Macht übertragen hatte, als die

Welt im allgemeinen gewahr wurde". Alexander steigerte sich in langen Gesprächen mit Roxana in seinen früher bereits vorhandenen Mystizismus und war bereit, Europa ein moralisches Signal zu geben. Alexander verbarg seine Gedanken nicht vor Elisabeth. Sie sah, daß er wegen seiner vielen Liebschaften auch ein gewisses Schuldgefühl ihr gegenüber besaß. Sie nutzte jede Minute gemeinsamer Zweisamkeit und beriet ihren Gemahl – ändern konnte sie ihn ohnehin nicht.

Am 7. März 1815 zerriß das kunstvolle Gespinst des Wiener Kongresses mit einem Schlage. Napoleon war von der Insel Elba verschwunden! Alexander mobilisierte seine Armee und bot sich als Oberbefehlshaber alliierter Streitkräfte an. Metternich war höflich und reagierte nicht. In vielen Monaten war keine Einigung erzielt worden. Nun aber, da das „Ungeheuer" wieder vor den Toren stand, einigten sich England, Rußland, Österreich und Preußen sofort auf einen gemeinsamen Feldzug gegen Frankreich. Hals über Kopf wurden die Beschlüsse des Wiener Kongresses formuliert. Bis Juni 1815 wollte man den abschließenden Vertrag unterzeichnen.

Der letzte Krieg gegen Napoleon

Alexander blieb bis Ende Mai in Wien, Elisabeth reiste nach Bayern. Sie trafen sich in München wieder, und verbrachten dort einige Tage miteinander. Während Elisabeth München noch nicht verließ, fuhr Alexander nach Heilbronn und begegnete dort Frau von Krüdener. Die Baronin durfte sich dem kaiserlichen Troß anschließen und zog mit ihrem Weltbefreier ins Feld. In Alexanders Umgebung war nicht jeder von der Redlichkeit dieser Frau überzeugt. Aber sie sagte zu Alexander: „Sei erfüllt von der göttlichen Schöpfung! Mach das Leben Christi dir moralisch zum Vorbild deines geistigen Lebens!" Alexander vertraute ihr und handelte nach ihren Ratschlägen.

In Heidelberg erreichten den Kaiser die Nachrichten von der Schlacht bei Waterloo. Der Herzog von Wellington hatte mit englischen und holländischen Truppen sowie mit preußischen Soldaten unter Blücher und Bülow den Kaiser Napoleon militärisch bezwungen. Die Alliierten marschierten wieder nach Paris. Dieses Mal waren Wellington und Blücher die großen Kriegshelden. Bei den Friedensgesprächen übte Alexander Zurückhaltung und überließ seinen Diplomaten die Verhandlungen. Er selbst las die Bibel und meditierte.

Aus dieser ekstatischen Stimmung erwuchs ein Vertragsentwurf, der die Mächtigen des Kontinents in einem Tugendbund zusammenschließen sollte. Die Gebote der christlichen Religion sollten alleiniger Maßstab für politisches Verhalten sein. Monarchen und Politiker schüttelten die Köpfe. Sie waren gläubige Menschen, aber diese Art eines sittlichen Ethos in der Politik überstieg ihre Lebenserfahrungen. Kaiser Franz I. hielt den Kaiser Alexander I. für verrückt. Fürst Metternich schuf aus dem Dokument einen konservativ-praktikablen Bündnisvertrag. Der Name „Heilige Allianz" durfte beibehalten werden.

Alexander unterschrieb einen Vertrag, der den „Rat der Fürsten" verpflichtete, nach den „Maximen Gerechtigkeit, christliche Nächstenliebe und Friede" zu handeln. Über Nacht war der Einfluß der Baronin von Krüdener verflogen. Sie hatte bei dem Entwurf Alexanders Hand geführt und war auf die willkommene Bereitschaft zu religiöser Extase gestoßen. Aber Frau von Krüdener beging einen Fehler. Sie verlangte, daß er sich ihrer Exzentrik ausliefere. Dazu war der Kaiser nicht bereit. Sie stritten sich, und es gab peinliche Auftritte. Der Entwurf für die „Heilige Allianz" war Gipfel und Abschluß ihrer Beziehungen. Alexander reiste ab. Monatelang reiste er durch Frankreich, die Schweiz und Deutschland. Er war ausgezogen, Europa eine neue christliche Ordnung zu bringen. Als er sich jetzt nach Hause begab, war von den Idealen wenig geblieben. Statt der Siegesparaden gab es feierliche Gottesdienste. Man erwartete, daß er jetzt die zahlreichen ungelösten Probleme im Landesinnern anpacken würde. Rußland lag nach Krieg und Mißwirtschaft darnieder. Zudem hatten die russischen Offiziere und Soldaten das Leben in den westlichen Ländern kennengelernt. Sie hofften, daß nun auch in ihrer Heimat freiheitliche Reformen einkehren würden. Alexander berief den General Araktschejew zum obersten Koordinator aller zentralen administrativen Institutionen. Araktschejew sollte im Land Disziplin und Ordnung herstellen. Nur diesem war es zu verdanken, wenn überhaupt Kriegsschäden beseitigt und eine gewisse Modernisierung um sich greifen konnte.

Die letzten Lebensjahre und eine späte Versöhnung

Für die kaiserliche Familie gehörte es zu den vordringlichen Aufgaben, den inneren Frieden zu wahren, der „Heiligen Allianz" eine feste dynastische Grundlage zu geben und auf deren Kongressen unermüdlich für die Festigung des eigenen Einflusses in Europa zu sorgen. Die Anstrengungen der gesamten Familie war um so mehr erforderlich, als die Kräfte und der Wille des Kaisers in den folgenden Jahren deutlich nachließen. Elisabeth mußte neben der alternden Marija Fjodorowna einen aktiveren

Part in der Öffentlichkeit übernehmen, den sie nie zuvor spielen konnte und durfte. Dazu mußte der Kaiser aber auch die Beziehungen zu Maria Naryschkina aufgeben. Alexander ging diesen Schritt 1818 und schrieb in später Reue an Roxana Sturdza – die Gräfin Edling: „Es entspricht der Wahrheit, daß ich, als mein häusliches Glück zerstört war, bei einer anderen Frau Tröstung suchte. Ich nahm an, irrtümlicherweise, daß ich in den Augen Gottes ein freier Mann sei, denn ich war mit meiner Gattin ohne mein Zutun nur aus konventioneller Rücksicht verbunden. Wir waren miteinander nur in den Augen der Menschen vermählt. Meine hohe Stellung verlangte von mir, die Konvention zu achten, aber ich glaubte, daß ich mein Herz schenken lönnte, wem ich wollte, und viele Jahre war ich Madame Naryschkina treu. Sie, die sich in der gleichen Lage befand wie ich, täuschte sich genauso." Alexander blieb sich selbst treu. Er habe zwar, so schrieb er, über diese Beziehung nachgedacht, aber Maria Naryschkina habe um die Trennung gebeten: „Und so kam es, daß ich das Opfer auf mich nahm, das mir mein Herz brach, das auch in diesem Augenblick nicht aufgehört hat zu bluten." Der Kaiser hatte sein Gewissen auf einfache Art entlastet und glaubte, unbeschadet vor seiner Frau zu stehen. Die mußte sich fügen. Die Trennung von Marija Naryschkina gehörte bereits zu den Anstrengungen, alle Familienangelegenheiten ins reine zu bringen.

Auf dem Wiener Kongreß waren die beabsichtigten Heiratspläne angebahnt worden. Im Jahre 1816 heirateten Großfürstin Katharina und der württembergische Kronprinz Friedrich Wilhelm. Im gleichen Jahre vermählte man die Großfürstin Anna mit dem holländischen Kronprinzen Wilhelm von Oranien. Das waren beachtliche dynastische Erfolge für das Haus Romanow, deren vorläufige Krönung zweifelsohne im Jahre 1817 erreicht worden war, als Großfürst Nikolaus die preußische Königstochter Charlotte geehelicht hatte. Alexander, Elisabeth und Marija Fjodorowna besuchten in den folgenden Monaten die Verwandten in Baden, Stuttgart, Weimar und Berlin und nutzten ihren Einfluß, die ganze große Familie auf die Karlsbader Beschlüsse einzuschwören.

Wieder zu Hause, war der Kaiser rastlos, unzufrieden, deprimiert, verschanzte sich hinter der Bibel und schien zu keiner staatsmännischen Entscheidung fähig. Der plötzliche Tod der Schwester Katharina stürzte ihn in tiefe Depressionen. Elisabeth war noch eine Weile in Baden geblieben. Sie verfolgte die Entwicklung ihres Gemahls mit zunehmender Sorge. Die Kaiserinwitwe nahm statt des apathischen Zaren die Zügel der Staatsführung in ihre erfahrenen Hände. Es war kein Zufall, daß in dieser Situation innerhalb der Familie zum ersten Mal die Frage der Thronfolge offen angesprochen wurde. Dem jüngeren Bruder Nikolaus wurde mitgeteilt, daß der natürliche Thronfolger Konstantin entschlossen sei, seine Thronrechte an Nikolaus und dessen Kinder zu übertragen.

Als 1820 in Spanien, Portugal und Italien Revolutionen gegen die europäische Ordnung der Heiligen Allianz ausbrachen, initiierte Alexander die Konferenz der Alliierten in Troppau. Weder in Troppau noch auf der anschließenden Konferenz in Laibach konnte Alexander seine europäische Idee durchsetzen. Er wollte die wachsenden europäischen Konflikte mit politischen Mitteln auf Konferenzen in Wien und in Verona lösen. Elisabeth riet ihm jetzt eindringlich von der Reise ab. Sie beschwor ihn geradezu, daß seine Anwesenheit in Rußland weit wichtiger wäre. Dennoch begab sich der russische Kaiser auf die Reise. Die Konferenzen brachten kein ihn bewegendes Ergebnis. Er wurde krank, fühlte sich verbraucht, von Todesahnungen zerquält und tief depressiv.

Alexander hatte seinen Mythos überlebt. Er fertigte im Sommer 1823 ein Papier aus, in dem er Nikolaus zum rechtmäßigen Thronfolger bestimmte. Alexander kümmerte sich in seinem letzten Lebensjahr nur noch um die Regelung offener Familienangelegenheiten. Er machte sich Sorgen um seine drei Brüder Konstantin, Nikolaus und Michail. Michail wurde 1824 mit der württembergischen Prinzessin Friederike (Jelena Pawlowna) verheiratet. Marija Fjodorowna und Nikolaus waren dem intelligenten Mädchen nicht besonders gewogen, aber Alexander und Elisabeth liebten die junge Schwägerin, und deren freundliches Wesen trug mit zur Lösung des wichtigsten Problems dieser letzten Monate bei, der Aussöhnung Elisabeths mit ihrem Gemahl.

Elisabeth hatte ihrem Mann immer eine stille und freundschaftliche Treue bewahrt. Er hatte ihr diese Zuneigung selten genug vergolten. Alexander war ein Lebemann und liebte die Frauen. Jetzt glaubte er sich alt und verbraucht. Da fühlte er sich wieder zu seiner Frau hingezogen, und sie dankte es ihm mit aufrichtiger Liebe. Elisabeth war noch immer eine schöne Frau. Sie besaß eine weiche Stimme, der Mund war leicht melancholisch geformt, sie blieb fest in ihrem Glauben, war geistvoll, und ihre Figur erinnerte noch immer an einen zarten Engel.

In dieser Zeit gegenseitiger Annäherung erkrankte Alexander sehr schwer, und seine Frau pflegte ihn aufopferungsvoll. Dem ersten Unglück folgte ein zweites. Auch Elisabeth litt an einem schwer definierbaren Fieber. Eine Infektion griff das Herz an, und sie mußte über mehrere Wochen das Bett hüten. Nach langen Überlegungen entschloß sich das kaiserliche Paar, noch vor dem Herbst 1825 nach Taganrog am

Asowschen Meer überzusiedeln und den Winter im warmen Süden zu verbringen. Elisabeth wäre mit ihrem Mann lieber in das heimatliche Baden gefahren, aber sie fügte sich der Staatsraison.

Sie reisten getrennt, damit Elisabeth langsamer fahren und sich schonen konnte. Der Kaiser bewältigte die Strecke von Petersburg nach Taganrog in dreizehn Tagen. Seine Gemahlin traf zehn Tage später, am 5. Oktober 1825 ein. Die Räume waren für Elisabeth so angenehm wie möglich ausgestattet worden, und sie fühlte sich wohl, vor allem, weil sie zum ersten Mal in ihrer Ehe mit dem Gemahl unbeschwert, frei von Konventionen und vertraut umgehen konnte. Allein, es hielt Alexander nicht lange in der Idylle von Taganrog. Er besuchte die Krim und erlebte die Naturschönheiten der Halbinsel. Am Ende fühlte er sich schlecht, bekam Schüttelfrost und konnte nichts essen. Er fuhr nach Taganrog zurück. Das Fieber ging wie es kam, und das Ende rückte in bedrohliche Nähe. Elisabeth kümmerte sich mit Hilfe der Ärzte um Alexander so gut sie konnte. Gleichsam als Resümee ihres Lebens und Leides schrieb sie am 23. November an die Mutter: „Noch immer ist der Kaiser nicht fieberfrei. Wie traurig ist es, daß er von dem schönsten Wetter, das es auf der Erde gibt, keinen Vorteil ziehen kann und daß auch ich nicht das Vorrecht habe, mich daran zu erfreuen, obwohl ich jeden Tag ausgehe! Wo kann man in diesem Leben Frieden finden? Man glaubt, man hätte alles auf das Beste bestellt und könnte nun Freude haben, dann kommt plötzlich eine unerwartete Prüfung, die uns die Möglichkeit nimmt, sich des Glücks zu erfreuen ..." Eine gewisse Hoffnung schwang da noch mit, aber vier Tage später war diese zerstoben: „Oh, Mama, wenn Gott uns nicht zu Hilfe kommt, sehe ich das größte Unglück. Heute früh gab ein griechischer Priester Alexander die Sakramente ..." Alle Rettungsversuche blieben vergebens. Am 1. Dezember 1825 ist Kaiser Alexander in Taganrog am „Krim-Fieber" gestorben. Elisabeth stand an seinem Totenbett und ahnte in dieser Minute nicht, wie nahe auch ihr Ende bevorstand. Bei allen Wirren der Zeit und bei allem Leid, das ihr der Gemahl bereitet hatte: Er war ihr Lebensinhalt gewesen.

In den folgenden sechs Wochen betete Elisabeth am Sarge ihres Mannes voller Inbrunst und Selbstkasteiung. In den Briefen an die Mutter sprach sie mehrfach die Hoffnung aus, bald wieder mit ihrem Manne vereint zu sein. Sie war zu schwach, um die Vorbereitungen für die Überführung Alexanders nach Petersburg selbst zu leiten. Der Leichnam traf erst am 25. März 1826 in der Hauptstadt ein. Die Thronwirren und der Dekabristenaufstand waren bereits Geschichte. Der Kaiser wurde in der Peter-Pauls-Kathedrale beigesetzt. Kaiserin Elisabeth hat das Grab ihres

Mannes nie gesehen. Der Schock über den Tod Alexanders saß so tief in ihr, daß sie nicht reisen konnte und bis zum Frühjahr in Taganrog bleiben mußte. Sie wollte auch nicht wieder nach Petersburg gehen, sondern in das heimische Baden zurückkehren. Am 4. Mai 1826 fuhr sie von Taganrog in Richtung Charkow. Elf Tage später kam sie in der kleinen Stadt Beljow, nahe Orjol, an. In der folgenden Nacht hörte ihr Herz auf zu schlagen. Kaiserin Elisabeth war ihrem Gemahl in die Ewigkeit gefolgt – nahezu unbemerkt, wie sie gelebt hatte.

13. Kapitel

Eine preußische Prinzessin
im russischen Kaiserhaus

Alexandra Fjodorowna –
Prinzessin Friederike Louise Charlotte Wilhelmine von Preußen
(12. Juli (N.S.) 1798 – 19. Oktober 1860)
*Gattin des Großfürsten Nikolaus Pawlowitsch und
späteren Kaisers Nikolaus I. seit 1. Juli 1817*

Friederike Louise Charlotte Wilhelmine von Preußen, Tochter des Königs Friedrich Wilhelm III. und der Königin Louise Auguste Wilhelmine, wurde in eine für die Kinder gekrönter Häupter Deutschlands komplizierte Zeit hineingeboren. Die preußische Prinzessin hatte eine besonders leidvolle Jugend zu erwarten. Preußen nahm zwar seit dem Baseler Sonderfrieden von 1795 für ein Jahrzehnt nicht mehr an den Koalitionskriegen gegen Frankreich teil, aber die Kriegsgefahr blieb latent, und auch innerhalb Preußens gab es starke Kräfte, die gegen Napoleon ins Feld ziehen wollten. Die Schlacht von Austerlitz im Dezember 1805 führte trotz aller politischen Wendungen des preußischen Königshauses zu einer Entscheidung. Die preußische „Kriegspartei" drängte unter maßgeblicher Führung durch die Königin Louise auf eine bewaffnete Auseinandersetzung mit Napoleon – überzeugt von der unüberwindlichen Stärke der friederizianischen Armee. König Friedrich Wilhelm III. richtete im September 1806 das folgenschwere Ultimatum an Napoleon, und am 14. Oktober 1806 erlitt Preußen in der Doppelschlacht von Jena und Auerstedt die entscheidende Niederlage. Die Festungen und Garnisonen kapitulierten, am 27. Oktober 1806 zog Napoleon in Berlin ein.

Für die königliche Familie blieb nur die Flucht. Zuerst ging sie nach Stettin, dann nach Königsberg und schließlich nach Memel. Für das besetzte, aus dem Rheinbund ausgeschlossene und an die Seite der napoleonischen Armee gezwungene Preußen begannen schwere Jahre. Das Land verkam mehr oder weniger zum Spielball der Großmächte. Widerstand dagegen oder Reformwille zur Erneuerung von Staat und Gesellschaft wuchsen nur langsam, beeinträchtigt durch einen entscheidungsschwachen König. Erst der Vormarsch der Alliierten löste im Jahre 1813 den Befreiungskrieg aus, öffnete das Tor zu politischen und sozialen Reformen. Preußen errang sehr schnell wieder die Rolle einer führenden und einigenden Macht in dem auf dem Wiener Kongreß gegründeten Deutschen Bund.

In den Jahren zwischen 1806 und 1815 besaßen die preußsch-russischen Beziehungen einen besonderen Charakter. Zahlreiche deutsche Politiker und Offiziere traten in den russischen Dienst. Für Preußen war Rußland die einzige kontinentale Macht, von der Schutz gegen Napoleon zu erhoffen war. Der russische Kaiser wurde von den deutschen Fürsten als Befreier Europas angesehen. Das Haus Romanow-Holstein-Gottorp begann am Ende des 18. Jahrhunderts, seine dynastischen Beziehungen nach Mittel- und Westeuropa in einer in diesem Maße vorher nicht gekannten Weise auszudehnen. Anhalt-Zerbst, Holstein, Württemberg, Hessen-Darmstadt, Braunschweig-Wolfenbüttel, Sachsen-Coburg, Sachsen-Weimar und Mecklenburg-Schwerin waren in das System dynastischer Verbindungen einbezogen. Preußens König Friedrich II. hatte zwar aktiven Anteil an der Entsendung der späteren Kaiserinnen Katharina II. und Elisabeth nach Rußland, aber die Familien der Hohenzollern und der Romanows waren nicht in direkter Linie miteinander verbunden.

Während der Kriege gegen Napoleon pflegte Rußlands Kaiser Alexander I. herzliche Beziehungen zur preußischen Königin Louise. Das Engagement Alexanders für Preußen war am Zarenhof umstritten und stieß bei der für die Heiratspolitik verantwortlichen Zarinwitwe Marija Fjodorowna auf heftige Kritik. Nach den Kriegen kehrte Preußen bald wieder mit neuen Ansprüchen in den Kreis der Kontinentalmächte zurück. Das russische Kaiserhaus hielt die Einbeziehung Preußens in sein dynastisches Geflecht für dringend erforderlich und löste das Problem in den folgenden Jahren von verschiedenen Seiten her. Es paßte gut, daß der im Jahre 1796 geborene Nikolaus Pawlowitsch im heiratsfähigen Alter war.

Nikolaus war der dritte Sohn Pauls I. Der Vater legte großen Wert auf die militärische Disziplinierung seiner Kinder. Nikolaus sollte nicht anders als seine Brüder Alexander und Konstantin erzogen werden. Dennoch gab es zwei Unterschiede: Auf ihn übte die einstmals aufgeklärte Großmutter Katharina II. keinen Erziehungs- und Bildungseinfluß mehr aus, und Nikolaus wurde nicht auf die Rolle des Thronfolgers vorbereitet.

Er erschien kaum in der Öffentlichkeit. Man weiß wenig über seine Kindheitsjahre – sie werden ohne sonderliche Aufregung verlaufen sein, abgesehen von dem Mißtrauen, das Paul seiner ganzen Familie entgegenbrachte und der Tatsache, daß der Vater 1801 ermordet wurde. Nikolaus stand so sehr im Schatten, daß nicht einmal bekannt ist, wie er als Fünfjähriger auf den plötzlichen Tod des Vaters reagierte. Die Wirkung wird nicht sehr tief gewesen sein. Zeitzeugen vermitteln, daß der kleine Nikolaus ängstlich und feige war, dann aber wieder in unmotivierten und aggressiven Jähzorn ausbrach Er besaß keinen sensiblen oder empfindsamen Charakter, der durch den Mord an Paul I. einen bleibenden Schaden erlitten haben konnte.

Nach dem Tode des Vaters gehörte der Junge ganz der einflußreichen Zarinwitwe, seiner Mutter Marija Fjodorowna. Sie bestimmte seine Erziehung. Alexander I. kümmerte sich nicht um den kleinen Bruder.

Nikolaus war fast zwanzig Jahre jünger als er. Das Erbe Pauls wirkte stark, und obendrein waren es die Jahre, in denen der kaiserliche Bruder über Europas Schlachtfelder ritt und Rußland an den Koalitionskriegen gegen Napoleon beteiligte. Die Stimmung im Lande war patriotisch und die Zarenfamilie bildete da keine Ausnahme. Eine gründliche Allgemeinbildung, gar eine spezielle Vorbereitung auf den Staatsdienst, erhielt Nikolaus nicht. Sein Wissensniveau war erschreckend niedrig.

Auslandsbesuche sollten seinen Horizont erweitern und eine Braut auswählen helfen. Er bereiste Deutschland, die Schweiz und Teile Frankreichs. Der Atem der Geschichte beeindruckte den jungen Nikolaus nicht in der von ihm erwarteten Weise. Sofern die Visiten nicht mit militärischen Schauspielen verbunden waren, interessierten sie ihn nicht. Nikolaus liebte das Militär auf Paradeplätzen und im Manövergelände. Soldat sein, das war Ordnung, Disziplin und die patriotisch-pathetische Liebe zum Vaterland.

Nikolaus besuchte auch Potsdam und Preußen. Dort begegneter er der reizenden Charlotte, die Alexander I. bei seinen Besuchen im preußischen Herrscherhaus bereits kennengelernt hatte. Charlotte besaß den Charme ihrer verstorbenen Mutter Louise. Trotz der bitteren Kriegserfahrungen und der Demütigungen, die die preußische königliche Familie erfahren hatte, war sie ausgezeichnet erzogen und gebildet worden. Dem Zug der Zeit und den Traditionen des europäischen Adels folgend, besaß Charlotte gute Kenntnisse in der Geschichte, Literatur und auf künstlerischen Gebieten, sowie in jenen Bereichen der Haushaltsführung, die die Vorsteherin einer aristokratischen Familie, die Mutter von Kindern, die monarchische Throne besetzen und vererben sollten, wissen mußte. Die Biographen Charlottes beschränkten sich allerdings auf die allgemeine Erwähnung dieser positiven Voraussetzungen und grenzten die davon ausgehenden Wirkungen am russischen Kaiserhof auf die Rollen einer anhänglichen Gattin, treusorgenden Mutter und wohltätigen Monarchin ein, die ihrem herrschenden Gemahl in allen staatspolitischen Problemen das Wort redete. So sah es das Ideal der russischen Reichsgeschichtsschreibung im 19. Jahrhundert vor, und Charlotte entsprach diesem Ideal in all ihrer Schönheit und geistigen Anspruchslosigkeit.

Die Zarinmutter Marija Fjodorowna hatte sich gegenüber Alexanders nahen Beziehungen zu Preußen stets skeptisch verhalten, obwohl sie diese erst initiiert hatte. Bei Charlotte verhielt sie sich anders. Hier stimmte Marija Fjodorowna einer Einheirat sofort zu. So wurden der „hübscheste Prinz von ganz Europa" und die überaus schöne Charlotte miteinander verlobt. Beide waren in ihrer Zuneigung und Liebe durchaus hinreißend. Nicht nur die preußische Prinzessin. Auch Nikolaus, der außerhalb der familiären Atmosphäre als kalt, arrogant, verkniffen und brutal galt, vereinte gegenüber seiner Verlobten angenehme Manieren mit Herzlichkeit und Fröhlichkeit. Ganz im Gegensatz zu seinem Fanatismus beim militärischen Dienst. Niemals gab er dort eigene Fehler zu, niemals verstand er einen Scherz. Paul I. hatte seine Frau und die Kinder geliebt. Alexander I. hatte sich zu einem charmanten Liebhaber mit oft undurchdringlicher Physiognomie entwickelt. Konstantin war ein zynischer Sarkast. Nikolaus blieb lange ein Kind, verklemmt und grausam in der Öffentlichkeit, aber hingebungsvoll zärtlich bei seiner Verlobten und später in der Familie.

Am 1. Juli 1817, nachdem Charlotte zum orthodoxen Glauben übergetreten war und den Namen Alexandra Fjodorowna angenommen hatte, fand in Petersburg die feierliche Vermählung statt, mit der alle Beteiligten an das Ziel ihrer sehr unterschiedlichen Wünsche gelangten. Nach der Hochzeit reiste das Paar für den folgenden Winter nach Moskau. Alexandra lernte unter der Anleitung des Dichters Shukowski intensiv die russische Sprache, brachte es darin in den folgenden Jahren allerdings nicht zu sonderlicher Meisterschaft. Das war nicht durch die Schuld Shukowskis, sondern eher durch die Fähigkeiten Alexandras bedingt. Die Kaiserin verstand auch nicht viel von der Poesie des Dichters, aber sie vergötterte Shukowski als charaktervolle und geistreiche Persönlichkeit so sehr, daß sie sich für ihre Kinder keinen besseren Lehrer und Erzieher vorstellen konnte. Im April 1818 kam mit Alexander Nikolajewitsch der erste Sohn und spätere Kaiser Alexander II. pünktlich zur Welt; Shukowski wurde einer seiner maßgeblichen Erzieher. Der Dichter war von der jungen Großfürstin und ihrer anmutigen Schönheit hingerissen. Er schrieb das Gedicht „Lalla-Rookh". Der Name hatte ursprünglich einem Kostüm gegolten, das die Heldin eines Gedichts von Thomas Moore auf einem Kostümball in Berlin trug. „Lalla-Rookh" wurde in Rußland durch das Gedicht Shukowskis zum poetischen Beinamen für Alexandra Fjodorowna. Puschkin hat das

Thema in einen Entwurf zu dem poetischen Roman „Eugen Onegin"
aufgenommen:

„Und in den Saal so hell und reich,
Man verstummt mit einem Ruck,
Tritt einer Flügellilie gleich
Mit leichtem Zögern Lalla-Rookh;
Still gleitet sie durch das Gedränge,
Und über der gebeugten Menge
Leuchtet der Zarin Angesicht,
Der Grazien Grazie, Sternenlicht;
Und Jung und Alt, in Harmonie,
Blickt auf den Zaren und auf sie
Mit Eifersucht und auch verzückt ..."

Leider ist der Hymnus nicht in die endgültige Fassung des „Eugen Onegin" aufgenommen worden. Aber Puschkin hatte in der Verbannung
auch keine übermäßige Veranlassung, den Großfürsten und Zaren zu
schmeicheln. Alexandra Fjodorowna hat die schönen Verse vielleicht nie
gelesen. Aber sie war ohnehin stark beschäftigt. Der reiche Kindersegen
riß nicht ab. Bis zur Thronbesteigung im Jahre 1825 kamen drei Töchter
zur Welt: Marija 1819, Olga 1822 und Alexandra 1825. Später folgten die
drei Söhne Konstantin, Nikolai und Michail. Für Alexandra Fjodorowna
bedeuteten die Jahre bis 1825 eine Zeit des familiären Glücks, der Sorge
um die Kinder und der ungetrübten Harmonie mit dem Gemahl. Die
junge Großfürstin konnte ihren literarischen Studien und künstlerischen Neigungen nachgehen, lebte relativ unbeschwert, führte einen
ausgedehnten Briefwechsel mit Freunden und Bekannten und erfüllte
die ihr auferlegten Pflichten zur Festigung der dynastischen Verbindungen nach Preußen und Deutschland. Dort setzte nach den Karlsbader
Beschlüssen von 1817 eine Zeit der Reaktion ein, in der Preußen zum
Kampf um die politische Vormacht in Deutschland antrat, in der sich die
Auseinandersetzungen mit dem wirtschaftlichen und demokratischen
Fortschritt verstärkten. Der Zarenhof hatte alle Hände voll zu tun, die
Verwandten in Berlin, Stuttgart, Weimar, Schwerin oder in anderen
deutschen Kleinstaaten auf Rußlands Führungsrolle in der „Heiligen
Allianz" einzuschwören. Alexandra Fjodorowna gab sich alle Mühe,
die in sie gesetzten Erwartungen zu erfüllen, konnte es jedoch nicht
jedem recht machen. Sie war keine strahlende Persönlichkeit. Traditionelle Aversionen gegen Preußen und gegen „die Deutschen" konzen-
trierten sich deshalb auch auf ihre Person. Manchem Russen galt sie als

kühl, hochmütig und verschlossen. Man akzeptierte, daß sie eine vorbildliche Mutter und Gattin war, aber eine „richtige Russin" würde sie wohl niemals werden. Im Grunde bedienten sich die nationalrussischen Kritiker der gleichen Argumente, die Jahrzehnte später der zweiten Alexandra Fjodorowna, der Gemahlin des Kaisers Nikolaus II., entgegengehalten wurden: Deutsche Frauen auf dem Thron russischer Kaiserinnen mögen für die Dynastie wichtig gewesen sein, für „das Volk" blieben sie ungeliebte Fremde. Der Unterschied zwischen der ersten und der zweiten Alexandra Fjodorowna bestand in den besonderen historischen Umständen. Am Beginn des 19. Jahrhunderts verband Preußen und Rußland eine wechselvolle Allianz. Am Beginn des 20. Jahrhunderts standen sich das Deutsche und das Russische Reich in feindlichen Blöcken gegenüber. Und es gab einen subjektiven Unterschied: Die preußische Prinzessin Charlotte erfreute sich der Protektion durch die nahezu allmächtige Zarinwitwe Marija Fjodorowna. Die hessische Prinzessin Alix konnte sich nicht einmal der Treue des Wunderheilers Rasputin sicher sein.

Die erste Alexandra Fjodorowna wurde sehr bald mit der Frage einer möglichen Thronfolge ihres Gemahls konfrontiert. Großfürst Konstantin hatte seinen Thronverzicht beteuert. Nikolaus war mit Charlotte vermählt worden, weil Kaiser Alexander I. die Möglichkeit einer Thronfolge durch seinen Bruder Nikolaus erwog. Zumindest muß er sich gegenüber den Hohenzollern einmal so geäußert haben, denn Prinz Friedrich Wilhelm von Preußen hat das bezeugt. Wenn Alexandra Fjodorowna nach der Geburt ihres ersten Sohnes, Alexander Nikolajewitsch, seufzte, daß man sich nicht vorstellen könnte, „in diesem kleinen Baby einmal den Kaiser von Rußland zu sehen", dann war das allerdings kein Indiz für eine Entscheidung Alexanders I. Da aus dessen Ehe nach wie vor kein Thronfolger hervorgegangen war, schien es nur natürlich, daß ein Sohn Nikolaus' eines Tages auf den Thron gelangen könnte.

Der „Großmutstreit"

Im Jahre 1819 traf Alexander I. eine konkrete Aussage. Im Januar war seine Schwester Katharina in Württemberg gestorben. Der Kaiser wollte abdanken und raffte sich zu einer Entscheidung auf. Er besuchte seinen Bruder Nikolaus und Alexandra Fjodorowna im Sommer in Krasnoje Selo, unweit St. Petersburgs. Dort stand das von Nikolaus befehligte Ismailow-Garderegiment. Alexander lobte den Bruder für dessen Pflichtauffassung, „denn auf ihn würde eines Tages die Bürde der Verantwortung fallen". Alexandra hat die Szene festgehalten: „Er hielt ihn (Nikolaus) für die Person, die sein Nachfolger werden sollte. Dies würde sich viel rascher ereignen, als irgend jemand es sich heute vorstellen könne, denn es würde noch zu seinen Lebzeiten eintreten. Wir saßen wie zwei Statuen da, mit offenem Mund und ganz benommen. Der Kaiser fuhr fort: „Ihr scheint erstaunt, aber laßt mich euch erklären, daß mein Bruder Konstantin, der sich nie um den Thron gekümmert hat, fest entschlossen ist, ihn abzulehnen, er ist deshalb bereit, seine Rechte an seinen Bruder Nikolaus und dessen Kinder abzutreten. Was mich betrifft, so habe ich mich entschlossen, mich meiner Pflichten zu entledigen und mich von der Welt zurückzuziehen ..." Als er sah, daß wir den Tränen nahe waren, versuchte er, uns zu trösten und versicherte uns, es würde sich nicht sofort ereignen und es könne vielleicht noch einige Jahre dauern, bis er seinen Plan durchgeführt habe. Dann ließ er uns allein, und man kann sich vorstellen, in welchem Gemütszustand wir uns befanden."

Es blieb dem jungen Paar noch genügend Zeit, sich in die neue Situation hineinzufinden. 1820 wurde Konstantin geschieden, seine Gemahlin Anna kehrte nach Deutschland zurück, und er heiratete in Warschau die Gräfin Joanna Grudzinska. Nikolaus freundete sich langsam mit seiner neuen Rolle an. Kaiserin Elisabeth notierte in jenen Tagen, daß er nichts anderes mehr im Kopf habe, „als zu regieren." Im Januar 1822 erhielt Alexander von Konstantin einen Brief mit der Erklärung, daß er auf die „hohe Stellung, auf die er durch die Geburt ein Anrecht hatte, verzichtete". Der Kaiser ließ sich weiterhin Zeit. Erst nach mehr als anderthalb Jahren verfaßte er ein Papier. Darin wurden der freiwillige Thronverzicht Konstantins und die rechtmäßige Thronfolge für Nikolaus festgelegt. Obwohl das Papier streng geheim gehalten und allein dem Metropoliten von Moskau zu Aufbewahrung übergeben wurde, wußten offensichtlich alle Beteiligten über die Entscheidung grundsätzlich Bescheid.

Die Nachricht vom Tode Alexanders in Taganrog am 1. Dezember 1825 erreichte Petersburg nach einer Woche. Die Familie war gerade in der Kapelle des Winterpalais, als der Kurier eintraf. Zunächst entstand Verwirrung, und die Zarinwitwe Marija Fjodorowna fiel in Ohnmacht. Nikolaus faßte sich schnell. Unter Mitwirkung des Priesters legte er sofort den Treueid auf Konstantin als neuem Imperator ab. Er handelte formal logisch. Alexander hatte von Nikolaus' Thronfolge gesprochen. Das Geheimpapier lag nicht zugänglich vor, und Konstantin hatte sich offiziell nur gegenüber Alexander erklärt. Am Tage der Nachricht aus

Taganrog hielt Nikolaus kein Schriftstück über seine Thronfolge in den Händen. Nach allem, was man über den Charakter Nikolaus' weiß, ist nicht anzunehmen, daß er sich durch die schnelle Eidesleistung vor der Verantwortung eines Herrschers drücken wollte. Er war ein Militär und wie sein Vater übte er Disziplin. Eine anderer Gesichtspunkt kann noch stärker gewesen sein: Der Vater war durch eine Militärverschwörung ermordet worden. Nikolaus war verhaßt beim Militär. In jenen Jahren hatte sich mit den „Dekabristen" eine Offiziersgruppe zum Widerstand gegen die Autokratie formiert. Es ist nicht bekannt, ob Nikolaus von dieser Gruppe am Tage der Eidesleistung Kenntnis besessen hat. Aber die Furcht vor einer Revolte mag dennoch ein Motiv für seine Handlungen gewesen sein.

Der Eidesleistung folgte ein Aufschrei der aus ihrer Ohnmacht erwachten Marija Fjodorowna: „Aber Niki, was hast du getan? Du wußtest doch, daß du der Erbe unseres Engels bist ..." Nikolaus reagierte erregt: „Wir alle wissen, daß mein Bruder Konstantin unser Gebieter, unser legitimer Souverän ist. Wir haben unsere Pflicht erfüllt, möge kommen, was da wolle." Damit galt Konstantin offiziell zunächst als russischer Kaiser. Nikolaus setzte sich gegen einen Schwall von Vorwürfen zur Wehr. Er rechtfertigte sich mit dem formalen Gesichtspunkt und machte nur eine Einschränkung: Er sei bereit, die Krone zu tragen, falls Konstantin abdankte. Kuriere eilten nach Warschau und brachten die Antwort Konstantins, er könne nicht abdanken, da er seinen Verzicht erklärt hätte und kein Kaiser wäre. Der „Großmutstreit" nahm groteske Formen an. Nikolaus ordnete die Vereidigung der Verwaltungsbeamten auf Konstantin an, stornierte den Befehl dann aber bis zur Rückkehr Konstantins aus Warschau: „Ich erwarte, daß er Polen sofort verläßt." Konstantin dachte nicht an eine Heimkehr. Ihm übersandte Staatspapiere gingen ungeöffnet nach Petersburg zurück. Er schrieb, es sei Alexanders Wille gewesen, Nikolaus auf den Thron zu setzen und so solle es geschehen. Drei Wochen hielt das Interregnum an. Ein einschneidendes Ereignis löste den Knoten. Die „Dekabristen"-Offiziere nutzten die Verwirrung um den Thron zum Aufstand. Nikolaus muß Informationen über die geplante Aktion erhalten haben. Er ahnte die befürchtete Offiziersverschwörung. Todesangst ergriff ihn. Aber Nikolaus war kein Feigling. In einer Offiziersversammlung erklärte er ohne Pathos: „Sollte ich nur eine Stunde lang Kaiser sein, werde ich mich der Ehre würdig erweisen." Er ging in den Senat und nahm mit tonloser Stimme den Thron an.

Am 14. Dezember 1825 sollten die Beamten, der Senat und die Garde den Treueeid auf Kaiser Nikolaus I. leisten. Diesen Tag wählten die Dekabristen für ihre Erhebung. Die jungen Idealisten forderten, angeregt durch die vorausgegangenen Revolutionen in Spanien, Italien und Griechenland, für Rußland eine konstitutiuonelle Monarchie. Ihre Organisation war mangelhaft, und eine soziale Basis gab es für die Insurrektion ebenfalls nicht. Nur wenige geistige Köpfe, wie der Dichter Rylejew, formulierten strategische Ziele. Am 14. Dezember marschierten die aufständischen Regimenter auf dem Petersburger Senatsplatz auf und verweigerten den Treueeid auf Kaiser Nikolaus. Sie riefen nicht nach der Konstitution, sondern nach Konstantin!

Nikolaus hielt sich im nahen Winterpalast auf und ritt mit zum Senatsplatz. Nikolaus ließ regierungstreue Regimenter aufmarschieren. Sein Leben war bedroht, den General Miloradowitsch hatten die Aufständischen schon erschossen. Nikolaus bewahrte die Nerven, er wich nicht vom Platze. Erst als er keinen anderen Weg mehr sah, befahl er den Einsatz der Artillerie. Wenige Salven genügten, und die Insurgenten stoben in alle Himmelsrichtungen auseinander.

Der Aufstand war die erste Offiziersverschwörung in Rußland, die nicht nur einen Herrscher durch einen anderen ersetzen wollte. Die Erhebung richtete sich gegen die Autokratie als politisches Prinzip. Für Nikolaus gab es da keinen Unterschied. Er ritt beherrscht in den Winterpalast zurück, obgleich ihm die Knie zitterten. Kaiser Nikolaus hatte die erste persönliche Bewährungsprobe seiner Herrschaft bestanden. Die Gemahlin hatte sein Selbstbewußtsein durch Zuversicht und beste preußische Disziplin gestärkt.

Nikolaus leitete entgegen den dringenden Bitten seiner Gemahlin die Verhöre gegen die Dekabristen selbst. Er folterte nicht, aber seine Stimmung war wie jene Peters des Großen bei der Hinrichtung der Strelitzen. Sie wechselte zwischen Wut und Grausamkeit. Den schwersten Schock versetzte ihm die Tatsache, daß die Verschwörer fast ausschließlich aus dem hohen Adel stammten. Die Angst vor weiteren Verschwörungen und revolutionären Ideen fraß sich in ihn hinein, wurde bestimmend für die gesamte Herrschaft. Zunächst ließ der Zar schwere Strafen verhängen. Fünf Todesurteile wurden vollstreckt und Hunderte von Menschen gingen für Jahrzehnte in die Verbannung. Dennoch ließ Nikolaus die Materialien der Aufständischen sorgfältig nach ihrem politischen Gehalt analysieren. Durch ein „Komitee vom 6. Dezember"(1826) wollte er sogar sichtbar gewordene Mängel beseitigen lassen.

Nikolaus schloß die gefürchteten Militärkolonien. Er entließ extrem konservative Bildungspolitiker und initiierte eine Gesetzes- und Justizreform. Alexander Puschkin durfte das Exil verlassen. Es ist Nikolaus vorgeworfen worden, daß er trotz dieser Maßnahmen, trotz seines nahezu vorbildlichen Familienlebens, trotz seines immensen Arbeitspensums und trotz seiner militärischen Geradlinigkeit von Anfang an Züge eines beschränkten Despoten an den Tag legte. Zum Beweis werden solche Aussprüche herangezogen: „Ich kann niemandem gestatten, sich meinen Wünschen, wenn sie einmal bekanntgegeben sind, zu widersetzen." Er war Autokrat – nicht minder als Katharina II., Paul I. oder der Bruder Alexander I. Wenn Nikolaus allen Beamten eine Uniform aufzwang, folgte er dem Beispiel seines Vaters. Wenn er nur noch Geistlichen, Kaufleuten und Bauern einen Bart erlaubte – entsprach das den Methoden Peters des Großen! Der Unterschied lag darin, daß er die autokratisch-despotischen Methoden von Peter I. bis Alexander I. nach Bedarf kopierte und keine eigenen Ideen in seine Tätigkeit für Rußland einbrachte.

Wohltätigkeit – Alte Aufgaben der neuen Kaiserin

In dieses Bild ordnete sich die Entwicklung Alexandras ein. Auch für die Kaiserin wandelte sich das Leben. Nicht nur Alexander I. war überraschend gestorben. Der Tod seiner Gemahlin Elisabeth folgte ebenso unvorhergesehen. Die Kaiserinwitwe Marija Fjodorowna alterte nach dem Tode Alexanders sichtlich. Das ganze Netz adeliger wohltätiger Organisationen und Einrichtungen, über viele Jahre gespannt und ständig erweitert, mußte nun von Alexandra Fjodorowna verantwortlich übernommen werden. Die politische Entwicklung in der „Heiligen Allianz" und in Deutschland zwang die gebürtige preußische Prinzessin zu indirekten Handlungen. Bereits unmittelbar vor Alexanders Tod hatte in Petersburg ein Familientag der Romanows mit Teilnehmern aus allen fürstlichen Dependenzen Westeuropas stattgefunden. Die Familientreffen wiederholten sich in den folgenden Jahren und begleiteten die politische Entwicklung Preußens, Österreichs und des Deutschen Bundes ebenso wie die Rußlands selbst. Nach außen trat die Kaiserin Alexandra politisch nicht in Erscheinung. Das war das Amt des Gemahls. In diesem speziellen Falle ordnete sich die Kaiserin bedingungslos allen Handlungsmaximen des Kaisers unter.

Die weiblichen Familienmitglieder überließen die Staatspolitik, die internationale Diplomatie und die Kriegsführung wohl den Männern, unternahmen ihrerseits jedoch nicht mindere Anstrengungen zur Festigung des Adelsimperiums konservativer Kräfte in der „Heiligen Allianz". Die gegenseitige Abstimmung reichte bis in das Detail. Sachsen-Weimars Erbgroßherzogin Maria Pawlowna organisierte und führte im Großherzogtum das gesamte System fürstlicher Wohltätigkeit über das 1817 gegründete „Patriotische Institut der Frauenvereine". Patriotische und wohltätige Fraueninstitute waren auch in Rußland die adäquate Organisationsform, mit der die Kaiserin einen nicht unerheblichen Finanzposten zum Wohle der Bedürftigen und der herrschenden Familie realisierte. Alexandra übernahm nach der Thronbesteigung die Schirmherrschaft über einzelne wohltätige Institute, z. B. 1827 in Poltawa. Mit dem Ableben Marija Fjodorownas im Dezember 1828 trug die Kaiserin die alleinige autokratische Verantwortung für das gesamte Organisationsnetz in Rußland. Das war eine umfassende und vollkommen ausfüllende Tätigkeit, denn zahllose Institute und Vereine mußten durch relativ wenige Hilfskräfte betreut und kontrolliert werden. Die Finanzmittel flossen aus dem Privatvermögen der Dynastie in die wohltätigen Institutionen Rußlands und auch jener Staaten, die mit dem Russischen Reich verwandschaftlich verbunden waren. Dazu gehörten in Rußland die Gesellschaft zur Erziehung adeliger Mädchen, die Erziehungshäuser in den beiden Hauptstädten mit allen diesen zugeordneten Einrichtungen, die Lehranstalt der Heiligen Katharina, die Alexanderschule in Moskau, die Mädchenschule des Hauses für Kriegswaisen, das Institut für adelige Mädchen in Charkow, die Schule für Soldatentöchter von Angehörigen des Leibgarderegiments, die Petersburger und Moskauer Schulen für kommerzielle Unternehmer sowie zahllose Krankenhäuser, Altersheime usw.

Die Kaiserin ließ sich durch einen Staatssekretär regelmäßig über alle laufenden Angelegenheiten informieren und besuchte die Einrichtungen, so oft es ihr möglich war. Sie nahm in Lehranstalten mit Vorliebe an den Examen teil und prüfte sorgfältig die Einhaltung der Statuten. Aufmerksamkeit für die Ausbildung der weiblichen adeligen Jugend und Wohltätigkeit gegenüber notleidenden Menschen – das war ein wesentlicher Part, den sie zu spielen hatte und wie ihr Vorbild Marija Fjodorowna gewissenhaft ausfüllte. Deren prägende Persönlichkeit besaß Alexandra jedoch nicht.

Der Kaiser ließ seiner Gemahlin in diesen Richtungen traditionell freie Hand, machte ihr das Leben durch seinen schwierigen Charakter und die von ihm vertretenen politischen Ziele allerdings nicht leichter. Für Nikolaus waren Peter I. und Katharina II. erhabene Vorbilder, weil sie die Ostsee und in Ansätzen das Schwarze Meer gewonnen hatten. Der Erweiterung des Imperiums wollte auch er seinen Ruhm in der

Geschichte verdanken. 1826 fiel Persien in Transkaukasien ein. Der Feldzug ging für Rußland zwar glücklich aus, aber Nikolaus gab sich hinsichtlich der russischen Stärke beträchtlichen Illusionen hin. Die von Persien integrierten transkaukasischen Völker erklärten Rußland den „heiligen Krieg". Gleichzeitig wagte der Imperator 1828 den Krieg gegen die Türkei. Der endete mit dem Frieden von Adrianopel. Nikolaus setzte die Orientpolitik seiner Großmutter fort. Der Krieg gegen die Türkei verlief für Rußland günstig – obwohl der Zustand der russischen Truppen besorgniserregend war. Später, 1833, gelang sogar durch den Vertrag von Unkiar Selessi ein Abkommen mit der Türkei, das Rußlands Positionen auf dem Balkan festigte.

Im Juli 1830 brach in Frankreich die Revolution in aus. Die Bourbonen wurden gestürzt. Die Zarenfamilie empörte dieser Bruch dynastischer Traditionen. Die revolutionäre Welle erreichte Holland. Nikolaus I. befahl dem Großfürsten Konstantin, polnische Rekruten nach den Niederlanden in Marsch zu setzen. Im polnischen Untergrund hatte sich eine „patriotische" Bewegung gebildet. Auf die erste Nachricht von den Zwangsaushebungen erhob sie sich. Die Rebellion weitete sich zu einem landesweiten Aufstand gegen die russische Herrschaft aus. General Diebitsch wurde im Oktober 1830 mit 80 000 Mann gegen Warschau in Marsch gesetzt. Zwei Monate später erklärte der Sejm Nikolaus zum „Usurpator der polnischen Krone" und proklamierte Polen zur unabhängigen Republik. Präsident wurde Adam Czartoryski.

Der russische Vormarsch wurde durch das polnische Heer zurückgewiesen. Der Großfürst und Vizekönig Konstantin Pawlowitsch starb inzwischen an der Cholera. Nikolaus setzte General Paschkjewitsch in Marsch. Im Dezember 1831 eroberten die Russen Warschau. Der Aufstand währte bereits zu lange, man war sich auf der polnischen Seite nicht einig und zersplitterte die Kräfte. Nikolaus übte Rache. Die Toten waren ebensowenig zu zählen wie die nach Sibirien Deportierten. Polen verwandelte sich in eine russische Kolonie.

Innerhalb Rußlands arbeitete Kaiser Nikolaus I. viel und fleißig. Er schuf sich den Verwaltungsapparat zur Umsetzung seiner eigenen Herrschaftsvorstellungen: Durch den Ausbau der Kaiserlichen Privatkanzlei („Seiner Kaiserlichen Majestät Eigene Kanzlei") zentrierte er die Regierungsgeschäfte auf seine Person. Die Bildung der staatspolizeilichen „Dritten Abteilung" in dieser Kanzlei und die Verstärkung der Zensur sollten alle Ansätze, die die Autokratie in Frage stellen konnten, im Keim ersticken. Nach der französischen Revolution von 1830 kamen aus den deutschen Staaten alarmierende Nachrichten über schärfere Auseinandersetzungen zwischen liberalen und restaurativen politischen Kräften. Preußen verstärkte die Anstrengungen zur Einbindung der deutschen Kleinstaaten in einen nationalen und wirtschaftspolitischen Block unter seiner eigenen Führung. Bei allen Bemühungen darf man jedoch nicht der Illusion erliegen, Nikolaus hätte die Mechanismen der Staatsverwaltung wirklich durchschaut. Die Korruptheit seiner Beamten konnte der geradlinige Monarch auch nicht beseitigen.

Die Kaiserin teilte die autokratischen Auffassungen ihres Gemahls und unterstützte diese. Es gab sogar Bereiche außerhalb der Familie und der offiziellen Repräsentation, in denen sich Kaiser und Kaiserin ergänzten. Die Zahl der Bildungseinrichtungen nahm während ihrer Regierungszeit auf vielen notwendigen Sachgebieten erheblich zu. Aber sie wurden einer rigorosen staatlichen und autokratischen Kontrolle unterworfen und zur Abwehr jeglicher liberaler Ideen auf die Werte der Staatsideologie: „Autokratie, Orthodoxie und Volkstum" eingegrenzt. Die Verbreitung intensiverer Bildung ging mit dem Bemühen um eine Vertiefung der staatstragenden Werte einher. In diesem politischen Kontext wuchs auch die Bedeutung der orthodoxen Kirche. Sie wurde zur geistlichen Absicherung der Autokratie herangezogen.

An all diesen inneren und äußeren Problemen nahm die Kaiserin Anteil. Doch die in der Kindheit erlebten Kriegsjahre, der Dekabristenaufstand, die zahlreichen Geburten und die komplizierte Seelenlage des Kaisers wirkten sich negativ auf die Gesundheit der Kaiserin aus. Ihre Handlungsfähigkeit wurde auf Anraten der Ärzte immer wieder durch notwendige Kuraufenthalte unterbrochen. Ihr allgemeiner Gesundheitszustand verschlechterte sich etwa seit Mitte der dreißiger Jahre deutlich sichtbar. Im Jahre 1837 verbrachte sie ein halbes Jahr auf der Krim. 1840 mußte sie ein Sanatorium in Bad Ems aufsuchen. So angenehm Reisen nach Italien waren und Italien in der Mitte des 19. Jahrhunderts ein wahres Mekka für kulturgeschichtlich interessierte Menschen aus ganz Europa gewesen ist, Alexandra Fjodorowna suchte in den Jahren 1845/46 in Italien und auf Sizilien vor allem die Wiedergewinnung ihrer Gesundheit. Allein, die Anstrengungen bewirkten keine durchgreifende Besserung, sondern lediglich aufschiebende Linderung. Unter diesen Voraussetzungen war die Kaiserin bei entscheidenden Überlegungen und Handlungen ihres Gemahls nicht aktiv an seiner Seite.

Vielleicht sind es die Bemühungen des Kaisers um Stabilität im Innern des Reichs gewesen, die ihm eine mitunter kaum verständliche Sympathie im Volke verschafften. Sein despotisches Wesen hatte nach den Kriegsjahren etwas Beruhigendes an sich, das den Russen gefiel. Der

Kaiser besaß charismatische Fähigkeiten, die den Russen das Gefühl von Festigkeit und Größe der Nation vermittelten. Er kümmerte sich mit Fleiß um die kleinen Sorgen des Lebens. Außerdem war er eine schöne Erscheinung und führte ein solides und vorbildliches Familienleben, bei dem er sich der vollen Unterstützung und Hilfe durch Alexandra Fjodorowna sicher sein konnte. Die preußische Prinzessin vereinte die positiven Traditionen einer Marija Fjodorowna im Bereich von Bildung und Wohltätigkeit mit den künstlerischen und literarischen Interessen der Kaiserin Elisabeth und fügte die bereits unter Paul I. in mancher Hinsicht gepflegten Tugenden preußischen Familiensinns hinzu. Alle diese positiven Erscheinungen wurden unauffällig, aber uneingeschränkt in den Dienst der regierenden Dynastie gestellt und verfolgten mehrfache Ziele, wobei der politische Sinn in jedem Falle evident gewesen ist.

In einem Punkte wichen Nikolaus und Alexandra von den Traditionen russischer renommierter Herrscher ab: Niemand konnte ihnen irgendwelche Seitensprünge oder diverse schamlose Liebesverhältnisse nachsagen. Man munkelte zwar, wenn der Kaiser mit Vorliebe Mädchenpensionate oder Ballettschulen besuchte. Aber er tat es in Abstimmung oder gar im Auftrag seiner Gemahlin. Was sollte überhaupt anstößig daran sein, wenn sich ein von seiner historischen Mission durchdrungener Monarch mit schönen Frauen umgab? Außerdem liebte Nikolaus seine ihm angetraute Kaiserin viel zu sehr, achtete er peinlich genau auf die Diskretion in seinem Privatleben und hatte überdies keine Zeit, sich mit kostspieligen Affären aufzuhalten. Er sorgte sich lieber um die sauberen Kragen seiner Beamten oder um die bitter notwendige Bildung seines Landadels. Natürlich kümmerte sich Nikolaus um Europa.

Rußland und Europa, das war in jenen Jahrzehnten ein breit diskutiertes Thema. Alexander I. hatte die Verbindung zwischen West- und Osteuropa während der Napoleonischen Kriege in einer Weite hergestellt, wie das niemals zuvor in der Geschichte geschehen war. Das Haus Romanow hatte unter dem Druck Napoleons eine dynastische Offensive bisher unbekannten Ausmaßes erfolgreich in Szene gesetzt. Daran konnten Nikolaus und Alexandra anknüpfen. Vielleicht lagen dem Kaiser nicht so sehr die abstrakten Visionen einer „Heiligen Allianz". Aber er war in das von Metternich beschnittene Konstrukt eingebunden. Man hat Nikolaus vorgeworfen, in der Außenpolitik konzeptionslos gewesen zu sein. Das war sicher nicht falsch. Nikolaus fuhr viele Schlingerkurse, um seine Maxime durchzusetzen: „Die Oberhoheit über den Bosporus soll mir gehören …" Um mit England zu einem friedlichen Verhältnis zu gelangen, reiste der Kaiser 1844 auf die britische Insel. Der Besuch war ein Mißerfolg. Obwohl Nikolaus den Engländern die Dardanellen zubilligen wollte, tat man seinen Plan zur Aufteilung der Türkei als unrealistisch ab.

Rußland war in Europa isoliert. Selbst zu Preußen, der natürlichen Heimat der Kaiserin Alexandra war die Distanz gewachsen. Je erregender in den deutschen Staaten liberale und demokratische Strömungen anschwollen und nach einem neuen gesellschaftlichen Aufbruch riefen, um so belehrender agierte Nikolaus. Er beschimpfte die Regierungen und fügte schulmeisterlich hinzu: „Diese Gefahr wird bei mir nie eintreten." Kaiserin Alexandra war zu beschäftigt, zu krank und charakterlich nicht stark genug, dem Gemahl zur Vernunft zu raten. Unter dem konservativen Druck aus St. Petersburg gestalteten selbst die in den Staaten des Deutschen Bundes lebenden Großfürstinnen und nahen Verwandten die Beziehungen zum „Mutterhaus" mit der Zeit lockerer. Besuche und Familientreffen gerieten seltener. In Weimar wich die Schwester Maria Pawlowna bei aller Beachtung der Gepflogenheiten dynastischer Solidarität mehrfach von den Petersburger Vorschriften und Regeln ab. Preußen ließ sich auf dem Wege zur nationalen Vormacht ohnehin nicht vorschreiben, wie es agieren sollte und war selbst konservativ genug.

Als im Jahre 1848 in Frankreich die Revolution ausbrach, erschrak das russische Kaiserhaus. Der Monarch ergriff zahlreiche Repressivmaßnahmen gegen die eigenen Intellektuellen. Das Problem der Revolution stellte sich in Petersburg rein machtpolitisch dar. In Europa isoliert, wollte der Zar die Festigkeit der russischen Autokratie demonstrieren. Kein anderer hat die Sicht des Kaisers so präzise umrissen, wie der damalige Zensor im russischen Außenministerium, Tjutschew: „Schon lange gibt es in Europa nur noch zwei wahre Kraftzentren – Rußland und die Revolution … Keinerlei Verhandlungen, keinerlei Verträge sind zwischen ihnen möglich, die Existenz der einen ist gleichbedeutend einem Todesurteil für die anderen." Rußlands Einfall 1849 in Ungarn und die Allianz Österreichs, Preußens und Rußlands zur Befriedung Polens schien noch einmal den Geist der „Heiligen Allianz" zu beschwören, versetzte ihr in Wirklichkeit aber den endgültigen Todesstoß, weil der Graben zu den westeuropäischen Verfassungsstaaten nur noch tiefer wurde. Selbst in Preußen mußte der König 1848 vor den Märzgefallenen den Hut ziehen, und im Großherzogtum Sachsen-Weimar-Eisenach versteckte die Großfürstin Maria Pawlowna den steckbrieflich gesuchten Komponisten Richard Wagner vor der eigenen Polizei!

In Rußland begann dagegen das „finstere Jahrsiebend". Sieben Jahre bis zum Tode Nikolaus' I., in denen die öffentliche Meinung erstickt wurde. Diese Jahre dokumentierten den gesellschaftspolitischen Abstand zwischen den zum Parlamentarismus tendierenden westeuropäischen Nationen und den autokratischen Staaten Osteuropas ganz augenfällig. Sie markierten die sich anbahnende Schwäche des autokratischen Systems als Ganzes.

Aber der Krim-Krieg charakterisierte den Tiefpunkt in der Herrschaft Nikolaus I. Es ging in dem Krieg um die Herrschaft über die Meerengen und den alten russischen Traum, die Türkei von der politischen Landkarte zu tilgen. Nikolaus war bei den Westmächten auf wenig Gegenliebe für seine antitürkischen Pläne gestoßen. 1853 besetzte Rußland die Fürstentümer Moldau und Walachei, die Türkei protestierte, und Rußland erklärte der Hohen Pforte den Krieg. Nach ersten Kämpfen im November 1853 eilten England und Frankreich dem Sultan zu Hilfe. Nikolaus' Verzweiflung saß tief. Kein europäischer Staat unterstützte den heiligen russischen Kreuzzug gegen die „Ungläubigen". Niederlage folgte auf Niederlage. Der russische Kaiser wußte keinen Ausweg. Er selbst hatte das Land in die Ausweglosigkeit manövriert.

Die schöne unbedeutende Kaiserin

In seiner Ratlosigkeit fuhr Nikolaus Ende 1854 nach Gatschina. Er reiste ganz allein in das abgelegene Schloß – ein Bild eigener Isolation. Noch einmal kehrte er nach Petersburg zurück, und am 18. Februar 1855 starb er. Kein Leiden, keine Krankheit, keine ahnungsvollen Visionen, kein Streit um die Thronfolge. Der Sohn Alexander Nikolajewitsch bestieg als Alexander II. den Thron. Obwohl Alexandra Fjodorowna seit vielen Jahren krank und schwach gewesen und niemals jene starke, gestaltende und unbequeme Persönlichkeit gewesen ist, wie sie ihre Schwiegermutter Marija Fjodorowna verkörperte, hing sie mit zärtlicher Aufrichtigkeit an ihrem Gemahl. Der plötzliche und einsame Tod Nikolaus' I. hat Alexandras Gesundheit weiter untergraben. Neue Erholungsreisen in den milden Süden waren erforderlich. Die Kaiserinwitwe verbrachte den Winter 1857 in Nizza und in Rom. Zwei Jahre später reiste sie zu Kuraufenthalten nach Bad Ems und in die Schweiz.

Es nützte alles nichts. Am 19. Oktober 1860 ist Alexandra Fjodorowna in Zarskoje Selo still eingeschlafen. Mit ihr verstarb eine geduldige Mutter ohne politische Ambitionen. Alexandra Fjodorowna bestätigte mit ihrem Leben eine sich anbahnende Tendenz: Nach den großen und regierenden Frauengestalten des 18. Jahrhunderts hatte Marija Fjodorowna staatspolitischen Sachverstand bewiesen und der Dynastie die Tore zu den deutschen und westeuropäischen Höfen weiter geöffnet, als dies Katharina II. jemals vermochte. Ihre Töchter Maria und Katharina hatten diese Politik aktiv mitgetragen. Die Kaiserinwitwe Marija Fjodorowna hatte erreicht, was der Kaiser Paul I. nicht vermochte. Sie hatte im dynastischen Sinne politisch gestaltend gewirkt. Elisabeth und Alexandra beließen es bei der Tatsache bestehender dynastischer Beziehungen. Sie zogen sich auf die Bereiche der Familie, der zugewiesenen Aufgaben in Bildung und Wohltätigkeit, auf Kunst, Kultur und Literatur sowie auf die notwendige Repräsentation zurück. Sie erfüllten ihre Aufgaben unauffällig, diszipliniert, entsagungsvoll und zugleich auch engagiert. Weder Elisabeth noch Alexandra waren menschliche Persönlichkeiten vom Range Katharinas II. oder auch Marija Fjodorownas. Alexandra widersprach ihrem Manne nie und hielt für richtig, was er tat. Es ist zumindest der Eindruck entstanden, daß sie ihre eigene Persönlichkeit vollkommen in der ihres Gemahls aufgehen ließ.

Als Nikolaus gestorben war, weinte die Tochter Marija, und die Kaiserin tröstete sie: „Gott hat deinen Vater zu sich genommen, und ihm eine schreckliche Zukunft erspart." Angesichts der russischen Lage im Krim-Krieg zeugte die Bemerkung von einigem politischem Verstand. Alexandra vergaß auch niemals die Demütigungen, die Preußen und seinem Königshaus durch Frankreich und Napoleon zugefügt worden waren. In ihrer Gegenwart durfte die französische Sprache nicht benutzt werden. Nikolaus I. liebte seine Frau. Der despotische Kaiser liebte in ihr jedoch auch das getreue Echo, das er aus ihr im Laufe der Jahre gemacht hatte, obwohl sie eine adelsstolze preußische Prinzessin war.

14. Kapitel

Die kranke Kaiserin und die geliebte Fürstin: Die Gemahlinnen Alexanders II.

Marija Alexandrowna – Prinzessin Maximiliane Wilhelmine
Auguste Sophie Marie von Hessen-Darmstadt
(8. August (N.S.) 1824 – 22. Mai 1880)
*Erste Gattin des Großfürsten Alexander Nikolajewitsch und
späteren Kaisers Alexander II. seit 16. April 1841*

Katharina Michailowna Dolgorukaja-Jurjewskaja
(2. Februar 1849 – 1922)
*Zweite Gattin Kaiser Alexanders II. in morganatischer Ehe
seit 19. Juli 1880*

Auf der Suche nach Gemeinsamkeiten und Besonderheiten im Leben der russischen Kaiserinnen des 19. Jahrhunderts findet man bei Marija Alexandrowna, der Prinzessin Maximiliane aus Hessen-Darmstadt, eine interessante neue Variante. Marija Fjodorowna hatte als Kaiserinwitwe eigenes staatspolitisches Profil erstritten. Elisabeth hatte ihre Ehe leise erduldet und selbstlose Treue bewahrt. Alexandra hatte sich dem Gemahl ohne eigenen Ehrgeiz ergeben unterworfen. Trotz der schwärmerischen Liebesheirat setzte die hessische Prinzessin Maximiliane dem „Befreierzar" und dessen Reformprogramm – nach einigen glücklichen und in Harmonie verbrachten Jahren – in einer Atmosphäre „schwüler Frömmigkeit" passiv-konservativen Widerstand entgegen, so daß der Kaiser, dessen Leben durch wiederkehrende Attentate permanent bedroht wurde, in Liebesverhältnissen Trost suchte und sich frühzeitig der Fürstin Katharina Dolgorukaja (auch: Dolgoruki) zuwandte, die er nach dem Tode Marija Alexandrownas gegen den Willen seiner Kinder heiratete.

Alexander ist am 17. April 1818 in St. Petersburg geboren worden. Damals regierte der Onkel Alexander I. Großfürst Nikolaus Pawlowitsch spielte noch keine politische Rolle im Russischen Reich. Sieben Jahre später bestieg Nikolaus den Thron. Am Vorabend des Dekabristenaufstandes vom 14. Dezember 1825 war dem Jungen mitgeteilt worden, daß er der Thronerbe des Russischen Reichs sei. Einen Tag später hörte er den fernen Kanonendonner, und man brachte ihn zum Winterpalais. Er sah den Vater wankend, atemlos und unbeugsam vom Senatsplatz kommen, auf dem gerade die Kartätschen gegen die Dekabristen geflogen waren. Alexander erlebte den Auftritt des zwei Meter großen Vaters in Galauniform. Er selbst wurde in eine Husarenuniform gesteckt. Man hängte ihm den St.-Andreas-Orden um, und ehe er zu Bewußtsein kam, stand er auf dem Hof. Das Gardebataillon der Palastwache huldigte dem siegreichen Kaiser und dem Thronfolger. Alexander erlebte die Unruhe des nächtlichen Winterpalais mit. Er konnte diesen Eintritt in das offizielle Leben seines Reichs niemals vergessen.

Gut ein halbes Jahr nach den Ereignissen trat Alexander zum zweiten Mal an die Öffentlichkeit, als der Vater Ende Juli 1826 in Moskau gekrönt wurde. Der achtjährige Thronfolger hat an allen Feierlichkeiten fröhlich, selbstbewußt und sicher im Auftreten teilgenommen. Die Erziehung und Bildung des Jungen wurde in die Hände des Dichters Shukowski gelegt, der dem Thronfolger mit auf den Weg gab: „Sei überzeugt, daß die Macht des Zaren von Gott stammt, aber dein Glaube daran soll so sein wie der von Marc Aurel. Auch Iwan der Schreckliche war dieser Überzeugung, aber er machte eine mörderische Verhöhnung Gottes und der Menschen daraus. Achte das Gesetz und bring den anderen durch dein Vorbild bei, es ebenfalls zu achten. Wenn du das Gesetz übertrittst, wird auch dein Volk ihm nicht gehorchen. Lerne die Bildung schätzen und trage zu ihrer Verbreitung bei. Achte auf die öffentliche Meinung ... Liebe die Freiheit, d.h. die Gerechtigkeit ... Freiheit und Ordnung sind ein und dasselbe. Wenn der Zar die Freiheit liebt, werden seine Untertanen den Gehorsam lieben. Die wahre Macht des Herrschers beruht nicht auf der Menge seiner Soldaten, sondern auf dem Wohlergehen seines Volkes ..."

Die Kindheits- und Jugendjahre des Thronfolgers verliefen im Auf und Ab von Lehrstunden, geistiger Erbauung und offiziellen Repräsentationspflichten. Nur das wichtigste Ziel des Kaisers sollte nicht recht erreicht werden: Nikolaus beharrte auf der militärischen Ausbildung seines Sohnes und erreichte das Gegenteil. Alexander berauschte sich zwar an Orden und Uniformen, übte die Kunst des Paradierens, aber das militärische Handwerk interessierte ihn wenig. Natürlich wollte sich Alexander keiner notwendigen Disziplin entziehen. Dazu zwang ihn die Stellung als Thronfolger. Alexander leistete im April 1834 den Treueeid auf die Krone und auf die Armee. Ergriffenheit und Rührung schnürten ihm die Kehle bei jeder feierlichen Zeremonie zu.

Seltsame Praktiken einer Brautwerbung

Gegen Ende der dreißiger Jahre unternahm der Thronfolger eine ausgedehnte Reise durch Rußland. Bleibende Eindrücke hat sie nicht hinterlassen. Statt dessen erkrankte Alexander, war blaß, und die Eltern machten sich über den hoch aufschießenden Jüngling, der gern träumte, sensibel und gefühlsbetont war, ihre Sorgen. Er war zwanzig Jahre alt. Die Frage seiner Verheiratung war überfällig. Ein unmittelbares Thronfolgeproblem gab es bei den sieben Kindern, die Nikolaus gezeugt hatte, zwar nicht, aber Alexander war alt genug für eine Ehe. Er sollte eine Prinzessin aus deutschem Fürstenhause heiraten. 1838 wurde er auf eine Reise durch Europa geschickt. Im Gepäck lag die vom Kaiser bestätigte Liste heiratsfähiger Prinzessinnen, von denen der junge Mann angeblich eine zur Braut auswählen sollte. Über Schweden und Dänemark fuhr Alexander nach Bad Ems zur Kur. Anschließend reiste er nach Weimar und Berlin, besah sich das Feld der Völkerschlacht bei Leipzig, erreichte

München und fuhr weiter nach Italien. Alexander war von der italienischen Kunst hingerissen. Auf der Rückreise erreichte er Wien und freundete sich mit Fürst Metternich und dessen Gemahlin an. Shukowski begleitete den Zarewitsch und faßte dessen Auftreten im März 1839 bündig zusammen: „Er ist bei allen beliebt, jedermann schätzt sein reines Herz, seinen klugen Verstand und die Würde, die er auf unmittelbarste und feinsinnigste Art zum Ausdruck bringt."

Nur die Braut fehlte noch! Alexander gab sich allen möglichen Vergnügungen hin, unternahm jedoch keine Anstalten zu ernsthafter Gattinnenwahl. Er fuhr brav nach Baden, nach Württemberg und auch nach Darmstadt. Hessen-Darmstadt und Petersburg besaßen seit den Zeiten Katharinas II. handfeste Erfahrungen beim Einfädeln dynastischer Ehen. Ludwig Großherzog von Hessen-Darmstadt und vor allem dessen Gemahlin, Wilhelmine Louise Prinzessin von Baden, unternahmen bereits zähe Anstrengungen zur Verheiratung ihrer Tochter Maximiliane mit dem russischen Thronfolger. Man munkelte zwar, Maximiliane sei das uneheliche Kind des Freiherrn August Senarclens von Grancy, außerdem war die Großherzogin Wilhelmine vor der Verwirklichung ihrer Pläne an der Tuberkulose gestorben, aber bis zum Jahre 1839 waren die Vorbereitungen so weit gediehen, daß Alexander die 15jährige Braut besichtigen konnte. Leider erkrankte das Mädchen im unpassendsten Augenblick. Vielleicht hat tatsächlich niemand die beginnende Tuberkulose diagnostiziert. Sie hustete jedenfalls derart stark, daß man sie vor Alexander verbergen und er weiterreisen mußte, ohne daß er das Mädchen gründlich betrachten oder gar sprechen konnte. Nikolaus I. überging den als besonders kritisch betrachteten Punkt: „Soll doch jemand wagen zu sagen, daß der russische Thronfolger mit einem unehelichen Mädchen verlobt ist! Da der Großherzog von Darmstadt sich darum nicht geschert hat, sehe ich keinen Grund, Einwände zu erheben." Obwohl aristokratische Philister über die vermeintliche Mesalliance herzogen, erteilte Nikolaus dem Sohn die offizielle Heiratserlaubnis. Man sollte nur ein wenig warten und eine Probezeit durchlaufen, die Braut war noch gar zu jung. Der eigentliche Grund des Zögerns war aber wohl eher deren Krankheit, denn im April 1840 durfte Alexander wieder nach Darmstadt kommen. Jetzt fand er die kleine Braut ganz entzückend und liebenswert. Er schenkte ihr ein mit Diamanten besetztes Armband, das sie beim ersten Spaziergang vor lauter Aufregung verlor. Wieder versteckte man sie ob dieser Peinlichkeit vor dem Bräutigam, aber dank des Eifers der Hofleute konnte das Kleinod gefunden und Maria ihrem Alexander zurückgegeben werden.

Im September 1840 führte Kaiser Nikolaus I. die zarte und scheue Maximiliane und deren in russische Dienste tretenden Bruder Alexander von Hessen und bei Rhein mit einer imperial wirkenden Militärparade in St. Petersburg ein. Die Braut lernte sofort intensiv die russische Sprache, der Übergang zur orthodoxen Religion bereitete ihr keine inneren Probleme, und am 5. Dezember 1840 erfolgten Konversion und Namensgebung: Die Großfürstin Marija Alexandrowna – wie sie ab jetzt hieß – konnte sich auf die für April 1841 geplante Hochzeit vorbereiten. Der Wechsel von Darmstadt nach Petersburg barg ernste Probleme gesundheitlicher Art. Der Maria belastende Husten brach wieder auf, sie entfernte sich aus der Öffentlichkeit und rief neue Bedenken bezüglich ihrer Herrschaftsfähigkeit hervor. Die Krankheitsvorzeichen konnten rechtzeitig gedämpft werden, die laue Frühjahrsluft halt mit, und am 16. April 1841 konnte die Hochzeit gefeiert werden. Die Darmstädter Verwandten atmeten erleichtert auf. Die seinerzeitige Ehe der Prinzessin Auguste-Wilhelmine mit Paul Petrowitsch hatte sich finanziell segensreich ausgewirkt, der große Erfolg war ihr versagt geblieben. Jetzt konnte Marija Alexandrowna die Scharte auswetzen – wenn sie nur recht lange gesund blieb und auch der sie begleitende Bruder Alexander – inzwischen zum Oberst bei den Garde-Chevaliers befördert – seine Pflichten erfüllte!

Der Kaiser richtete ein grandioses Fest aus, das den Brautleuten eine Welt voller Glück, Reichtum und immerwährender Freude suggerierte. Aber was im siebenten Himmel begann, sollte bald auf die Erde herabfallen und schließlich in der Kälte ersterben. Vorerst waren alle Beteiligten zufrieden. Die junge Großfürstin wurde freundlich aufgenommen. Man schätzte ihre Aufrichtigkeit und ausgeglichene Ruhe. Schon damals gab es allerdings auch Kritiker, die Marija für zu streng, zu gläubig und zu obrigkeitstreu hielten. Sie achtete auf die unbedingte Einhaltung der Hofetikette. Die Brautleute liebten einander, ruhig und aufrichtig, Alexander umgab Marija mit Zuversicht und Aufmerksamkeit. Sie durfte sicher sein, das Glück gewonnen zu haben, wenn ihr nur die Gesundheit keinen Strich durch die Rechnung machte. Nikolaus stattete das junge Ehepaar großzügig aus und führte seinen Sohn in die verschiedenen Reichsinstitutionen ein. Der Thronfolger ging zu den Sitzungen des Reichsrats oder des Ministerrats und teilte in jedem Falle die Meinungen seines Vaters. Der Kaiser schickte ihn zu Repräsentationsveranstaltungen im In- und Ausland. Beide, Alexander und Marija, bereiteten sich langfristig und geduldig auf ihre künftigen Aufgaben als Herrscher vor.

Marija bekam auch gleich im ersten Ehejahr die Tochter Alexandra. Die Geburt eines Mädchens rief kritische Blicke und erste Spannungen hervor. Marijas Bruder Alexander verteidigte die Schwester so vehement, daß ihn der Kaiser für ein Jahr nach Hause beurlaubte – Nikolaus wollte keinen Streit in der Familie dulden. Später trat Alexander von Hessen in österreichische Dienste. Marija führte zwar stets einen für die Beurteilung ihrer politischen und persönlichen Ansichten aufschlußreichen Briefwechsel mit Alexander, und sie arbeiteten oft Hand in Hand, aber ihr langsames Abrücken von der Seite des russischen Kaisers hat der Bruder nicht verursacht.

In den Jahren 1848/49 befürworteten Alexander Nikolajewitsch und Marija die Politik des Kaisers zur Niederschlagung der Revolution in Polen, Ungarn und ganz Europa. Im Jahre 1849 starb die erstgeborene Tochter Alexandra. Dem 1843 zur Welt gekommenen Nikolai sollte gleichfalls kein langes Leben beschieden sein. Auch den Krim-Krieg betrachtete das Thronfolgerpaar als Demütigung rechtmäßiger russischer Interessen. Im Januar 1855 erkrankte Nikolaus I. Auf dem Sterbebett sagte er seinem Sohn noch einmal: „Halte alles zusammen, halte alles zusammen!" Am 18. Februar 1855 ist Kaiser Nikolaus I. gestorben. Selten ist in der russischen Geschichte die Thronfolge auf den Sohn so reibungslos übergegangen wie im Falle Alexanders.

Kaiser Alexander II. bestieg den Thron. In Europa wartete man auf ein schnelles Ende des Krim-Kriegs. Die erste politische Erklärung Alexanders II. ließ auch andere Entwicklungen offen: „Ich beharre auf den Prinzipien, die meinem Onkel und meinem Vater als Regel gedient haben. Diese Prinzipien sind die der Heiligen Allianz ... Wenn aber die Gespräche, die in Wien eröffnet werden sollen, nicht zu einem für uns annehmbaren Ergebnis führen, dann, meine Herren, werde ich an der Spitze meines treuen Rußland und meines ganzen Volkes tapfer in den Kampf ziehen." Er sah es als unmöglich an, den Kampf gegen den französischen Kaiser Napoleon III. aufzugeben. Das war eine Frage der russischen Ehre und der Tradition. Alexander II. befahl eine neue Offensive auf der Krim. Im August 1855 mußten die Russen Sewastopol räumen. Alexander reiste selbst auf die Krim. Überall begegnete ihm kämpferischer Optimismus. Er gehörte im Winter 1855/56 nicht zu den Persönlichkeiten, die nach einem Friedensschluß strebten. Bekannt ist jedoch, daß die russische Regierung die dynastischen Verbindungen nach Europa nutzte, um einen Krieg zu beenden, von dessen Sinnlosigkeit die Kaiserin Marija entgegen den Äußerungen Nikolaus I. und Alexanders II. überzeugt war. Sie erklärte ihrer Ehrendame Anna Tjutschew überzeugend und ausgewogen: „Unser Unglück besteht darin, daß wir schweigen müssen. Wir können den Menschen nicht sagen, daß dieser Krieg ganz sinnlos mit der gewissenlosen Annektion der Donaufürstentümer begonnen hat, daß er gegen jede Vernunft geführt wurde, daß das Land nicht auf einen solchen Konflikt vorbereitet war, daß wir weder Waffen noch Munition hatten, daß alle Zweige der Verwaltung schlecht organisiert waren, daß unsere Finanzen erschöpft waren und unsere Politik seit langem in eine falsche Richtung lief und uns all dies zusammen in die Lage gebracht hat, in der wir uns befinden." Madame Tjutschew wertete die Offenheit so, daß der Kaiser keinen Ausweg aus der Krise finden werde. Der Kaiserin Marija bescheinigte sie Weltfremdheit: „Auch die Zarin ist nicht einfallsreich genug. Vielleicht wird sie eine Heilige, nie aber eine Herrscherin. Ihr Lebenskreis ist die Welt der Moral und nicht die korrupte Welt irdischer Wirklichkeit."

Alexander setzte den Krieg fort, aber nach einem österreichischen Ultimatum begannen im Februar 1856 in Paris die Friedensverhandlungen. Die russischen Unterhändler erreichten einen annehmbaren Friedensvertrag. Sewastopol blieb bei Rußland, die Türkei erhielt Kars zurück. Das Fürstentum Moldau bekam die russischen Besitzungen im Donaudelta. Dadurch grenzte Rußland nicht mehr unmittelbar an das Osmanische Reich. Das Schwarze Meer erklärte man zur neutralen Zone. Das wichtigste Ergebnis bestand aber in einer vorsichtigen französisch-russischen Annäherung.

Krönung des Kaiserpaars und Ende einer Leibeigenschaft

Alexander lockerte nach dem Frieden im Innern mit vorsichtigen Schritten die akademischen Freiheiten und die Pressezensur. Und er verkündete im April 1856: „Jetzt, da ein glücklicher Friede Rußland wohltuende Ruhe schenkt, haben wir beschlossen, dem Beispiel unserer frommen Vorfahren zu folgen, die Krone aufzusetzen und die heilige Salbung zu empfangen. In diese Feierlichkeiten wird auch die geliebte Gemahlin Maria Alexandrowna einbezogen." Das festliche Ereignis fand im August 1856 in Moskau statt. Tradition und Moderne standen eng beieinander. Zum ersten Mal in der russischen Geschichte reiste das Kaiserpaar mit dem Eisenbahnzug zur Krönung! Wie alle seine Vorfahren auf dem Thron verharrte auch Alexander für einige Tage zur inneren Sammlung vor den Toren (im Schloß Petrowskoje) Moskaus, ehe er in die alte Zarenstadt einzog. Die Krönung folgte den überkommenen Ritualen. Die wohl treffendste Kurzformel für die Feierlichkeiten hat ein Mann namens Komjakow mit spitzer Feder hinterlassen: „Es war wie ein Märchentraum. All das Gold, die asiatischen Völkerschaften, die schönen Uniformen und die alten Perücken, die nach deutscher Art gepudert waren. Es war wie in ‚Tausendundeiner Nacht‘, aber erzählt von E. T. A. Hoffmann."

Die Krönungszeremonie erfolgte am 26. August 1856 in der Mariä-Himmelfahrts-Kirche des Kreml – seit Iwan dem Schrecklichen traditioneller Krönungsort. Alexander I. nahm auf dem Thron des Moskauer Großfürsten Iwan III. – Großvater Iwans des Schrecklichen –, seine Gemahlin auf dem Thron Zar Michails und seine Mutter auf dem Thron Zar Alexeis – dem Vater Peters des Großen – Platz. Die ganze russische Geschichte lebte in diesem Ereignis auf. Nach langer Zeremonie empfing der Kaiser aus der Hand des Klerus die mit Diamanten verzierte Krone. Während er sie sich langsam aufs Haupt setzte, sprach der Metropolit Filaret die schicksalsschweren Worte: „Dieser sichtbare Schmuck ist das Sinnbild der unsichtbaren Krönung, die Dir als dem Oberhaupt aller russischen Länder von unserem Herren Jesus Christus, dem König der Ehre, mit seinem Segen verliehen wird, damit Dir die höchste und grenzenlose Macht über deine Untertanen zuteil wird." Alexander war erregt und sah die Würde der Stunde mit vollem Ernst. Er krönte seine Gemahlin mit einer kleineren Krone. Durch eine Ungeschicklichkeit fiel sie ihr wieder vom Kopf. Eine unbedeutende Episode zwar, aber in diesem schicksalsschweren Moment eine Bagatelle voller mystischer Symbolik. Marija Alexandrowna fiel sofort die düstere Prophetie ein: „Dies bedeutet, daß ich sie nicht lange tragen werde." Sie konnte nicht ahnen, wie recht sie haben sollte! In dieser Stunde aber weinte Alexander, als er den göttlichen Segen für seine Herrschaft erbat: „Du hast mich zum Zaren und höchsten Richter deiner Menschen auserwählt. Ich verneige mich vor dir und bitte dich, Herr, mein Gott, verlaß mich nicht bei meinem Vorhaben, belehre mich und leite mich bei meinem Tun zu deinen Diensten. Ich lege mein Herz in deine Hand." Der Chor sang das Te Deum, und der Metropolit salbte den Zaren: „Möge das Schwert des Zaren immer gerüstet sein, das Recht zu verteidigen, möge es allein durch seine Präsenz Ungerechtigkeit und Übel vermindern." Alexander und Marija waren sich der Größe des Augenblicks bewußt. Sie spürten die Last der Verantwortung, die auf ihren Schultern lag! Auf dem Kodinka-Feld drängten sich nahezu zweihunderttausend Menschen um die Stände mit Getränken und Speisen. Strömender Regen veranlaßte eine Massenprügelei um das letzte Brot. Es war ein schlechtes Zeichen – Unglück stand ins Haus!

In Rußland lebten zu jener Zeit von 61 Millionen Menschen 50 Millionen unter leibeigenschaftlichen Verhältnissen. Von Jahr zu Jahr stieg die Zahl der Bauernerhebungen. In der russischen Intelligenz diskutierten seit den vierziger Jahren „Westler" und „Slawophile" über Rußlands Zukunft. Selbst in der kaiserlichen Familie fanden sich Fürsprecher für die Beseitigung der Leibeigenschaft. Alexander redete dem Adel ins Gewissen: „Sie werden sicher selbst verstehen, daß das jetzige System leibeigener Seelen nicht unverändert bleiben kann. Es ist jedoch besser, es von oben her abzuschaffen, als auf den Augenblick zu warten, in dem es von unten abgeschafft wird." Der Kaiser wandte sich an die Öffentlichkeit. Die Aufhebung der Leibeigenschaft wurde zu einem offen diskutierten Problem. Langsam erkannte eine pragmatisch denkende Beamtengruppe: Eine Reform werde den sozialen Frieden festigen, die Rechtsbeziehungen zwischen Bauern und Grundbesitzern regeln und die Bodenpreise steigen lassen!

Der Kaiser holte sich weitblickende Männer mit politischem Sachverstand, wie den gebildeten Nikolai Miljutin. Der mobilisierte weitere Persönlichkeiten: Solowjow, Samarin, den Fürsten Tscherkasski und andere. Die Streitigkeiten zwischen Gegnern und Befürwortern der Reform nahmen jedoch kein Ende. Am 26. Januar 1861 erklärte Alexander kategorisch: „Ich wünsche, ich fordere und ich befehle, das alles bis zum 15. Februar abgeschlossen ist. Sie dürfen nicht vergessen, meine Herren, daß in Rußland die Macht des autonomen Herrschers Gesetze erarbeitet und verkündet." Drei Tage später bekräftigte der Kaiser im Reichsrat: „Das Werk der Aufhebung der Leibeigenschaft ist eine Überlebensfrage, von der die Entwicklung der Kräfte und der Macht Rußlands abhängt." Am 19. Februar 1861 unterschrieb der Kaiser das Statut zur Aufhebung der Leibeigenschaft. Trotz aller Widersprüche, enttäuschten Hoffnungen und Zwiespälte: In Rußland begann ein neues Zeitalter. Alexander war stolz auf seine Leistung, obwohl er sich über die Fallstricke vollkommen klar gewesen ist.

Kaiserin Marija hatte sich über den Krim-Krieg ablehnend geäußert. Im Jahre 1861 war sie zwanzig Jahre mit Alexander verheiratet. In die Ausarbeitung der Agrarreform hat sie nicht tätig eingegriffen. Es ist anzunehmen, daß sie ihrem Gemahl bis zum Beginn der sechziger Jahre eine moralische Stütze gewesen ist und das Reformwerk durch die Fortsetzung der traditionellen wohltätigen Aufgaben auf ihre Weise gefördert hat. Aber die schwierigsten Aufgaben standen noch bevor. Die Bauernreform mußte als Ausgangspunkt für ein weitverzweigtes Netz politischer und administrativer Reformen verstanden werden. Der Kaiser fürchtete Unruhen. Zunächst jubelte ihm das Volk zu. Der Nimbus vom wohltätigen „Befreierzaren" war geboren.

Im ganzen Land trat das Rechenbrett in Aktion. Um jeden Quadratzentimeter Bodens wurde gerungen, gehandelt und betrogen. Bauernaufstände brachen los und wurden durch Militäreinsatz unterdrückt. Die Studenten klagten akademische Freiheiten ein und trafen auf radikalsozialistische Ideen, die durch Ideologen wie Alexander Herzen oder Michail Bakunin vorgetragen wurden. Alexander war auf diese Entwicklung ebensowenig vorbereitet wie die Administration. Er neigte zwar zur Toleranz, wußte sich jedoch nur durch Repressivmaßnahmen zu helfen. Die Zulassungen zu den Universitäten wurden beschnitten, konservative Männer traten an die Stelle der liberal gesinnten Reformer. Allen Beobachtern der russischen Innenpolitik schien es, daß die Berufung Pjotr Walujews zum Innenminister ein Signal war, die als liberal angesehenen Reformen in ein gemäßigt-konservatives Fahrwasser gleiten zu lassen.

Die Kaiserin hatte Angst, fürchtete die Neuerungen und unterstützte die konservativen Kräfte. Als es in Moskau und Petersburg zu Brandstiftungen kam und in Polen der Aufstand ausbrach, warnte sie, „daß dies der Beginn der Ausführung eines revolutionären Programms" gewesen sei. Sie forderte energische Maßnahmen, damit die Rädelsführer jeglichen Widerstands gehängt werden könnten. Zar Alexander ließ tatsächlich die Unruhestifter verhaften und den polnischen Aufstand bis 1863 grausam niederschlagen. Kaiserin Marija fürchtete die polnische Erhebung auch, weil die russischen Unterdrückungsaktionen Proteste aus Österreich, Preußen, England und Frankreich hervorriefen. Die „unpolitische" Zarin sah außerdem die Verhandlungen gefährdet, die mit englischen Unternehmen über den Bau einer Eisenbahnlinie von Moskau nach Sewastopol geführt wurden. Auch Baron Rothschild wollte sich „mit 50 Millionen an unserer Anleihe" beteiligen. Darum mußte man „endgültig mit Polen fertig werden". Marijas Bruder, Alexander von Hessen und bei Rhein, erfüllte seinen russischen Auftrag, beruhigte England und Österreich, es gab keinen europäischen Krieg, die Polen starben im Feuerhagel russischer Infanteristen, und ein internationales Konsortium konnte eine Bahnlinie finanzieren, deren Fehlen mit zur russischen Niederlage im Krim-Krieg beigetragen hatte!

Alexanders Reformpolitik löste gesellschaftliche Entwicklungen und Bewegungen aus, die auf lange Sicht das Prinzip der Autokratie in Frage stellen konnten. Nach zähen Kämpfen erhielten die Universitäten die volle Autonomie. Die Schulen wurden der Aufsicht durch den Heiligen Synod entzogen. Es entstanden zukunftsorientierte Realgymnasien. Der Staat setzte für begabte Schüler und Studenten Stipendien aus. Nach zweijähriger Vorbereitungszeit unterschrieb Alexander am 20. November 1864 die Gerichtsreform. Die Reform entsprach vielen Merkmalen westeuropäischer moderner Rechtsprechung. 1864 entstanden die Semstwos – neben den alten Adelsversammlungen tagende Versammlungen, deren Vorstände für drei Jahre gewählt wurden und die sich um viele regionale Probleme des Bildungs-, Gesundheits- und Sozialwesens zu kümmern hatten. Ähnliche lokale Strukturen wurden in den Städten geschaffen.

Mit den Reformen ging die Industrialisierung einher. Der Eisenbahnbau mobilisierte die Wirtschaft. Neben den Staatsmonopolen entwickelten sich industrielle Privatunternehmen. Auslandskapital floß ins Land. Es vollzog sich ein bis dahin nicht gekannter wirtschaftlicher Strukturwandel. Die Bauern strömten in Städte und Industriesiedlungen, sie lösten sich aus der Dorfgemeinde und bildeten den Grundstock für das künftige Industrieproletariat. Die von der Reform eingeleiteten Strukturveränderungen wirkten sich zwangsläufig auch auf die Armee aus. Alexander fand in Dmitri Miljutin einen hervorragenden Mann für die Militärreform. Miljutin setzte das Dienstalter auf sechzehn Jahre herab und organisierte die Einführung einer allgemeinen Wehrpflicht.

Die Reformen warfen die Frage nach einer zentralen und gewählten parlamentarischen Körperschaft auf. Es wurde der Vorschlag einer Institution zur Beratung wichtiger Gesetze und Strategien erarbeitet, deren Mitglieder zum Teil aus dem Volke gewählt werden sollten. Der Gedanke wurde im Ministerrat einhellig verworfen, und der Zar gab ihn vorerst auf. Die Reform war an ihre Grenzen gestoßen.

Die Reformen im Widerstreit

Die kaiserliche Familie war über die Reaktionen auf die Reformen verwirrt. Nicht minder geräuschvoll wie die nihilistischen Blätter tönten auch die patriotisch-konservativen Organe, allen voran der Herausgeber des „Moskauer" (Moskowski), Michail Katkow. Höhnisch warf er dem Kaiser vor, nun sehe er die Folgen seiner unsinnigen Reformen. Trotz Verhaftungen, Aktion und Reaktion, der Streit ging unerbittlich weiter und erregte die kaiserliche Familie in einem Maße, daß sich neue Züge in der Persönlichkeitsentwicklung des Kaisers, seiner Gemahlin und in ihrer Ehe anbahnten.

Nach 1862 brach bei der Kaiserin die Tuberkulose stärker auf, ohne als solche erkannt zu werden. Alexander brachte seiner Gemahlin allen gehörigen Respekt entgegen, wandte sich jedoch zunehmend jungen und schönen Frauen zu. Das Gewissen beruhigte er mit der Krankheit Marijas. Sie fuhren gemeinsam zur Kur nach Bad Kissingen, nach Darmstadt und Nizza, aber jeder Erholungserfolg wurde durch die Sorge um den kranken Thronfolger aufgehoben. Die Auseinandersetzungen zwischen Österreich und Preußen in der schleswig-holsteinischen Frage und um die zukünftige Einheit der deutschen Kleinstaaten reichten bis nach Petersburg. Kaiserin Marija sah für Deutschland die alternative Perspektive „Bruderkrieg oder demokratisches Parlament" und wandte sich von der Bismarckschen Politik zur Reichseinigung ab, zumal die Geschwister ihres Gemahls samt und sonders in deutsche Kleinstaaten verheiratet worden waren. Die aristokratische Verschwägerung, von Katharina II. und Marija Fjodorowna am Ende des 18. Jahrhunderts wirkungsvoll in Szene gesetzt, zeitigte politische Resultate größeren Stils, und die Kaiserin von Rußland stand dabei nicht abseits.

Es blieben die Sorgen im eigenen Land. Am 4. April 1866 ging Alexander II. im Petersburger Sommergarten spazieren. Als er das Gelände unweit des Michailow-Palastes verließ, trat ein junger Mann auf ihn zu und zog einen Revolver. Ein Passant erkannte die Gefahr, schlug blitzschnell gegen die bewaffnete Hand – der Schuß krachte und verfehlte sein Ziel. Das war das erste Attentat auf Alexander II. Menschen stürzten sich auf den Gewalttäter und überwältigten ihn, ehe er ein zweites Mal schießen konnte. Der Kaiser ging in die Kasaner Kathedrale und dankte seinem Gott, daß er noch lebte. Die Kaiserin sah sich durch das Attentat in ihren orthodoxen Überzeugungen bestätigt und drängte auf den Klerus, er möge den Zaren zu konservativer Besinnung anhalten.

Das Reich geriet in Aufregung. Fjodor Dostojewski konnte das Unglück nicht begreifen. Zum ersten Mal hatte in der russischen Geschichte ein einfacher Russe die Hand gegen seinen Kaiser erhoben – ein Mann aus dem Volke und mit der Begründung, die Bauernbefreiung habe das Volk betrogen. Dmitri Karakosow durfte als Einzeltäter in einer allgemein aufgeheizten Atmosphäre gelten. Alexander berief Peter Schuwalow zum Kriegsminister und General Trepow zum Polizeipräfekten von St. Petersburg. General Murawjow, der „Henker von Polen und Litauen", leitete die Untersuchungen im Fall Karakosow. Der Schütze wurde zum Tode verurteilt und vor der Peter-Pauls-Festung im Angesicht einer riesigen Menschenmenge gehängt.

Der direkte Angriff auf das geheiligte Leben des Kaisers war ein Wendepunkt. Die Reformen erhielten eine neue Richtung. Am 13. Mai 1866 erging der Erlaß: „Die Vorsehung wollte Rußland vor Augen führen, wohin der wahnsinnige Eifer mancher Leute, die alles bekämpfen, was unserem Land heilig ist, führen kann: den Glauben an Gott, die Grundlagen des Familienlebens, das Recht auf Eigentum, den Gehorsam gegenüber dem Gesetz und die Achtung vor der Regierung ... Um den Erfolg der gegen finstere Lehren unternommenen Maßnahmen zu garantieren, die sich in der Gesellschaft entwickelt haben und die Grundfesten der Religion, der Moral und der öffentlichen Ordnung zu erschüttern drohen, müssen die führenden Männer der wichtigsten Einrichtungen des Staates dafür sorgen, daß die konservativen Elemente, jene lebendigen und gesunden Kräfte, von denen Rußland Gott sei Dank bis heute noch sehr viele besitzt, sich durchsetzen." Personelle Umbesetzungen in den Ministerien, verschärfte Pressezensur, Repressionen gegen Semstwos und Dumas – die Errungenschaften der Reform gerieten ins Wanken. Aber der „Nihilismus" breitete sich unaufhaltsam aus. Der Kaiser wurde verschlossen und mißtrauisch. Er wollte Rußland eine Verfassung geben, war aber davon überzeugt, daß sie Verrat an den Traditionen der Autokratie bedeutete. Auf wen sollte er sich stützen? Auf die Gemahlin Marija Alexandrowna, die ihm einschärfte, nichts dürfe sich in Rußland ändern, andernfalls zerbreche das Reich? Vielleicht sollte er sich auf die orthodoxe Kirche und die slawischen Fundamentalisten stützen. Er könnte sich aber auch an den Schwarmgeistern mit ihren genialen Schriftstellern, Malern und Poeten orientieren, an Turgenjew, Gogol, Leo Tolstoi oder Dostojewski. Alles war möglich und nichts geschah. Der Kaiser vereinsamte, gab sich seinen trüben Stimmungen hin und erfüllte die gesellschaftlichen Verpflichtungen nur noch mit Widerwillen.

Die Kaiserin war durch die inzwischen acht Schwangerschaften und durch die Tuberkulose vorzeitig gealtert, kränklich und schwach. Sie mußte weiter häufig Zuflucht in Kurbädern des In- und Auslandes suchen. Die Schwangerschaften und die Krankheit allein verursachten nicht den Verfall. Es war das ganze aufreibende Leben am Zarenhof. Der Krim-Krieg, die preußisch-österreichischen Auseinandersetzungen, die Sorgen um Darmstadt im Kampf um die deutsche Einheit und die Reformen waren einschneidende politische Ereignisse, die Marija auch den Gatten entfremdete. Hast und Eile gaben einander die Klinke in die

Hand, und das kaiserliche Paar rieb sich in Repräsentationspflichten auf. Wenn sich schon der Kaiser diesen Zwängen zunehmend verschloß, so widersprachen sie erst recht dem Wesen Marijas. Man schilderte sie in jenen Jahren als Frau mit trauriger Anmut, schlanker zerbrechlicher Gestalt und tiefblauen Augen. Anna Tjutschew schrieb: „Sie hat etwas Vergeistigtes an sich, etwas Reines, Abstraktes. Sie erinnert an eine Dürer-Madonna oder eine Buchmalerei ... Jedesmal, wenn ich sie beobachte, habe ich den Eindruck, daß ihre Seele unendlich weit von uns entfernt ist und daß sie mit der bunten, irdischen Menge, die sie umgibt, nichts zu tun hat ... Sie ist gesammelt, hat wenig Ausstrahlung, ist ihrer Umgebung fremd, als Mutter, Ehefrau und Zarin ganz ungeeignet. Sie gibt sich Mühe, ihrer Stellung würdig zu sein, aber es fehlt ihr an Natürlichkeit ... Da sie jeglichen Temperaments entbehrt, scheint sie nicht gemacht für das, was das Schicksal ihr gegeben hat. Sie gibt sich stets Mühe, alles ist ihr Anlaß, sich zu quälen. Hieraus entsteht eine nervöse Spannung, die ihr letztlich jede Energie raubt und sie zu einer passiven Figur werden läßt. Ist sie eine Heilige oder ein Stück Holz?"

War Marija tatsächlich überfordert, wollte sie die Politik des Kaisers nicht mehr mittragen oder konnte sie es nicht? Formal legte sie Wert darauf, dem Kaiser stets zur Seite zu stehen. Das betraf nicht nur die unumgängliche Repräsentation, sondern auch die Diskussion politischer und sozialer Fragen. Ihre Grundhaltung blieb auf die Dreieinigkeit von Autokratie, Orthodoxie und Volkstum orientiert, wobei die Orthodoxie im Mittelpunkt stand. Marija begriff die Konversion nicht als pragmatische Notwendigkeit – die preußische Prinzession Charlotte hatte auch als Kaiserin Marija Alexandrowna in ihren Räumen weiterhin pietistische Erbauungsstunden durchgeführt –, sondern sie lebte unter dem Zwang, eine Inkarnation der Orthodoxie sein zu müssen. Die Religiosität und Frömmigkeit des Zaren waren über jeden Zweifel erhaben. Aber Marija steigerte sich unter dem Einfluß ihrer Freundinnen Anastassija Malzow und Antoinette Bludow in eine „bigotte und rückwärtsgerichtete" Frömmelei, die dem Anliegen der kaiserlichen Reformen zuwider lief. Nach ihrer Ansicht konnte Rußland nur gerettet werden, wenn es auf seinen konservativen Werten beharrte. Mehr und mehr schwieg der Zar, wenn sie solche Sentenzen verbreitete, und der Minister für Volksaufklärung notierte in sein Tagebuch: „Die Zarin sagte mir, sie hoffe, daß ich ihr keine Überraschungen bereite, was aus ihrem Munde bedeutet, verfassungsmäßige Reformen oder Zugeständnisse gegenüber religiösen Minderheiten und Altgläubigen ... Es war nicht das erstemal, daß ich feststellte, daß sie einen unheilvollen, wenn auch unmerklichen Einfluß auf die Amtsgeschäfte nimmt: Gutta cavat lapidem (Steter Tropfen höhlt den Stein – Anm. des Autors). Der Zar hört sehr auf sie. Aus ihren Äußerungen über die Semstwos habe ich herausgehört, daß sie darin ein Mittel sieht, die Bildung einer Verfassung zu vermeiden."

Schmerzlicher Tod des Thronfolgers und Ehekrise

Marija war tatsächlich eine Frau mit politischem Denkvermögen. Sie pflegte ihre eigenen Ansichten nicht nur in der direkten Beziehung zum Kaiser, dessen Ministern und Kirchenvertretern, sondern in besonderer Weise bei der Erziehung der Thronfolger.

Im Jahre 1843 war Nikolai als erster Sohn geboren worden. Der Junge erbte das zurückhaltende Wesen der Mutter und diese hing mit besonderem Ernst an ihm. Nikolai litt an einer zunächst unerklärbaren Krankheit. Man schickte ihn zur Kur nach Holland und verlobte ihn in der Hoffnung auf baldige Genesung mit der Prinzessin Dagmar von Dänemark. Aber die Krankheit schritt voran. Auch ein Ortswechsel nach Nizza half nicht. Dort diagnostizierten die Ärzte eine Tuberkulose. Die kaiserliche Familie fand sich in Nizza ein. Im Frühjahr 1865 erkrankte Nikolai zusätzlich an einer schweren Meningitis. Im April des gleichen Jahres starb er in Gegenwart der Eltern, der Geschwister und seiner Braut. Den Kaiser und Marija traf der Tod des Thronfolgers außerordentlich schwer. Der harte Schicksalsschlag bewirkte allerdings nicht, daß die zwischen ihnen eingetretene Entfremdung beseitigt worden wäre und sie wieder zueinander gefunden hätten.

Der Kaiser ernannte den 1845 geborenen Sohn Alexander Alexandrowitsch zum Thronfolger. Alexander war groß, bäurisch, ungeschlacht, gutmütig und wild. Da er ursprünglich nicht für die Erbfolge vorgesehen war, hatte man seine Erziehung ein wenig vernachlässigt. Der Kaiser wußte jedoch, daß der Sohn Alexander liberale Reformen ablehnte und sich unter dem Einfluß des Erziehers Konstantin Pobjedonoszew als Verfechter traditioneller Werte empfahl. In dieser Hinsicht stand die Mutter dem Sohn näher als der Vater. Er sollte in den folgenden Jahren bei den Auseinandersetzungen zwischen den Eltern politisch und moralisch stets die Partei der Mutter ergreifen. Zunächst mußte der Thronfolger heiraten. Nikolai soll ihn auf dem Sterbebett gebeten haben, sich um die Verlobte Dagmar von Dänemark zu kümmern. Es gab für den Kaiser keinen Grund, diesen Gedanken zu verwerfen, und so ehelichte Alexander Alexandrowitsch im Jahre 1866 die dänische Prinzessin.

Für den Kaiser und die Kaiserin war das ein notwendiger dynastisch-politischer Schritt. Sie vollzogen ihn in einer Zeit zunehmender Vereisung ihrer wechselseitigen Beziehungen. Marija war krank. Was sie auch tat, sah, besaß und erlebte, die materielle Welt schien ihr zuwider. Unter Anleitung ihres Beichtvaters Bajanow entzog sie sich Schritt für Schritt den „demütigenden Zwängen des Fleisches", um sich ganz den „Sehnsüchten ihrer Seele widmen" zu können. Erstaunlich war bei dieser zunehmenden Weltentrücktheit der scharfe politische Verstand bei der Beurteilung aller deutschen Angelegenheiten. Der konservative Widerstand gegen das Reformwerk ihres Gemahls motivierte sie ebenso, wie der Überdruß des prächtigen Lebens und die Abscheu gegenüber den Liebschaften des Kaisers, der bei immer neuen Frauen Ablenkung suchte. Alexander war ein praktischer Mensch mit ausgeprägten sinnlichen Reizen und Wünschen. Er war zwar noch immer voller Respekt gegenüber der Gemahlin, speiste regelmäßig mit ihr und versuchte, sie an seinen politischen Ideen und Taten zu beteiligen. Er befaßte sich mit den Kindern und wollte ein guter Ehemann und Vater sein. Es gelang nicht. Seine Frau verweigerte sich ihm schließlich körperlich, politisch und geistig. Sie fanden alsbald keinerlei Zugang mehr zueinander.

Alexander II. glich in mancher Hinsicht seinem Onkel Alexander I. Er liebte schöne Frauen und konnte sich voll Schwärmerei und Lust ihren Freuden hingeben. Seine Gemahlin duldete es schweigend – die Mätresse gehörte zur Tradition am Petersburger Hof und galt nicht als anstößig. Zunächst wählte Alexander sogar eine Ehrendame aus dem Gefolge seiner Gemahlin: Alexandra Dolgorukaja. Sie war ein kleines, launisches und verwöhntes Persönchen. Der Flirt mit dem Zaren gefiel ihr, und sie machte mit auffälligen Gesten überall darauf aufmerksam. Alexandra schwärmte sogar öffentlich für die liberalen Reformen ihres Gönners und Liebhabers. In Wirklichkeit ist sie nur äußerlich auf ihn eingegangen. Sie heiratete den alten General Albedinski, und das entsprach wohl eher den Wünschen der Kaiserin als denen Alexanders.

Katharina Dolgoruki

Alexander grämte sich nicht lange über das Ende der Liebelei mit Alexandra Dolgorukaja. Er fand in Katharina, gleichfalls aus dem alten Geschlecht der Dolgorukis stammend, ein neues Mädchen und die zweite große Liebe seines Lebens. Er kannte Katharina schon seit vielen Jahren. Die Güter des Fürsten Dolgoruki standen unter kaiserlichem Kuratel, weil der Hausherr weder Gut noch Geld zusammenhalten konnte.

Katharina hatte das von der Zarin protegierte Smolny-Institut für junge adelige Damen absolviert. Bei einem Spaziergang im Sommergarten traf Alexander das kluge Mädchen wieder und erkannte es auf den ersten Blick. Katharina war wunderschön, und er verliebte sich in sie mit schwärmerischer Hingabe. Er war ein reifer Mann und Katharina ein siebzehnjähriges Mädchen, das vor Verlegenheit nicht wußte, wie sie sich dem Werben Alexanders widersetzen sollte. Katharina wehrte sich so gut sie konnte und gab dem Drängen Alexanders zunächst nicht nach.

Das Attentat Karakosows markierte auch in dieser Beziehung einen Wendepunkt. Alexander II. hatte es überlebt, und für Katharina begann ein ganz neues Leben. Sie erwiderte seine Liebe, gab sich ihm hin, und im Juli 1866 gelobte er bei einem heimlichen Treffen im Park von Peterhof, daß er sie als seine Frau betrachte. Das Gerücht machte die Runde, Katharina sei dem Kaiser von ihrer italienischen Schwägerin, der Marquise Vulcano Cercemaggiore zugeführt worden. Die Marquise war eine kluge Frau und wollte Katharina nicht den höfischen Verleumdungen aussetzen. Sie schickte das Mädchen nach Neapel. Der Kaiser geriet durch die Trennung in Depressionen. Erst nach gut einem halben Jahr traf er Katharina wieder.

Während sich in Rußland die Reformen mehr oder weniger voranschleppten, vollzogen sich in Europa machtpolitische Veränderungen. Rußlands Verhältnis zu Frankreich hatte sich durch den Polenaufstand abgekühlt. Preußen gelang der Machtzuwachs. Nach den Kriegen gegen Dänemark und Österreich in den Jahren 1865/66 wurde eine deutsche Vereinigung unter preußischer Führung sichtbar. Kaiserin Marija, die in jedem Falle eine Meinung zu politischen Fragen besaß und den Gemahl trotz ihrer Verstimmung über Katharina Dolgorukaja sachkundig beriet, merkte richtig an: „Bismarck scheint seiner Stellung gegenüber dem Parlament und Deutschland im allgemeinen sehr sicher zu sein, was ihn nicht daran hindert, selbst auch nur den Schein einer Annäherung zwischen Frankreich und uns zu fürchten." Außenminister Gortschakow hielt eine Reise Alexanders nach Frankreich für sinnvoll. Im Juni 1867 erreichte Alexander Paris zum Besuch der Weltausstellung. Napoleon III. begrüßte ihn freundlich, aber die öffentliche Meinung war geteilt. Immer wieder stieß der russische Kaiser auf unverhüllte Feindseligkeiten, und der Ruf „Es lebe Polen" scholl ihm mehr als einmal entgegen. Am 6. Juni fuhr er mit Napoleon III. und den beiden Söhnen des Zaren Alexander und Wladimir in offener Kutsche durch den Bois de Boulogne. Wieder erscholl der Ruf: „Es lebe Polen!" Er kam aus dem Munde eines jungen Mannes, der ohne Warnung zwei Pistolenschüsse auf den Zaren abfeuerte. Nur der Geistesgegenwart eines Kutschers, der den Zaren zur Seite stieß, war es zu verdanken, daß die Schüsse fehl gingen. Es war das zweite Attentat, das Alexander überlebte. Der Pole Anton Beresowski wurde zu lebenslanger Haft verurteilt.

Alexander reiste enttäuscht ab. Die ganze Reise hätte sich nicht gelohnt, wenn er in Paris nicht Katharina Dolgorukaja wiedergetroffen hätte. Katharina kam mit nach Petersburg zurück. Der Kaiser ernannte die Geliebte zur Hofdame seiner Gemahlin und räumte ihr neben vielen kostbaren Geschenken eigene Gemächer im Winterpalais ein. Eine Entscheidung, die Marija Alexandrowna schweigend und mit einem eisigen Lächeln aufnahm. Noch hielt sie das Mädchen für eine vorübergehende Laune ihres vom „Mittagsdämon" befallenen Gemahls. Daß es keinen öffentlichen Skandal gab, lag an der Klugheit Katharinas, die den Kaiser daran hinderte, sie ständig in der Öffentlichkeit zu präsentieren und sich dadurch selbst zu kompromittieren. Sie lebte zurückgezogen und vermied Eingriffe in die höfische Ordnung.

Katharina konnte und wollte allerdings nicht verhindern, daß sie mehr und mehr zur Ratgeberin Alexanders wurde. Es gab bald kein staatspolitisches Problem mehr, über das er nicht zuerst mit Katharina und dann mit Marija sprach. Das galt nicht nur für familiäre oder innenpolitische Fragen. Als Alexander in den kritischen Tagen von 1870 im deutschen Bad Ems weilte und mit Preußens König Wilhelm I. über die beiderseitigen Beziehungen zu Frankreich konferierte, war Katharina – und nicht Marija – an seiner Seite. Sie spürte seine Freude über den deutschen Vormarsch gegen Frankreich und konnte tief in sein Innerstes blicken, als er ihr in einem Billett schrieb: „Und ich bin der Meinung, daß, wenn sie dorthin (die deutschen Truppen nach Paris – Anm. des Autors) gelangen, Napoleon schon nicht mehr Kaiser der Franzosen ist und daß die Franzosen in Paris seinen Sturz bekanntgeben, und daß er nur das bekommt, was er für alle seine Ungerechtigkeiten an uns und so vielen anderen verdient ... Ich denke noch immer an Sewastopol, das der Grund für den Tod meines Vaters war, und Du weißt ja, wie sehr ich ihn bis heute verehre. Ich sehe in all diesen Ereignissen die Hand Gottes, welche die Ungerechtigkeit bestraft."

Während sich Marija um das Schicksal ihrer Darmstädter Heimat sorgte, lehnte Alexander die Rolle eines Friedensmittlers zwischen Deutschland und Frankreich ab. Er hielt sich jedoch nur scheinbar neutral. Im Oktober 1870 verkündete Gortschakow Rußlands einseitige Kündigung des Pariser Friedens, der den Krim-Krieg abgeschlossen hatte. England mußte am 13. März 1871 einem Vertrag zustimmen, der die russische Flotte aus ihren Fesseln im Schwarzen Meer befreite. Kaiser Alexander II. profitierte am deutsch-französischen Krieg und konnte das Andenken seines Vaters ehren.

Katharina Dolgorukaja brachte im April 1872 im Petersburger Winterpalast den Sohn Georgi zur Welt. Die Entbindung war lebensgefährlich, und der Kaiser hatte Angst um seine Geliebte. Das Kind wurde bei einer russischen Amme untergebracht und von einer französischen Gouvernante betreut. Der Kaiser besaß einen unehelichen Sohn und schuf damit ein neues dynastisches Problem. Die Familie Romanow war zunächst ratlos und wußte nicht, wie sie dem Kaiser beikommen sollte. Marija Alexandrowna bewahrte das bekannte Schweigen. Ihr nahestehende Persönlichkeiten behaupteteten, in diesem Jahre 1872 habe sie den Kampf gegen die schleichende Krankheit aufgegeben. Ihre Freunde beschimpften den Kaiser ob seiner Rücksichtslosigkeit gegen die eigene Ehefrau. Als Katharina 1873 auch noch das Mädchen Olga zur Welt gebracht hatte, schrie der Sicherheitschef General Schuwalow empört: „Ich werde diese Göre zerbrechen." – Man schob ihn als Botschafter in das ungeliebte England ab.

Auf der Woge seines Glücks dachte Alexander an eine Erneuerung der Heiligen Allianz. Tatsächlich trafen sich im September 1872 in Berlin die Kaiser Deutschlands, Rußlands und Österreichs und vereinbarten das Drei-Kaiser-Abkommen. Nach dem Willen des Kanzlers Otto von Bismarck, mit dem sich Kaiserin Marija mehrfach persönlich unterhielt, sollte das Abkommen einer russisch-französischen Annäherung auf Kosten Deutschlands vorbeugen. Alexander II. war zufrieden: Wieder hatte ein russischer Kaiser das heilige Europa auf seine Fahnen geschrieben!

Allerdings sah er Mitte der siebziger Jahre sorgenvoll auf den Balkan. 1875 wurden die Bulgaren und die nationalen Völker in Bosnien und Herzegowina aktiv. Die Türkei setzte nationale Hilfstruppen zur Bekämpfung der Aufständischen ein. Serbien und Montenegro erklärten der Türkei den Krieg. Die Großmächte versuchten den balkanischen Kessel vom Druck zu befreien, verfochten aber unterschiedliche Interessen. Marija schrieb ihrem Bruder Alexander: „Der Orient verursacht uns immer größere Sorgen, die nachsichtige Geduld Europas macht den Türken nur störrisch ... Ich hoffe, daß die letzte türkische Infamie, Montenegro angreifen zu wollen, endlich Europa an seine Pflicht als Christenmacht erinnere." Rußland war direkt integriert: Der Oberkommandierende der serbischen Armee war der russische General Tschernajew. Er wurde im Oktober 1876 bei Alexinas geschlagen und öffnete dadurch der türkischen Armee den Weg nach Belgrad. Kaiser Alexander forderte den Sultan zu sofortigem Waffenstillstand auf. Die türkische Regierung gab nach, und Serbien war zunächst gerettet.

Die Kriege und Aufstände auf dem Balkan führten in Rußland zu einer national-patriotischen Begeisterungswelle. Der heilige Krieg gegen die Ungläubigen mußte jetzt gelingen! Kaiserin Marija gehörte zu den eifrigsten Verfechtern eines Krieges gegen die Türkei. Alexander II. gab der nationalen Euphorie nach. Er besetzte alle militärischen Führungspositionen mit Angehörigen der kaiserlichen Familie. In Petersburg verabschiedete er sich von seiner Frau kühl und sachlich, von Katharina dagegen leidenschaftlich. Marija aber war voll euphorischem Optimismus. Bereits im August 1876 sah sie voraus: „Die Türkei geht ihrer völligen Desorganisation entgegen." Am 12. April 1877 verkündete der Kaiser: „Zutiefst überzeugt von der Gerechtigkeit unserer Sache vertrauen wir demütig der Gnade und Hilfe Gottes, erflehen seinen Segen über unsere tapferen Armeen, denen wir Befehl erteilen, die Grenze zur Türkei zu überschreiten." Am 15. Juni 1877 gingen russische Truppen über die Donau. Die Soldaten drangen unter General Gurko bis zum bulgarischen Schipka-Pass vor. Bald zeigte sich die Kluft zwischen der Kampfbereitschaft der Soldaten, den mangelhaften Führungsqualitäten der Generäle und den unzureichenden russischen Fähigkeiten, den notwendigen Nachschub zu organisieren. Kaiser Alexander konnte nur zusehen, wie die Türken den Schipka-Paß zurückgewannen, die Russen vor der bulgarischen Stadt Plewna dreimal schlugen und selbst an der Kaukasusfront auf dem Vormarsch waren. Alexander war der Verzweiflung nahe. Er schrieb an Katharina: „Gott, komm uns zur Hilfe und beende diesen Krieg, der dem Ruhm Rußlands und dem Mut der Christenheit solche Schande bringt." Er führte seine Garde heran und schließlich gelang der Sturm auf Plewna. Im Kaukasus fielen Kars und Armenien erneut an Rußland.

Je weiter die Russen nach Konstantinopel vordrangen, um so energischer drängten die europäischen Mächte auf das Kriegsende. Am 19. Februar 1878 wurde der Vertrag in San Stefano geschlossen. Serbien, Rumänien und Montenegro wurden unabhängig. Die Türken erklärten sich zu Reformen in Bosnien und der Herzegowina bereit. Rußland erhielt das Donaudelta, Batum und Kars. Russische Schiffe durften zu jeder Zeit die Dardanellen passieren.

Österreich und England liefen gegen den Frieden von San Stefano Sturm. Marija klagte, man wolle Rußland um die Früchte des Sieges bringen: „Nun kommt leider die Reihe an die europäische Diplomatie, diese schrecklichste aller Erfindungen, wenn man unsere Angelegenheiten diskutiert." Bismarck vermittelte in dem Konflikt und führte die um den Balkan rivalisierenden Parteien in Berlin zusammen. Rußland wurde durch Gortschakow vertreten. Die Siege auf dem Balkan waren vergebens, die Soldaten umsonst geopfert. Rußland behielt Kars, Batum und Bessarabien. Serbien und Rumänien blieben unabhängig. Bulgarien wurde ein selbständiger Staat, allerdings unter der Führung Alexanders von Battenberg – des Neffen der russischen Kaiserin Marija Alexandrowna. Besonders schmerzhaft war für Rußland, daß Bosnien und Herzegowina unter österreichisches Protektorat gestellt wurden und daß England sich Zypern aneignete. Am 13. Juli 1878 wurde der Berliner Vertrag unterzeichnet, der in Rußland eine Krise auslöste. Kaiser Alexander II. trug die Verantwortung für das diplomatisch-politische Desaster. Für ihn begannen nach dem Berliner Vertrag die schwierigsten – und die letzten – Jahre seines Lebens.

Attentate und der Tod der Kaiserin

Der Kaiser war in jeder Hinsicht ein alter Mann geworden. Das Schicksal hatte ihn geschlagen. In seinen persönlichen Beziehungen wich er kein Jota von der bisherigen Lebensweise ab. Marija und Katharina begegneten ihm nach dem Berliner Vertrag mit Verständnis und Liebe. Die Räume Marijas, die sich kaum noch aus dem Rollstuhl erheben konnte, lagen neben den seinen, die Katharinas darunter. Katharina hatte im Jahre 1876 den Sohn Boris zur Welt gebracht, der nach wenigen Tagen gestorben war. Im September 1878 wurde die Tochter Katharina geboren. Der Kaiser lebte faktisch mit zwei Frauen unter einem Dach. Er schuf eine in jeder Hinsicht unmögliche Situation. Katharina suchte der Peinlichkeit zu entgehen, indem sie sich fast ausschließlich in ihren drei Räumen aufhielt. Bei Marija Alexandrowna war die Tuberkulose so weit vorangeschritten, daß sie für den verliebten Kaiser nur noch bitteres Mitleid empfinden konnte: „Ich verzeihe ihm die Fehler gegenüber der Zarin, aber ich kann es nicht auf mich nehmen, die Qualen, die er seiner Frau antut, zu vergeben." Dennoch unterstützte sie seine politischen Handlungen. Alexander II. begriff nicht, daß er beiden Frauen Leid zufügte, denn Katharina wurde vom Hof ebenso verachtet, wie die legitime Kaiserin bemitleidet wurde. Der Thronfolger aber haßte seinen Vater ob dessen Rücksichtslosigkeit.

Dem Lande und der Zarenfamilie stand ein politisches Erdbeben bevor. Am 2. April 1879 gab ein junger Mann mehrere Schüsse auf den

Zaren ab. Alexander blieb unverletzt. Er ging zuerst zu Marija. Sie beteten gemeinsam, und sie riet ihm zu härtesten Maßnahmen gegen den Täter, gab jedoch auch zu, „ich fühle mich gebrochen, gierig nach Ruhe." Der Täter hieß Alexander Solowjow und gehörte zum Dunstkreis der Geheimgesellschaft „Land und Freiheit".

Alexander ließ bereits verhängte Gerichtsstrafen gegen politische Aktivisten verschärfen. Die Polizei durfte Verdächtige ohne Gerichtsurteil nach Sibirien schicken. Künftig sollten politische Straftaten nur noch vor Militärgerichten verhandelt werden. Die Strafverschärfung motivierte die Terroristen zu weiteren Anschlägen, denen wiederum staatliche Gegenmaßnahmen folgten: Am 24. Mai 1878 wurde der Kiewer Polizeihauptmann Baron Heyking erstochen. Im August 1878 wurde der Revolutionär Kowalski hingerichtet. Am 4. August 1878, wurde General Mesenzew, Chef der Petersburger Stadtpolizei, auf offener Straße erstochen. Am 9. Februar 1879 ermordete ein gewisser Gregori Goldenberg den Fürsten Kropotkin, Gouverneur von Charkow. Solowjow wurde gehenkt. Der Kaiser war äußerst beunruhigt. Er konnte nicht mehr darüber lächeln, daß ihm einst in Paris eine Zigeunerin geweissagt hatte, er werde sieben Attentate überleben und das achte werde ihn töten! Drei Anschläge waren bereits vorüber. Die Maßnahmen für seine persönliche Sicherheit wurden verschärft. Nicht nur Katharina, sondern auch Marija bat ihn, den Leichtsinn unbewachter Spaziergänge aufzugeben. Sie wußten es nicht, aber die Terroristen hatten die „Jagd auf den Bären" – die Ermordung Zar Alexanders II. bereits eröffnet.

Alexander lebte seit Mai mit seiner Frau und Katharina Dolgorukaja im Zarenpalast in Liwadija am Schwarzen Meer. Da sich der Gesundheitszustand Marija Alexandrownas jedoch ständig verschlechterte, reiste sie im September nach Bad Kissingen zur Kur. Ihr Gemahl konnte sich ganz der Geliebten und deren Kindern widmen. Auf der Rückreise nach Petersburg sollte der Kaiser nach dem Willen der Terroristen sterben. In der südlichen Ukraine, nahe der Stadt Alexandrowsk (Saporoshe) bohrte man den Bahnkörper auf und verlegte eine Mine. Zwei Züge, der eine mit dem Kaiser, der andere mit seinem Gefolge, brausten durch die Nacht heran, aber die Zünder versagten. Im Vorfeld Moskaus hatten die Terroristen einen vierzig Meter langen unterirdischen Stollen von ihrem Versteck bis unter die Bahngeleise gegraben und am Ende eine weitere Mine deponiert. Als die Züge diese Stelle passierten, zerriß eine gewaltige Detonation die Dunkelheit. Die Mine explodierte unter dem zweiten Zug. Waggons entgleisten, es gab Verletzte – aber der Kaiser blieb unversehrt. Auf Grund eines Maschinenschadens war die Reihenfolge der Züge zuvor gewechselt worden. Der Kaiser reiste mit Katharina im ersten Zug ungehindert in Richtung Petersburg.

Der Kaiser verstand die Angriffe auf sein Leben nicht. Sein Selbsterhaltungstrieb wurde stärker und wirkte sich auch auf das Verhältnis zu den beiden Frauen aus. Als Marija ihm aus Cannes mitteilte, daß sie unter Angstzuständen und Atemnot litt, antwortete er: „Habe Deine Nachricht in Tula erhalten. Bedaure, daß Du in diesem Zustand bist. Mir geht es gut, ich bin ausgeruht. Ein zarter Kuß, Alexander." Er war nicht gefühllos gegenüber der kranken Frau, sah ihrem Ende jedoch mit zunehmender Gelassenheit entgegen. Mehr noch: Je öfter die Terroristen sein Leben bedrängten, um so dringlicher schien ihm eine baldige völlige Vereinigung mit Katharina. Er ahnte es nicht einmal, aber der Tod saß schon im eigenen Haus. Im Winterpalais arbeitete seit Wochen der Tischler Stepan Chalturin. Der trug heimlich kleine Mengen Dynamit in seinen Schlafraum, den er im Palastkeller mit anderen Arbeitern teilte. Im Kopfteil seines Bettes lagerte er bald 130 Kilogramm Sprengstoff! Die Sprengladung sollte zwei Decken durchschlagen, um das in der zweiten Etage gelegene Speisezimmer zu erfassen und den Kaiser beim Essen in die Tiefe zu reißen. Am 5. Februar 1880 erwartete der Kaiser den Besuch Alexanders von Hessen-Darmstadt. Für sechs Uhr war das Diner angesetzt. Chalturin schaltete im Keller den Zündmechanismus ein. Minuten später erschütterte eine gewaltige Detonation das gesamte Palastviertel.

Der Zar lebte. Schneewehen hatten die Ankunft des Zuges mit den Gästen aufgehalten, und die Familie befand sich noch nicht im Speisesaal. Tote und Verletzte gab es im Zwischenstock, dem Aufenthaltsraum des finnischen Garde-Wachbataillons. Die Kaiserin war wenige Tage zuvor aus dem Ausland in den Winterpalast zurückgekehrt. Sie wollte im Kreise ihrer Familie sterben. Marija war vor dem Anschlag nach einem Erstickungsanfall in tiefe Ohnmacht gefallen, aus der sie nicht einmal die heftige Erschütterung ihrer Räume wecken konnte. Sie erfuhr erst am folgenden Tag von dem Verbrechen. Katharina hielt sich ebenfalls mit ihren Kindern im Schloß auf. Sie blieben alle unverletzt.

Der Anschlag auf das Winterpalais rief im In- und Ausland einen Sturm der Entrüstung hervor. Alexander II. handelte. Am 12. Februar 1880 erging das Dekret über die „Kommission zur Verteidigung der sozialen Ordnung". Vorsitzender wurde der Generalgouverneur von Charkow, Graf Michail Loris-Melikow. Er erhielt gegenüber allen Regierungsstellen das Weisungsrecht und war nur dem Zaren verantwortlich. Loris-Melikows Popularität wuchs, als er am 20. Februar 1880 einen

Anschlag auf sein eigenes Leben erfolgreich abwehrte. Loris erklärte, er werde die staatliche Ordnung liberalisieren. Tatsächlich führte seine „Diktatur des Herzens" zunächst zu einer Beruhigung. Der Terror ebbte vorübergehend ab.

Loris-Melikow vertrat die Ansicht, man müsse über die Bereinigung der schwierigen Augenblickssituation hinausgehen, dem Volke alle unter der Autokratie möglichen Freiheiten einräumen und langsam zu einer Verfassung gelangen. Allein die Idee rief bei den um die Kaiserin und den Thronfolger gesammelten konservativen Kräften einen Sturm der Empörung hervor. Alexander II. widersetzte sich derartigen Gedanken nicht grundsätzlich, und Loris begriff, daß er den Zaren auf diesen Weg leiten konnte. Die Kaiserin konnte ohnehin keinen Widerstand mehr leisten. Sie verbrachte die letzten Monate im Bett, zumeist in einem unbewußten Dämmerzustand. Nach dem Attentat vom Februar 1880 äußerte sie sich nicht mehr zu politischen Fragen.

Die Kaiserin Marija Alexandrowna starb in der Nacht zum 22. Mai 1880 ganz allein und unbemerkt im Winterpalais. Erst am Morgen wurde sie von ihrer Kammerfrau tot aufgefunden. Der Kaiser weilte zu dieser Zeit mit Katharina in Zarskoje Selo. Er kam sofort in die Hauptstadt. Gemeinsam mit den Söhnen trug er den offen Sarg zum Katafalk. Der Kaiser erfüllte bedächtig und mit Wehmut alle Erfordernisse einer würdigen Beisetzung der Kaiserin in der Kathedrale der hauptstädtischen Peter-Pauls-Festung. Immerhin war Marija seine erste große Liebe gewesen und die Mutter seiner Kinder. Sein letzter Kuß auf das bleiche Antlitz war aber wohl doch eher ein Dank, daß sie gegangen war.

Marija hatte nicht die Kraft besessen, den reformerischen Intentionen ihres Gemahls eine moralische Stütze zu sein. Im Gegenteil. Den außenpolitischen, namentlich den deutschen Problemen hatte sie dagegen stets ein waches und aktives Interesse entgegengebracht. Marija hat in ihrer übersteigerten orthodoxen Frömmelei wenig geleistet, um die kulturellen Bindungen und Traditionen zwischen Rußland und Westeuropa zu festigen.

Vermählung des Zaren mit Katharina Dolgoruki

Bereits am Tage nach der Beisetzung kehrte Alexander zu Katharina Dolgoruki nach Zarskoje Selo zurück. Der Zar war frei und wollte Katharina heiraten. Der zuerst eingeweihte Hofminister Adlerberg war über den Plan dieser morganatischen Ehe entsetzt und teilte damit die allgemeine Meinung im Adel und bei Hofe. Adlerberg nahm allen persönlichen Mut zusammen und machte seinen Herrn auf die Risiken einer sofortigen Heirat aufmerksam. Was würden die Familie und vor allem der Thronfolger dazu sagen? Alexander war blind entschlossen, aus Liebe, aus Achtung vor dem Versprechen, daß er Katharina gegeben hatte, und aus Furcht, sein Leben könnte jeden Tag gewaltsam beendet werden. Als er den Sohn und Thronfolger Alexander von den Heiratsabsichten informierte, nahm dieser – wie die gesamte Familie – den Willen des Vaters zähneknirschend zur Kenntnis.

Katharina besaß konkrete Zukunftshoffnungen. Die Dolgorukis zählten seit dem 12. Jahrhundert zu den vornehmsten Aristokratengeschlechtern Rußlands. Sie hatten Moskau gegründet. Noch niemals war ein oder eine Dolgoruki auf den Zarenthron gelangt. Zwei Versuche bei den Zaren Michail und Peter II. waren gescheitert. Jetzt konnten diese Wünsche in Erfüllung gehen. Zum ersten Mal hatte ein Zar eine Frau allein aus Liebe und Leidenschaft gewählt. Eine Frau, deren Herkunft die altmoskowitische Bojarentradition verkörperte. Katharinas Wille, sich selbst als Kaiserin und ihren Sohn Georgi als Begründer einer Herrscherdynastie der Dolgorukis auf dem Thron zu sehen, war so stark, daß sie die Kraft der regierenden Romanow-Familie und deren Einbindung in die sich modernisierende westeuropäische Aristokratie unterschätzte. Sie erinnerte sich nicht einmal daran, daß selbst Katharina II. den verachteten Sohn Paul Petrowitsch nicht von der Thronfolge ausgeschlossen hatte.

Am 18. Juli 1880 heirateten Alexander und Katharina im Schloß von Zarskoje Selo. Es war eine geheime und stille Trauung, die der Erzpriester des Winterpalais, Pater Nikolski, vollzog. Nur wenige Zeugen waren anwesend. Alexander und Katharina erlebten den glücklichsten Tag ihres Lebens. Der Kaiser traf ernste Vorkehrungen für die Zukunft. Er verlieh seiner Frau, dem Sohn Georgi sowie den Töchtern Olga und Katharina in Erinnerung an Juri, den Stammvater der Dolgorukis, den Rang der Fürsten Jurjewski. Anschließend informierte er den Grafen Loris-Melikow über Hochzeit und Nobilitierung. Der wußte, daß Alexander Katharina sogar zur Kaiserin krönen lassen wollte. Loris plante für Rußland eine verfassungsähnliche Ordnung. Er wollte den Zaren in dessen Krönungsabsichten unterstützen und dafür die Zustimmung zu einer größeren Mitbestimmung gewählter Vertreter bei der Gesetzesgebung erhandeln. Im August 1880 durfte Loris das Paar nach Liwadija begleiten. Der Armenier gewann Katharina unschwer als Verbündete. Beide suchten nach einem Weg, der zur Verfassung führte, ohne die Allmacht des Kaisers zu gefährden. Katharina schmiedete mit Loris-Melikow eine politische Intrige, die sie selbst auf den Kaiserinthron tragen sollte. Alexander hörte sich die Vorschläge an und berief eine Kommission. Unter Leitung des Thronfolgers sollte sie Reformvorschläge unterbreiten, aus denen der Kaiser eine Legitimation für die Krönung seiner Frau erhoffte.

Während die Kommission beriet, spitzte sich der Terror zu und forderte auf beiden Seiten neue Opfer. In dieser gleichen Zeit verfaßte Alexander II. ein Testament. Er deponierte mehr als drei Millionen Rubel bei der Staatsbank und sicherte die neue Familie für den Fall seines Todes materiell ab. An den Thronfolger schrieb der Kaiser am 9. November 1880: „… im Fall meines Todes vertraue ich Dir meine Frau und unsere Kinder an. Die Freundschaft, die Du ihnen seit dem Tag eurer ersten Begegnung bezeugt hast und die uns eine große Freude war, ist der sichere Beweis, daß Du sie nicht im Stich lassen wirst und sie immer schützen und beraten wirst … Meine Frau hat nichts geerbt. Alles, was sie heute besitzt, bewegliche Güter und Immobilien, hat sie selbst erworben. Ihre Angehörigen haben darauf keinerlei Anspruch, und sie kann frei darüber verfügen. Sie hat mir vorsichtshalber ihr gesamtes Vermögen überlassen, und wir haben vereinbart, daß, wenn ich das Unglück habe, sie zu überleben, alle ihre Güter zu gleichen Teilen an unsere Kinder fallen, und daß ich sie ihnen übertrage, wenn sie großjährig sind oder wenn die Mädchen heiraten. Solange unsere Heirat noch nicht offiziell bekanntgegeben ist, gehört das Kapital, das ich bei der Staatsbank hinterlegt habe, meiner Frau. So steht es in einer Urkunde, die ich hinterlegt habe. Dies ist mein letzter Wille. Ich bin sicher, daß Du ihn gewissenhaft ausführen wirst. Gott möge Dich dafür segnen. Vergiß mich nicht und bete für die Seele dessen, der Dich so zärtlich liebte." Es wirkte wie ein Abschiedsbrief. Im November kehrte der Kaiser mit seiner Familie nach Petersburg zurück. Eine Mine unter den Eisenbahngleisen war bei Charkow rechtzeitig entdeckt worden. Vor Petersburg, in Kolpino, begrüßte die Familie die neue Frau des Kaisers – schweigend, diszipliniert und voller Ablehnung.

Die Späher des „Volkswillen" beobachteten, daß der Kaiser an den Sonntagen zur Parade in die Michail-Manege fuhr. Seine Kutsche durcheilte gewöhnlich die Malaja Sadowaja (Kleine Gartenstraße) und fuhr auf dem Rückweg am Katharinen-Kanal (heute: Gribojedow-Kanal) entlang – lediglich von sechs bis acht Gardekosaken gedeckt. Am 1. Januar 1881 bezog ein Kaufmann aus Woronesch, Jewdokim Kobosew, mit seiner Frau Jelena den Keller im Mengdenschen Haus auf der Malaja Sadowaja, direkt an der Ecke zum Newski-Prospekt gelegen. Das Ehepaar eröffnete

einen Käsehandel. Die Mitglieder des Vollzugskomitees Juri Bogdano-
witsch und Anja Jakimowa – die Kobosewa – trieben einen Stollen unter
die Malaja Sadowaja. Aber die Polizei ermittelte einen Terroristen nach
dem anderen. Im Februar 1881 blieben nur noch die „Kobosews", Andrei
Scheljabow, Sofija Perowskaja, Wera Figner und ein paar ahnungslose
Heißsporne aus der Provinz übrig – so die Studenten Grinewitzki und
Ryssakow. Sie wollten Rußland aus den Angeln heben!

Währenddessen glaubte Loris-Melikow, er sei einen Schritt vorange-
kommen. Nach langen Gesprächen hatte er den Zaren und den Thronfolger dafür gewonnen, ein Projekt zur breiteren Diskussion von Gesetz-
entwürfen vorzulegen. Loris-Melikow wollte weder eine Verfassung,
noch ein parlamentarisches System installieren. Der Kaiser sah in jedem
Eingriff in die bestehende Staatsordnung einen Schritt zum Abgrund.
Darin teilte er die Meinung des Thronfolgers, wie auch der Mehrheit
seiner Würdenträger. Das einzige, was Alexander in den letzten Wochen
seines Lebens bewegte, waren die Tradition des höchsten Amtes und das
Glück seiner jungen Familie. Solange Katharina nicht zur Kaiserin
gekrönt war, stand sie als morganatische Gemahlin im Range hinter
allen Großfürsten und durfte z. B. bei der Tafel nicht einmal in der Nähe
des Kaisers sitzen. Alexander ließ die Archive durchforschen und ermittelte, daß die Zarinnen, wenn überhaupt, nur gemeinsam mit den Herrschern gekrönt worden waren. Die einzige Ausnahme war bekanntlich
Katharina I. Katharina Dolgorukaja-Jurjewskaja war mit den Krönungs-
plänen einverstanden, ebenso mit dem Gedanken, anschließend abzudanken und sich gemeinsam im Ausland zur Ruhe zu setzen, während
in Rußland Alexander Alexandrowitsch die Erbfolge antreten sollte.

Die Ermordung Alexanders II.

Die Terroristen vermuteten, der Kaiser müßte am Sonntag, dem 1. März
1881, in die Michail-Manege fahren. Alexander II. war am 22. Februar
nicht ausgefahren, weil er Informationen über ein neues Attentat erhalten hatte. Am 28. Februar informierte ihn Loris-Melikow über die Verhaftung Andrei Scheljabows, eines Führers im „Volkswillen". Das war
kein Grund zur allgemeinen Beruhigung, aber Alexander wollte dennoch
am Sonntag zur Parade fahren. Loris warnte ihn eindringlich, hatte aber
keinen Erfolg. Dann unterschrieb der Kaiser das von Loris-Melikow
vorgelegte Manifest über die Einberufung der vorbereitenden Kommis-
sionen für die Ausarbeitung von Gesetzen. Am 4. März sollte der Ministerrat das Dokument endgültig bestätigen.

Der Kaiser war sich über die Risiken des Projekts im klaren, glaubte aber, er habe seinem Lebenswerk eine für Rußland bedeutsame Reform hinzugefügt. Außerdem war er der Krönung Katharinas einen Schritt näher gekommen. Gemeinsam nahmen sie das letzte Abendessen seines Lebens ein. Ihre Mahnung, am nächsten Tag nicht in die Manege zu fahren, verwarf Alexander.

Am Morgen des 1. März besuchte der Kaiser mit seiner Familie die Messe. Dann brach er zur Parade auf – Katharina hatte ihn wenigstens davon überzeugen können, nicht über die Malaja Sadowaja zu fahren, sondern bereits für den Hinweg den Katharinen-Kanal zu benutzen. Nach dem gemeinsamen Mittagessen verabschiedete er sich von seiner Frau, sah, wie sie Angst um ihn hatte. Gerührt über diese große Liebe, warf er sie auf ein Canapé und nahm sie, wild und leidenschaftlich – so hat es Katharina zumindest später selbst berichtet. Danach bestieg der Kaiser um Viertel vor eins die Kutsche. Sieben Kosaken und drei Polizeioffiziere bildeten die Eskorte. Ohne Zwischenfälle erreichte die Kavalkade die Manege. Der Kaiser nahm die Parade ab und begab sich auf den Heimweg. Er machte einen kurzen Besuch bei seiner Cousine Katharina im Michailow-Palast. Die Kutsche erreichte die Uferstraße am Kanal. Nur ein Kind und ein junger Mann waren zu sehen. Der Zar beachtete sie nicht. So sah er auch nicht das Paket in den Händen des Mannes. Die Kutsche erreichte ihn – es war Ryssakow –, und der schleuderte das Paket den Pferden vor die Hufe. Es folgte eine ohrenbetäubende Explosion. Das war das siebte Attentat. Kosaken und Pferde verbluteten, die Karosse zerborst in tausend Teile. Der Zar entstieg den Trümmern unverletzt. Er beugte sich zu Ryssakow hinab, den die überlebenden Kosaken und Polizisten überwältigt hatten.

Der Kaiser wandte sich ab, suchte nach dem Weg zum Winterpalais – und stand vor Ignaz Grinewitzki, dem litauischen Kleinadligen, der an der Petersburger Technischen Hochschule studierte. Der Kaiser blickte den jungen Mann an und sah: Der hob den Arm, und ein kleiner Metallgegenstand fiel auf das Pflaster: Grinewitzki hatte die zweite Bombe geworfen, genau zwischen sich und den Zaren. Tödlich getroffen und blutüberströmt sanken Täter und Opfer auf die Straße. Das achte Attentat hatte sein Ziel erreicht. Man brachte den Kaiser in das Winterpalais. Grinewitzki wurde in ein Spital getragen. Er erlangte noch mehrfach das Bewußtsein, gab aber weder Namen noch Herkunft an, dann starb er.

Im Winterpalais herrschten Angst, Schrecken und Verwirrung. Katharina versuchte nach besten Kräften, dem tödlich Verletzten Hilfe zu erweisen. Es war vergebens. In einem lichten Augenblick erhielt der Kaiser die Sterbesakramente und erlag schließlich den Verletzungen. Der Thronfolger Alexander Alexandrowitsch bestieg als Kaiser Alexander III. den Thron – voller Furcht vor dem, was ihn erwartete. Loris-Melikow bewahrte die Nerven. Er fragte den neuen Zaren, ob er das Dokument für die repräsentative Regierungsform veröffentlichen werde. Alexander III. wollte den letzten Willen seines Vaters erfüllen, kam aber nach einer Beratung mit seinem engsten Ratgeber, dem Oberprokurator des Heiligen Synod, Konstantin Pobjedonoszew, zu dem Schluß, die Bekanntgabe zu verschieben. Zunächst galt es, der Verbrecher habhaft zu werden. Das war schnell geschehen. Der Volksaufstand blieb aus. Ende März 1881 wurden die Attentäter vor Gericht gestellt: Andrei Scheljabow, Sofija Perowskaja, Nikolai Ryssakow, Timofei Michailow, Nikolai Kibaltschitsch und Hesja Helfmann. Auf alle wartete der Galgen. Am 3. April wurden sie öffentlich gehenkt, nur die schwangere Hesja Helfmann wurde vor dem Strick bewahrt. Sie starb später im Gefängnis. Der „Volkswille" war zerschlagen.

Alexander II. wurde am 6. März 1881 in der Peter-Pauls-Kathedrale von St. Petersburg beigesetzt. Er war als Märtyrer gestorben. Fürstin Katharina Jurjewskaja aber verließ nach wenigen Tagen mit ihren Kindern die Heimat. Sie ging nach Nizza und starb dort im Jahre 1922. Rußland, in dem sie an der Seite eines Kaisers so viel Glück gefunden und das sie in großer Trauer verlassen hatte, sah sie niemals wieder. Ihr eigener Lebenstraum vom Zartum der Dolgorukis ging nicht in Erfüllung. So bleibt die geschichtliche Erinnerung an diese schöne, kluge, faszinierende und machtbewußte Frau an einem Punkt stehen: Sie war die einzige Frau, die einem russischen Herrscher in morganatischer Ehe verbunden war. Ihr jahrelanger politischer und persönlicher Einfluß auf den Kaiser widersprach dem standartisierten Bild von der glücklichen Zarenfamilie, von der Harmonie zwischen Kaiser und Kaiserin, von der füglichen Einbindung der Romanows in die westeuropäische Aristokratie. Marija Alexandrowna und Katharina Dolgorukaja bildeten um Alexander II. einen historischen Kontrast, der nicht anachronistischer sein konnte. Die Prinzessin aus dem liberalen Hessen favorisierte den orthodoxen Konservatismus, während die orthodoxe Moskauerin liberale Reformen unterstützte. Die Geschichte richtet sich nicht nach abstrakten Thesen. Aber letztlich bestieg mit Alexander III. ein Mann den Thron, der den mütterlichen Konservatismus in seiner Reichspolitik weiterführte. Katharina, die verachtete Frau, verließ mit ihren „Bastarden" die Heimat.

Die Sommerresidenz Kaiser Alexanders II.
in Liwadija am Schwarzen Meer.

15. Kapitel

Eine Dänin an der Seite Alexanders III.

Marija Fjodorowna – Prinzessin Marie Sophie
Frederike Dagmar von Dänemark
(26. November (N. S.) 1847 – 13. Oktober 1928)
*Gattin des Großfürsten Alexander Alexandrowitsch
und späteren Kaisers Alexander III. seit 28. Oktober 1866*

Das russische Kaiserhaus gab im 19. Jahrhundert zwei Zarinnen den Namen Marija Fjodorowna. Die Gemahlin Pauls I. stammte aus Württemberg-Mömpelgard. Die Gattin Alexanders III. war eine Tochter des dänischen Königs Christian IX. Im Unterschied zu den Kaiserinnen Elisabeth Alexejewna, Alexandra Fjodorowna und Marija Alexandrowna überlebten beide Frauen ihre Ehemänner um Jahrzehnte und übten als Kaiserinwitwen einen maßgeblichen und öffentlich nachvollzogenen Einfluß auf die Politik ihrer regierenden Söhne aus.

Trotz dieser nicht unerheblichen Gemeinsamkeiten zeichnete sich die Dänin gegenüber der Württembergerin durch persönliche Vorzüge und Eigenschaften aus, die positiv auf Rußland, Alexander III. und dessen Familie wirkten. Dagmar ist bei aller Würde und Strenge im äußeren Auftreten eine loyale und freundliche Frau gewesen, voller Charme, Gutmütigkeit, Ausgeglichenheit und Liebe für den ungehobelten Mann und die charakterlich schwierigen Kinder. Der Eintritt in die Familie Romanow war ungewöhnlich. Prinzessin Dagmar ist vom Thronfolger Alexander Alexandrowitsch nicht umworben worden, sondern der hat sie nach dem Tode des ersten Thronfolgers Nikolai im Jahre 1865 von diesem gewissermaßen übernommen. Dagmar hatte diese Ehre offensichtlich verdient.

Dagmar ist die einzige Zarin Rußlands gewesen, die ihren Gemahl erzogen und gebildet hat. Sie konnte diese schwierige Aufgabe erfüllen, weil sie die dafür erforderlichen charakterlichen Fähigkeiten besaß und weil sie in Rußland über ein dynastisches Gewicht wie keine andere Herrscherin vor und nach ihr verfügte. Braunschweig, Zerbst, Preußen, Württemberg, Hessen oder Baden waren respektable Herkunftsländer für die zugeheirateten Prinzessinnen. Dagmar aber war die Tochter des Dänenkönigs Christian IX., dessen Gemahlin Luise Wilhelmine als „Mutter von ganz Europa" bezeichnet wurde. Dagmars Schwester Alexandra heiratete den Prinzen von Wales, der nach Königin Victorias Tod als Edward VII. König von Großbritannien wurde. Bruder Friedrich folgte dem Vater auf dem dänischen Thron, und Bruder Georg gelangte auf den Thron des Königs von Griechenland. Die Kinder und Enkel knüpften Verbindungslinien zu allen europäischen Königshäusern. Das war eine dynastische Kraft, die im autokratischen Rußland konkurrenzlos blieb und Marija Fjodorownas Selbstbewußtsein begründete.

Ganz in diesem Sinne ist das Leben Marija Fjodorownas durch Verantwortungsgefühl, Leistung, Integrität und ein Maß an Persönlichkeit gekennzeichnet gewesen, wie es nicht bei allen russischen Herrscherinnen zu finden war. Das begann schon während ihrer Verlobungszeit mit dem Thronfolger Nikolai. Die Verbindung war erst hergestellt worden, als Nikolai unheilbar erkrankt war. Es gehörte für die achtzehnjährige Dagmar viel Selbstlosigkeit und Disziplin dazu, dem leidenden Bräutigam Trost zuzusprechen. In der Todesstunde war sie mit ihrer Mutter an Nikolais Seite. Nikolai hielt vor dem Tode die Hände Dagmars und des Bruders Alexander in seiner eigenen Hand und bat den Bruder, die Braut nicht gehenzulassen. Das geschah im April 1865. Am 28. Oktober 1866 heiratete der neue Thronfolger Alexander Alexandrowitsch die dänische Prinzessin.

Die junge Frau verband sich mit einem Mann von hühnenhafter Gestalt, einfachem Gemüt und schlechten Manieren. Über ihr Leben im dänischen Elternhaus, ihre Vorbildung und Lebensgewohnheiten schweigt sich die russische Reichshistoriographie weitgehend aus, ohne darin einen Makel zu sehen. Dagmar von Dänemark war auf ihre hohe Mission als europäische Fürstentochter sorgfältig vorbereitet worden. Das Interesse an ihrem Leben, an ihrem Charakter, ihrer Bildung und der Art ihres Wohlverhaltens setzte erst mit dem Eintritt in den kaiserlichen Alltag Rußlands ein. Da konnte sie sehr schnell ihre individuellen Qualitäten unter Beweis stellen, denn der ihr angetraute Gemahl war alles in allem ein schlichter und ungehobelter Klotz. Alexander hatte bis zum Tode seines Bruders in dessem Schatten gestanden. Er war nur mittelmäßig erzogen und gebildet worden. Alexander II. hatte kein besonders inniges Verhältnis zu seinen Kindern entwickelt. Der Sohn Alexander liebte und verehrte darum die Mutter und empfand deren konservative Frömmigkeit als anziehend und motivierend. Das hatte die protestantisch erzogene Dagmar zu berücksichtigen.

Als sie heirateten, hatte sich Alexander immerhin bis zum Oberst heraufgearbeitet. Im Vergleich zu Nikolai hatte er stets als der „schwächere Kandidat" gegolten. In der Familie wurde sogar kurzzeitig erwogen, den um zwei Jahre jüngeren Bruder Wladimir Alexandrowitsch für die Thronfolge zu favorisieren. Noch zwei Jahre nach dem Tode seines Bruders schlug Alexander die Ablehnung durch einen Teil der kaiserlichen Familie entgegen. In Briefen an einen Jugendfreund beschwerte sich Alexander, daß er auf vierzehn Briefe an seine Eltern, die er aus Dänemark geschrieben hatte, nur eine Antwort „vom Herrscher" erhalten habe. Gegenüber dem Fürsten Meschtscherski klagte er: „Du weißt, wie schwer es ist, wenn der Wunsch nach größerer Nähe nicht gegenseitig ist. Wenn auch kein Unwillen vorliegt, dann zumindest

Gleichgültigkeit." Der Vater gewöhnte sich schwer an den neuen Thronfolger.

Auch die Lehrer, zu denen der liberale Staatsrechtler Boris Tschitscherin gehörte, lehnten den Gedanken ab, den grobschlächtigen und begriffsschweren Alexander auf den Thron zu setzen. Dem Zarewitsch fehlten „der äußere Glanz sowie das schnelle Auffassen und Verstehen" seines Bruders. Selbst der konservative Erzieher Konstantin Pobjedonoszew mokierte sich 1868, daß der „begriffsstutzige" Thronfolger und seine Gattin „wie Kinder in einer Wildnis lebten, wie Schäfchen". Zumindest im Hinblick auf die Prinzessin aus Dänemark war das ein tendenziöses Fehlurteil, denn Marija war nicht nur gebildet, sondern auch bereits lebensklug. Erst gegen Ende der sechziger Jahre, nach mehreren gemeinsamen Reisen, verbesserte sich das intellektuelle Verhältnis zwischen Pobjedonoszew und dem „Schülerpaar" Alexander und Marija. Pobjedonoszew war ein strenger, gläubiger und konservativer Mensch. Er besaß bereits in jenen Jahren großen Einfluß auf den Thronfolger. Aber dessen Gemahlin hatte keine geringere Macht. Sie hatte „großen Charme, in ihren Bewegungen, ihrer tiefen, wenn auch etwas rauhen Stimme und vor allem in ihren wunderschönen ausdrucksvollen Augen. Sie war sehr klein, aber ihre Haltung, ihre vornehme starke Persönlichkeit und die Klugheit, die aus ihrem Antlitz strahlte, machten sie zu einer vollendeten Fürstinnengestalt. Wo sie hinkam, eroberte sie die Herzen der Menschen durch ihr gewinnendes Lächeln. Sie war in Rußland außerordentlich beliebt, alle hatten Vertrauen zu ihr."

Mit ihrer ganzen Persönlichkeit vermittelte die junge Frau dem Thronfolger westeuropäisches Bildungs- und Kulturgut. Unter ihrer führenden Hand lernte er systematisch zu lesen. Wie unsagbar quälend empfand er das Studium „schwerer Bücher". Aber er las. Bei ihren häufigen gemeinsamen Reisen nach Dänemark zeigte sie ihm alte Schlösser, Galerien und die Schönheiten der Natur. Alexander Alexandrowitsch änderte zwar nie seinen Charakter. Aber er wurde ausgeglichener, abwägender und kulturvoller – so wie seine Gemahlin es sich nur wünschen konnte. Er gewöhnte sich zwar nie die Liebe zum russischen Hirsebrei ab, schlief auch weiterhin auf hartem Strohlager, aber er begriff zumindest die ihm von seiner Gemahlin vermittelten Tischsitten und rülpste nur noch selten in der Öffentlichkeit.

Die Familie des Thronfolgers lebte in Gatschina, in dem Palast, den einst Paul I. bewohnt hatte. Hier schirmte sie sich vor der ungeliebten Petersburger Öffentlichkeit auch nach der Thronbesteigung ab. Hier, so empfanden es Alexander und Marija, verbrachten sie die glücklichste

Zeit ihres Lebens. Marija strebte gleichzeitig danach, sich nicht zu sehr vom Leben am Hofe zu entfernen. Sie veranlaßte ihren Mann mehrfach sehr energisch, Regierungsaufgaben an Ort und Stelle in Petersburg zu erfüllen und die Geselligkeit nicht zu vernachlässigen. Sie selbst tanzte leidenschaftlich gern auf Bällen der Petersburger Gesellschaft. Sie lebten in ihren persönlichen Räumen einfach, fast spartanisch. Die Eltern, und später auch die Kinder, schliefen in harten Betten, die Mahlzeiten waren rustikal, und die Kinder wurden bei aller Liebe der Eltern streng erzogen.

Marija und Alexander brachten eine reiche Kinderschar hervor. Auf den Thronfolger Nikolai folgten dessen Geschwister Alexander, der nur ein Jahr alt wurde, Georgi, Xenija, Michail und Olga. Michail fiel im Jahre 1918 dem Terror der Revolution zum Opfer, aber die beiden Schwestern Xenija und Olga lebten bis zum Jahre 1960. Alexander und Marija nahmen sich viel Zeit für ihre Kinder. Besonders die jüngeren Geschwister, die nicht auf die Thronfolge vorbereitet wurden, konnten mit der gütigen Nachsicht des Vaters und der Mutter rechnen.

Die Repräsentations- und Regierungspflichten, die das Thronfolgerpaar zu erfüllen hatte, bewegten sich nur zum Teil in den Sphären der großen Politik. Das lag in dem Amt eines Thronfolgers selbst, im Charakter und in den Fähigkeiten Alexanders, aber auch darin begründet, daß weder die Gemahlin noch der Lehrer Pobjedonoszew in der Lage waren, alle Lücken im Wissen und Können des Thronfolgers zu schließen. Am 23. Oktober 1876 schrieb der Thronfolger aus Liwadija an seinen Lehrer: „Ich erkläre mir die Verwirrung in Petersburg und in ganz Rußland damit, daß nichts klar und alles so unbestimmt ist, wenn es sogar hier, von wo eigentlich alle Befehle und Entscheidungen ausgehen sollten, Tage gibt, an denen niemand etwas weiß und versteht. In der Tat, es muß Klarheit her, und ich werde froh sein, wenn ich an Ort und Stelle bin und wenn wir erfahren, was uns letztendlich erwartet." Er benötigte exakte Weisungen und Befehle und eine politische Transparenz, wie sie das Leben niemals bereithält. Die Fürsorge seiner Frau war der einzige Fixpunkt, der die nagenden Zweifel über den politischen Kurs des Imperators besänftigte. Jedoch, die Zeit der Unwägbarkeiten ging mit der Ermordung Alexanders II. im März 1881 plötzlich und auf sehr dramatische Weise zu Ende.

Die ganze Familie stand am Nachmittag des 1. März 1881 am Bett des sterbenden Kaisers. Den Thronfolger machte in dieser Stunde weniger das Ende des Vaters, als vielmehr die Aussicht auf die eigene Herrschaft schaudern. Loris-Melikow beging die Ungeschicklichkeit, den neuen Kaiser Alexander III. sofort zu fragen, ob er bereit sei, das Dokument über die Einberufung beratender Gesetzeskommissionen zu veröffentlichen. Nach eingehender Beratung mit Pobjedonoszew schob Alexander III. die Entscheidung hinaus. Nicht minder ungeschickt war das wenige Tage später folgende Ultimatum der Terroristen an den Zaren, eine Nationalversammlung und die konstitutionelle Monarchie einzuführen. Von beiden Seiten bedrängt, folgte der Herrscher den Prinzipien der Tradition und der Autokratie. Das politische Schicksal Loris-Melikows war besiegelt, er reiste ins Ausland.

Zwischen der Übernahme des Thronerbes und der Krönung Alexanders III. und seiner Gemahlin lag eine ungewöhnlich lange Zeit. Die Sicherheit der zarischen Familie war wichtiger als ein gekrönter Zar. Ehe der Hof zu sich kam und an die Inthronisierung des neuen Kaiserpaares denken konnte, vergingen mehr als zwei Jahre. In dieser Zeit verhaftete die Staatsmacht die überwiegende Mehrzahl der Terroristen und stellte sie vor Gericht. Im April 1881 wurden die Haupttäter zum Tode verurteilt und hingerichtet. Das war der Auftakt zu einer konservativen Herrschaft der traditionellen Werte von Autokratie, Orthodoxie und Volkstum. In dieser Rückbesinnung auf die Zeit Nikolaus I. besaß eine selbständig agierende Zarin keinen öffentlichen Platz, es sei denn, sie wirkte in den vielfältigen Wohltätigkeitsorganisationen.

Eine kleine, tapfere Frau

Am 15. Mai 1883 folgte die Salbung des neuen Herrschers. Nie zuvor trugen im Zarenreich so viele Großfürstinnen und Prinzessinnen aus ganz Europa so viele Juwelen zur Schau, wie an diesem Tag. Zahl und Herkunft der Gäste waren zwar insgesamt das Resultat der mehr als einhundertjährigen Europa zugewandten Heiratspolitik der Zarenfamilie, den Höhepunkt repräsentierte jedoch unzweifelhaft die neue Kaiserin selbst. Der Hochadel aus England, Deutschland, Österreich, Dänemark und Griechenland hatte sich ihretwegen in Moskau mit Glanz und Pracht versammelt. Es glitzerte und schimmerte so sehr von prachtvollen Uniformen, daß die jungen Damen keine Chance besaßen, durch noch schönere Kleider aufzufallen und dafür um so sichtbarer und wirkungsvoller ihre natürlichen Reize ausspielten. Moskau wurde für Wochen zum europäischen Jahrmarkt der Eitelkeiten – Moskau, in dem einst Iwan der Schreckliche regiert hatte, in dem Peter der Große seine erste Ehefrau in ein Kloster verbannt hatte.

Drei Tage vor den Feierlichkeiten waren der neue Zar und Marija Fjodorowna nach alter Sitte zu Pferde durch das Erlösertor in den Kreml gezogen und hatten in der Erzengelkathedrale ein durch den Metropoliten von Moskau zelebriertes und vom Chor der kaiserlichen Oper gesungenes Te Deum gefeiert. An den ersten beiden Tagen der Krönungswoche absolvierte die Zarenfamilie Empfänge, ehe am Morgen des eigentlichen Krönungstages 101 Kanonenschüsse die Zeremonie eröffneten. Die Stimmung des Zaren beim festlichen Einmarsch in den Kreml wurde vom späteren Ehemann der Tochter Xenija mit den Worten wiedergegeben: „Ich weiß, daß es meine Pflicht ist, aber ich möchte keinen Zweifel darüber lassen, daß mir desto wohler sein wird, je eher es vorbei ist." Die Zarin war aufgeschlossener und freute sich über die Feierlichkeit, die Pracht und die abwechslungsreichen Feste. Im Gegensatz zum eigenbrötlerischen Alexander III. war seine Frau glücklich, ihre Verwandten wiederzusehen und im Mittelpunkt der Szene stehen zu dürfen. Der Kaiser setzte sich selbst die Krone auf das Haupt, und mit einer kleineren Krone erhob er seine Gemahlin in den Rang einer Kaiserin von ganz Rußland. Sie ließ es ohne Zwischenfälle und Ängste geschehen. Die Gäste bejubelten in jenen Tagen den Beginn einer Herrscherzeit, die sowohl zu einer letzten Konsolidierung der autokratischen Macht führen, aber auch vom Erneuerungswillen unterschiedlicher Kräfte der Gesellschaft geprägt werden sollte.

Alexander III. behielt die autokratische Gewalt bei und gründete keine konstitutionellen Institutionen. Er wollte in der bestehenden Administration Ordnung und Recht schaffen. Die Bauernbefreiung blieb unwiderruflich. Er schuf keine Strategie zu aktivem politischen Handeln, sondern einen Plan zur Konsolidierung traditioneller Werte. Die modern und weltoffen orientierte Marija Fjodorowna folgte diesem politischen Pfad. Die Petersburger und Moskauer Gesellschaft, die intellektuelle russische Öffentlichkeit und die politisierten Teile der Bauernschaft reagierten auf das Manifest mit gespaltenen Reaktionen. Während der grundbesitzende Adel und die Slawophilenzirkel in dem Thronmanifest Alexanders III. einen „Lichtstrahl" erblickten, der „in die Finsternis" gefallen sei, war das liberale Rußland enttäuscht: „Eine neue Aera begann, die Aera des Nationalismus. Rußland soll wieder Rußland werden", äußerte der zeitgenössische Beobachter Nicolas Notovitch.

Aber der neue Kaiser war wenig entscheidungsfreudig und durchsetzungswillig. Er korrespondierte lieber. Diskussionen ging er nach Möglichkeit aus dem Wege. Politische Unkenntnis, Bequemlichkeit, mangelndes Wissen oder auch Ungeschicklichkeit drängten den körperlichen Riesen in ein zurückgezogenes, fast isoliertes Leben, an dem nur die Familie und die engsten Berater teilhaben durften. In der vertrauten Umgebung von Gatschina oder im Anitsckow-Palais spürte Alexander noch jene Freude und Geselligkeit, die ihn als Jungen ausgezeichnet hatte. Hier entfaltete auch Marija Fjodorowna ihren persönlichen und innerfamiliären Einfluß, verborgen vor der Öffentlichkeit. Die Ehe, die sie mit ihrem Gemahl führte, war, gemessen an den vorausgegangenen Kaiserpaaren, ebenso ungewöhnlich wie der Weg in die Ehe selbst. Alexander III. war tatsächlich der erste russische Herrscher, der wirklich keine Mätresse und keine Geliebte neben der Ehefrau besaß. Er war seiner Marija vollkommen treu, und selbst politische Ziele motivierten ihn nicht zur intimen Kontaktaufnahme mit anderen Frauen. Dabei konnte man sich nur schwer ein Paar von gegensätzlicheren individuellen Interessen und Wünschen vorstellen. Marija haßte Spaziergänge bei Wind und Wetter. Alexander mußte sich jeden Tag an der frischen Luft bewegen. Marija liebte Bälle, Schmuck, schöne Kleider und abwechselnde Geselligkeit. Marija verabscheute körperliche Arbeit und beschäftigte pausenlos ihren Hofstaat mit allen nur möglichen Pflichten und Aufgaben. Alexander liebte die eigene manuelle Tätigkeit wie Peter I. Ihm wäre es niemals in den Sinn gekommen, einen Kammerdiener zu rufen, um sich anziehen zu lassen. Marija liebte die schönen Künste, Alexander förderte sie, weil es seine Pflicht als Herrscher war. Alle diese Gegensätze erregten keine Zwietracht, sondern wurden harmonisch erlebt, weil die Ehepartner einander respektierten. Sie führten in gewissem Sinne bereits eine Art vorbildlicher bürgerlicher Ehe. So etwas hatte es nicht einmal bei Nikolaus I. gegeben.

Alexander unternahm als Oberhaupt der großen Familie Romanow auch ernstgemeinte Versuche, die ständig anschwellende Zahl von Onkeln, Tanten, Geschwistern, Neffen, Nichten und Kindern im Sinne konservativ-orthodoxer moralischer Werte zu erziehen. Das gelang nur mit bescheidenem Erfolg. Der von ihm ausgearbeitete neue Familienstatus sah vor, daß nur noch die direkten männlichen Nachkommen des Zaren und dessen Geschwister Anspruch auf den Titel Großfürst besaßen. Alle anderen mußten sich mit dem Titel eines Fürsten begnügen. Das Dokument rief innerfamiliäre Tumulte, jahrelange Intrigen und zahllose Postenverschiebungen mit immensem finanziellem Aufwand hervor. Zumindest Marija stimmte ihrem Mann bei Bewahrung der eigenen kleinen Freiheiten in jedem Falle zu. Das betraf auch die sprichwörtliche Sparsamkeit Alexanders. Nach der generösen und großzügigen Lebensweise Alexanders II. klagten jetzt viele verwöhnte Würdenträger und Staatsbeamte über die Knausrigkeit der Majestät. Sie durften froh sein, nicht die Lieblingsspeisen des Zaren – Hirse- oder andere Breisorten – vorgesetzt zu bekommen. Überall setzte Alexander den Rotstift an: Tischtücher wurden nicht mehr täglich gewechselt. In unbewohnten Räumen durfte kein Licht verschwendet werden. Er trug seine Kleider bis die Nähte nicht mehr hielten und ließ die Schuhe besohlen. Gatschina-Besucher konnten ihre Verwunderung über die spartanische Ausstattung der Gästezimmer nur schwer verbergen. Was für ihn selbst galt, verlangte Alexander auch von den Familienmitgliedern und den kaiserlichen Beamten. Es ist jedoch nicht vorstellbar, daß sich die unabhängige Bescheidenheit Marijas jeglicher sparsamen Überspitzung gebeugt hätte. Im übrigen ließ sie ihrem Gemahl bei seinem Sparsamkeitswahn ebenso freie Hand wie in der Politik – sie mischte sich nicht ein.

Alexander legte energische Maßnahmen zur Sicherung des autokratischen Herrschaftssystems fest. Seine Regierungszeit war eine Periode der gewaltsamen Assimilation nichtrussischer Provinzen. Daß die Juden Opfer neuer Restriktionen wurden, verwunderte überhaupt nicht. Nach den Pogromen von 1881 und 1882 verboten neue Regeln den Juden, sich außerhalb der Städte anzusiedeln. Landbesitz war ihnen verboten. Außerdem mußten Juden dem öffentlichen Dienst in Verwaltung, Militär und Universität fernbleiben. Ehen mit Christen durften nicht geschlossen werden. Alexander III. war der Überzeugung, daß die Juden am gewaltsamen Tod seines Vaters Schuld trugen, und es kam mehrfach vor, daß er in offiziellen Schreiben statt des neutralen Wortes „Jewrej" für Jude die im Russischen abschätzige Bezeichnung „Shid" verwendete.

Den reaktionären Bestimmungen stand z. B. die Verabschiedung der ersten Arbeiterschutzgesetze gegenüber. Seit 1882 half eine Bauernbank den Bauern, Privatland auf Kredit zu kaufen. 1894 konnte durchgesetzt werden, daß die Bauern die Dorfgemeinde verlassen und sich in der Stadt um Arbeit kümmern durften. Im Umgang mit der liberalen Presse ließ Alexander gelegentlich den modernen Herrscher erkennen. Das imperiale Zeitalter führte zu wirtschaftlichem Aufschwung. Besonders der Eisenbahnbau, der Rußland zum wichtigsten Modernisierungsschub verhelfen sollte, lag Alexander am Herzen. 1891 wurde mit dem Bau der Transsibirischen Eisenbahn begonnen.

Die Außenpolitik Alexanders wurde weitgehend von seinem Minister Giers betrieben. Seine Herrschaftszeit blieb zum ersten Mal seit Paul I. ohne einen großen Krieg. Es dominierten schlechtere Beziehungen zu Deutschland. Die Heirat mit einer dänischen Prinzessin trug dazu jedoch nicht bei. Bereits vor seinem Amtsantritt, spätestens aber seit dem Berliner Kongreß, empfand Alexander regelrechten Haß gegen alles Deutsche und besonders alles Preußische. Er verbot, sein Brot von deutschen Bäckern in Sankt Petersburg kommen zu lassen. Alexander mochte den deutschen Kanzler Bismarck nicht, achtete jedoch dessen staatsmännisches Können. Ein ernstes Zerwürfnis zwischen Rußland und Deutschland konnte noch vermieden werden. Das war nicht zuletzt auf die guten Beziehungen zwischen Alexander und dem neuen deutschen Kaiser Wilhelm II. zurückzuführen. Wilhem hielt vom „geraden Charakter" Alexanders viel, wie der „günstige Verlauf" des Berlinbesuches Alexander III. im Oktober 1888 zeigte.

Die Bewahrung konservativer Werte, der Stolz auf die autokratische Tradition und der notwendige Reformwille bestimmten in Übereinstimmung mit Alexanders charakterlichen Merkmalen dessen Stellung in der russischen Geschichte. Der Historiker Kljutschewski notierte in seinem Tagebuch über den Zaren: „Dieser seinem Gewicht nach schwere Zar wünschte seinem Imperium nichts Böses und wollte damit nicht einfach spielen, nur weil er dessen Lage nicht einzuschätzen vermochte. Ja, er liebte insgesamt keine schwierigen geistigen Kombinationen, die das politische Spiel in nicht geringerem Maße erfordert als ein Kartenspiel." Zum ständigen Ärger seiner Frau zeigte Alexander wenig Freude an intellektuellen Diskussionen. Das wenige, was er an Romanen tatsächlich las, verdankte er nur der Hartnäckigkeit seiner Frau. Die Zeitungen wurden für ihn auf interessante Beiträge hin durchgesehen und ausgeschnitten. Er nahm nicht die öffentliche Meinung selbst, sondern ein aufbereitetes Bild von der ohnehin durch die Zensur verzerrten Wirklichkeit wahr.

Die Tagebücher Alexanders ließen einen selbstbezogenen Privatier erkennen. Er besaß weder Witz noch Humor; vielmehr wurde ihm immer wieder eine gewisse Naivität bescheinigt. Eines seiner größten Laster war das Trinken. Es wird berichtet, daß sich Alexander ein besonderes Paar Stiefel anfertigen ließ, in dem er eine Flasche verstecken und einen Schluck nehmen konnte, wenn seine Frau nicht hinsah. Er war eben ein rechter „Bauernzar", der Sympathien im Volke genoß. Ausgeprägter Familiensinn ohne schlüpfrige Skandale, Bodenständigkeit und Liebe zu Rußland machten ihn populär. Kein Ereignis hat das Bild Alexanders und seiner Familie so geprägt wie das Eisenbahnunglück im Juni 1888 bei Borki, in der Nähe von Charkow. Als der Zarenzug entgleiste, saß die Familie im Speisewagen. Der Waggon wurde zertrümmert, aber Alexander stützte das hereinbrechende Dach mit seinen mächtigen Schultern solange, bis Marija Fjodorowna und die mitreisenden Kinder gerettet waren. Diese russische Urkraft, gleich einem Ilja Muromez oder Peter dem Großen, imponierte den Menschen. Nicht minder großen Eindruck hinterließ die Religiosität der ganzen Zarenfamilie, deren Liebe zu den Ikonen und dem orthodoxen Glauben. Kirchenbesuche und lange Gebete gehörten zum täglichen Lebensablauf. Alexander mied kostspielige Auslandsreisen. Aber in Dänemark weilte er mit seiner Gemahlin und den Kindern sehr häufig. Sie ließen sich in Fredesborg einen Palast bauen, in dem sie unbehelligt als friedliche Bürger, fernab vom aufgeregten Petersburg leben konnten. Für Alexander war die solide und abgeschiedene Ruhe verlockend, in der ihn niemand in seiner Selbstzufriedenheit stören konnte, für die Kaiserin blieb der enge Bezug zur Heimat erhalten. Aber dennoch mußte die lebenslustige kleine Frau ein hohes Maß an Disziplin wahren, um die Bodenständigkeit des Gemahls ertragen zu können.

Das allgemeine Bild von der Kraft des Zaren und der diskreten Zuverlässigkeit seiner Familie war in der Öffentlichkeit so verfestigt, daß der frühe Tod des Imperators überraschte. Alexander litt unter einem Nierenleiden, das durch den Alkohol zumindest gefördert wurde. Er ging überhaupt mit seiner Gesundheit recht sorglos um, und die Kaiserin besaß in dieser Hinsicht wenig Einfluß, sofern sie überhaupt etwas von der Schwere des Leidens gewußt hat, denn ihr Gemahl war diesbezüglich wenig mitteilsam. Im Sommer 1894 verschlechterte sich die Krankheit, und die Ärzte empfahlen einen Aufenthalt in trockener und warmer Luft. Die Familie reiste nach Liwadija an das Schwarze Meer. Eine kurzzeitige Besserung war trügerisch. Plötzlich nahmen Schwäche und Schmerzen wieder zu, so sehr sich Marija Fjodorowna mit den Ärzten auch um die Pflege kümmerte.

Es war wie eine symbolische Handlung, daß Alexander noch gemeinsam mit seiner Frau die künftige Gemahlin des Thronfolgers Nikolai, Alix von Hessen, in Liwadija empfing und sie ihre Zustimmung zu der Heirat gaben. Am 1. November 1894 ließ sich der Kaiser in einen Sessel setzen, und hier starb er auch – ganz friedlich, mit sich und der Welt zufrieden, den Kopf an die Schulter seiner Frau gelehnt. Selten ist ein russischer Herrscher auf diese ruhige und vollkommen undramatische Art und Weise aus der Welt gegangen. Weder eine Bluttat noch eine Verschwörung, weder machtgierige Prätendenten noch geheimnisvolle Rätsel umgaben sein weltliches Ende. Er wurde nach Petersburg gebracht und neben seinen Vorfahren in der Peter-Pauls-Festung beigesetzt.

Marija Fjodorowna gab sich alle erdenkliche Mühe, die Fassung zu wahren. Sie hatte ihren Mann sehr geliebt, sie war in Rußland zu einer überzeugenden Persönlichkeit gereift, und sie hatte ihre ganze Kraft für die Familie eingesetzt. Während der Beisetzungsfeierlichkeiten aber versagten ihre Kräfte. Der „grummelnde Bär", der bäurische Zar, lebte nicht mehr. Stets hatte sie nahezu unsichtbar, aber zufrieden in seinem Schatten gelebt. Ihr Leid war groß. Aber dieses Leid war, gemessen an den Mühen und Schrecken, die noch vor der kleinen Frau lagen, gering.

Sie sollte ihren Mann um vierunddreißig Jahre überleben. Als Kaiserinwitwe wohnte sie im Alexandria-Palais, dessen Park östlich an Peterhof grenzte. Wie sich Cecilie, Herzogin von Mecklenburg-Schwerin und letzte Kronprinzessin des deutschen Reiches, deren Mutter eine Cousine Alexanders III. war, erinnerte, waren die Besuche bei „Tante Minny", wie Marija Fjodorowna in der Familie genannt wurde, äußerst beliebt. Aber dieses liebenswerte Bild täuschte. Marija Fjodorowna mußte in den folgenden Jahren viel Kraft aufwenden und Ärger verarbeiten, um das Leben und die Politik ihres Sohnes Nikolaus II. und dessen komplizierter Gemahlin in die rechten Geleise zu bringen. Auch sie, die „Russin aus Dänemark", konnte den Zerfall des Imperiums nicht aufhalten, dem Alexander III. zum letzten Mal einen Schein von konservativer Stabilität verliehen hatte. Krieg gegen Japan, Revolution und wieder Krieg mußte sie erleben und dann das Schlimmste: die Abdankung, das Ende der Romanow-Dynastie und der Mord an so vielen Kindern, Enkeln und Verwandten. Sie mußte den bitteren Kelch bis zur Neige leeren.

Marija Fjodorowna überlebte die Oktoberrevolution in Rußland und hatte das Glück, in ihre Heimat Dänemark zurückkehren zu dürfen. Dort lebte sie noch zehn Jahre. Sie blieb voller Erinnerungen an eine glanzvolle Zeit, an einen liebenswerten poltrigen Gemahl und an das Elend, in das Rußland gestürzt war.

16. Kapitel

Alix aus Hessen – guter und böser Geist des letzten Kaisers im Russischen Reich

Alexandra Fjodorowna – Prinzessin Alice (Alix)
Victoria Helene Louise Beatrice von Hessen-Darmstadt
(6. Juni (N.S.) 1872 – 17. Juli 1918)
Gattin des Großfürsten Nikolaus Alexandrowitsch und
späteren Kaisers Nikolaus II. seit 14. November 1894

Wappen des Imperators Nikolaus II.

Nikolaus II. war kein bedeutender, aber ein besonders tragischer Herrscher. Zu seinen problematischen Seiten zählte die Ehe mit Prinzessin Alix aus Hessen-Darmstadt. Er hat diese Frau geliebt und mit ihr eine vorbildliche Ehe geführt. Alix besaß jedoch Eigenschaften, die von patriotischen Russen schon im vorausgegangenen Jahrhundert an den zugeheirateten deutschen Prinzessinnen kritisiert worden sind: Kälte, Steifheit, Unzugänglichkeit. In der konkreten historischen Situation sowie am Vorabend und während des Ersten Weltkriegs konnten die Gegner der Monarchie, Kritiker an der Politik des Zaren, Neider und um größeren Einfluß am Hofe ringende Würdenträger die politischen und menschlichen Handlungen der Zarin zu scharfen Angriffen gegen die regierende Dynastie nutzen. Alexandra Fjodorowna mischte sich wie keine andere nichtregierende Zarin mit stark subjektiven Ansichten in die Regierungspolitik. Sie bot ihren Gegnern so viele Angriffsflächen, daß es nicht schwer war, ihr die Verantwortung für Fehlentscheidungen des Gemahls zu übertragen.

Alle Zaren zwischen Paul I. und Alexander III. waren auf sehr individuelle Weise dominante Persönlichkeiten. Die Gemahlinnen haben sich der Tradition folgend deren Verhaltensmustern angepaßt oder untergeordnet. Nikolaus II. ist keine starke Persönlichkeit gewesen. Seine Tendenz, sich den Wünschen der Gemahlin zu fügen, war unübersehbar. Sie wurde zudem durch die Tatsache gefördert, daß der Thronfolger Alexei von Geburt an krank war und der ununterbrochenen Pflege bedurfte. Es gehört zu den dramatischen Seiten in der Geschichte russischer Herrscher, daß die letzte Kaiserin ihr Streben mit dem Wirken des obskuren Wunderheilers Rasputin verband. Diese unglückliche Kombination konnte mit Leichtigkeit als Symptom für den Niedergang der Dynastie gewertet werden.

Der im Jahre 1868 geborene Thronfolger Nikolaus war von den Eltern gut erzogen worden. 1881 hatte er die Ermordung des Großvaters erlebt, seitdem waren ihm als Thronfolger neue Aufgaben zugewachsen. Er war ein stiller und freundlicher Junge. Politik interessierte ihn nicht, und es gab unter Alexander III. auch niemanden, dem an den Ansichten des Thronfolgers gelegen war. Sein Sprung zum Erwachsenen erfolgte beim Militärdienst. Im Preobraschenski-Garderegiment blühte er auf. Nikolaus liebte Gehorsam und Disziplin, er mochte klare Direktiven für den ganzen Lebensrhythmus.

Nikolaus verliebte sich früh in die polnische Tänzerin Mathilda

Kschessinska. Der Vater wollte den Emotionen des Sohnes ein schnelles Ende bereiten. Er schickte ihn auf eine Auslandsreise in den Orient und nach dem Fernen Osten. Im Oktober 1890 begann die Reise auf den Balkan, nach Ägypten, Indien, Saigon und Japan. In Japan verletzte ein Fanatiker Nikolaus mit einem Säbel am Kopf. Das japanische Kaiserpaar gab sich Mühe, den Zarewitsch zu besänftigen, aber der brach die Reise ab. Zu seinem ersten Trauma, der Identität im Begriffspaar Revolutionär-Mörder, kam der Haß gegen Japan.

Im August 1891 kehrte Nikolaus nach Petersburg und zu Mathilda Kschessinska zurück. Alexander III. griff energisch ein. Nikolaus wurde zur üblichen Brautsuche nach Westeuropa geschickt. Der Kaiser suchte damals die russisch-französische Annäherung durch die Hochzeit mit der Tochter des Grafen von Paris, Helene von Orleans, zu stabilisieren. Er hätte auch gegen Margareta von Preußen nichts einzuwenden gehabt. Doch beide Mädchen verweigerten den Übertritt zum orthodoxen Glauben. Nikolaus entschied sich für die 1872 geborene Alice (Alix) von Hessen-Darmstadt, eine Enkelin von Queen Victoria. Er kannte das Mädchen seit dem Jahre 1884, als ihre Schwester Elisabeth (Ella) den Großfürsten Sergei, einen Onkel Nikolaus', geheiratet hatte, obwohl Englands Königin Abscheu vor der russischen Autokratie empfand und das russische Streben nach Konstantinopel als Hindernis für eine Normalisierung der russisch-britischen Beziehungen ansah. Bereits damals hatten Alix und Nikolaus Gefallen aneinander gefunden.

Alix galt als fröhliches und aufgeschlossenes Kind, man rief sie nur „Sunny". Sie wurde sehr streng nach englischem Vorbild erzogen. Pflichterfüllung galt als oberstes Lebensprinzip. Von ihrer Mutter Alice erbte sie Lebensernst, Religiosität, Kunstsinn und die Abneigung gegen Oberflächlichkeiten, aber auch den Hang, gegenüber dem Ehepartner eine führende mütterliche Rolle übernehmen zu müssen. Die Mutter starb, als Alix sechs Jahre alt war, und dieses tragische Ereignis förderte in dem Kind eine zunehmende Ernsthaftigkeit und Frömmigkeit. Die Mutter fehlte ihr sehr und konnte auch nicht dadurch ersetzt werden, daß die Großmutter Victoria nahezu täglich Briefe mit Erziehungsanweisungen von England nach Darmstadt sandte.

Im Winter 1889 besuchte Alix die Schwester in St. Petersburg. Nahezu jeden Tag begegnete sie Nikolaus, und beide gewannen eine freundschaftlich-liebevolle Beziehung zueinander, die den Rahmen höfischer Konventionen nicht überstieg. Dennoch war Verliebtheit im Spiele, die sich zur gegenseitigen Liebe auswuchs. Bei der Kaiserin hatte das Mädchen weniger günstige Eindrücke hervorgerufen, es wurde als steif und plump abgetan. Tanzen konnte es nicht und errötete bei jeder Gelegenheit verlegen.

Königin Victoria wollte Alix dem „Zugriff weiterer russischer Cousins" entziehen. Alix sollte den Cousin Albert Victor heiraten und später Königin von England werden. Alix lehnte entschieden ab. Auch Alexander III. und dessen Frau wollten von den Wünschen ihres Sohnes gegenüber Alix nichts wissen. Die Romanows waren durch zwei unglückliche Ehen mit dem Hause Hessen-Darmstadt verbunden. „Nicht schon wieder eine Deutsche", soll der Kaiser ausgerufen haben. Das tragische Schicksal der Mutter Marija Alexandrowna stand dem Kaiser vor Augen. Außerdem war bekannt, daß die Bluterkrankheit durch die weiblichen Nachkommen der Queen vererbt wurde. Alexander III., Alix' Vater, Großherzog Ludwig IV. von Hessen, und Königin Victoria betrieben ihre Verhinderungstaktik so energisch, daß Alix und Nikolaus kaum noch die Hoffnung auf eine glückliche Verbindung besaßen. Als Alix 1890 wieder einmal ihre Schwester nahe Moskau besuchte, wurde es ihr und Nikolaus verboten, Kontakte zueinander aufzunehmen.

Zwei Jahre vergingen ohne eine Entscheidung. 1892 starb Großherzog Ludwig IV., und Alix war erneut tief betroffen. Ihr seelisches Leid schlug sich in psychosomatischen Schmerzen nieder. Sie wurde stiller, verschlossener und zog sich in sich selbst zurück. Im Dezember 1893 schrieb sie Nikolaus einen Abschiedsbrief. Sie wollte unter keinen Umständen auf ihren protestantischen Glauben verzichten. Nikolaus gab die Hoffnung nicht auf, und seine Geduld sollte belohnt werden. Für den April 1894 wurde in Coburg die Vermählung des neuen Großherzogs Ernst Ludwig von Hessen und bei Rhein mit der Prinzessin Victoria Melita von Sachsen-Coburg-Gotha anberaumt. Rußland sollte durch den Großfürsten Sergei und dessen Gemahlin vertreten werden. Nikolaus drängte beim Vater auf die eigene Entsendung. Alexander III. war 1893 ernsthaft erkrankt. Im Vorgefühl möglicher Unwägbarkeiten beschleunigte er die Heiratspläne für den Sohn und sagte sich, daß es besser sei, einen mit Alix verbundenen als einen unverheirateten Thronfolger zu hinterlassen.

Nikolaus fuhr nach Darmstadt und Coburg. Er nahm einen Priester und einen Russischlehrer mit. Alix tat sich weiterhin schwer, wenn es um den Übertritt zum orthodoxen Glauben ging. In ernsten Gesprächen mit Nikolaus rang sie sich schließlich doch zu einer positiven Entscheidung durch: Am 8. April 1894 konnte die Verlobung bekanntgegeben werden. Nikolaus und die „unvergleichliche Alix" waren trotz aller Widerstände vereint. Er schrieb in sein Tagebuch: „Ein herrlicher Tag, den ich mein Leben lang nicht vergesse! ... O Herr, welche Last ist mir von der Seele genommen; welch schöne Nachricht für meinen lieben Vater, die liebe Mutter! Den ganzen Tag ging ich umher wie im Traum, ohne mir ganz bewußt zu sein, was geschah. Ich kann kaum glauben, daß ich eine Verlobte habe." Der Vorgang barg auch realpolitische Seiten. Die Fama berichtet, daß Deutschlands Kaiser Wilhelm II. den schüchternen Nicky bedrängt habe, doch endlich die Uniform mit dem Säbel anzuziehen und dem Mädel einen ordentlichen Antrag zu machen! Queen Victoria war zunächst erschrocken, fügte sich aber in die unvermeidlich gewordene Entscheidung. Alix schrieb brav an die künftige Schwiegermutter: Nicky „ist jetzt in der Kirche, und während er dort kniet, sind meine Gedanken und Gebete bei ihm. Mit Gottes Hilfe werde ich bald auch seine Religion kennen- und liebenlernen, und ich bin sicher, er wird mir dabei helfen." Beide Brautleute waren glücklich und gemeinsam unglücklich, denn zunächst mußte Abschied genommen werden. Alix reiste zur königlichen Großmutter nach England, auch, um die häufigen schmerzhaften Ischias- und Rheumaanfälle zu lindern. Auf Nicky wartete man in Rußland.

Die Trennung von Mathilda Kschessinska fiel Nikolaus nicht schwer. Außerdem wurde sie Primaballerina am kaiserlichen Theater. Die Ironie der Geschichte wollte es, daß sie 1921 den Vetter Nikolaus' II., Andrei Wladimirowitsch, ehelichte, und damit zur Fortsetzung der Romanow-Dynastie über den letzten Zaren hinaus beitrug.

Nikolaus wollte nicht mehr von Alix getrennt sein. Im Sommer 1894 besuchte er sie in England. Sie liebten einander sehr, aber Alix nahm die Rolle des stärkeren Partners ein. Von Beginn an war sie für Nikolaus Ratgeberin und Seelentrösterin. Im gleichen Sommer erkrankte Kaiser Alexander III. an einer Nierenentzündung. Die Familie fuhr nach Liwadija auf die Krim. Alexanders Zustand verschlechterte sich dramatisch, und man rief Alix aus Darmstadt herbei. Die Adjutanten vergaßen in ihrer Aufregung, den Sonderzug des Kaisers an die Grenze zu schicken, so daß die künftige Kaiserin Rußlands in einem fahrplanmäßigen Zug bis Odessa fahren mußte, dort nahm sie Nikolaus in Empfang. Alix hatte das Gefühl, daß man ihren Verlobten ungenügend als Thronfolger respektierte. Sie erreichte, daß die Ärzte ihm zuerst berichteten, daß keine Entscheidung ohne ihn getroffen wurde: Sie nahm Nikolaus sozusagen bei der Hand und führte ihn hartnäckig-behutsam zum Thron. Nikolaus nahm ihre Hilfe dankbar an. Am 20. Oktober 1894 starb Alexander III. Das Reich verharrte in regloser Trauer. Noch am selben Tag bestieg Nikolaus II. den Thron, selbst schwach und voller Zweifel, ob er der Bürde gewachsen sei.

Eintritt in ein schwieriges Rußland

Einen Tag später konvertierte Alix zum orthodoxen Glauben. Die Stunde war klug gewählt. Noch selbst mit Ängsten über all das Neue beladen, von der Trauer befangen, wurde die Braut des Kaisers in die althergebrachte Tradition integriert. Die Konvertitin mußte am Eingang der Kirche niederknien und wurde durch den Priester einer eingehenden rituellen Überprüfung unterzogen, ehe er Gott in ihrem Namen um ihre Aufnahme in die orthodoxe Kirche bat. Alix legte mehrmals ein Glaubensbekenntnis ab und sprach die Dogmen des orthodoxen Glaubens nach, ehe sie der Priester in die Kirche führte. Sie wurde mit „heiligem Öl" an der Stirn, den Schläfen, den Augen, der Nase, den Ohren sowie an den Händen und Füßen gesalbt und mit geweihtem Wasser berührt. Nach weiteren Befragungen und Bekenntnissen reichte der Priester das Kreuz zum Kuß. Unter Gesängen und Psalmen erteilte der Priester die Absolution und erklärte die Konversion zur orthodoxen Religion. Die Anwesenden beteten für Alexandra Fjodorowna, die mit der gleichen Tiefgründigkeit, mit der sie zuvor Protestantin war, der Faszination des orthodoxen Glaubens erlag. Kaiser Nikolaus II. verkündete die Konversion der Großfürstin Alexandra Fjodorowna mit dem Titel „Kaiserliche Hoheit" durch ein Manifest im ganzen Reich.

Am 7. November 1894 wurde Alexander III. in der Peter-Pauls-Festung zu St. Petersburg beigesetzt. Am 14. November wurde die Hoftrauer für einen Tag unterbrochen, damit Nikolaus und Alexandra in der in Rußland seit Katharina der Großen üblichen Weise heiraten konnten. Sie zog ein silberbesticktes und mit Diamanten übersätes weißes Kleid an. Man hängte ihr den schweren, mit Hermelin besetzten Purpursamtmantel um und gab ihr die Kronjuwelen. Die sich der Würde und dem Ernst des Augenblicks bewußte Alexandra schritt in eine Zeremonie, die den Glanz und die Geschichte des Russischen Reichs reflektierte. Nach ihrer Konversion und nach den Trauerfeierlichkeiten erlebte sie innerhalb kurzer Zeit die dritte konzentrierte Begegnung mit der orthodoxen Welt. Von der Trauungszeremonie über die Kasaner Kathedrale bis zur Wohnung im Anitschkow-Palais begleitete das Brautpaar eine märchenhafte Kulisse. Die deutsch-englische Prinzessin sah hier das für sie wahrnehmbare Rußland paradieren! Wie sollte sie es sich anders vorstellen können?

Dann begann der Alltag. Nikolaus mußte sich den Regierungsgeschäften zuwenden. Lediglich wenige Tage brachten in Zarskoje Selo mitunter Entspannung. Das junge Paar lebte unter beengten und gespannten Verhältnissen im Anitschkow-Palais. Das Haus wurde noch von der Zarinwitwe beherrscht. Nikolaus und Alexandra mußten sich dem Regiment der Mutter unterordnen, bis ihre eigene Wohnung im Winterpalais fertig wurde. Seit den Verfügungen Pauls I. von 1796 genoß die Zarinwitwe einen höheren Rang als die Gemahlin des jungen Zaren. Marija Fjodorowna lebte nach dem Tode Alexanders III. alle Leidenschaften aus, die ihr der Gemahl versagt hatte. Sie liebte große Feste und mischte sich in die politischen Handlungen ihres Sohnes ein. Sie besaß einen ganz anderen Charakter als Alix, und es war abzusehen, daß die beiden Damen über kurz oder lang in ernste Konflikte geraten würden. Hoffentlich würde der Kaiser stark genug sein, die Interessengegensätze auszugleichen. Die Ausgangspositionen waren ungleich: Das Wort der Zarinwitwe galt als Gesetz – in der Familie, Haushaltsführung, Hofhaltung, Kindererziehung, Heiratspolitik, Mode und in der Politik selbst. Die ernste und schüchterne Alix mußte sich ihren Platz erst erobern.

Sie unterstützte ihren Gemahl, sofort eine Grundsatzerklärung abzugeben, mit der er allen konstitutionellen Wünschen eine prinzipielle Absage erteilte. Die liberalen Kräfte hofften, der neue Kaiser werde sich den reformerischen Traditionen seines Großvaters zuwenden. Nicht nur einige Intellektuelle, Nihilisten oder Terroristen standen zur Reichsführung in Opposition. In Rußland war die Arbeiterfrage auf die Tagesordnung gesetzt worden. Die soziale Unzufriedenheit nahm zu. Die Gesellschaft wartete nicht mehr nur auf Reformen von oben – sie setzte sich selbst in Bewegung: durch Streiks, erste Zusammenschlüsse, studentischen Aufruhr und spontane bäuerliche Bewegungen.

Nikolaus besaß nur wenige Ratgeber mit subjektiv wahrhaftigen Überzeugungen: die Mutter und Alix, die seine Autorität stärken wollten; Konstantin Pobjedonoszew, der die Allmacht der Autokratie retten wollte; Sergei Witte, der das autokratische Rußland nach Europa führen wollte. Sie veranlaßten Nikolaus aus unterschiedlichen Motiven zu einer Proklamation seines politischen Willens. Am 17. Januar 1895 hielt er vor Adels-Vertretern eine Rede und sprach Worte, die an ihm haften bleiben sollten: „Ich weiß, daß in letzter Zeit auf einigen Semstwo-Versammlungen Stimmen von Männern laut geworden sind, die unsinnige Träume von einer Mitwirkung der Semstwo-Vertreter bei der Lösung von Regierungsaufgaben nähren. Jeder soll wissen, daß ich, der ich alle meine Kräfte dem Wohl der Nation widme, ebenso fest und unerschütterlich am Prinzip der Autokratie festhalte wie mein unvergeßlicher Vater."

Selten ist ein Zarenwort von der Öffentlichkeit mehr auf die Goldwaage gelegt worden: Weil es den Realitäten in Rußland und Europa widersprach, weil die russische Gesellschaft sich bereits so stark differenziert hatte, daß sie selbstbewußt auftreten konnte. Die liberale Opposition reagierte mit einem „Offenen Brief", in dem der Publizist Peter Struwe glaubte, die Kampfansage durch den Zaren aufnehmen zu müssen. Nikolaus hatte niemandem den Kampf angesagt. Die Reaktion auf die Rede interessierte ihn nicht einmal. Er hatte die ihm von Gott übertragene Pflicht erfüllt und war erstaunt, daß es Wirrköpfe gab, die ihre Bindung an die autokratischen Traditionen verloren hatten. Aber die werde er durch eine glanzvolle Krönung mit der Monarchie versöhnen.

Bis dahin verging mehr als ein Jahr, denn Alexandra trug über das Jahr 1895 hinweg ihr erstes Kind aus. Im Frühjahr war sie mit Nikolaus in das freundliche Zarskoje Selo gezogen, wo sie im Alexander-Palast residierten, den sie sich ganz nach ihren Vorstellungen hatten einrichten lassen. Nikolaus berichtete darüber in einem Brief an seine Mutter: „… helles Entzücken erfüllte uns, als wir uns in diesen wunderbaren Räumen einrichteten … Das malvenfarbene Zimmer ist hinreißend. Man fragt sich, wann es besser aussieht, am Abend oder bei Tageslicht. Das Schlafzimmer ist heiter und gemütlich. Auch Alix's vornehmstes Zimmer, der Chippendale-Salon, ist ganz hübsch, ganz in Hellgrün … In meinem Arbeitszimmer und im Speisezimmer sind neue Öfen gesetzt und neue Vorhänge aufgehängt worden. Zweimal sind wir in die künftige Kinderetage hinaufgestiegen, wo die Räume bemerkenswert luftig, hell und gemütlich sind."

Alexandra fühlte sich leidend, aber am 15. Dezember 1895 brachte sie ein gesundes Mädchen zur Welt. Die erste Enttäuschung darüber, keinen Thronfolger geboren zu haben, verflog bald. Das Glück über das Töchterchen Olga überwog. Alexandra war lieber Mutter als Repräsentantin eines Reichs. Sie hatte jedoch gewählt, und der nächste Höhepunkt ihrer Integration in dieses orthodoxe Reich sollte mit der Krönung zum Zaren und zur Zarin von ganz Rußland folgen. Nikolaus griff bewußt auf den alten Titel zurück, ohne die Würde des Imperators zu schmälern.

Das Krönungsfest fand im Mai 1896 in Moskau statt. Die Krönung entwickelte sich zu einem Drama. Dabei begann alles herrlich. Zar und Zarin kamen nach Moskau, die Menschen jubelten ihnen auf den Straßen zu. Wo sich Nikolaus mit seiner jungen, schönen Frau blicken ließ, schwammen sie auf einer Woge von Sympathien. Die Krönung war ein Fest der Würde, des Glanzes und der Traditionen Rußlands. Inmitten der Garderegimenter schritt die Prozession in- und ausländischer Würdenträger zur Uspenski-Kirche im Kreml. Alexandra trug die altrussische Hoftracht, ein weißes Kleid mit prachtvollen Silberstickereien, während Nikolaus die schlichte Uniform des Preobrashenski-Garderegiments angelegt hatte. In der Kirche war eine Empore mit zwei Thronsesseln errichtet worden. Für Nikolaus hatte man den diamant- und edelsteinbesetzten Thron des Zaren Alexei Michailowitsch vorbereitet, für Alexandra den elfenbeinernen Thron der Prinzessin Sophie Paléologue von Byzanz, der Gemahlin des Moskauer Großfürsten Iwan III. des Großen. Auf einem seitlich angeordneten dritten Thron nahm die Zarinwitwe Marija Fjodorowna Platz. Die Krönungszeremonie folgte den traditionellen Vorschriften bis hin zu jener symbolischen Geste, in der der gekrönte Zar seiner Gemahlin zunächst für einen kurzen Moment die eigene und dann eine kleinere Krone auf den Kopf setzte. Großfürsten legten ihr den schweren Krönungsmantel um die Schultern, Nikolaus dekorierte sie mit der Kette höchster Orden, hob die vor ihm Kniende auf und gab ihr einen Kuß – Alexandra war Kaiserin und Zarin von ganz Rußland. Angeführt von der Zarinwitwe küßten ihr alle Familienmitglieder die Hand. Nach dem Auszug aus der Kirche und der Huldigung durch das Volk schloß sich am Ufer der Moskwa ein Festessen für etwa 7000 geladene Gäste an.

Der Tradition folgend, sollte das Volk auf den Chodynka-Wiesen bewirtet werden. Organisatorische Ungeschicklichkeiten, der Druck von hunderttausenden Menschen und eine daraus entstehende Panik ließen die riesige Masse unkontrolliert in Bewegung geraten. Menschen wurden zu Tode getrampelt, stürzten in Brunnen und Schluchten, wurden als leblose Puppen im gedrängten Knäuel unentwirrbarer Leiber fortgerissen. Mehrere tausend Tote forderte das Krönungsfest. Als das Kaiserpaar von dem Drama erfuhr, wollte es die Feiern sofort abbrechen und sich zum Gebet in ein Kloster zurückziehen. Aber die Familie bestimmte die Fortsetzung aller Empfänge, Paraden und Bälle. Nikolaus und Alexandra ordneten sich dem Willen der großfürstlichen Onkel unter. Der Kaiser gab jeder zu Schaden gekommenen Familie aus seiner Privatkasse 1000 Rubel. Er besuchte mit seiner Frau die überlebenden Opfer in den Krankenhäusern. Nikolaus und Alexandra waren tief unglücklich. Schuldig hat sich der Kaiser nur in einem Punkt gemacht: Als die Untersuchung zu dem Resultat führte, daß der Großfürst Sergei, Schwager des Kaiserpaars, die Hauptverantwortung für den tragischen Tod so vieler Menschen trug, verhinderte Nikolaus dessen Bestrafung –

er fürchtete einen Konflikt zwischen seiner Frau und deren Schwester Ella. Der Kaiser verpaßte eine Chance zu echter Bindung zwischen sich und dem Volk.

Statt dessen reiste Nikolaus mit Alexandra ins Ausland, stellte sich in Wien, Berlin, Kopenhagen, London und Paris vor. Das Kaiserpaar nahm die Huldigungen mit zurückhaltender Bescheidenheit entgegen. Die Reise war in politischer Hinsicht nicht unproblematisch. Die gegensätzlichen Interessen Englands, Deutschlands und Frankreichs zwangen zu Rücksichtnahmen, denen die in politischen Fragen ausweichende Haltung des russischen Kaisers jedoch entgegenkam. In einem Punkte waren sich Nikolaus und Alexandra einig: Dem deutschen Kaiser Wilhelm II. durfte man nur mit Mißtrauen und Standhaftigkeit entgegentreten.

In Rußland begann der eigentliche Alltag. Nikolaus und Alexandra zogen endgültig nach Zarskoje Selo.Sie benutzen das Winterpalais nur noch zu offiziellen Aufgaben. Alexandras anfängliche Popularität begann schon damals zu sinken. Sie lehnte gesellige Oberflächlichkeit ab und verschloß sich den gewohnten harmlosen Fröhlichkeiten der Petersburger Aristokratie. Sie zog eine unsichtbare Trennungswand zur Hofgesellschaft. Alexandra mußte Tag für Tag Positionskämpfe mit der lebenslustigen und machtbereiten Schwiegermutter ausfechten, der die junge Kaiserin mit ihrer Steifheit und geringen Diplomatiefähigkeit oft unterlag. Alexandras Eintritt in das russische Leben war durch die enge Aufeinanderfolge von Konversion, Trauer, Hochzeit und Krönung in einem derart kompakten und traditionell konservativen Sinne beeinflußt worden, daß sie die dabei gewonnenen Eindrücke für das wahre Leben hielt und sich einen richterlichen Moralismus in der Familie und in der Politik anmaßte, der nicht nur allgemein abgelehnt wurde, sondern auch den Gemahl in dessen geringer Entscheidungsbereitschaft negativ beeinflußte. Alexandra paßte sich nicht wie die vorausgegangenen Kaiserinnen an, sondern verlieh ihrer Anpassung eine provozierende Eigensinnigkeit, die weit mehr ihrem Charakter als bewußtem Egoismus entsprach. Der Ruf, eine fremde Frau zu sein, die zwischen englischem Puritanismus und deutscher Kleinkrämerei schwankte, war schnell verteilt und nicht zu reparieren. Graf Masolow, langjähriger Chef der Petersburger Hofkanzlei, schrieb: „In dieser Zeit wurde deutlich, daß der Horizont der Zarin der einer kleinen deutschen Prinzessin war, einer wunderbaren Mutter, die Ordnung und Sparsamkeit im Haus liebt, die jedoch von ihrer inneren Konzeption her nicht imstande ist, eine echte Zarin zu sein. Das ist besonders bedauerlich angesichts der Stärke ihres

Charakters und Willens, mit der sie dem Herrscher so sehr von Nutzen hätte sein können. Doch leider haben ihre Vorstellungen die des Herrschers überflügelt und in der Folge wirkte sich ihre Hilfe schädlich für ihn aus." Die Zarinwitwe Marija Feodorowna faßte das Problem in dem einfachen Satz zusammen: „Wie furchtbar, daß die Zarin nicht begreift, wie sehr der Zar Popularität benötigt!"

Die Zarin zog sich besonders gern nach Zarskoje Selo in die gediegene Geborgenheit ihrer Wohn- und Arbeitszimmer zurück. Dort konnte sie leben, wie sie es für richtig hielt und ihren Mann nahezu uneingeschränkt beeinflussen. Sie brachte in den Jahren 1897 die Tochter Tatjana, 1899 Marija und 1901 Anastasija zur Welt. Alle vier Mädchen gediehen prächtig, waren freundlich und lebenslustig. Alexandra ging umsichtig sorgend in ihrer Familie auf, als deren Mittelpunkt sie stets ihren Gemahl betrachtete. Natürlich besaß sie übergreifende Aufgaben. Wie alle Zarinnen kümmerte sich Alexandra um vielfältige Bereiche sozialer Wohltätigkeit. Es war nicht nur ihr Vorrecht, sondern ihre Pflicht, mit den eigenen finanziellen Mitteln caritativ wirksam zu werden. Da die Zarinwitwe ehrgeizig an ihren älteren diesbezüglichen Prärogativen festhielt, kam es zu Zank und Streit.

Wieder zog Alexandra die falsche Schlußfolgerung und isolierte sich weiter vom gesellschaftlichen Leben. Am Beginn des 20. Jahrhunderts befaßte sie sich außerdem gemeinsam mit ihrer Freundin Anna Wyrubowa verstärkt mit der Mystik und dem Spiritismus. Diese stärker werdende Tendenz besaß einen besonderen Grund: Vier Töchter hatte die Kaiserin zur Welt gebracht, aber immer noch keinen Thronfolger. Je weiter die Zeit voranschritt und der Sohn ausblieb, um so unruhiger wurde sie. Während die beiden Damen in Zarskoje Selo musizierten, beteten oder im kleinen Glück der Kinder aufgingen, hatte der Kaiser ernste und große Probleme zu lösen.

Er setzte die konservative Linie seines Vaters fort. Konstantin Pobjedonoszew blieb für einige Jahre der wichtigste Berater. Der Kaiser verkannte nicht, daß sich Rußland erneuern mußte. Sein Vater hatte den begabten, unbequemen und überzeugenden Sergei Witte zum Finanzminister berufen, und diese Tatsache war für Nikolaus eine Gewähr, daß Witte nicht an das autokratische Prinzip rühren würde. Im übrigen brachte die Finanzpolitik Wittes durch den Eisenbahnbau, die Industrialisierung, das Branntweinmonopol, die Goldwährung und Auslandskredite für den Staat Vorteile. Trotz des wirtschaftlichen Aufschwungs und erster Gesetze zur Erleichterung des sozialen Daseins der Arbeiter wurde die Lage der Bauern bedrückender und machte sich in Revolten

Luft. Studenten protestierten gegen die Beschneidung akademischer Rechte, und die Arbeiter wurden sich ihrer Kraft bewußt. Streiks und Demonstrationen bewegten das Land seit Mitte der neunziger Jahre in anschwellenden Wellen. Nikolaus verstand nicht, warum sich das Volk empörte. Er folgte dem Rat Pobjedonoszews und ergriff harte Repressivmaßnahmen. Bogolepow sollte als neuer Bildungsminister die Studentenrevolte im Polizeiterror ersticken. Bogolepow wurde von einem Studenten ermordet. Nicht anders erging es dem zur Disziplinierung des Landes eingesetzten Innenminister Sipjagin.

Während die zarischen Beamten die innerrussischen Rebellionen bekämpften, bewahrte Nikolaus Zurückhaltung. So aufgeschlossen er in der engsten Familie war, so sehr wahrte er gegenüber anderen Menschen eine unberechenbare Distanz. Ihm nahestehende Zeitgenossen wie der deutsche Botschafter Baron von Schön wußten, daß Nikolaus gegenüber politischen Problemen aufgeschlossen, gut informiert und verständnisvoll war. Das kam bei der ihm angeborenen Schüchternheit selten zum Ausdruck. Das Hauptproblem des Kaisers aber war wohl, daß er ebenso autokratisch herrschen wie von seinen Untertanen geliebt werden wollte. Diesen unauflösbaren Widerspruch kleidete Sergei Witte in die Formulierung: „Der Charakter seiner Majestät war die Wurzel allen Unglücks. Ein Herrscher, dem man sich nicht anvertrauen kann, der heute Dingen zustimmt, die er morgen ablehnt, ist unfähig, das Staatsschiff sicher zu lenken. Sein Hauptfehler war sein bedauerlicher Mangel an Willenskraft. Zwar ist er ein guter Mensch und auch nicht dumm, aber dieser Mangel disqualifiziert ihn völlig, schließlich ist er Alleinherrscher, absoluter Monarch des russischen Volkes ... Er war für die bedeutende historische Rolle, die das Schicksal ihm auferlegt hatte, nicht geboren."

Nikolaus mied jeden Streit, konnte niemandem direkt die Meinung sagen, setzte seinen Willen jedoch beharrlich durch. In dieser Hinsicht waren Nikolaus und Alexandra einander völlig gleich. Darum konnte sich Alix auch in Personalentscheidungen des Zaren einmischen. Als Nikolaus im Jahre 1900 erkrankte, empfing die Zarin die Minister zur Berichterstattung und wählte die dem Zaren vorzulegenden Informationen aus. Nikolaus empfand diese Aktivitäten nicht als Zumutung. Er wußte, daß Alix ihn ebenso liebte, wie er sie. Er war sogar gegenüber ihren religiösen Eskapaden tolerant. Der Übergang zur orthodoxen Religion war ihr schwergefallen. Sie verstand weder Rußland, noch das innere Wesen der Orthodoxie. Aber sie liebte den Ritus. Die russische Folklore mit Balalaika und Troika und der goldschimmernde Ikonostas in den rauchgeschwängerten Kirchen – das war für sie Rußland. Umherziehende Pilger, zwielichtige Bettelmönche und falsche Propheten fanden ihr Ohr. Witte schrieb später sarkastisch: „Es ist leicht zu erkennen, wie der Glaube einer solchen Frau, die in der morbiden Atmosphäre orientalischen Luxus lebt und umgeben ist von einer Legion von Schmeichlern, die sich ständig vor ihr verbeugen, auf fatale Weise sich einem ungenießbaren Mystizismus annähert und einem Fanatismus, den nicht die kleinste freundliche Sanftheit mildert." Er hätte dies alles nicht für besonders problematisch gehalten, wenn es Nikolaus nicht an Willenskraft gemangelt hätte: „Man kann sich kaum vorstellen, wie groß der Einfluß war, den Alexandra auf ihren Mann ausübte."

Witte fiel in Ungnade. Sein Urteil: „Das Schicksal von Millionen Menschen liegt heute in den Händen dieser Frau", war allerdings übertrieben. Ihr puritanischer Geist, der sich ablehnend gegen die „gottlosen" Angehörigen der Familie Romanow richtete, fand des Kaisers volles Verständnis. Nikolaus fürchtete die vielen Onkel und Großfürsten, die er zu versorgen hatte, die das Familienerbe und die Familienehre befleckten und dem Kaiser ständig Vorschriften machten, was er zu tun und zu lassen hatte.

An der Wende zum neuen Jahrhundert

Um die Jahrhundertwende, da die persönlichen Probleme so belastend erschienen, hätte der Kaiser seine ganze Aufmerksamkeit mehr auf die Innenpolitik richten sollen. Es entstanden erste politische Parteien. Die liberale Gesellschaft fand zu organisatorischen Zusammenschlüssen. Getragen von der Wirtschaftskrise nach dem Jahre 1900, formierte sich ein vielgestaltiges politisches und soziales Spektrum, das sich bei aller Differenziertheit ihrer Inhalte, Ziele und Methoden in einem Punkte einig war: Die autokratische Herrschaft war ein Hindernis für die Erneuerung Rußlands.

Auf der Gegenseite russifizierte Innenminister Plehwe Finnland und Armenien, organisierte antijüdische Pogrome, ließ Arbeiter niederschießen und verordnete Adelsmarschällen für oppositionelle Reden einen „kaiserlichem Tadel". Der Erregung im Volke wurde er nicht Herr. Plehwe setzte auf ein anderes Mittel, um den „explodierenden Kochtopf" zu entschärfen. Zu dem General Kuropatkin sagte er: „Um die Revolution aufzuhalten, brauchen wir einen kleinen siegreichen Krieg." Das Problem war zwar sehr viel komplexer, aber der Krieg kam dennoch.

Nikolaus richtete den Blick nach Fernost. Russische Soldaten landeten in der Bucht von Port Arthur und erzwangen Verträge mit China, die es ermöglichten, Port Arthur und Ta-Lieng-Wan zu besetzen, die Mandschurische Eisenbahn zu bauen und weitere Blicke in Richtung Korea zu werfen. Der Boxeraufstand in China lieferte einen guten Vorwand, die Mandschurei zu besetzen und das Interesse am Besitz Koreas zu verstärken. Dadurch wurde der Widerstand Japans provoziert. In Rußland bildete sich eine Kriegspartei um Admiral Alexejew, den Politiker Besobrasow und um Plehwe, die das Ohr des Zaren gewann. Witte, der die finanziellen Konsequenzen aus einem Kriegsabenteuer fürchtete, geriet dagegen ins Hintertreffen. Er wurde von Nikolaus entlassen.

Nikolaus II. war sich seiner Sache sicher. Man verhandelte zwar mit Japan, aber die Japaner nahm er nicht ernst. Wenn es zu einem Kriege kommen sollte, dann würde Rußland den Termin bestimmen, und vorerst hatte der Kaiser keine Eile. Als Japan im Januar 1904 die diplomatischen Beziehungen abbrach, nahm er das nicht tragisch. Als die Japaner wenige Tage später den Krieg durch einen Torpedoangriff auf die vor Port Arthur liegende russische Flotte eröffneten, sah Nikolaus keinen Grund zur Unruhe. Die patriotisch gesinnte Bevölkerung huldigte ihm. Noch verhallten die Stimmen der kritischen Opposition. Der Kaiser reiste durch das Land, segnete die an die Front abrückenden Soldaten, verteilte Ikonen und träumte von der Mandschurei, von Korea und auch schon von Tibet. Alexandra unterstützte ihn, indem sie sich aktiv um die medizinische Versorgung der Soldaten kümmerte. Sie beschaffte Lazarettwägen, Zelte, Medikamente und Verbandszeug aus Deutschland, aber sie schrieb auch voller Hochmut an ihren Bruder Ernst Ludwig: „... (der Krieg) tut unserem Land gut: (er) läutert die Menschen."

Doch Rußland erwachte. Die Japaner marschierten in Korea, der Mandschurei und um Port Arthur voran. Rußlands Soldaten litten Not und Entbehrung. Ihr Unmut setzte sich im Landesinnern fort und brachte die explosive Stimmung zur Eruption. Im Juli 1904 fiel Innenminister Plehwe einem Bombenattentat zum Opfer. Nikolaus war erschüttert: „Der Herr straft uns hart in seinem Zorn", schrieb er in sein Tagebuch. Er hatte einen „Freund" und „unersetzlichen Innenminister" verloren. Außerdem lebte Nikolaus in jenen Tagen in Hochstimmung. Am 30. Juli 1904 gebar ihm Alix den lang ersehnten Thronfolger Alexei Nikolajewitsch. Das Glück verdrängte den Krieg in Asien und war doch so flüchtig. Von Alexandra fiel eine Last ab. Sie hatte ihre wichtigste Aufgabe erfüllt. Alle Kritik vergangener Jahre über Verschlossenheit, Arroganz oder Kälte schienen wie verweht. Mit dem Baby sollte auch die Mutter ein Teil Rußlands werden.

Nach wenigen Wochen folgte die Ernüchterung. Der Thronfolger litt unter der unheilbaren Hämophilie. Alix hatte die im englischen Königshaus aufgetretene Bluterkrankheit auf den russischen Thronerben übertragen. Sorge und Verzweiflung machten sich breit. Aber Alexandra nahm den Kampf auf. Es gab keine Schuldzuweisungen. Die Krankheit unterlag absoluter Geheimhaltung. Sie verteidigte das Leben ihres Sohnes mit allen ihr zu Gebote stehenden Mitteln. Die ruhige Entschlossenheit ihres Gemahls half ihr dabei.

Währenddessen verbluteten im Fernen Osten russische Soldaten. Nikolaus entsandte die Ostseeflotte in den Pazifik. Er korrigierte den innenpolitischen Kurs. Nach Plehwes Tod ernannte er den als gemäßigt geltenden Swjatopolk-Mirski zum Innenminister. Der sollte die Gesellschaft durch einen Kompromiß um die Autokratie vereinen. Aber selbst die konservativsten Liberalen waren für eine Verfassung. Verantwortliche Minister drangen in den Zaren, gewählte Vertreter der Semstwos in den Reichsrat aufzunehmen. Der Kaiser lehnte ab. Er erklärte am 12. Dezember 1904, daß allein der Zar das Recht habe, für das Wohl des Volkes zu sorgen, „das Gott ihm anvertraut habe" und daß er fest entschlossen sei, „die grundlegenden Gesetze des Reichs unangetastet" zu lassen.

Am 20. Dezember 1904 ergab sich die Festung Port Arthur. Eine Welle von Manifestationen fegte durch Rußland. Nikolaus' innigste Wünsche für das Jahr 1905, „Möge der Herr das kommende Jahr segnen, schenke Er Rußland ein siegreiches Ende des Krieges, dauerhaften Sieg und ein sanftes, sorgenfreies Leben", sollten sich nicht erfüllen. Am 8. Januar erfuhr Nikolaus in Zarskoje Selo, daß am folgenden Tag in Petersburg eine Demonstration unter Führung des Popen Gapon zum Winterpalast ziehen würde, um dem Zaren Forderungen nach politischen Freiheiten und sozialen Rechten zu übergeben. Nikolaus entschied den militärischen Einsatz gegen das bittende Volk. Innerhalb weniger Stunden verwandelte sich Petersburg in ein Heerlager. Am Morgen des 9. Januar zogen 10 000 Menschen unter Zarenbildern und Kirchenfahnen zum Winterpalais. Die Soldaten eröffneten das Feuer und erstickten den friedlichen Zug im Blute.

Nikolaus empfand den Militäreinsatz als tragisch, fühlte sich jedoch im Recht. Alexandra war in ihn gedrungen: Die Krone muß dem Thronfolger unversehrt und unbefleckt übergeben werden! Er ernannte General Trepow zum Generalgouverneur von St. Petersburg. Aber Rußland erhob sich nach dem 9. Januar gegen die Autokratie. Akademiemitglieder, Universitätsprofessoren und Arbeiter, Handwerker und Bauern,

Berufsorganisationen und Intellektuelle: Der „Blutsonntag" hatte sie alle geweckt. Am 4. Februar wurde Großfürst Sergei Alexandrowitsch, der Schwager Alexandras, in Moskau durch eine Bombe getötet. Die kaiserliche Familie war direkt angegriffen worden.

Der Imperator stand vor der Alternative: Entweder eine Militärdiktatur oder die konstitutionelle Monarchie. Er reagierte so, daß niemand verstand, was er eigentlich wollte: Ein Manifest rief auf, alle Aktionen gegen die Grundlagen des Reichs zu bekämpfen, ein Ukas bereitete die Mitarbeit von Volksvertretern bei der Gesetzesgebung vor, und ein drittes Dokument verlangte vom Senat, eine Regierungsreform vorzubereiten. Tief von den Ereignissen getroffen, verwirrte der Kaiser das Volk und fand kein Mittel, wie er den Aufständen, den Niederlagen im japanischen Krieg und der eigenen Verunsicherung begegnen sollte. Alexandra riet ihm zu Standhaftigkeit und zur Bewahrung der Autokratie, Witte forderte die Verfassung. Schließlich, nachdem die russische Flotte bei Tsuschima vernichtend geschlagen worden war, nahm er das Angebot des amerikanischen Präsidenten Roosevelt zu Friedensverhandlungen mit Japan an und beauftragte Witte mit der Gesprächsführung. In Rußland stieg die revolutionäre Welle. Selbst die liberalen Semstwos sprachen von Bürgerkrieg und nationaler Katastrophe. Nikolaus hielt an seinen Prärogativen fest und ließ sich nur mühsam einzelne Zugeständnisse abpressen. Am 6. August 1905 versprach ein Manifest eine „beratende Duma" – zarentreue Bauern sollten sie dominieren. Gleichzeitig wurde die öffentliche Diskussion über politische Fragen streng verboten. Nikolaus war fest davon überzeugt, „daß Rußland gestärkt aus der Prüfung hervorgehen wird, die ihm auferlegt ist. Wie in der Vergangenheit müssen Rußland und der Zar wieder eine Einheit werden ..." Witte gelang im amerikanischen Portsmouth ein ehrenvoller Frieden für Rußland.

Inzwischen näherte sich die russische Revolution ihrem Höhepunkt. Der Oktoberstreik erschütterte Rußland, die Rufe nach einer Verfassung wurden unüberhörbar. Nikolaus sah den Retter aus der Not abermals im Grafen Witte. Der schlug in Gegenwart der Zarin vor, entweder eine Diktatur zu errichten oder die minimalen Forderungen nach einer Verfassung, freiheitlichen Bürgerrechten und einem Parlament zu erfüllen. Nach langen Beratungen mit seiner Frau stimmte der Kaiser dem zweiten Vorschlag zu. Alexandra hatte sich gegen ihren Willen beugen müssen.

Am 17. Oktober 1905 unterschrieb Nikolaus II. das von Witte ausgearbeitete Manifest, in dem eine Reichsduma sowie bürgerliche Freiheiten und das Wahlrecht versprochen wurden. Der Kaiser unterzeichnete das Dokument, aber er war beschämt und fühlte sich, als habe er die Dynastie und die heiligen Traditionen des Reichs verraten. Für Alexandra begann mit dem Dokument ein langer, zäher und letztlich ergebnisloser Kampf, in dem sie das Ringen um die Gesundheit ihres Sohnes mit der Bewahrung aller autokratischen Werte verbinden wollte. Keine Kaiserin-Gemahlin hatte vor Alexandra das eigene Leben derart bewußt und zielstrebig mit dem direkten Eingriff in die Reichspolitik zum Wohle der Krone verbunden. Alexandra kannte fortan nur eine Aufgabe: Der Thronfolger sollte das Reich unbeschadet übernehmen und autokratisch regieren. Dieser Aufgabe ordnete sie alle menschlichen, geistlichen und politischen Handlungen unter – bis in den eigenen Tod. Sie war in ihren Handlungen weit konsequenter und zielstrebiger, aber auch dogmatischer und weltfremder, als der kaiserliche Gemahl, der sich in der tagtäglichen Politik mit den Realitäten des Lebens auseinandersetzen mußte. Im Denken unterschieden sie sich nicht.

Witte wurde Ministerpräsident. Das Land stürmte im Dezember 1905 dem Moskauer Aufstand entgegen. 18 000 Menschen gingen in der Eruption unter, gleichzeitig war der Höhepunkt der Revolution überschritten, und die Regierung begann mit der Verwirklichung der im Oktobermanifest angekündigten Maßnahmen. Der Kaiser wollte unter Alexandras Einfluß keine Einschränkung seiner exekutiven Rechte dulden. Er begab sich mit der Familie unter den Schutz der Garde, orientierte sich an der ultramonarchischen „Union des russischen Volkes" und ließ sich jedes Zugeständnis an seine autokratische Würde erst nach intensiven Auseinandersetzungen abringen. Als er am 12. April 1906 der Formulierung Wittes zustimmte, der Kaiser bleibe Alleinherrscher, übe seine Macht jedoch nicht mehr „unbegrenzt" aus, empfand er wie seine Gemahlin körperlichen Ekel. Die Wahlergebnisse zur ersten Reichsduma ergaben eine linksliberale Mehrheit und erschienen dem Zaren als Zumutung.

Graf Witte sah das Unbehagen des Monarchen und Alexandras und ergriff die Flucht nach vorn. Im April 1906 trat er zurück. Nikolaus und Alexandra waren erleichtert, den Mann, der ihnen das Oktobermanifest abgerungen hatte, loszuwerden. Nikolaus setzte einen Protegé seiner Frau, den Grafen Goremykin, an die Regierungsspitze. In dessen Kabinett gelangte als Innenminister ein Mann, der neue Abscheu, Furcht und Hoffnung beim kaiserlichen Paar erweckte: Peter Stolypin.

Am 27. April 1906 eröffnete Nikolaus II. im Winterpalais die erste Reichsduma. Er erwähnte die erwartete Amnestie für politische Gefangene mit keinem Wort. Der Kaiser war beleidigt, als die Deputierten seiner Rede keinen Beifall zollten. Die Abgeordneten zogen sich zu ersten Beratungen in das Taurische Palais zurück, weder der Kaiser noch ein Minister folgten ihnen. In der Duma wurden flammende Reden für die politische Freiheit gehalten. Eine Bittschrift faßte die Forderungen zusammen, aber Nikolaus nahm sie nicht zur Kenntnis. Die Duma setzte die Regierung ab, die aber war der Duma nicht verantwortlich. Peter Stolypin exekutierte den kaiserlichen Willen und löste das Parlament auf. Stolypin wurde Ministerpräsident. Nikolaus war zufrieden und sagte seinem Premier: „Gott weiß, was geschehen könnte, wenn man diesen Herd der Meuterei und Aufmüpfigkeit bestehen ließe. Mein Gewissen, meine Pflicht vor Gott und dem Vaterland zwingen mich zu kämpfen, auch wenn ich dabei umkomme. Ich kann meine Macht denen, die sie mir entreißen wollen, nicht widerstandslos überlassen."

Dem Auszug der Duma-Abgeordneten folgte eine neue Gewaltwelle. Stolypin regierte mit Terror und Standgerichten – stets gedeckt durch den Monarchen. Aber Stolypin war ein energischer und kluger Mensch. Er stützte den Thron mit dem Galgen und bereitete eine umfassende Agrarreform vor, durch die er die Grundfesten des Reichs in Gestalt des privaten Einzelbauern sichern wollte. Außerdem mußten die Wahlen zur zweiten Reichsduma organisiert werden. Trotz des Terrors errangen die oppositionellen Kräfte erneut die Mandatsmehrheit. Nikolaus II. lehnte eine feierliche Eröffnung ab. Stolypin war zu einer Zusammenarbeit mit der Duma bereit, und legte am 6. März 1907 das Reformpaket zur Agrarfrage vor. Die Debatte endete in Wirrnis. Regierung und Parlament konnten sich nicht über die Enteignung des Grund und Bodens einigen. Am 3. Juni 1907 verkündete ein kaiserliches Manifest: „Wir sind der Meinung, daß das Scheitern der beiden Dumas auf die Neuheit dieser Einrichtung und die Unvollkommenheit des Wahlgesetzes zurückgeht, durch welches sich die gesetzgebende Versammlung mit Mitgliedern gefüllt hat, die nicht die Bedürfnisse und Wünsche des Volkes vertreten." Nikolaus II. löste die Duma auf und verkündete ein neues Wahlgesetz. Damit welkten nicht nur die parlamentarischen Blütenträume, das war auch der Schlußstrich unter die Revolution. Nikolaus und Alexandra konnten zufrieden sein. Im November 1907 trat die dritte Reichsduma zusammen. Sie besaß die erhofften konservativ-liberalen Mehrheitsverhältnisse. Stolypin konnte die Agrarreform beraten lassen und erklären: „Die Krönung des Werkes, dem wir unsere Arbeit gewidmet haben, ist die Entwicklung eines neuen parlamentarischen Systems, das der Herrscher der Nation geschenkt hat. Dieses soll der höchsten kaiserlichen Macht großen Glanz und neue Kraft verleihen."

Für Alexandra flossen der Kampf gegen die Revolution, die Reichsduma und die Krankheit ihres Sohnes zu einer physisch und psychisch zermürbenden Einheit ineinander. Immer wieder gab der Thronfolger Anlaß zu ernster Sorge, löste hystero-neurasthenische Erscheinungen und den Hang zu übersteigerter Religiosität aus. Die Ärzte konnten kaum wirksam helfen. Alexandra wandte sich an alle möglichen Magier, Hypnotiseure und Spiritisten. In ihrer Hofdame Anna Wyrubowa fand sie eine bereitwillige Mystikerin, mit der sie ihre geheimen Träume in aller Ausführlichkeit ausbreiten konnte. Das war die Stunde des Grigori Jefimowitsch Nowych, den die Welt unter dem Namen Rasputin kennt.

Nikolaus hatte am 1. November 1905 notiert: „Ich habe einen Gottesmann kennengelernt, der Grigori heißt und aus der Provinz Tobolsk stammt." Der „Gottesmann" Grigori war um das Jahr 1870 im sibirischen Pokrowskoje geboren wurden. Den Namen Rasputin hatte bereits sein Vater getragen – als Synonym für eine wüste Lebensweise. Grigori gehörte zur Schar der „stranniki", der verlausten Lumpenpilger, die bettelnd durch das Land zogen und dank ihrer „seherischen Fähigkeiten" von der verängstigten Großmut der Öffentlichkeit lebten. Er war ein „staretz", d. h. bereits in die Elite der „stranniki" aufgestiegen und brillierte nicht nur durch „besondere Nähe zu Gott", sondern mit ausgekochter Skrupellosigkeit. Grigori gab sich bäurisch, grob und ungeschlacht, verfügte jedoch über ein instinktsicheres Einfühlungsvermögen – besonders für die Psyche leidender Frauen. Man sagte ihm nach, daß er ein Flagellant wäre. Dabei besaß er einen ungewöhnlich scharfen Verstand und präzise analytische Gaben. Grigori hatte ein derart abstoßendes Äußeres, er soll am ganzen Körper erbärmlich gestunken haben, daß er auf bestimmte Frauen mit magischer Anziehungskraft wirkte.

Theofan von Kasan empfahl den Wanderprediger in die Hauptstadt. Die Petersburger Geistlichkeit nahm den schmutzigen Wilden mit offenen Armen auf und segnete ihn in aller Öffentlichkeit. Die Kleriker ebneten ihm den Weg zum kaiserlichen Hof. Im Oktober 1906 bat Nikolaus Rasputin erstmals nach Zarskoje Selo. Rasputin konnte sich jeder Situation anpassen. Er beeindruckte die Kaiserin durch ernste Frömmigkeit. Rasputin gab sich keineswegs gekränkt, weil die Majestäten sich ihm gegenüber zurückhaltend verhielten. Er wußte instinktiv, daß es nur eine Zeitfrage war, bis ihn die Zarin brauchte. Die Damen der Petersburger Gesellschaft kamen nicht mehr ohne den Wundermann aus.

Der Staretz lebte seine Rolle ganz bewußt, und die Gesellschaft drängte ihn in die Aufgaben eines Heilsbringers hinein. Er begann, an die Mission zu glauben und setzte sie zielbewußt in Szene: Beim Kaiser, wollte er die Geschicke des Landes mitbestimmen. Die entscheidende Gelegenheit kam im Jahre 1908, als Anna Wyrubowa ihm hörig wurde. Grigori war klug genug, sie in ihrer geistlichen Extase nicht zum Opfer sexueller Lust werden zu lassen. Er blieb ihr Christus und Retter. Die „Reinheit" der Beziehung gefiel der Kaiserin und schloß sie für Rasputin auf. Es bedurfte einer dramatischen Situation für die Überwindung letzter Schranken.

Bei einem Jagdunfall zog sich der Zarewitsch in Litauen schwere Verletzungen zu. Die Ärzte bangten um sein Leben. Als Alexandra das Ende des Sohnes nahen sah, trafen zwei Telegramme von Rasputin ein. Die Verletzungen seien nicht gefährlich, und die Ärzte sollten jede Behandlung einstellen. Am selben Tag setzte eine Spontanheilung ein, und Alexei genas. Von Stund an zählte die Kaiserin zu den Verehrern Rasputins. Sie hielt ihn für einen Heiligen, der Kraft seiner Gebete Macht über die Gesundheit ihres Sohnes gewonnen hatte. Rasputin verkörperte ihr das einfache russische Volk. Orthodoxie, Autokratie und Volkstum flossen in seiner Person zusammen.

Nikolaus wahrte Distanz gegenüber Grigori, aber auch er war beeindruckt und froh, daß der Thronfolger nicht sterben mußte. Nikolaus legte sich eine eigene Sicht der Dinge zurecht und wollte in Rasputin die Urkraft der russischen Volksseele erkennen, die zum Retter der Dynastie geworden war. Sein Standpunkt unterschied sich nur unwesentlich von dem der Kaiserin. Auf diese Weise gelangte Rasputin in die Zarenfamilie – ein Privileg, das niemand genoß. Rasputin konnte die Krankheit Alexeis nicht heilen, aber er stärkte dessen Selbstvertrauen und die Zuversicht der Zarin. Er stieg zum wichtigsten Ratgeber und engsten Vertrauten des Kaiserpaars auf. Seine Eitelkeit und Selbstsucht hinderten ihn, die damit verbundenen Gefahren realistisch zu beurteilen.

Je tiefer der Staretz in das Seelenleben des Kaiserpaars drang, und je größer sein Einfluß auch auf dessen politische Entschlüsse wurde, um so mehr verdrängte er die machtgewohnten Würdenträger vom Thron. Nikolaus benötigte Rasputin allein schon für den inneren Frieden seiner Frau. Er konnte jedoch niemand um sich dulden, der den autokratischen Willen in irgendeiner Weise belästigte. Er beobachtete sorgfältig, wie das Leben Rasputins in der Gesellschaft verlief und beurteilt wurde. Aber der Kaiser hatte den Wunderheiler an den Hof geholt, folglich stand dieser außerhalb jeder Kritik.

Der Unmut in der Gesellschaft stieg. Unmoral und Korruptheit Rasputins wurden Tagesgespräch und Gegenstand bissiger Zeitungsartikel. Auch Alexandra war der Gesellschaft in ihrer Unnahbarkeit suspekt. Wie schön ließ sich eine Intrige spinnen, mit der man der Kaiserin den Hochmut heimzahlen und Rasputin beim Zaren in Ungnade bringen konnte: Die beiden haben ein Verhältnis und die Wyrubowa ist mit im Bunde! Rasputin selbst schürte den Haß, indem er verlogene Schamlosigkeiten über seine Beziehungen zur Kaiserin verbreitete. Doch die Kaiserin war von der Frömmigkeit und Lauterkeit des Heilsbringers überzeugt und wertete jede Kritik an dessen Verhalten als Denunziation. Sogar ihre Schwester Ella warf sie in Zarskoje Selo hinaus, weil die ihr die Augen über das wahre Wesen Rasputins öffnen wollte.

Die peinliche Affäre spitzte sich zu, als auch der integre Stolypin beim Zaren bittere Vorwürfe gegen Rasputins Lebensweise und Einflüsse auf die Staatspolitik erhob. Stolypin hatte sich um die Monarchie verdient gemacht, aber ähnlich Witte blieb er ein selbständiger Mensch mit eigenen Ideen und Plänen, die den Ansichten des Kaisers, seiner Gemahlin und vor allem Rasputins mehr und mehr zuwider liefen. Im Jahre 1911 erreichte der Konflikt seinen Höhepunkt. Einflußreiche Kräfte brachten Stolypins Plan, die Semstwos nach Westen auszudehnen, zu Fall. Stolypin reichte seinen Abschied ein. Nikolaus schwankte und zögerte. Der Onkel Alexander Michailowitsch, vor allem jedoch die Zarinwitwe Marija Fjodorowna, wußten um Stolypins Fähigkeiten und bewegten den Kaiser zur Ablehnung des Rücktrittsgesuchs. Nikolaus fühlte sich gedemütigt. Stolypin stellte Bedingungen, die den Kaiser noch tiefer verletzten: Reichsduma und Staatsrat sollten für drei Tage aufgelöst werden, damit die Einführung der Semstwos in den westlichen Gouvernements über den Notstandsartikel 87 der russischen Grundgesetze durchgesetzt werden konnte. Stolypin sollte das Recht erhalten, dreißig neue Mitglieder für den Staatsrat zu benennen, während eine gleiche Zahl vom Zaren nominierter Mitglieder ausscheiden sollte.

Noch niemals hatte es ein russischer Politiker gewagt, derartig tief in die Prarogative des Monarchen einzugreifen. Nikolaus barst vor ohnmächtiger Wut, zumal ihn die Mutter abermals zum Einlenken anhielt. Für Marija Fjodorowna war die ganze Angelegenheit eine Möglichkeit, ihrer Ablehnung Rasputins und der Schwiegertochter Ausdruck zu verleihen. Alles geschah, wie Stolypin es gewollt hatte. Aber der Ministerpräsident hatte sich eines Machtmißbrauches schuldig gemacht, der seinen Untergang beschleunigte. Im August 1911 sollte in Kiew zum 50. Jubiläum der Aufhebung der Leibeigenschaft die Einführung der

Semstwos in den westlichen Gouvernements feierlich gewürdigt werden. Stolypin kam nach Kiew und auch Grigori Rasputin. Die Legende berichtet, daß Rasputin beim Anblick des Ministerpräsidenten gejammert hätte: „Der Tod ist hinter ihm! Der Tod folgt ihm ... Folgt Peter ... Folgt ihm nach!" Tatsächlich ist auf Stolypin in der Kiewer Oper geschossen worden – am 5. September 1911 ist er an den Folgen der Verletzung gestorben. Der Attentäter Bogrow wurde gefaßt, aber die Umstände, die zum Tode Stolypins führten, sind niemals völlig aufgeklärt worden. Der Kaiser hat persönlich dafür gesorgt, daß die Untersuchungen eingestellt wurden. Der Attentäter wurde schnell hingerichtet. Bis auf den heutigen Tag bleiben Zweifel, ob es eine Verschwörung gegen Stolypin gegeben hat, in die höchste Hofkreise verwickelt gewesen sind. Kaiser Nikolaus II. und Alexandra gehörten nicht zum Kreis der für ein Komplott in Frage kommenden Personen. Das war Rasputin schon eher zuzutrauen. Die Zarin genierte sich nicht, mit Rasputin über den Amtsnachfolger Stolypins zu verhandeln. Sie beeinflußten Nikolaus, den gestaltlosen Finanzminister Wladimir Kokowzow zu ernennen. Im direkten Gespräch warnte die Kaiserin Kokowzow unmißverständlich, sich zu viele Gedanken über die Politik und das Sterben Stolypins zu machen.

Kokowzow besaß das Vertrauen Alexandras und Rasputins. Er belastete das Verhältnis zwischen Regierung, Parlament und Kaiser, ein Ziel, an dem Alexandra unablässig arbeitete. Sie räumte gerade in jener Zeit Rasputin eine Stellung ein, die ihn in das Zentrum politischer Entscheidungen führte. Die Wohnung Rasputins verwandelte sich zu einem Ort, in dem die kaiserlichen personellen Entscheidungen vorbereitet wurden. Die Gegner Rasputins wurden jedoch ebenfalls immer zahlreicher. Die Kirchenmänner, die ihn einst hoffähig gemacht hatten, verfluchten den Gotteslästerer. Die Presse mokierte sich ungeniert über die Lasterhaftigkeit Rasputin und bezog auch die Kaiserin ein. Ganz verwegene Geister überfielen den Wundermann und wollten ihn kastrieren. Der Anschlag mißlang. Nikolaus griff zu einem äußersten Mittel, um den Skandal um Rasputin zu beenden. Er befahl ihn nach Jerusalem. Vielleicht würde der Besuch heiliger Stätten den Gottesmann läutern! Kaum zurückgekehrt, setzte Rasputin das ungezügelte Leben fort. Marija Fjodorowna wandte sich verzweifelt an Kokowzow: „Meine unglückselige Schwiegertochter erkennt nicht, daß sie und die Dynastie untergehen. Sie glaubt aufrichtig an die Heiligkeit eines Abenteurers, und wir sind machtlos und können nichts tun, um eine Katastrophe zu verhindern, die inzwischen unvermeidlich scheint."

Rasputin beschäftigte die Öffentlichkeit in einem Maße, daß der Eindruck einer Staatskrise entstand. Tatsächlich wurde es eine dynastische Krise, und die öffentliche Meinung wetteiferte darum, der ungeliebten Kaiserin dafür die Verantwortung zu übertragen. Eine Verschwörung gegen Rasputin lag in der Luft. Bischof Theofan von Kasan erkannte seinen tragischen Fehler, fand aber bei Nikolaus kein Gehör. Der Kaiser verbat sich jegliche Einmischung in persönliche Entscheidungen. Er suchte dem Dilemma zu entkommen und floh 1912 mit seiner Familie nach Liwadija. Wie ein Schatten folgte Rasputin ihnen auf den Fersen.

Die Skandale ergriffen nur einen kleinen Teil der russischen Gesellschaft. Die wirkliche Krise Rußlands und der Autokratie ging nicht von Rasputin aus. Er war nur ein Menetekel für den nahenden Untergang der Autokratie. Das Jahr 1913 gab zwar Gelegenheit, den 300. Jahrestag der Romanow-Dynastie noch einmal glanzvoll zu begehen. Zum letzten Mal repräsentierte die kaiserliche Familie Größe und Tradition des Russischen Reichs. Aber seit 1911 hatten sich Streiks und Unruhen ausgebreitet. Von der Duma ging keine unmittelbare politische Gefahr für die Monarchie aus, aber die alleinige Macht des Zaren gab es auch nicht mehr. Extreme politische Gruppierungen traten zum Kampf um die Macht an. Außerdem war Rußland in ein europäisches Bündnissystem eingesponnen, das sich einem Krieg näherte. Des Kaisers große Sorge um die Familie und den Thronfolger machten ihn gewissermaßen zum Autokraten in der Hand Rasputins. Es wäre jedoch übertrieben, Alexandras und Rasputins Einfluß auf die Entscheidungen des Kaiser für unbegrenzt zu halten.

Nikolaus wollte keinen Krieg und glaubte auch nicht, daß Deutschland Rußland angreifen werde. Er tat aber auch nichts, um Rußland aus den europäischen Kabalen herauszuhalten. Das Attentat von Sarajewo, bei dem am 15. Juni 1914 der österreichische Thronfolger Franz Ferdinand und dessen Gattin ermordet wurden, erschien ihm nicht als ein Ereignis von besonderer Tragweite: Der Kaiser segelte mit seiner Familie auf dem Schwarzen Meer. Nikolaus war deshalb wie vor den Kopf geschlagen, als Österreich Ende Juli den Krieg an Serbien erklärte. Selbst Rasputin konnte nicht helfen. Der lag nach einem Messer-Attentat schwer verletzt in einem Krankenhaus von Tjumen. Aber Rasputins Einfluß beruhte in hohem Maße auf der Fähigkeit, stets zur rechten Zeit mit Rat und Tat präsent zu sein. Die Zarin ließ Messen für den heiligen Mann lesen und der reagierte mit einem Telegramm, in dem er dem Zaren riet, keinen Krieg zu führen, der „das Ende Rußlands und der

Zaren bedeuten würde, ein Gemetzel, in dem alle Männer bis auf den letzten umkämen".

Es war keine politische Prophetie, sondern das Wissen um die Ängste des Kaisers und der Kaiserin vor einem neuen Krieg, das Rasputin zu dem Text veranlaßte. Tatsächlich mühte sich Nikolaus noch in letzter Minute ernsthaft um den Frieden, und Alexandra betete inständig, der Frieden möge erhalten bleiben. Aber am 31. Juli 1914 begann die allgemeine Mobilmachung. Einen Tag später war der Weltkrieg zur Tatsache geworden. Der Kaiser fühlte sich eins mit seinem in Patriotismus aufbrandenden Volke. Während sich Nikolaus in patriotischen Aufrufen und Zeremonien betätigte, richtete Alexandra im Großen Palast von Zarskoje Selo ein Lazarett ein, ließ sich und ihre beiden Töchter Olga und Tatjana zu Krankenschwestern ausbilden und organisierte Lazarettzüge. Sie wirkte als Vorbild für den weiblichen Teil der Familie Romanow.

Die Armeen der Generäle Samsonow und Rennenkampf drangen in Ostpreußen ein. Der Vorstoß entlastete Frankreich, endete für Rußland aber mit einem Debakel: Paul von Hindenburg zwang bei Tannenberg die Armee Samsonows in die Umkreisung und Rennenkampf zur Flucht. Rußland verlor 110 000 Mann an Toten, Verwundeten und Kriegsgefangenen. General Samsonow verging vor Scham und erschoß sich. Größeres Glück besaßen die russischen Truppen bei ihrem Vormarsch in Galizien. Aber auch im Süden währte das Kriegsglück nicht lange. Im Frühjahr 1915 attackierten deutsche Truppen die russischen Flanken an der gesamten Ostfront. Bis zum Sommer verlor Rußland insgesamt 3,8 Millionen Mann!

Für die Zarin entstand mit dem Krieg eine komplizierte Situation. Als Kaiserin war sie zum optimistischen Patriotismus für das Russische Reich verpflichtet. Sie glaubte aber auch den düsteren Prophezeiungen Rasputins und vergoß Tränen, wenn sie bedachte, daß hessische Landsleute auf der anderen Frontseite starben. Einen Ausweg sah sie nicht, und so waren ihre Briefe aus den ersten Kriegsmonaten ein Konglomerat schwer nachvollziehbarer Gedankensplitter. Sie betete für das Ende des Krieges, pries die Moral der russischen Soldaten, gab dem deutschen Kaiser Wilhelm II. die Alleinschuld, hoffte auf dessen moralische Einsichten und lobte den Waffengang als „gesund", weil er „die Moral gehoben und das schlechte Denken vieler gereinigt" habe. Dennoch, ihr Verhältnis zu Rußland war nicht abstrakt-ethisch, sondern in jeder Phase konkret-politisch orientiert. Der Kampf um die Erhaltung der Autokratie gipfelte bei Alexandra nur selten im moralischen Appell an ihren

Gemahl: „Vergiß nie, daß Du Selbstherrscher bist und bleiben mußt, wir sind nicht reif für eine konstitutionelle Monarchie." Im Vordergrund stand stets der konkrete politische Handlungsvorschlag, und das mit fortschreitendem Krieg in zunehmendem Maße.

Nikolaus reiste an die Front oder hielt sich im Hauptquartier in Mogiljow auf. Alexandra schrieb ihm nahezu täglich ausführliche Briefe. Sie analysierte die Kriegslage, berichtete über das Leben in der Familie, am Hofe und in der Hauptstadt. Sie verband mit ihrer persönlichen Meinung mehr und mehr politische Ratschläge, in die sich zunehmend personelle und politische Forderungen mischten. Das war um so problematischer, als der Kaiser auf Grund der sich negativ entwickelnden Kriegslage gezwungen war, die Basis seiner Entscheidungen zu verbreitern. Er berief ein Verteidigungskomitee aus Vertretern der Duma, des Reichsrats, der Wirtschaft und Industrie, das die Ausrüstung der kämpfenden Armeen verbessern sollte. Nikolaus bemühte sich, die Ministerressorts mit geeigneten und fähigen Männern zu besetzen. Er kam gemäßigten Wünschen der vierten Reichsduma entgegen. Aber die Kaiserin schrieb: „… Liebling, ich hörte, daß dieser schreckliche Rodsjanko und andere zu Gorjomkin (dem Ministerpräsidenten – Anm. des Autors) gegangen sind, um ihn um die sofortige Einberufung der Duma zu bitten – oh bitte, tu es nicht, es ist nicht ihre Aufgabe, sie wollen Dinge erörtern, die sie nichts angehen, und damit noch mehr Unzufriedenheit säen. Sie müssen ferngehalten werden – ich versichere Dir, daß sonst Unheil entstehen wird."

Alexandra wollte ihren Mann entlasten und ihm bei seiner schweren Arbeit helfen. Diesen Wunsch nutzte Rasputin, der sich unter dem Vorwand, ein wahrer Vertreter der Volksmeinung und des göttlichen Willens zu sein, über Alexandra mehr und mehr an die Macht schlich. Sie bemerkte nicht, wie Rasputin ihren starken Willen zur Festigung der Autokratie und ihren Hang zu mystischer Überreligiosität für die eigenen Ziele mißbrauchte. In der Öffentlichkeit erschien das Bild einer Handlungsgemeinschaft Alexandras mit Rasputin. Das wurde 1915 im Falle des Großfürsten und Oberkommandierenden der russischen Armee, Nikolai Nikolajewitsch, praktisch demonstriert. Der hatte den Wunsch Rasputins, die Front besuchen zu dürfen, mit den Worten pariert: „Kann kommen, wird sofort gehängt." Im August 1915 setzte der Kaiser den Oberkommandierenden nach Intrigen Alexandras und Rasputins ab – Warschau war in deutsche Hände gefallen – und beging einen verhängnisvollen Fehler, indem er mit Pathos erklärte: „Die Pflicht, meinem Vaterland zu dienen, die Gott mir auferlegt hat, befiehlt mir, jetzt, da der Feind in die Grenzen des Reichs eingedrungen ist, den Oberbefehl über das Heer zu übernehmen." Der Großfürst wurde in den Kaukasus abgeschoben. Außer Rasputin war über die große Geste niemand glücklich. Der Dumapräsident Rodsjanko wagte es, dem Kaiser ins Gesicht zu sagen, was viele verantwortungsbewußte Politiker dachten: „Indem Sie Ihre geheiligte Person dem Urteil des Volkes aussetzen, legen Sie Hand an sich selbst und führen Rußland ins Verderben."

Absturz ohne Gnade

Nikolaus spielte die selbst auferlegte Rolle tapfer – Alexandra und Grigori waren im Geiste immer an seiner Seite. In Michail Alexejew fand er einen Generalstabschef, der ihn vor der Peinlichkeit bewahrte, selbst in militärische Operationen eingreifen zu müssen. Gelegentlich besuchte Alexandra ihn in Mogiljew, und sie führten dort ein derart friedliches Leben, daß sogar der inzwischen zehnjährige Alexei das Stabsquartier mit ihm teilen durfte. Der Kaiser lebte im Generalstab, war über alle militärischen Vorgänge informiert und besaß dennoch keinen Anteil an den russischen Militäroperationen – weder in Litauen noch im Kaukasus noch auf dem Balkan. Die Russen errangen im Jahre 1915 eine Reihe von Teilerfolgen, erlitten keine gravierenden Niederlagen, und dennoch erschöpfte der Krieg die Armee und das Land. Wachsende Unzufriedenheit breitete sich an der Front und im Reich aus.

Währenddessen mischte sich Alexandra im Sommer und Herbst 1915 immer unverhüllter in die offizielle Reichspolitik. Sie versuchte, ihre eigenen und Rasputins Interessen bei der Verteilung der Regierungsämter, im Streit mit der Reichsduma und bei der Besetzung des Heiligen Synods durchzusetzen. Beide beschworen im Herbst 1915 eine Regierungskrise herauf. Nikolaus widerstand lange den Angriffen Alexandras, letztlich gab er ihr um des innerfamiliären Friedens willen nach. Die Öffentlichkeit reagierte härter. Rußland stand im Herbst 1915 zum ersten Mal seit 1905 wieder am Rande einer Revolution. Der Haß des notleidenden Volkes richtete sich gegen alles Deutsche: Die Kaiserin und Rasputin nutzen die Abwesenheit des Zaren und führten das Land in das Chaos! In jenen Wochen drangen verstärkte Informationen über das Lotterleben Rasputins in die Presse, und gegen die Kaiserin wurde der haltlose Verdacht geschürt, sie sei eine Spionin des deutschen Kaisers. Alexandra blieb gelassen. Sie sah sich im Recht und glaubte, alles in ihren Kräften stehende zur Rettung der Selbstherrschaft zu tun. Sie schrieb an ihren Mann: „Man haßt mich, weil ich starken Willen zeige." Nicht einmal eine geheime Sondierung für einen Separatfrieden mit Deutschland kam in Frage. Nikolaus und Alexandra waren sich trotz ihrer Auseinandersetzungen um Rasputin einig, daß der Krieg durch den russischen Waffenruhm beendet werden müßte. Selbst die mit Alexandras Bruder, dem hessischen Großherzog Ernst Ludwig, und der Fürstin Wassilschtschikowa verbundenen deutschen Friedensvorschläge wurden brüsk zurückgewiesen.

Aber die Hoffnungen auf einen siegreichen Krieg verflüchtigten sich im Jahre 1916. Den Frontniederlagen folgten innenpolitische Probleme. Nikolaus besetzte die Regierung nur noch mit Politikern, die seinen, Alexandras und Rasputins Zielen folgten. Die Konflikte mit der Duma und der kritischen Öffentlichkeit wuchsen. Rasputin wurde mit jedem Tag mehr gehaßt, und die sich nach wie vor schützend vor ihn stellende Kaiserin geriet in politische und persönliche Isolierung. Im Laufe des Jahres 1916 wurde bekannt, daß der deutsche Generalstab über Rasputin streng geheime militärische Informationen aus dem russischen Oberkommando erhalten hatte – Informationen, die nur durch die Kontakte mit der Kaiserin an ihn gelangt sein konnten. Gleichzeitig neigte Rasputin einem Seperatfrieden mit Deutschland zu.

Der militärpolitische Malstrom drehte sich im zweiten Halbjahr 1916 in Rußland immer schneller. Er zog die agierenden Monarchen, Würdenträger, Politiker, Geistlichen und Generäle mit einer Kraft in seine Gewalt, der sie nicht mehr widerstehen konnten. Als Nikolaus auf Alexandras und Rasputins Empfehlung den als unzurechnungsfähig geltenden Alexander Protopopow zum Innenminister berief, brach in der Duma ein Proteststurm los. Parlamentspräsident Rodsjanko nahm es auf sich, dem Kaiser die ungeschminkte Wahrheit über die Lage im Lande und über Rasputin zu sagen. Nikolaus wollte Rasputin aus der Hauptstadt entfernen, die Kaiserin verhinderte es. Vor dem Hintergrund der wachsenden Versorgungskrise wurde für Mitte Dezember 1916 eine Dumasitzung vorbereitet. Die Kaiserin fürchtete, daß Rasputin der zentrale Gegenstand erregter Debatten werden würde und gab sich keinen Illusionen hin – wer Rasputin sagte, meinte die Kaiserin. Ein Angriff in diese Richtung würde vor den Grundlagen der Autokratie nicht stehenbleiben. Die alleinige Macht der Krone geriet in äußerste Gefahr!

Die Duma trat zusammen und schleuderte gewaltige Worte gegen Rasputin und „die Kamarilla" am Hofe. Die Regierung löste die Sitzung auf, aber die Deputierten tagten in Moskau weiter. Alexandra beschwor ihren Mann, die parlamentarischen Rädelsführer aufzuhängen oder nach

Sibirien zu schicken: „Das ist Hochverrat ... Sei ein Löwe im Kampf gegen die paar Bestien von Republikanern! Gott hat uns auf einen Thron gesetzt, und wir müssen ihn festhalten und unversehrt unserem Sohn weitergeben ..." Nikolaus war kein Löwe. Die verheerende Kriegslage, Hungersnöte, blutige Straßendemonstrationen prägten das Gesicht des Staates. Statt ernsthafter Bemühungen zur Rettung des Reichs arbeiteten der Zar, die Zarin, Rasputin, die Großfürsten, die Regierungsmitglieder und die Duma gegeneinander – zum Schaden des Reichs. In den politischen Parteien wurden erste Konzepte über die Absetzung des Kaisers, über einen schnellen Friedensschluß mit Deutschland und über die Möglichkeiten, den inneren Frieden wiederherzustellen, diskutiert. In die stürmischen Debatten platzte die Nachricht: Rasputin ist ermordet worden!

Der 29jährige Fürst Felix Jussupow hatte mit wenigen einflußreichen Menschen, darunter dem Duma-Abgeordneten Purischkewitsch und dem Großfürsten Dmitri Pawlowitsch den Plan erdacht. Er hatte sich in das Vertrauen Rasputins geschlichen, und es gelang ihm, den „Gottesmann" in der Nacht vom 16. auf den 17. Dezember 1916 in seinen Palast zu locken. Bemerkenswert an der wilden Schießerei war allein der hilflose Satz des durch Gift und Kugeln sterbenden Grigori: „Felix, Felix, das erzähle ich alles der Zarin!" Dazu kam es nicht mehr. Die Attentäter warfen den Leichnam von der Petropawlowski-Brücke in die Kleine Newa. Zwei Tage später wurde der tote Wunderheiler aus dem Eis geborgen.

Die Männer um Felix Jussupow sind bei ihrem Unternehmen geräuschvoll vorgegangen. Es sprach sich sofort herum, daß sie Rußland von einem Alptraum befreit hatten.Während die Zarin verzweifelt die Hände rang, strahlte Nikolaus auf die ersten Nachrichten hin innere Zufriedenheit aus: Auch ihn hatte man von einer schweren Bürde entlastet. Auf den ersten Wink seiner Frau eilte er aber nach Zarskoje Selo, nahm an der Beisetzung im Park des Schlosses teil und veranlaßte die Bestrafung der Attentäter. Deren hohe gesellschaftliche Stellung ließ lediglich eine symbolische Verurteilung zu. Während viele Russen erleichtert aufatmeten, brach für Alexandra die Welt zusammen: Der einzige Mensch, der ihren Sohn retten konnte, dem sie vertraute und der all ihren Handlungen die moralische Stütze verliehen hatte, war als „Märtyrer" umgekommen. Der gewaltsame Tod Rasputins erweckte in ihr keine kritische Sicht auf die eigenen politischen Sichtweisen. Dabei wurde der politische Handlungsspielraum für den Kaiser und für sie selbst enger. Duma-Präsident Rodsjanko entwarf vor Nikolaus das Bild eines chaotischen Landes und beschwor den Monarchen, endlich die Politik vor der Zarin zu schützen. Der Kaiser konnte nur mit schwacher Stimme fragen: „Ich habe 22 Jahre lang versucht, mein Bestes zu tun. Ist es möglich, daß ich mich 22 Jahre lang geirrt habe?" Rodsjanko antwortete: „Ja, Eure Majestät, 22 Jahre lang sind sie einen irrigen Weg gegangen." – Das Russische Reich und sein Kaiserpaar lagen in tiefer Agonie.

Man sah es dem Zaren bald schon äußerlich an, wie sehr er litt, wie groß seine Unruhe und Richtungslosigkeit waren. Alexandra konnte sich nicht aus dem ekstatischen Rasputinismus lösen und erschwerte das Leben zusätzlich. Sie verlangte von ihrem Mann, obskure Anhänger Rasputins in verantwortliche Ministerposten zu berufen. Aber der Widerstand wuchs und wuchs. Die führenden Militärs, allen voran die Generäle Alexejew, Brussilow und der Kosakengeneral Krymow, planten eine Verschwörung und einen Militärputsch zur Absetzung des Zaren und seiner Frau. Selbst die große Zarenfamilie war sich einig, daß Nikolaus abgesetzt und seine Frau in ein Kloster gesperrt werden müßte. Großfürst Alexander Michailowitsch drang in die Kaiserin: „Du hast eine Familie mit so wunderbaren Kindern – warum kannst du dich nicht nur ihnen widmen und, bitte, die Regierungsbelange deinem Mann überlassen … Du hast nicht das Recht, auch die ganze Familie und das ganze Land in den Abgrund zu stürzen!" Nikolaus und Alexandra aber schwiegen zu den Vorwürfen und Anklagen. In den Garderegimentern sammelten sich Anhänger für einen Thronwechsel. Das Drama bestand nur darin, daß in der Familie Romanow keine Persönlichkeit war, der man die harte Hand des Autokraten zutraute.

Generäle, Großfürsten, Gardeoffiziere und Duma-Abgeordnete waren von der Notwendigkeit einer Reichsreform und eines zivilisierten Wechsels in der herrschenden Dynastie überzeugt. Am Beginn des Jahres 1917 setzten sie große Hoffnungen auf die für Februar anberaumte Wiedereröffnung der Dumasitzungen und erwarteten die Entfernung der Zarin aus der Politik. Während Nikolaus am 22. Februar 1917 nach Mogiljew reiste, begannen in Petrograd Unruhen. Brotmarken, Preissteigerungen oder fehlendes Heizmaterial steigerten die Not der Stadtbewohner, trieben sie in die Arme politischer Agitatoren jeglicher Couleur, ließen spontane Streiks und organisierte Demonstrationen zur Tagesordnung werden. Die Forderungen nach Brot und Arbeit verbanden sich mit der Sehnsucht nach Frieden und mündeten in die Forderung nach einem schnellen Ende der Zarenherrschaft. Soziale und politische Revolution griffen vom 23. Februar an ineinander. Am 27. Februar gingen die traditionsreichsten Garderegimenter zu den Aufständischen über. Das Winterpalais wurde besetzt, die Zarenfahne vom Mast geholt. Nikolaus löste die Duma auf. Die Duma bildete ein „provisorisches Komitee" aus zwölf Abgeordneten. Parallel dazu entstand ein Arbeiter- und Soldatenrat. Die russische Februarrevolution nahm ihren Lauf.

Nikolaus II. schickte ein Bataillon Georgsritter los, die Ruhe wiederherzustellen. Die Ritter gelangten nicht bis Petrograd. Erst als Alexandra aus Zarskoje Selo von Straßenkämpfen berichtete, handelte Nikolaus. Am Morgen des 28. Februar fuhr er in Richtung Petrograd. Er kam bis Pskow. Hier erfuhr er von der Provisorischen Regierung unter Leitung des Fürsten Lwow. Duma und Generalität legten ihm die Abdankung nahe. Nikolaus erklärte sich zunächst nur bereit, zugunsten seines Sohnes Alexei abzudanken. Er, der es seit Jahrzehnten gewohnt war, in allen schwierigen Entscheidungen auf den Rat seiner Ehefrau zu hören, war in der schwersten Stunde allein. Er dachte daran, daß der Thronfolger unheilbar krank war und änderte seinen Entschluß: Alexei sollte in seiner Nähe bleiben. Den Thron konnte der Bruder Michail Alexandrowitsch besteigen. Auf dem Bahnhof von Pskow, weit vor den Toren der Hauptstadt Petrograd und noch weiter vom traditionsreichen Moskau, dem Kernland des Russischen Reichs, entfernt, unterschrieb Kaiser Nikolaus II. die Abdankungsurkunde.

Alexandra begegnete der Revolution auf ihre Weise. Sie forderte das Kriegsrecht. Nikolaus II. drängte sie, Zarskoje Selo unverzüglich mit den Kindern in Richtung Mogiljow zu verlassen. Auch der Dumapräsident Rodsjanko bot ihr diese Chance zur Rettung der Familie an. Alexandra lehnte ab: Vier ihrer fünf Kinder waren an den Masern erkrankt. Sie wartete auf Nikolaus und hoffte noch am 2. März: „Wenn nur die beiden Schlangen, die Duma und die Revolutionäre, einander gegenseitig den Kopf abbeißen – das wäre die Rettung." Als die Abdankung für die Zarin zur Gewißheit geworden war, spiegelten ihre Worte die ganze Ratlosigkeit wider: „Ich fühle, es wird noch die Sonne scheinen …"

Der Zar wurde zunächst in Mogiljew und anschließend mit seiner Familie in Zarskoje Selo unter Hausarrest gestellt. Nikolaus und Alexandra hofften, nach Liwadija fahren zu dürfen. Justizminister Kerenski erlaubte die Reise nicht. So klammerten sie sich an die Illusion, zum Cousin König Georg nach England zu emigrieren. Die britische Regierung hatte eine entsprechende Anfrage aus Petrograd positiv beantwortet. Mit dem sinkenden Kriegsglück Rußlands schwand die englische Bereitschaft, die arretierten Verwandten aus Rußland herauszuholen. König Georg bedauerte. Auch in anderen westlichen Ländern war die kaiserliche Familie nicht erwünscht. Als Begründung fand sich immer wieder das ungerechtfertigte Argument, die deutschfreundliche Alexandra sei in erheblichem Maße an den Unruhen in Rußland schuld. Für Nikolaus, Alexandra und die Kinder blieb nur, ihre Gefangenschaft mit innerer Würde und natürlichem Stolz zu ertragen und sich der vagen Hoffnung hinzugeben, daß zumindest das Leben gerettet werden könnte. Nur einmal verlor Alexandra die Beherrschung, als junge Soldaten im Park von Zarskoje Selo den Sarg Rasputins vor ihren Augen ausgruben, abtransportierten und später verbrannten. Wilde Angstträume waren die Folge. In wochenlangen Untersuchungen und Verhören versuchte die Regierung, gegen Alexandra und Nikolaus eine Anklage wegen Landesverrats zu konstruieren. Zwar wurden Rasputins obskure Machenschaften aufgedeckt – eine persönliche Schuld konnte Alexandra nicht nachgewiesen werden.

Am 1. August 1917 brachte man die Familie nach Tobolsk in Sibirien. Zu dieser Zeit regierte die Provisorische Regierung bereits ohne die Sowjets. Monate vergingen, ohne daß sich an der schikanösen Behandlung der Zarenfamilie etwas änderte. Alexandra gab sich in der Abgeschiedenheit mit großer Sorgfalt ihrer Familie und ihrem Glauben hin. Auch der Oktoberaufstand von 1917, der die Bolschewiki an die Macht brachte, zeitigte zunächst keine spürbaren Veränderungen in Tobolsk. Alexandra nutzte die vorübergehende Ruhe, und begann ein Tagebuch zu schreiben. Beginnend mit dem 1. Januar 1918 und quasi mit der Todesstunde endend, zeichnete sie ein sachliches Bild von den Alltäglichkeiten in der sie einengenden und bedrückenden Welt: „... Stand um halb acht auf. Um 8 zur Kirche. Olga zu Bett, 37.73 Grad. Tatjana ebenso, 38. Masern. Tatjana hat überall heftigen Hautausschlag, Kopfweh und Bluterguß in den Augen. Alexei wieder wohl. Saß mit den Mädchen und nähte ..." Aber niemals klagte sie, sondern fügte sich mit innerer Würde in das Schicksal. Nur ganz selten fügte sie kleine unverfängliche Bemerkungen mit politischem Symbolwert ein, so am 2. März 1918: „Jahrestag von N.s Abdankung!!!" Dagegen waren die kurzen Berichte über die gerade gelesenen Bibelstellen voller Anspielungen auf die reale Situation: „... Salomos Tod nach vierzigjähriger Regierung. Sein Sohn Rehabeam besteigt den Thron." Alexandra hoffte also noch immer für ihren Sohn Alexei.

Im März 1918 tauchte in Tobolsk ein Beauftragter der von Lenin geführten Regierung auf, angeblich, um den Zaren nach Moskau zu holen. Deutschlands Kaiser Wilhelm II. wollte Nikolaus' Unterschrift unter dem deutsch-russischen Friedensvertrag von Brest-Litowsk sehen. Das lehnte Nikolaus Romanow kategorisch ab: „Wenn die Aktion etwas mit dem Friedensvertrag zu tun hat, dann lasse ich mir eher die Hand abhacken, als ein so schamloses Papier zu unterzeichnen!" Seine Familie hegte andere Befürchtungen: Der Zar sollte isoliert und heimlich ermordet werden. Verzweifelt entschloß man sich zur Trennung, Alexandra, die Tochter Marija und der Arzt Botkin begleiteten den Zaren – die anderen blieben in Tobolsk, auch der kranke Alexei. Alexandra notierte unter dem 12. April: „... Ich hatte mich zu entscheiden, mit dem kranken Baby (Alexei – Anm. des Autors) zu bleiben oder N. zu begleiten. Entschloß mich, ihn zu begleiten, da es nötiger sein kann, und er in Gefahr ist, da wir nicht wissen, wohin und wozu (wir vermuten Moskau). Leiden furchtbar ..."

Nikolaus und Alexandra erreichten Moskau niemals. Der Zug fuhr nach Jekaterinburg, zum „Haus für besondere Bestimmung", das durch den örtlichen Sowjet von dem Kaufmann N. N. Ipatjew requiriert worden war. In den Kämpfen des Bürgerkrieges herrschte in Moskau Einmütigkeit, daß der Zar weder den Deutschen noch anderen Mächten in die Hände fallen dürfte. Bereits im April war sein Tod beschlossene Sache. Je näher die weißen Truppen auf Jekaterinburg drängten, um so intensiver wurde die Exekution vorbereitet. Die Zarenfamilie wußte nicht, welches Schicksal sie erwartete.

Der Ural galt als Hochburg der Bolschewiki, und Lenin hielt ihn für eine „zuverlässige" Region. Nicht nur die in Tobolsk verbliebenen Kinder und Bediensteten wurden nach Jekaterinburg geholt, sondern in der weiteren Umgebung wurden zahlreiche Mitglieder der Familie Romanow interniert und dann erschossen oder erschlagen, allen voran der Großfürst Michail Alexandrowitsch, zu dessen Gunsten Nikolaus auf den Thron verzichtet hatte. Auch für den Zaren, dessen Gemahlin und die Kinder kam das schreckliche Ende mit jeder Stunde näher. In der Nacht vom 16. auf den 17. Juli 1918 – gegen ein Uhr dreißig – geschah in Jekaterinburg die Bluttat, deren Spuren bis zu Lenin reichten: Der Mord an Nikolaus II., der Zarin Alexandra Fjodorowna, deren Kindern Alexei, Olga, Marija, Tatjana und Anastasija, an Nikolaus' Leibarzt Dr. Botkin und an den Bediensteten Alexei Trupp, Anna Demidowa und an dem Koch Charitonow. Alexandra berichtete über diesen Tag: „Grauer Morgen, später lieblicher Sonnenschein. Baby hatte eine leichte Erkältung. Alle gingen morgens eine halbe Stunde hinaus. Olga und ich richteten unsere Medizin her ... Jeden Tag kommt der Kommandant in unsere Zimmer. Acht Uhr. Abendessen. Plötzlich wurde Lewka Sedniew (der Küchenjunge – Anm. des Autors) geholt, er dürfe seinen Onkel besuchen und flog weg – möchte wissen, ob es wahr ist, und ob wir den

Jungen wiedersehen werden!! Spielte Bèzigue mit N. Halb elf zu Bett. 15 Grad Wärme." Das sind die letzten von Alexandra überlieferten Worte.

Um Mitternacht wurde Dr. Botkin von den Wachen geweckt: In der Stadt sei es unruhig, die Zarenfamilie solle in den Keller gehen. Der Arzt weckte die Gefangenen. Nach einer halben Stunde gingen sie die Treppen abwärts. Nikolaus trug seinen kranken Alexei. Im Keller betraten sie einen leeren Raum. Der Zar forderte für seine Frau und Alexei zwei Stühle. Sie setzten sich, den Sohn noch immer im Arm. Die anderen stellten sich hinter den Stühlen auf. In dem Augenblick betraten zwölf Bewaffnete unter der Führung des Kommandanten Jurowski den Raum. Er erklärte barsch: „Wir haben den Auftrag, Sie zu erschießen." Der Zar stand auf, wollte etwas sagen. Mit der linken Hand schützte er die Zarin, der rechte Arm deckte Alexei. Jurowski eröffnete das Feuer, tötete Nikolaus und streckte Alexei nieder. Augenblicklich schossen auch die anderen Mörder. Nur Anastasija und Anna Demidowa starben nicht unter den Kugeln – sie wurden mit Bajonetten erstochen. Alexei, verwundet, hatte das Bewußtsein verloren. Als er aufstöhnte, trat ihm Jurowski auf den Kopf und schoß ihm ins Ohr. Die ehemalige Kaiserin Alexandra Fjodorowna hörte von all dem nichts mehr, sie war nach den ersten Schüssen sofort tot. Auf dem Hof hatte ein Lastwagen mit laufendem Motor gewartet. Die Leichen wurden geplündert, auf eine Waldlichtung in der Nähe des Dorfes Koptjaki gebracht, zerstückelt und verbrannt. Die Gesichter übergoß man zusätzlich mit Schwefelsäure. Die Reste wurden vergraben. Die Mörder triumphierten: „Jetzt wird die Welt niemals herausfinden, was in dieser Nacht geschehen ist." Zugleich setzten sie das Verwirrspiel in Gang. Der Vorsitzende des Jekaterinburger Sowjets, Beloborodow, telegrafierte nach Moskau: „Generalsekretär mitteilen, daß Zar das gleiche Schicksal trifft wie seine Familie. Offiziell kommen alle bei einem Fluchtversuch um." „Generalsekretär" – das war Jakow Swerdlow, der die Aktion initiiert und geplant hatte: Swerdlow, einer der engsten Vertrauten Lenins, dem zu Ehren Jekaterinburg spater in Swerdlowsk umbenannt wurde. Aber das ist bereits Geschichte.

Die enge Verbindung von Mythos und Realität verlangt, ein emotionsloses Urteil über Alexandra zu wagen. Sie war zweifellos eine vorbildliche Ehefrau und Mutter. Die autokratische Tradition hat sie wie keine angeheiratete Zarin vor ihr bis zum bitteren Ende verteidigt. Sie glaubte, es ihrem gutherzigen und schwachen Mann, dem Reich und dem Thronfolger schuldig zu sein, die autokratische Idee auch dann noch zu verfechten, als deren historische Überlebtheit bereits offenkundig war. In ihren unnachsichtigem Streben hat Alexandra zwei entscheidende Fehler begangen. Sie hat ein ungeschriebenes Gesetz der autokratischen Tradition gebrochen, indem sie sich direkt und offen in das politische Geschäft des Selbstherrschers eingemischt hat. In ihrer übersteigerten Religiosität und ohne ernsthafte Verbündete hat sie – zusätzlich verursacht durch den kranken Thronfolger – die höfische Ordnung dramatisch verletzt und sich des obskuren Scharlatans Rasputin zur Durchsetzung politischer Ziele bedient. Dabei ist Alexandra in einen Nebel geraten, in dem nicht mehr erkennbar war, welche politische Rolle sie selbst, der Kaiser und Rasputin gespielt haben. Das machte es ihren Gegnern leicht, sie mit Verdächtigungen anzuklagen und ihr eine ernsthafte Schuld am Niedergang der Monarchie zu geben.

Die Erben der Romanows

Seit im Jahre 1605 aufständische Bojaren die Gemahlin Zar Boris Godunows erdrosselt haben, war Kaiserin Alexandra in Rußland die erste Herrscherin, die ermordet wurde. Die herrschende Dynastie war in Rußland vom Thron gestoßen worden; ihre Mitglieder ermordete, vertrieb, ächtete man. Im Revolutionsjahr 1917 lebten nach den Festlegungen des von Alexander III. verordneten Familienstatuts in Rußland und England 15 Großfürsten und 10 Großfürstinnen. 7 Großfürsten und 5 Großfürstinnen wurden ermordet. Den übrigen gelang die Flucht. Die Morde erfolgten unter Umständen, die der althergebrachten Legendenbildung über die wundersame Wiederauferstehung russischer Herrscher breiten Raum ermöglichte. Erinnert sei nur an den Fall Anastasija. Seit den 20er Jahren versuchte eine Anna Anderson († 1984) zu beweisen, daß sie die Zarentochter sei – vergeblich.

Aber auch die Mörder der Romanows sind der Geschichte anheim gefallen. Mit dem Ende der Sowjetunion kamen die sterblichen Überreste der gemeuchelten Zarenfamilie ans Licht. Die Gebeine wurden exhumiert, systematischen wissenschaftlichen Analysen unterzogen, und die Ergebnisse fanden in zahlloscn Publikationen über die konkreten Umstände des Leidens und Sterbens der Zarenfamilie ihren Niederschlag. Fest steht, daß es sich um die Gebeine des Zaren Nikolaus II., seiner Gemahlin Alexandra Fjodorowna und der drei Töchter Olga, Tatjana und Marija handelte. 1998 wurden sie in würdiger Form in der Kathedrale der Peter-Pauls-Festung zu St. Petersburg beigesetzt. Der ehemalige Thronfolger Alexei und die Schwester Anastasija konnten bisher weder gefunden noch identifiziert werden. Ihre sterblichen Überreste sind weiterhin an unbekannter Stelle verscharrt – irgendwo in Sibirien – und halten die Erinnerung an das Verbrechen wach.

Heutigentags existiert das Haus Romanow weiter und hat sich wieder mit der Heimat verbunden. Im April 1992 ist das damalige Oberhaupt der Familie, Waldimir Kyrillowitsch Romanow, durch den Patriarchen von Moskau und ganz Rußland, Alexei II., in Moskau beigesetzt worden. Wladimir Kyrillowitsch hat als Oberhaupt der Familie den Titel eines Großfürsten getragen, obwohl er dieses Recht nach dem gültigen Familienstatut Alexanders III. nicht mehr besessen hat – Wladimirs Vater Kyrill war ein Vetter Nikolaus' II. Wie dem auch sei: Fürst Wladimir Kyrillowitsch hat eine Tochter hinterlassen – Marija Wladimirowna Romanowa. Nach dem Tode ihres Vaters übernahm sie die Führung des Hauses Romanow. 200 Jahre nach dem Tode Katharinas der Großen steht damit erstmals wieder eine Frau an der Spitze der Dynastie!

Ihre Aussichten, den Thron zu besteigen, selbst durch einen Putsch des Militärs, scheinen heute eher gering. Aber welche Überraschungen hat es in der Geschichte Rußlands nicht schon gegeben!

ANHANG

Quellen und Literatur

Allgemeine Quellen und Darstellungen

Almedingen, E.M., Die Romanows. Die Geschichte einer Dynastie, München 1991.
Am russischen Hof in den Jahren der russischen Reichsgründung. Tagebuch eines Hof-
fräuleins, hrsg. v. Helene von Taube, o.O., o.J.
Andrews, Peter, Die russischen Zaren, München 1984.
Anisimov, Evgenij, Ženščiny na rossijskom prestole, Moskau 1997.
Bochanov, A.N., Sumerki monarchii, Moskau 1993.
Boškovska, Nada, Die russische Frau im 17. Jahrhundert, in: Beiträge zur Geschichte Ost-
europas, Bd. 24, Köln–Weimar–Wien 1998.
Dom Romanovych. Biografičeskie svedenija o členach carstvennogo doma, Moskau 1991.
Donnert, Erich, Das russische Zarenreich. Aufstieg und Untergang einer Weltmacht, Mün-
chen 1992.
Donnert, Erich, Rußland (860–1917). Von den Anfängen bis zum Ende der Zarenzeit,
Regensburg 1998.
Fleischhacker, Hedwig, Rußland zwischen zwei Dynastien (1598–1613), Baden bei Wien
1933.
Fleischhauer, Ingeborg, Die Deutschen im Zarenreich, Stuttgart 1986.
Fussenegger, Gertrud, Herrscherinnen. Neun Frauenleben, die Geschichte machten, Mün-
chen 1994.
Gittermann, Valentin, Geschichte Rußlands, Bd. 1–3, Hamburg 1949.
Grigorian, Valentina, Zarenschicksale. Glanz und Skandale am Hof der Zarendynastie
Romanow/Holstein-Gottorp, Leipzig 1997.
Grimberg, Faina, Dinastija Romanovych. Sagedki, versii, Moskau 1996.
Haumann, Heiko, Geschichte Rußlands, München–Zürich 1996.
Herm, Gerhard, Deutschland Rußland. Tausend Jahre einer seltsamen Freundschaft, Ham-
burg 1990.
Ikonnikova, A., Caricy i carevny iz Doma Romanovych. Istoričeskij očerk, Moskau 1990
(Reprintnoe vosproizvodenie 1914g.).
Istorija dinastii Romanovych. Sbornik, Moskau 1991.
Jena, Detlef, Die russischen Zaren in Lebensbildern (unter Mitarbeit von Rainer Lindner),
Graz–Wien–Köln 1996.
Lotmann, Jurij M., Rußlands Adel. Eine Kulturgeschichte von Peter I. bis Nikolaus I.,
Köln–Weimar Wien 1997.
Olearius, Adam: Adam Olearii auszführliche Beschreibung der kundbaren Reyse nach
Muskow und Persien, Schleswig 1671.
Pavlenko, Nikolaj, Strasti u trona, in: Rodina (Moskau), 1993–1995.
Rasskasi i čerty iz žizni russkich imperatorow i imperatric i Velikich knjazej, St. Peters-
burg 1901.
Rossiskie gosudari. Ich proizchoždenie, intimnaja žisn' i politika, Moskau 1993.
Rossiskie samoderžcy 1801–1917, Moskau 1994.
Rossija pod skipetrom Romanovych. Očerki iz russkoj istorii za vremja s 1613 po 1913 god,
St. Petersburg 1912.

Stökl, Günther, Russische Geschichte. Von den Anfängen bis zur Gegenwart, Stuttgart 1990.

Stupperich, Robert, Zur Heiratspolitik des russischen Herrscherhauses im 18. Jahrhundert. Die Frage des Glaubenswechsels deutscher Prinzessinnen, in: Kyrios. Vierteljahresschrift für Kirchen- und Geistesgeschichte Osteuropas, 5. Jg., Heft 3/4, 1940/41, S. 214–239.

Torke, Hans-Joachim (Hg.), Die russischen Zaren 1547–1917, München 1995.

Tornius, Valerian, Stern und Unstern der Romanows, Leipzig 1936.

Ziegler, Gudrun, Das Geheimnis der Romanows. Geschichte und Vermächtnis der russischen Zaren, München 1995.

Literatur zu den einzelnen Kapiteln (nachfolgend in Kurzform genannt)

1. Kapitel: Sieben Frauen um Iwan IV., S. 9–33

Donnert, Erich, Iwan Grosny „der Schreckliche", Berlin 1980.

Donnert, Erich, Das Moskauer Rußland. Kultur und Geistesleben im 15. und 16. Jahrhundert, Leipzig 1976.

Herberstein, Siegmund v., Das alte Rußland. In Anlehnung an die älteste deutsche Ausgabe aus dem Lateinischen übertragen von Wolfram von den Steinen, Zürich 1984.

Herberstein, Sigmund v., Moscovia von Herrn Sigmund Freiherrn von Herberstein, Weimar 1975.

Neumann-Hoditz, Reinhold, Iwan der Schreckliche mit Selbstzeugnissen und Bilddokumenten, Hamburg 1990.

Nitsche, P., Großfürst und Thronfolger. Die Nachfolgepolitik der Moskauer Herrscher bis zum Ende des Rjurikidenhauses, Köln 1972.

Schaeder, H., Moskau, das „dritte Rom", Darmstadt 1957.

Skrynnikow, Ruslan G., Iwan der Schreckliche und seine Zeit, München 1992.

Staden, H.v., Aufzeichnungen über den Moskauer Staat. Nach der Handschrift des Preuß. Staatsarchivs in Hannover hrsg. v. F. Epstein, Hamburg 1964.

Troyat, Henri, Iwan der Schreckliche, München 1987.

2. Kapitel: Wie Herbstlaub im Winde, S. 35–47

Abramovič, G.V., Knjažnja Šujskie i Rossijskij tron, Leningrad 1990.

Barbour, Ph.L., Dimitrij. Abenteurer auf dem Zarenthron, Stuttgart 1967.

Emerson, C., Boris Godunov. Transpositions of a Russian Thema, Bloomington, Indianapolis 1986.

Fedor Ivanovič, in: Russkij Biografičeskij slovar' (Russisches Biographisches Wörterbuch), Bd. 25, Reprint 1962, S. 277–301.

Grunwald, C. de, La vraie histoire de Boris Godunow, Paris 1961.

Kämpfer, F., Pseudo-Demetrius im „Thesaurus Picturarum", in: Jahrbücher für Geschichte Osteuropas, Jahrgang 33, 1985, S. 161–174.

Kraevskij, Car' Boris Fedorovič Godunov, St. Petersburg 1836.

Neubauer, H., Boris Fedorovič Godunov, in: Jahrbücher für Geschichte Osteuropas, 12, 1964.

Platonov, S.F., Boris Godunov, Prag 1924 (französische Ausgabe: Paris 1929).

Platonov, S.F., Geschichte Rußlands. Vom Beginn bis zur Jetztzeit, Leipzig 1927.

Platonov, S.F., Očerki po istorii smuty v moskovskom gosudarstve XVI–XVII vv. (Abrisse zur Geschichte der Wirren im Moskauer Staat des 16. und 17. Jahrhunderts), Moskau 1899.

Platonov, S.F., Smutnoe vrenja (Die Zeit der Wirren), Moskau 1924.

Skrynnikov, Ruslan G., Boris Godunov, Moskau 1979.

Skrynnikov, Ruslan G., Samozvancy v Rossii v načale XVII v.: Grigorij Otrepev (Die selbsternannten Zaren in Rußland am Beginn des XVII. Jahrhunderts: Grigorij Otrepev), Nowosibirsk 1987.
Skrynnikov, Ruslan G., Smuta v Rossii v načale XVII v. Ivan Bolotnikov, Leningrad 1988.
Skrynnikov, Ruslan G., The Time of Troubles. Russia in Crisis 1604–1618, Gulf Breeze 1988.
Stählin, K., Geschichte Rußlands von den Anfängen bis zur Gegenwart, Bd. 1, Stuttgart 1923.
Troyat, Henry, Iwan der Schreckliche, München 1987.
Waliszewski, K., La crise révolutionnaire 1584–1614, Paris 1906.
Vernadsky, G., Die Tragödie von Uglič und ihre Folgen, in: Jahrbücher für Geschichte Osteuropas, 3, 1955.

3. Kapitel: Die Frauen der ersten Romanow-Zaren, S. 49–69

Aleksej Michajlovič, in: Russkij biografičeskij slovar', Bd. 2, Reprintausgabe New York 1962, S. 23–35.
Bel'kovskij, A.P., Vtoroj car' iz doma Romanovych Aleksej Michajlovič, Moskau 1913.
Berch', A., Carstvovanie carja Feodora Alekseeviča i istorija pervago streleckago bunta, Teil II, St. Petersburg 1835
Černov, A.V., Vooružennye sily Russkogo gosudarstva XV–XVII vv., Moskau 1954.
Donnert, Erich, Das russische Zarenreich. Aufstieg und Untergang einer Weltmacht, München–Leipzig 1992.
Dukes, Paul, The Making of Russian Absolutism 1613–1801, London–New York 1990.
Fedor Alekseevič, in: Russkij biografičeskij slovar', Bd. 25, Reprintausgabe New York 1962. S. 249–264.
Fuhrmann, J.T., Tsar Alexis. His Reign and His Russia, Gulf Breeze 1981.
Kataev, N.M., Car' Aleksej Michajlovič i ego vremja, Moskau 1901.
Keep, J.L.H., The Regime of Filaret, in: The Slavonic and East European Review XXXVIII, 1960.
Kostomarov', Russkaja istorija v' žizneopisanijach' eja glavnejšich' dejatellej, St. Petersburg 1874, S. 459–473.
Kotošichin, Grigorij: O Rossii v carstvovanie Alekseja Michailoviča. Sočinenie Grigor'ja Kotošichina, St. Petersburg 1906, Reprint: The Hague Paris 1969.
Leitsch, W., Eine Kriegsberichterstatterin des 17. Jahrhunderts: Zum Smolensker Krieg der Jahre 1632–1634, in: Festschrift Günther Stökl, Köln–Wien 1977.
Longworth, Ph.L., Alexis. Tsar of All the Russias, New York 1984.
Medovikov, P., Istoričeskoe značenie carstvovanija Alekseja Michajloviča, Moskau 1854.
Platonov, S.F., Car' Aleksej Michajlovič (Opyt charakteristiki), in: Ders., Stat'i po russkoj istorii (1883–1912), in: Sočinenija, Bd. 1, St. Petersburg 1912.
Platonov, S.F., Moskovskoe pravitel'stvo pri pervych Romanovych, in: Ders., stat'i po russkoj istorii, St. Petersburg, 1912.
Presnjakov, A.E., Car' Aleksej Michajlovič, in: Gosudari iz doma Romanovych, Bd. 1, Moskau 1913.
Russkaja starina (Russlands alte Zeiten), Band XXII, Jahrgang 1878.
Sorokin, J.A., Aleksej Michajlovič, in: Voprosy istorii, 1992, Heft 4/5, S. 73–89.
Staševskij, E.D., Očerki po istorii carstvovanija Michaila Fedoroviča, Bd. 1, Kiev, 1913.
Stökl, Günther, Russische Geschichte, Von den Anfängen bis zur Gegenwart, Stuttgart 1990.
Torke, Hans-Joachim, Die staatsbedingte Gesellschaft im Moskauer Reich, Leiden 1974.
Vašenko, P.G., Bojare Romanovy i vocarenie Michaila Fedoroviča, St. Petersburg 1913.
Vernadsky, G.V., The Tsardom of Muscovy, 1547–1682, 2 Bände, New Haven CT-London 1969.

Zamyslovskij, E.E., Carstvovanie Feodora Alekseeviča, Bd. I, Einführung: Quellenübersicht, St. Petersburg 1871.

Žaozerskij, A.I., Carskaja votčina XVII veka. Iz istorii chozjajstvennoj i prikaznoj politiki carja Alekseja Michajloviča, Moskau 1937.

4. Kapitel: Die streitbare Regentin Sofja Alexejewna, S. 71–86

Almedingen, E.M., Die Romanows. Die Geschichte einer Dynastie. Rußland 1613–1917, Frankfurt am Main–Berlin 1992, S. 90f.

Dukes, Paul, The Making of Russian Absolutism 1613–1801, London–New York 1990.

Hughes, I., Sophia. Regent of Russia 1657–1704, New Haven und London 1990.

O'Brien, C.B., Russia ander the Two Tsars 1682–1689. The Regency of Sophia Alekseevna, Berkeley–Los Angeles 1952.

Šmurlo, E.F., Padenie Carevny Sof'i, in: Žurnal Ministerstva narodnogo prosveščenija, 1896, Heft 1.

Alekseevna, Sofja, in: Russkij biografičeskij slovar', Bd. 19, St. Petersburg 1909, Reprintausgabe New York 1962, S. 126–144.

5. Kapitel: Praskowja und Jewdokia, S. 87–104

Donnert, Erich, Peter der Große, Leipzig 1988.

Hoffmann, Peter, Rußland im Zeitalter des Absolutismus, Berlin 1988.

Krekšin, Petr, Peters des Großen Jugendjahre, Stuttgart 1989.

Massie, Robert K., Peter der Große. Sein Leben und seine Zeit, Königstein/Ts. 1982.

Mediger, Walter, Moskaus Weg nach Europa. Der Aufstieg Rußlands zum europäischen Machtstaat im Zeitalter Friedrichs des Großen, Braunschweig 1952.

Neumann-Hoditz, Reinhold, Peter der Große in Selbstzeugnissen und Bilddokumenten, Hamburg 1983.

Šemevskij, M.I., Carica Praskov'ja (1664–1723), St. Petersburg 1883.

Stählin, Jacob, Originalanekdoten von Peter dem Großen, Leipzig 1988.

Troyat, Henry, Peter der Große. Zar – Reformer – Despot, München 1990.

Vallotton, Henry, Pierre le Grand, Paris 1958.

Waliszewski, K., Pierre le Grand, Paris 1887.

Wittram, Reinhard, Peter I Czar und Kaiser. Zur Geschichte Peters des Großen und seiner Zeit, 2 Bände, Göttingen 1964.

6. Kapitel: Katharina I., S. 105–120

Almedingen, E.M., Die Romanows. Die Geschichte einer Dynastie. Rußland 1613–1917, Frankfurt am Main–Berlin 1992.

Andreev, V., Ekaterina Pervaja, Moskau 1869.

Arsen'ev, K.I., Carstvovanie Ekateriny I., St. Petersburg 1856.

Belozerskaja, N.A., Proischoždenie Ekateriny Pervoj, in: Istoričeskij vestnik, Bd. 87, St. Petersburg 1902.

Platonow, S.F., Geschichte Rußlands. Vom Beginn bis zur Jetztzeit, Leipzig 1927.

Talbot-Rice, Tamara, Elisabeth von Rußland. Die letzte Romanow auf dem Zarenthron, München 1973.

Troyat, Henry, Peter der Große. Zar – Reformer – Despot, München 1990.

Wittram, Reinhard, Peter I.. Czar und Kaiser. Zur Geschichte Peters des Großen und seiner Zeit, 2 Bände, Göttingen 1964.

7. Kapitel: Anna I. Iwanowa, S. 121–129

Almedingen, E.M., Die Romanows. Die Geschichte einer Dynastie. Rußland 1613–1917, Frankfurt am Main–Berlin 1992.

Anna Ioannovna, in: Russkij biografičeskij slovar', Bd. 2, Reprintausgabe New York 1962, S. 158–178.

Dolgorukov, P.V., Vremja imperatora Petra II i imperatricy Anny Ioannovny, Moskau 1909.

Iz častnoj žizni imperatricy Anny Ivanovny, in: Russkij archiv, 1873, Bd. 9.

Korsakov, D.A., Vocarenie imperatricy Anny Ioannovny, Kasan 1880.

Longworth, Ph., The Three Empresses. Catherine I., Anne and Elisabeth of Russia, London 1972.

Platonow, S.F., Geschichte Rußlands. Vom Beginn bis zur Jetztzeit, Leipzig 1927.

8. Kapitel: Regentin auf Abruf, S. 131–140

Bazevič, Obručenie Anny Petrovny, in: Russkij archiv, 1865, Bd. 4–6.

Bil'basov, V.A., Ioann Antonovič Mirovič, Moskau 1908.

Braunschweigische Fürsten in Rußland in der ersten Hälfte des 18. Jahrhunderts. Veröffentlichungen der Niedersächsischen Archivverwaltung, Heft 54, Göttingen 1998.

Brückner, A., Die Familie Braunschweig in Rußland im 18. Jahrhundert, St. Petersburg 1876.

Herzen, Alexander, „Vorrede zur Erstausgabe der Memoiren Katharinas II von 1859". Katharina II. Memoiren. Erster Band. Leipzig 1986.

Oldenbourg, Zoé, Katharina die Große. Die Deutsche auf dem Zarenthron, München 1969.

9. Kapitel: Kaiserin Elisabeth I. Petrowna, S. 141–178

Archives des Affaires Etrangeres, Paris. Russie. Memoires et Documents und Correspondances.

Eševskij, S.V., Očerk carstvovanija Elizavety Petrovny, Moskau 1870.

Hübner, Eckhard, Staatspolitik und Familieninteresse. Die gottorfische Frage in der russischen Außenpolitik 1741–1773, in: Quellen und Forschungen zur Geschichte Schleswig-Holsteins, Bd. 83, Neumünster 1984.

Jaševskij, V., Očerki carstvovanija Elizavety Petrovny, Moskau 1870.

Katharina II. Memoiren, 2 Bände, Leipzig 1986.

Lincoln, W. Bruce, The Romanows. Autocrats of All the Russias, New York 1981.

Mediger, Walter, Moskaus Weg nach Europa. Der Aufstieg Rußlands zum europäischen Machtstaat im Zeitalter Friedrichs des Großen, Braunschweig 1952.

Olivier, Dara, Elizabeth de Russie, Paris 1962.

Olivier, Daria, Elisabeth von Rußland, Wien–Berlin–Stuttgart 1963.

Talbot-Rice, Tamara, Elisabeth von Rußland. Die letzte Romanow auf dem Zarenthron, München 1973.

Solowjow, S.M., Istorija Rossii s drevnich vremen, Moskau 1851–1879, Bd. 11, S. 129–130.

Vališevskij, Kazimir, Doč' Petra Velikogo Elizaveta imperatrica Vserossijskaja, Moskau 1990.

Vandal, A., Louis XV et Elizabeth de Russie, Paris 1887.

10. Kapitel: Katharina II., S. 179–214

Alexander, J.T., Catherine the Great. Life and Legend, Oxford 1989.

Bilbassoff, B. v., Katharina II. Kaiserin von Rußland im Urtheile der Weltliteratur, 2 Bände, Berlin 1897.

Brückner, Alexander, Katharina die Zweite, Berlin 1883.

Bumagi Jekateriny II. iz Gosudarstvennovo Archiva (1771–1774), in: Russkoe istoriceskoe obscestvo, Bd. 13.

Die merkwürdige Lebensgeschichte des unglücklichen russischen Kaisers Peters des Dritten samt vielen Anekdoten des russischen Hofes, Leipzig 1776.

Donnert, Erich, Katharina die Große und ihre Zeit. Rußland im Zeitalter der Aufklärung, Leipzig 1996.

Donnert, Erich, Katharina II. die Große. Kaiserin des Russischen Reiches, Regensburg 1998.

Ekaterina II., Sočinenija, Bd. 1–12, St. Petersburg 1901–1907.

Fleischhacker, Hedwig, Mit Feder und Zepter. Katharina II. als Autorin, Stuttgart 1978.

Katharina II., Memoiren, 2 Bände, Leipzig 1986.

Kiel, Eutin, St. Petersburg. Die Verbindung zwischen dem Haus Holstein-Gottorf und dem russischen Zarenhaus im 18. Jahrhundert. Politik und Kultur, Heide in Holstein 1987.

Madariaga, Isabel de, Katharina die Große. Ein Zeitgemälde, Berlin 1994.

Mediger, Walter, Moskaus Weg nach Europa. Der Aufstieg Rußlands zum europäischen Machtstaat im Zeitalter Friedrichs des Großen, Braunschweig 1952.

Neumann-Hoditz, Reinhold, Katharina die Große mit Selbstzeugnissen und Bilddokumenten, Reinbek bei Hamburg 1988.

O Ekaterine II. i Potemkine, iz zapisok Korberona, in: Russkij archiv, 1911, Bd. 5–6.

Oldenbourg, Zoé, Katharina die Große. Die Deutsche auf dem Zarenthron, München 1966.

Pypin, A.N. (Hrsg.), Sočinenija imperatricy Ekateriny II, 12 Bände, St. Petersburg 1901–1917.

Raeff, Marc (Hrsg.), Catherine the Great – A Profile, New York 1972.

Scharf, Klaus, Katharina II., Deutschland und die Deutschen, Mainz 1995.

Ségur, Louis Philippe de, Mémoires ou Souvenirs et Anécdotes, 3 Bände, Paris 1826–1827.

11. Kapitel: Die Frauen des „wahnsinnigen" Paul Petrowitsch, S. 215–232

Dieterich, Susanne, Württemberg und Rußland. Geschichte einer Beziehung, Leinfelden-Echterdingen 1995.

Jena, Detlef, Maria Pawlowna. Großherzogin an Weimars Musenhof, Graz–Wien–Köln–Regensburg 1999.

Loewenson: Death of Paul, in: Slavonic and East European Review, Bd. 29.

McGrew, R.E., Paul I of Russia 1754–1801, 1992.

Oldenbourg, Zoe, Katharina die Große. Die Deutsche auf dem Zarenthron, München 1969.

Palmer, Alan, Alexander I. Der rätselhafte Zar, Frankfurt am Main–Berlin 1994.

Ragsdale, H., Tsar Paul and the Question of Madness, 1988.

Šilder, N. K., Imperator Aleksandr I., ego žizn' i Carstvovanie, 4 Bände, St. Petersburg 1897.

Šilder, N. K., Imperator Pavel I., St. Petersburg 1901.

Strakhovsky, Leonid I., Alexander I of Russia, London 1949.

Weizsäcker, Heinrich, Maria Feodorowna. Die russische Kaiserin aus dem Haus Württemberg, in: Württembergische Vierteljahreshefte für Landesgeschichte, XLII. Jg., Heft 3/4, 1936, S. 286–300.

Wolf, Jürgen Rainer, Die russische Heirat der Prinzessin Wilhelmine von Hessen-Darmstadt, in: Archiv für herssische Geschichte und Altertumskunde, Neue Folge, 55. Bd., 1997, S. 241–257.

12. Kapitel: Eine stille Dulderin in heroischer Zeit, S. 233–255

Aleksandr I. – Ego ličnost', pravlenie i intimnaja žizn', Moskau 1991.

Aleksandr I. Vospominanija, dnevniki, Moskau 1995.

Almedingen, E.M., The Emperor Alexander I., New York 1964.

Fedorov, V.A., Aleksandr I., in: Voprosy istorii, 1990, H.1, S. 50–72.

Hartley, Janet M., Alexander I., London und New York 1994.

McConnell, A., Tsar Alexander I. Paternalistic Reformer, 1970.

Mel'gunov, S.P., Dela i ljudi aleksandrovskogo vremeni, Bd. 1, Berlin 1923, S. 5.

Nikolaj Michajlovič (Velikij knjaz'): Imperator Aleksandr I., St. Petersburg 1912 – mehrere Bände.

Palmer, Alan: Alexander I. Der rätselhafte Zar, Frankfurt a.M.–Berlin 1994.

Polnoe sobranie zakonov Rossijskoj imperii. Sobranie pervoe (PSZ), Bd. 26, Nr. 19779.

Presnjakov, A.E., Aleksandr I., Petrograd 1924.

Pypin, A.N., Obščestvennoe dviženie v Rossii pri Aleksandre I, St. Petersburg 1900.

Sacharov, A.N., Aleksandr I (K istorii žizni i smerti), in: Rossijskie samoderžcy, Moskau 1994, S. 13–90.

Šil'der, N.K., Imperator Aleksandr Pervyj, ego žizn'i carstvovanie, Bände 1–4, St. Petersburg 1897–1898.

Vallotton, H., Le Tsar Alexandre I, Paris 1966.

Vandal, A., Napoleon et Alexandre I, 3 Bde., Paris 1897.

13. Kapitel: Eine preußische Prinzessin im russischen Kaiserhaus, S. 257–274

Almedingen, E.M., Die Romanows. Die Geschichte einer Dynastie. Rußland 1613–1917, Frankfurt am Main–Berlin 1992.

Mironenko, S.V., Nikolaj I., in: Rossijskie samoderžcy, Moskau 1994, S. 91–158.

Lincoln, W. Bruce, Nicolas I.: Emperor and Autocrat of All the Russians, London–Bloomington 1978.

Lincoln, W. Bruce, Nikolaus I. von Rußland, München 1981.

Palmer, Alan, Alexander I. Der rätselhafte Zar, Frankfurt am Main 1994.

Russkij biografičeskij slovar', Bd. 1, New York 1963 (Reprint), S. 118–121.

14. Kapitel: Die kranke Kaiserin und die geliebte Fürstin, S. 275–303

Almedingen, E.M., The Emperor Alexander II., London 1962.

Corti, Egon Caesar Conte, Unter Zaren und gekrönten Frauen. Schicksal und Tragik europäischer Kaiserreiche an Hand von Briefen, Tagebüchern und Geheimdokumenten der Zarin Marie von Rußland und des Prinzen Alexander von Hessen, Salzburg-Leipzig 1936.

Grünwald, Constantine de, An den Wurzeln der Revolution. Alexander II. und seine Zeit, Wien 1963.

Mosse, W.F., Alexander II. and the Modernization of Russia, London 1993.

Paléologue, Maurice, The Tragic Romance of the Emperor Alexander II., London o.J. (Russische Ausgabe: Roman imperatora. Aleksandr II. i knjaginja Jurjevskaja, Moskau 1990).

Zacharova, L.G., Aleksandr II, in: Voprosy istorii, 1992, H. 6/7, S. 58–79.

Zacharova, L.G., Aleksandr II., in: Rossijskie samoderžcy, Moskau 1994, S. 149–215.

Tatiščev, S.S., Imperator Aleksandr II, 2 Bände, St. Petersburg 1903.

Troyat, Henry, Zar Alexander II., Frankfurt am Main 1991.

15. Kapitel: Eine Dänin an der Seite Alexanders III., S. 305–316

Alexander von Rußland, Einst war ich ein Großfürst, Leipzig 1932.

Bochanow, Aleksandr, Imperator Aleksandr III, Moskau 1998.

Byrnes, Robert F., Pobedonostsev. His Life and Thought, Bloomington 1968.

Černucha, V.G., Aleksandr III., in: Voprosy istorii, 1992, H. 11–12, S. 46–64.

Com, Grandin, Autour du Drapeau Russe. Alexandre III. Empereur de Russie, Paris 1895.

Denkwürdigkeiten des Botschafters General v. Schweinitz, Bd. 2 (1878–1892), Berlin 1927.

Geyer, Dietrich, Der russische Imperialismus. Studien zum Zusammenhang von innerer und auswärtiger Politik, Göttingen 1977.

Kaiser Wilhem II., Ereignisse und Gestalten aus den Jahren 1878–1918, Leipzig und Berlin 1922.

Kronprinzession Cecilie, Erinnerungen, Leipzig 1930.

Notovitch, Nicolas, Alexander III. und seine Umgebung, Leipzig o.J. (um 1895).

Samson-Himmelstierna, H. von (Victor Frank), Rußland unter Alexander III., Leipzig 1891.

Steinmann, Friedrich, Hurwicz, Elias, Konstantin Pobjedonoszew, der Staatsmann der Reaktion unter Alexander III., Königsberg und Berlin 1933.

Tvardovskaja, V.A., Aleksandr III., in: Rossijskie samoderžcy, Moskau 1994, S. 307–384.

Whelan, Heide W., Alexander III and the State Council. Bureaucracy and Counter-Reform in Late Imperial Russia, New Brunswick/New Jersey 1982.

Graf Witte, Erinnerungen, mit einer Einleitung von Otto Hoetzsch, Berlin 1923.

Zaionchkovsky, P.A., The Russian Autocracy under Alexander III, Gulf Breeze, 1976.

16. Kapitel: Alix aus Hessen, S. 317–351

Ferro, Marc, Nikolaus II. Der letzte Zar. Eine Biographie, Zürich 1991.

Fülöp-Miller, René, Der heilige Teufel. Rasputin und die Frauen, Berlin–Wien–Leipzig 1927.

Gerlach, Hellmuth v. (Hrsg.), Briefe Wilhelms II. an Nikolaus II. 1894–1914, München o.J.

Großfürstin Maria von Rußland. Leben und Leiden einer Prinzessin. Ein Frauenschicksal in bewegter Zeit, Dresden 1933.

Heresch, Elisabeth, Alexandra. Tragik und Ende der letzten Zarin, Frankfurt am Main–Berlin 1995.

Heresch, Elisabeth, Nikolaus II. „Feigheit, Lüge und Verrat". Leben und Ende des letzten russischen Zaren, München 1992.

Heresch, Elisabeth, Rasputin. Das Geheimnis seiner Macht, München 1995.

Kaswinow, Mark K., Rußlands letzter Zar. Das Ende der Romanows, Berlin 1988.

Messi, Robert, Nikolaj i Aleksandra, Moskau 1990.

Michael von Griechenland, Die Zarenpaläste Rußlands, München 1994.

Purischkewitsch, Wladimir, Wie ich Rasputin ermordete. Ein Tagebuch, Berlin 1991.

Radsinski, Edward, Nikolaus II. Der letzte Zar und seine Zeit, München 1992.

Roman Romanow, Am Hofe des letzten Zaren 1896–1919, München–Zürich 1995.

Schütt, Hans-Dieter/Stolze, Raymund (Hrsg.), Alexandra – Die letzte Zarin. Briefe und Tagebücher 1914–1918, Frankfurt am Main–Berlin 1994.

Troyat, Henry, Nikolaus II. Der letzte Zar, Frankfurt am Main 1992.

Personenregister

(*Abkürzungen:* Auß.Min. = Außenminister, B. = Bruder, Ehz. = Erzherzog, Erbhz. = Erbherzog, Fhr. = Freiherr, GB = Großbritannien, Gem. = Gemahl(in), Gfst(n). = Großfürst(in), Ghz(n.) = Großherzogin, Hz(n.), Herzog(in), Kf(n) = Kurfürst(in), Kg(n). = König(in), Ks(n.) = Kaiser(in), M. = Mutter, Mgfn. = Markgräfin, Prz(n.) = Prinz, Prinzessin, Reg(n). = Regent(in), S. = Sohn, Schw. = Schwester, T. = Tochter)

Moser, hessischer Minister 219
Mstislawski, Iwan Fjodorowitsch (?–1622),
  Gediminidenfürst, Bojar 37
Münnich, Burchard Christoph von
  (1683–1767), Reichsgraf, Gen.Feldmar-
  schall, Reg. von Rußland 1740/41 126 ff.,
  129, 132 ff., 146, 150 f., 160
Murawjow, Michail Nikolajewitsch
  (1794–1866), Graf 286
Muromez, Ilja, sagenhafter russ. Recke 314
Mustafa III. (1717–1773), osman. Sultan 206

Napoleon I. Bonaparte (1769–1821), Ks. der
  Franzosen 1804–1815 226, 228, 237 ff.,
  240 ff., 243 f., 246 f., 250, 258 ff., 271
Napoleon III. (1808–1873), Ks. der Franzo-
  sen 1852–1870 280, 291 f.
Naryschkin, Lew, Kammerherr 189
Naryschkin, Semjon, Kammerherr 145,
  183
Naryschkina, Maria, Geliebte Alexanders
  I., 237 f., 240, 245, 248 f., 252
Naryschkina, Maria, T. Maria Naryschi-
  kinas 238
Nastassija (Marija) Chlopowa, Verlobte Zar
  Michail Fjodorowitschs 52
Natalija Alexejewna (1673–1716), T. Zar
  Alexei Michailowitschs 66
Natalija Alexejewna (1714–1728), T. des
  Thronfolgers Alexei Petrowitschs 97,
  103, 119
Natalija Alexejewna (1714–1728), T. Ale-
  xei Petrowitschs 97, 103, 119
Natalja Alexejewna – Przn. Augustine-
  Wilhelmine von Hessen-Darmstadt
  (1755–1776) – 1. Gem. des Gfst. Paul Pe-
  trowitsch, des späteren Kaisers Paul I.
  215–221
Natalja Kirillowna Naryschkina
  (1651–1694) – 2. Gem. des Zaren Alexei
  Michailowitsch 49, 61, 64–67, 69, 72,
  74 ff., 77 f., 80 ff., 83, 85 f., 88, 90 ff., 104
Natalja Petrowna (1718–1725), T. Peters I.
  117
Nelidowna, Katharina, Mätresse Pauls I.
  229
Neronow, Iwan (1591–1670), Altgläubigen-
  priester 60
Nikita Romanow (17.Jh.), Vetter Zar
  Michail Fjodorowitschs 55
Nikita Romanowitsch Sacharjin–Jurjew
  (?–1586), B. der 1. Gem.in Iwans IV. 37,
  40
Nikolai Alexandrowitsch (1843–1865),
  Gfst. 280, 289, 306 f.
Nikolai Nikolajewitsch (1831–1891), Gfst.
  262
Nikolai Nikolajewitsch (1856–1926), Gfst.
  341

Nikolaus I. (1796–1855), Ks. von Rußland
  seit 1825 226, 232, 234, 249, 252 f.,
  257–274, 276, 278, 280 f., 310, 312
Nikolaus II. (1868–1918), Ks. von Rußland
  1894–1917 225, 263 f., 309, 315 f.,
  317–351
Nikolski, Erzpriester 299
Nikon (1605–1681), Metropolit von Nowgorod seit 1648, Patriarch von Rußland
  1652–1666/67 57, 60 f.
Nowikow, Nikolai Iwanowitsch
  (1744–1818), Literaturkritiker 210 f.
Nowossilzew, Nikolai Petrowitsch
  (1781–1836), Graf, Vorsitzender des
  Staats– und Ministerrats seit 1832 236

Olearius (Ölschläger), Adam (1603–1671),
  Rußlandreisender 14, 55
Olga Alexandrowna (1882–1960), Gfstn.
  309
Olga Dolgorukaja–Jurjewskaja (1873–?), T.
  Alexanders II. 293, 299
Olga Nikolajewna (1822–1892), Gfstn.
  262
Olga Nikolajewna (1895–1918), Gfstn. 324,
  340, 347 f., 350
Ordin-Naschtschokin, Afanassi Lawrentje-
  witsch (1605–1680), Staatsmann 57, 64,
  72
Orlow, Alexei Grigorjewitsch (1737–1807),
  Graf, Gen.Admiral 194, 197, 206, 225
Orlow, Fjodor, Graf, Bruder Grigori Orlows
  194
Orlow, Grigori Grigorjewitsch
  (1734–1783), Reichsfürst, Gen.Feldmar-
  schall 192, 194, 197, 216
Ostermann, Heinrich Johann Friedrich
  (1686–1747), Graf, Staatsmann, Kanzler
  118, 126 f., 129, 132 ff., 146 f., 149 ff.
Otrepjew, Grigori, Diakon des Tschu-
  dow–Klosters bei Moskau – 1. falscher
  Demetrius (Dmitri) 35, 41–46
Owtschina–Telepnjew–Obolenski, Iwan
  Fjodorowitsch (?–1539), Fürst 11

Pahlen, Peter Ludwig von der (Pjotr Alexe-
  jewitsch), (1745–1826), Graf, General
  229 f.
Panin, Nikita Iwanowitsch (1718–1783),
  Graf, Kanzler, Auß.Min. 139, 197, 201
Panin, Nikita, Mitverschworener gegen
  Paul I. 193, 229
Paschkjewitsch, Iwan Fjodorowitsch
  (1782–1856), Fürst, Gen.Feldmarschall
  269
Passek, Offizier des Preobrashenski-Regi-
  ments 194
Paul I. Petrowitsch (1754–1801), Ks. von
  Rußland seit 1796 155, 159, 180, 188 ff.,

371

Bildnachweis

Archiv für Kunst und Geschichte (AKG), Berlin: S. 48, 161, 164, 167, 169, 170, 172, 173, 175 (2), 176, 179, Umschlagvorderseite: oben, unten links, unten rechts; Umschlagrückseite.

Bildarchiv Preußischer Kulturbesitz (bpk), Berlin: S. 162, 165, 166, 171, 174 oben, 257, Umschlagvorderseite: unten Mitte.

Die Abbildung S. 174 unten wurde entnommen aus: Egon Caesar Conti, Unter Zaren und gekrönten Frauen, Salzburg 1949. Die Abbildungen S. 71, 163, 168 wurden entnommen aus: Prunkvolles Zarenreich. Eine Dynastie blickt nach Westen. 1613–1917. Katalog zur Ausstellung des Museums für Angewandte Kunst Köln. Köln 1996. Alle anderen Abbildungen stammen aus Privatbesitz oder dem Verlagsarchiv Pustet.

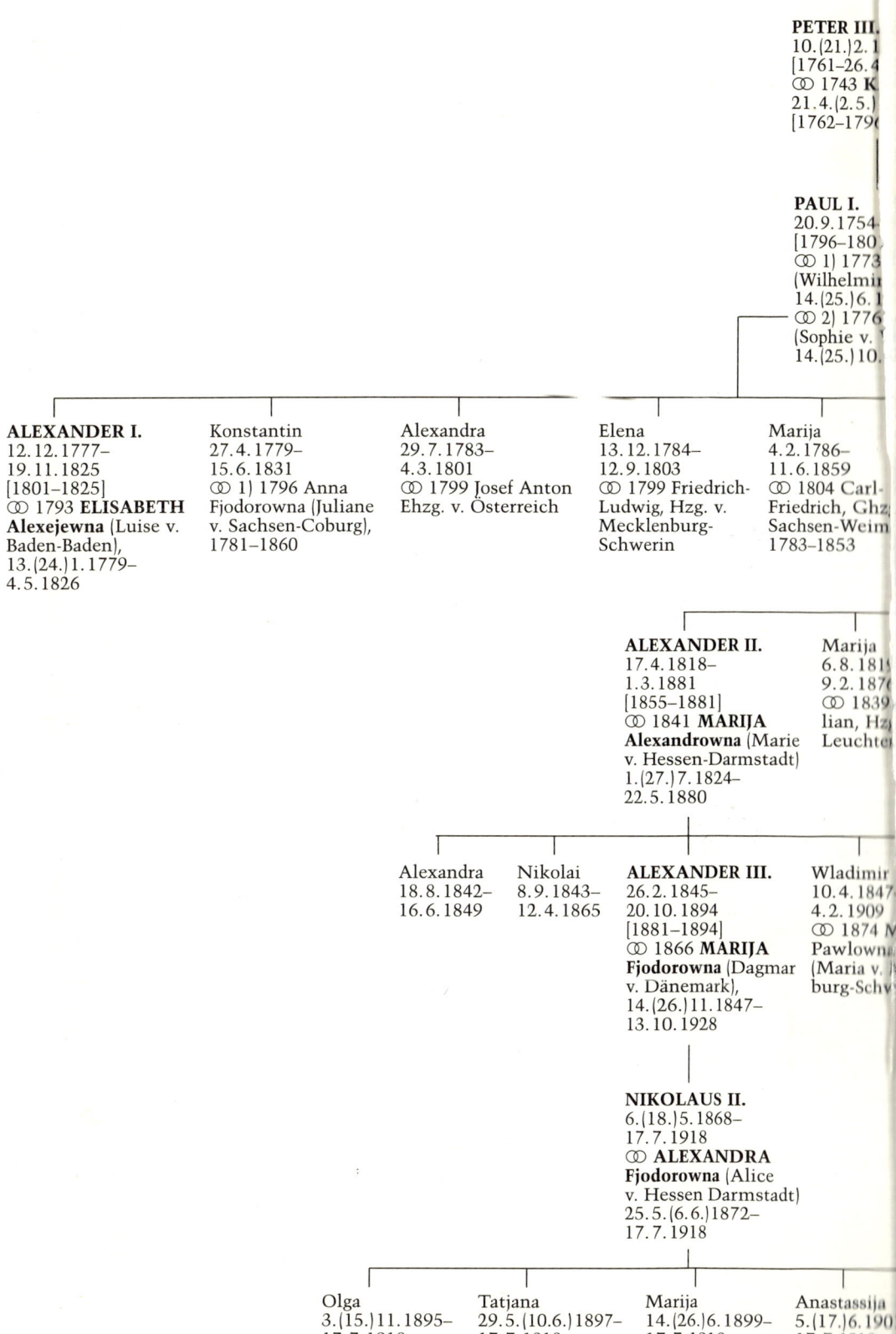

PETER III.
10.(21.)2. 1
[1761–26.4
⚭ 1743 **K**
21.4.(2.5.)
[1762–179(

PAUL I.
20.9.1754–
[1796–180.
⚭ 1) 1773
(Wilhelmir
14.(25.)6. 1
⚭ 2) 1776
(Sophie v. `
14.(25.)10.

ALEXANDER I.
12.12.1777–
19.11.1825
[1801–1825]
⚭ 1793 **ELISABETH Alexejewna** (Luise v. Baden-Baden),
13.(24.)1.1779–
4.5.1826

Konstantin
27.4.1779–
15.6.1831
⚭ 1) 1796 Anna Fjodorowna (Juliane v. Sachsen-Coburg),
1781–1860

Alexandra
29.7.1783–
4.3.1801
⚭ 1799 Josef Anton Ehzg. v. Österreich

Elena
13.12.1784–
12.9.1803
⚭ 1799 Friedrich-Ludwig, Hzg. v. Mecklenburg-Schwerin

Marija
4.2.1786–
11.6.1859
⚭ 1804 Carl-Friedrich, Ghz. Sachsen-Weim
1783–1853

ALEXANDER II.
17.4.1818–
1.3.1881
[1855–1881]
⚭ 1841 **MARIJA Alexandrowna** (Marie v. Hessen-Darmstadt)
1.(27.)7.1824–
22.5.1880

Marija
6.8.181{
9.2.187(
⚭ 1839
lian, Hz{
Leuchte

Alexandra
18.8.1842–
16.6.1849

Nikolai
8.9.1843–
12.4.1865

ALEXANDER III.
26.2.1845–
20.10.1894
[1881–1894]
⚭ 1866 **MARIJA Fjodorowna** (Dagmar v. Dänemark),
14.(26.)11.1847–
13.10.1928

Wladimir
10.4.1847
4.2.1909
⚭ 1874 N
Pawlown;
(Maria v. `
burg-Schv

NIKOLAUS II.
6.(18.)5.1868–
17.7.1918
⚭ **ALEXANDRA Fjodorowna** (Alice v. Hessen Darmstadt)
25.5.(6.6.)1872–
17.7.1918

Olga
3.(15.)11.1895–
17.7.1918

Tatjana
29.5.(10.6.)1897–
17.7.1918

Marija
14.(26.)6.1899–
17.7.1918

Anastassija
5.(17.)6.1901
17.7.1918

Zum gleichen Thema

Erich Donnert
Katharina II. die Große
Kaiserin des Russischen Reiches

367 Seiten, mit 16 s/w-Abb., Stamm- und Zeittafel, Ln.
DM 58,- / sFr 55.- / öS 420,-
ISBN 3-7917-1576-3

„Eine der berühmtesten Frauen der Weltgeschichte, zugleich eine
der schillerndsten: die 1729 geborene deutsche Prinzessin Sophie
von Anhalt–Zerbst, verheiratet an Zar Peter III., den sie stürzen
ließ, die sich selbst zur Herrscherin machte, unter der Rußland
endgültig zur Großmacht wurde...Der Osteuropa-Historiker E. Donnert beweist hier, daß wissenschaftliche Seriosität nicht langweilig
sein muß. Im Gegenteil: seinen 367 Seiten merkt man das redliche
Quellenstudium ebenso an, wie die souveräne Beherrschung der
unterschiedlichen Geschichtssträge, die zur gelungenen Gesamt-
darstellung Katharinas und ihres Umfeldes führen." *Deutsche Welle*

Erich Donnert
Rußland (860–1917)
Von den Anfängen bis zum Ende der Zarenzeit

303 Seiten, 16 s/w-Bildseiten, zahlr. Textabb., Karten
frz. Broschur, DM 49,80 / sFr 47.- / öS 364,-
ISBN 3-7917-1582-8

„Ein anschaulich geschriebenes Werk, das zudem ergänzt wird
durch zahlreiche Abbildungen, Karten, eine Zeittafel und Über-
sicht der russischen Herrscher, Kurzbiografien wichtiger Persönlichkeiten und Hinweise auf historisch wichtige Stätten." *SZ*

VERLAG FRIEDRICH PUSTET